STUDIES ON VOLTAIRE AND
THE EIGHTEENTH CENTURY

231

General editor

PROFESSOR HAYDN MASON

Department of French
University of Bristol
Bristol BS8 1TE

ANGUS MARTIN

La Bibliothèque universelle des romans

1775-1789

Présentation, table analytique, et index

THE VOLTAIRE FOUNDATION

AT THE TAYLOR INSTITUTION, OXFORD

1985

ISSN 0435-2866

ISBN 0 7294 0321 1

Printed in England at The Alden Press, Oxford

Table des matières

Préface

CETTE analyse du contenu de la *Bibliothèque universelle des romans* a pu être menée à bien grâce à une série de bourses de recherches qui m'ont été accordées par l'Australian Research Grants Committee ainsi que par la Macquarie University. En plus, de nombreux bibliothécaires et collègues universitaires ont accueilli avec amabilité et patience mes multiples demandes de renseignements et m'ont généreusement aidé de leurs conseils. Parmi ceux-ci, citons surtout Madeleine Blondel, P. J. Buijnsters, Robert Dawson, David W. Foster, Richard L. Frautschi, Josephine Grieder, Michael Hadley, Roda Kanawati, Joan Lindblad Kirsop, Wallace Kirsop, Maurice Lever, Vivienne Mylne, D. Schouten, M.-R. Seguy. A la Bibliothèque nationale, à la Bibliothèque de l'Arsenal, à la Bibliothèque municipale et universitaire de Lyon, aux Bibliothèques des Universités de Cambridge et de Kent, le personnel a tout fait pour faciliter mes recherches dans ces collections, pendant que le Secrétaire général de la Biblioteca nacional à Madrid et le Directeur de la Biblioteca nazionale centrale di Firenze ont pu résoudre certains problèmes par correspondance. Mon assistante de recherches, Barbara Albertini, avec Julia Ryder et Jacqueline Voignier-Marshall, a fourni un travail indispensable surtout dans l'élaboration de l'index alphabétique, et à la Bibliothèque de la Macquarie University Judith Campbell et Reingard Porges entre autres ont fait preuve de beaucoup de compréhension envers les exigences de mon travail.

Que tous trouvent ici l'expression de ma sincère gratitude.

En même temps, je tiens à remercier tout particulièrement mon beau-père, monsieur le docteur André Desmergers, ainsi que toute ma belle-famille, pour le soutien moral et pratique qu'ils m'apportent dans mes travaux depuis une vingtaine d'années.

Précisons enfin que nous ne tenons pas compte ici de la *Nouvelle Bibliothèque des romans*, an VI-1805, publication qui fera l'objet d'une étude ultérieure.

Angus Martin

Présentation*

> 'Mais, après tout, qu'importe au public que ce soit dans
> tel ou tel ouvrage qu'on ait trouvé quelque chose qui
> l'amuse, pourvu qu'il soit amusé.'
>
> (1777.i.II.52)

Le travail qui suit représente une tâche restée inachevée lors de la rédaction de la *Bibliographie du genre romanesque français, 1751-1800*, publiée en 1977.[1] Il a été décidé, au moment de l'élaboration de ce répertoire-là, de laisser de côté les fictions parues dans les périodiques pour se concentrer sur les productions de la librairie traditionnelle, et, malgré l'intérêt tout particulier de la *Bibliothèque universelle des romans*, le contenu de cette série a été écarté des bilans annuels des fictions en prose. Il y rentre pourtant des références indiquant que tel ou tel roman a été l'objet d'une analyse dans la *BUR*, mais la complexité de cette collection et l'insuffisance des tables disponibles à l'époque ont fait que même cette ambition plus restreinte n'a pas toujours été réalisée de façon exhaustive. L'étude que nous présentons ici, tout en réparant ces quelques lacunes, servira aussi, par son ampleur, à justifier le jugement formulé il y a une vingtaine d'années que ce recueil monumental risquait par sa taille de déséquilibrer la bibliographie du roman et qu'en même temps il méritait d'être étudié à part. Nous offrons ainsi maintenant ce recensement des matières de la *BUR*, sous la forme d'une table détaillée dans laquelle nous avons cherché à identifier et à commenter tous les ouvrages dont la *Bibliothèque* rend compte. Cette table est précédée d'une analyse générale du contenu de la collection, et suivie d'un index littéraire qui comprend en principe tous les titres et tous les noms d'auteur qui sont mentionnés à la fois dans notre *Table* et dans la *BUR* même

L'ancienne *Table alphabétique des extraits contenus dans la Bibliothèque des romans, depuis son origine au mois de juillet 1775, jusqu'au mois de juin, 1789, inclusivement* (qui forme le dernier volume de la série) offre un premier bilan du contenu global de cette collection.[2] Elle a été précédée en 1780 par une autre *Table alphabétique de la Bibliothèque universelle des romans* [...] qui s'arrête en juin de cette année-là. Cette version incomplète, moins connue que celle de 1789, est présentée ainsi, dans un bref avant-propos: 'Cette Table, généralement desirée par nos Souscripteurs, n'est faite absolument que pour eux. On a cru devoir la borner à une simple indication du volume & de la page où se trouvent les différens Extraits

---

* Le système des renvois à la *BUR* se compose de l'indication de l'année, du mois (et du volume quand il y en a deux pour un même mois) et de la pagination: 80.i.II.3-64 se lit, par exemple, deuxième volume de janvier 1780, pages 3 à 64. Pour de plus amples détails sur ces conventions, voir notre Introduction, p.74.

1. Les ouvrages dont il est question dans cette introduction, ainsi que dans notre *Table analytique*, se trouvant dans la liste des Références, pp.249-51, nous y renvoyons le lecteur pour de plus amples détails.

2. Vu le fait que notre volume est consacré essentiellement à une table et à un index des éléments de la *BUR*, il nous a semblé superflu de donner des renvois précis chaque fois que nous mentionnons dans cette Introduction un des articles. Le lecteur se reportera directement à nos répertoires; et nous ne fournirons de plus amples renseignements que pour situer des citations ou lorsque notre texte ne donne pas suffisamment de précisions.

publiés jusqu'à ce jour [...] Le tems d'une Table raisonnée n'est pas encore venue.'[3] Ces deux tentatives de résumer la collection ont, bien sûr, eu leur utilité, mais elles ne sont pas exemptes d'erreurs et elles s'organisent souvent selon des critères périmés. De plus, elles donnent de la *BUR*, en rangeant côte à côte des morceaux parfois de longueur et de caractère tout à fait différents, une image plus nette et plus homogène que ne l'est la réalité.

La maison Slatkine, de Genève, en publiant en 1970 un *reprint* de la *BUR*, a fait préparer une *Table analytique générale* qui accompagne le prospectus imprimé pour annoncer la nouvelle édition. Ici les articles de la collection sont regroupés en catégories correspondant plus ou moins aux rubriques adoptées par les rédacteurs de la *BUR*, et où, à l'intérieur de chaque catégorie, on trouve d'abord des ouvrages anonymes, ensuite une liste par auteurs. Cette présentation permet un rapide coup d'œil sur l'énorme variété du contenu de la série, mais souffre d'au moins deux défauts. D'abord, les détails des ouvrages et les attributions reproduisent les données avancées dans les articles eux-mêmes, et celles-ci sont trop souvent fantaisistes. Ensuite, il n'y a aucune indication du volume ni des pages où se trouvent les différents morceaux – lacune majeure que la Salle des catalogues de la Bibliothèque nationale cherche à combler grâce à des annotations manuscrites (incomplètes dans le cas de certains titres problématiques) apportées à l'exemplaire qui s'y trouve. Le prospectus de la *BUR*, publié par Slatkine Reprints en 1970 en même temps que la nouvelle table, donne un certain nombre de détails sur les principaux collaborateurs, les sources où puisaient ceux-ci et l'organisation générale de la collection, mais elle exagère le caractère érudit du contenu quand elle affirme qu'on y trouve 'tous les éléments d'une véritable histoire de l'art du roman' ainsi qu'un 'tableau détaillé du climat intellectuel de toute une époque' (p.1).

Le livre de Roger Poirier, *La Bibliothèque universelle des romans: rédacteurs, textes, public*, offre, évidemment, une étude bien plus complète des circonstances de la publication de cette collection. Bien que la présentation d'une documentation abondante pèche par certaines négligences et que les conclusions de l'auteur nous semblent parfois poussées plus loin qu'une stricte interprétation des faits ne le justifierait, cette étude reste le point de départ nécessaire de toute discussion de la *BUR*. Nous avons justement cherché dans les pages qui suivent à éviter, autant que possible, toute répétition des exemples et des citations que l'on trouvera plus commodément dans ce livre. Ceci dit, il nous semble pourtant, que, dans le domaine qui nous intéresse particulièrement ici, la discussion de Roger Poirier ne réussit pas à donner une image vraiment représentative de la nature du contenu de ce recueil pendant ses quatorze années de publication. L'accent est mis surtout sur les définitions des débuts et sur les articles des premiers volumes, tandis que l'évolution ultérieure de la série, marquée dans l'optique de cet auteur par une constante baisse de qualité, est évoquée bien plus rapidement.

Ce n'est que dans l'article de John M. Clapp, 'An eighteenth-century attempt at a critical view of the novel [...]', publié en 1910, qu'on trouve une véritable tentative de fixer la totalité des matières dont on traite dans la *BUR*, grâce à

---

3. *Table* (1780), p.5. La *Table* de 1780 se trouve à la Bn sous la cote Y² 8334.

une étude proportionnelle de la provenance des textes analysés. Pour celui qui a cherché à démêler les complexités de la collection, cependant, les conclusions de Clapp surprennent précisément par leur clarté, leur côté extrêmement schématique. Un but secondaire que nous nous sommes proposé en établissant notre table a été justement de chercher à refaire ces calculs, mais en tenant peut-être mieux compte des habitudes de travail des rédacteurs de la série, qui très souvent semblent avoir volontiers mêlé fictions et vérité jusque dans les détails bibliographiques qu'ils avancent.

Nous revenons ainsi dans notre étude aux détails du texte, afin d'établir une base plus sûre pour mieux comprendre la structure de la *BUR* et pour mieux saisir son originalité et son importance. Ce travail aura, nous l'espérons, une double utilité: il représente à la fois un bilan de problèmes résolus et un outil qui permettra, avec le temps, d'en éclairer d'autres, auxquels peut-être seuls le hasard des rencontres ou de nouveaux recensements bibliographiques permettront d'apporter une réponse.

1. Gestion et abonnements

Le *Prospectus* de la *Bibliothèque universelle des romans*, placé à la tête du premier volume, de juillet 1775, annonce les conditions matérielles de l'abonnement offert au public:

Le volume est de neuf feuilles, au moins d'impression, caractère de Cicéro. On publie seize Volumes *in-*12 par année; savoir, outre les Volumes du mois [qui devaient paraître le premier], un autre Volume le 15 des mois de Janvier, Avril, Juillet & Octobre. Le prix des seize volumes, par année, est de 24 liv. à Paris, & de 32 liv. en Province, rendus francs de port aux Abonnées. Chaque volume est de 36 sols pour ceux qui n'ont point souscrit.[4]

Aucune indication n'est ainsi donnée du nombre global de volumes prévus, car ce qu'on propose ici est un 'ouvrage périodique' (ce terme figure sur la page de titre) ou un 'Journal des Romans' (l'expression paraît dans le Prospectus) dont on ne prévoit pas d'emblée le terme. L'entreprise se distingue donc des diverses versions de la *Bibliothèque de campagne* publiées à partir de 1735, car cette dernière collection ('ouvrage qui est entre les mains de tout le monde', selon la *BUR* 1778.v.21), bien qu'étalée sur plusieurs années lors de sa première parution, ne cherche pas à respecter le même genre de périodicité mensuelle, ni à rivaliser avec les journaux par la forme de son contenu. Les *Bibliothèques de campagne* offrent des textes intégraux et non pas les 'extraits' ou les 'miniatures' que promet la *BUR*, où l'on trouvera 'l'âme', 'l'esprit' des romans sous une forme abrégée. Il est vrai que la *Nouvelle Bibliothèque de campagne*, en 12 volumes publiés entre 1769 et 1775 environ, se rapproche davantage de la *BUR* par sa formule, car elle est faite de morceaux choisis, d'*'épisodes intéressans et curieux, tirés des meilleurs romans, tant anciens que nouveaux'*, mais ici encore le peu de régularité avec laquelle les tomes paraissent fait qu'on ne peut guère considérer cette collection

---

4. 1775.vii.I.12. Nous citons le *Prospectus* et le *Discours préliminaire* d'après la réédition Slatkine.

comme un périodique.[5] Ultérieurement les éditeurs de la *BUR* ont parfois essayé de jouer sur deux tableaux, et pendant que de nouveaux numéros continuaient à sortir ils ont tout fait pour garder disponible la partie de la série qui avait déjà paru. Voilà comment ils peuvent affirmer dans leur publicité que l'ouvrage est 'une Collection, & non un Journal' (1777.v.Avis), quand ils veulent attirer des acheteurs pour les anciens numéros ou lancer une réimpression partielle. Mais même à ces moments-là, ils ne manquent pas de réclamer l'abonnement aux livraisons courantes de la *Bibliothèque* (tout en ajoutant qu''il importe peu par quel Volume on en commence la lecture') ni de souligner le fait que la publication régulière de nouveaux numéros va se poursuivre.

Le *Prospectus* de 1775 ne donne pratiquement pas de détails sur les fondateurs de la *BUR*. Dans une première version de ce texte, on explique que la difficulté de retrouver tout ce qui a été écrit en matière de romans 'a été levée par la générosité d'un homme de qualité, qui possede la Bibliothèque la plus complette dans tous les genres'. Dans des réimpressions, cet anonymat est rompu, et une note explique qu'il s'agit de 'M. le Marquis de Paulmy d'Argenson, autrefois Ministre de la Guerre',[6] dont la bibliothèque a été à l'origine des collections actuelles de l'Arsenal, à Paris. Le privilège du roi, daté du 7 juillet et signé Le Begue et Saillant (et reproduit à la fin du second volume pour juillet 1775) est accordé au libraire Lacombe, pour une période de six ans. Roger Poirier indique, cependant, que dans le *Registre des privilèges et des permissions simples* c'est Jean-François de Bastide qui est inscrit comme auteur de l'ouvrage (Poirier, p.19, n.35), et c'est lui qui est désigné lorsque dans la *BUR* on parle à différentes reprises du 'propriétaire du privilège'. Les rôles joués respectivement par Paulmy et Bastide au début de l'entreprise restent assez obscurs, et nous ne savons pas en fait lequel des deux en a eu la première intitiative. En juin 1779, Bastide semble réclamer cette distinction, en faisant paraître la déclaration suivante: 'Sans le projet d'un Homme-de-Lettres, aidé des lumières & de l'érudition d'un Homme de Qualité, la Bibliothèque universelle des Romans manqueroit à notre Littérature' (1779.vi.3-4). Selon le *Prospectus*, Paulmy aurait bien voulu 'présider à notre plan, en tracer lui-même le dessin, & procurer les matériaux nécessaires pour élever un des plus beaux monumens, & le seul, en ce genre, dont la Littérature puisse se glorifier' (1775.vii.i.8). En fait le marquis s'est aussi intéressé directement à la rédaction du périodique, corrigeant les manuscrits d'autres collaborateurs et fournissant lui-même des articles, qu'il a éditées en volume en 1786.[7] Il est peu probable d'autre part que Bastide ait été le simple prête-nom qu'on voit en lui parfois aux débuts de la série. Ecrivain professionnel, journaliste de longue date, il a certainement, pendant ces premières années comme plus tard, contribué activement à la publication de la *BUR*. La *Correspondance littéraire*, en juillet 1776, ne le considère-t-elle pas comme le principal

---

5. Cette dernière collection ne figure pas dans l'*Inventaire de la presse classique* (1978). La *BUR* la recommande à ses lecteurs en juillet 1776 (i.198). Sur les *Bibliothèques de campagne*, voir Martin (1973). La *Bibliothèque des romans* de Lenglet Dufresnoy et la *Bibliothèque d'un homme de goût* de Chaudon, dont fait état Poirier, pp.2-4, 6, sont des compilations bibliographiques.

6. Voir par exemple, dans la réédition Slatkine, 75.vii.I.5.

7. Voir plus loin, p.58.

éditeur, avant d'apprendre ultérieurement l'importance de l'apport de Paulmy et du comte de Tressan?[8]

Ce dernier, ami de Paulmy et amateur de romans du moyen âge, semble avoir été à l'origine de la brouille qui a mis fin à la première période de la *BUR* en décembre 1778. Selon les *Mémoires secrets* de Bachaumont, ce seraient les dettes de Bastide aui auraient motivé le départ du marquis de Paulmy, mais les manuscrits de l'Arsenal qu'a exploités Henri Martin suggèrent qu'une querelle avec Tressan sur les changements apportés aux textes de celui-ci se serait envenimée malgré les efforts de Bastide pour servir de médiateur.[9] Il faut dire que le comte et le marquis, tous deux, dans leurs publications ultérieures, semblent garder un assez mauvais souvenir de cet épisode. Quand Tressan édite à part en 1782 certains de ses articles écrits pour la *BUR*, il se donne la peine d'expliquer, non sans ironie, les différences entre les deux versions (*Corps d'extraits* (1783), i.v-vi):

On trouvera beaucoup de changemens dans ce Recueil d'Extraits, si l'on prend la peine de les comparer à ceux qui sont imprimés dans la *Bibliothèque des Romans*. Les Rédacteurs de cette collection ont souvent retranché des passages que je crois pouvoir conserver. Plus souvent encore leur amitié pour moi leur a fait joindre à ces Extraits des vers & des traits agréables, dont je ne dois point parer un ouvrage que j'avoue [...] Je dois, en les laissant paroître sous [les yeux] du Public, les donner tels que je les ai faits, tels qu'ils sont dans mes manuscrits que j'ai redemandés. On doit donc s'attendre à perdre beaucoup dans les Extraits compris dans ce Recueil, & sur-tout dans ceux qui précèdent le mois de janvier 1779.

Le marquis de Paulmy, pour sa part, en publiant dans le *Manuel des châteaux*, 1779, un 'Catalogue raisonné des six cents volumes qui doivent être placés dans le boudoir romanesque de madame de ***', recommande vivement la *BUR*, mais uniquement pendant la période où lui s'en est occupé (*Manuel*, p.1):

Le premier Ouvrage qui entrera dans votre collection, sera, si vous le trouvez bon, Madame, la *Bibliothèque universelle des Romans*, depuis le mois de Juillet 1775, date de son origine, jusqu'au commencement de la présente année 1779 exclusivement. De ce moment-là, j'ai cessé de le lire, & je ne peux plus vous en parler; mais j'avoue que j'ai des raisons particulieres, & peut-être personnelles, de vous recommander la lecture de cet Ouvrage, au moins pour les trois années & demie qui ont fini avec l'année 1778.

Paulmy s'est lancé, en abandonnant la *BUR*, dans une nouvelle compilation qui devait, dans un sens, concurrencer celle-là: les *Mélanges tirés d'une grande bibliothèque*, dont le *Manuel des châteaux* (refait en 1785 sous le titre de *Bibliothèque de littérature à l'usage des dames*) fait partie. Dans 70 volumes à partir de 1779, il cherche, avec la collaboration de Contant d'Orville, à rendre compte des richesses de sa collection dans tous les genres (et non plus seulement les fictions), sans qu'il ait réussi à dépasser les productions du seizième siècle avant sa mort en 1788.

C'est Bastide, ainsi, qui, après le départ de Paulmy, se trouve à la tête de la

---

8. Clapp, p.77; Poirier, p.9.

9. Martin (1899), pp.37-41; Poirier, pp.14, 17, 20. Voir aussi notre *Table*, 1779.vi.3-132. Poirier, pp.32, 31, attire l'attention également sur la faillite de Lacombe en 1778 et le rachat de la *BUR* par Panckoucke.

BUR, et en janvier 1779 il explique la nouvelle situation à ses abonnés (1779. i.i.vii):

> Le Propriétaire du Privilège de cet Ouvrage ne peut laisser ignorer à ses Souscripteurs un événement qui les intéresse, & qui le touchera personnellement toute la vie. L'homme de qualité qui inspira cette entreprise littéraire, & qui contribua tant à son succès, par les secours de la Bibliothèque la plus étendue, & par les lumières de l'esprit le plus instruit, vient de renoncer à cet amusement si honorable & si utile.

Malgré ce coup dur, que Bastide n'aurait appris que le 9 décembre 1778, la série se poursuivra: 'Messieurs les Souscripteurs sont priés de recevoir la promesse du plus grand zèle, aidé du plus grand secours. Plusieurs hommes de Lettres, du mérite le moins disputé, & que l'on fera connoître, ont bien voulu se charger de ce travail' (1779. i.i.ix, vii-viii). Nous verrons plus loin quelques-uns des noms de ces collaborateurs qui pendant une brève période entre janvier 1779 et mars 1780 commencent à signer leurs articles. Ce qui semble préoccuper Bastide plus que l'aide de ses collègues, c'est la source des articles à venir, maintenant que la collection de Paulmy lui est fermée: 'Monsieur Bignon, Protecteur né des Lettres, & de ceux qui les cultivent, par une bonté & des lumières héréditaires dans sa maison, a daigné ouvrir la Bibliothèque du Roi; plusieurs Particuliers, riches en Romans rares, & en Manuscrits de cette espèce, ont eu la générosité d'en offrir la communication.'[10] Si le choix des livres qu'on résume désormais semble confirmer l'utilisation des ressources de la Bibliothèque royale annoncée ici, la promesse de nouveaux 'manuscrits' semble avoir été tenue moins fidèlement: pour la plupart, les texte inédits qu'on offre désormais semblent être des supercheries et des morceaux écrits exprès pour la *BUR*.

Jusqu'au moment du changement de régime à la fin de 1778, 56 volumes de la série avaient paru de mois en mois. Quand la *BUR* cesse, avec le numéro correspondant à juin 1789, la collection représente après quatorze années et à raison de seize numéros par an un total de 224 livraisons. Celles-ci portent normalement une page de titre indiquant le mois et l'année, avec la mention '1er' ou '2e Volume' dans le cas des mois 'doubles'. La longueur des volumes varie entre 180 pages (en mai 1781) et 262 pages (en août 1776), avec une moyenne de 208,43 pages. A partir d'avril 1788, la pagination se poursuit sur deux volumes: le numéro pour mai de cette année-là, par exemple, va jusqu'à la page 240, celui pour juin va de la page 241 à la page 406. Dans ces cas, le texte n'est pas interrompu et les pages de titre des seconds volumes manquent le plus souvent, car elles portaient une instruction au relieur de les enlever. Le 224e volume est en fait la *Table alphabétique des extraits contenus dans Bibliothèque des romans*, et les derniers textes paraissent dans le 223e, daté de mai 1789. Dans les exemplaires de la série qui nous avons pu examiner, les volumes sont presque toujours reliés deux par deux, ce qui fait en principe une série de 112 tomes.

Les conditions d'abonnement sont données, nous l'avons vu, dans le *Prospctus* et se répètent de volume en volume, soit dans des avis, soit sur des pages de garde ou au verso des pages de titre. Régulièrement autour du mois de juin (et parfois en décembre), on insère un rappel aux abonnés: 'Messieurs les

---

10. 1779.i.I.viii. Il s'agit de Jérôme-[Jean]-Frédéric Bignon.

Souscripteurs sont priés de renouveller leur Abonnement, si leur intention est de continuer.' En décembre 1779, on ajoute même une des raisons d'être essentielles du système des souscriptions: 'Messieurs les Souscripteurs qui désirent renouveller leur Abonnement, sont priés de ne pas négliger d'envoyer au Bureau, *afin que l'on puisse déterminer le tirage*' (c'est nous qui soulignons). Un numéro pour mai-juin 1788 que possède la Bn (Y²8329) a gardé (chose tout à fait exceptionnelle dans les exemplaires que nous connaissons) sa couverture d'origine, en papier marbré bleu, et là-dessus on a même collé un rappel personnalisé, sous forme de petite étiquette imprimée, où la date est rajoutée à l'encre dans le blanc prévu à cette fin: 'Votre abonnement commençant au mois de *Juillet 1787* est fini. Si vous êtes dans l'intention de continuer votre Souscription, vous êtes averti de la renouveller au Bureau de la Bibliothèque, rue des Mathurins, No 7, chez Jean-François Bastien, Libraire, chargé actuellement de la distribution de cet Ouvrage.' Les prix des volumes courants restent stables pendant l'existence de la *BUR*: 24 livres pour Paris et 32 livres pour la province, frais de distribution compris, mais 'Messieurs les Souscripteurs sont priés d'affranchir le port de leurs lettres d'avis, & de leur argent.' La situation varie davantage pour ce qui est des anciens numéros. En janvier 1778, on offre aux taux de l'abonnement normal l'ensemble des volumes déjà parus, c'est-à-dire quarante numéros pour 60 livres, mais cette somme ayant 'effrayé' plusieurs clients éventuels, on la réduit à 40 livres dans une annonce du mois de juin. Cette concession n'a cependant pas contenté tout le monde, et en avril 1780 on peut lire dans un *Avis très-important*: 'Le Propriétaire de la Bibliothèque des Romans est instruit que quelques-uns de ses Souscripteurs se proposent de ne pas renouveller leur Abonnement, aux différentes époques, parce qu'ils regardent le rabais établi (pendant quelque tems seulement) comme une source d'avantages toujours renaissans pour le Public' (1780.iv.ii.3). Bastide insiste sur le fait que la diminution du prix ne concerne que les quatre premières années de la collection, de juillet 1775 à juin 1779, et que le prix ordinaire sera appliqué pour la cinquième année et celles qui devaient suivre. 'Par respect pour le Public, poursuit-il, on supprime les réflexions que l'on pourroit se permettre sur le projet d'abuser de l'honnêteté d'un Homme-de-Lettres, qui a voulu rendre facile l'acquisition d'un Ouvrage agréable' (1780.iv.ii.4).

Des querelles d'argent ne sont pas les seules difficultés qui perturbent les rapports entre la rédaction et le public. En mars 1778, il est question de volumes égarés que des abonnés réclament. On répond à ceux-ci que ce sont souvent leurs domestiques qui, à tour de rôle, lisent les volumes et oublient de les faire parvenir aux maîtres (1778.iii.213):

Nous sommes obligés de représenter à Messieurs nos Souscripteurs, qu'en général ils ne sont pas assez attentifs à se faire représenter le Volume lorsque le Facteur est censé l'avoir porté chez eux. Cette inattention cause des embarras infinis, & une perte considérable. Nous osons dire que jamais Ouvrage ne fut distribué avec plus de soin & ne parut avec plus d'exactitude.

Que ce soit la faute des domestiques ou celle des maîtres qui partent à la campagne en été sans avertir, on impose des limites à la période pendant laquelle les volumes perdus seront remplacés (cf. Poirier, pp.109-10):

Lorsque le Souscripteur de Paris laissera écouler jusqu'au 15 du mois sans se plaindre, nous bornerons nos soins à faire des recherches; & le Volume ne sera pas rendu si le Facteur ne peut retrouver le Domestique à qui il l'aura remis. Le Souscripteur de Province aura le mois. Ce terme expiré, nous nous contenterons d'écrire au Directeur de la Poste à qui le Volume aura été adressé, pour l'engager à le faire retrouver.

La rédaction semble craindre ailleurs que les abonnés ne regardent de près la longueur de chaque volume, et on cherche à prévenir les protestations: 'Pour ne pas couper des morceaux intéressans & longs, ce Volume n'aura encore que huit feuilles; mais le suivant en contiendra dix. Nous prions nos Lecteurs de croire que nous compenserons toujours ce que nous serons obligés de leur faire perdre' (1779.xi.192). Des raisons techniques rendent ces variations nécessaires: 'Il est si difficile de *tomber* toujours juste à la dernière page de la neuvième feuille [...] que nous oserons désormais rendre les Volumes plus ou moins longs, suivant l'exigence des matières' (1779.vii.1.201).

A en juger par les dates des approbations publiées à la fin des volumes, les rédacteurs semblent avoir eu raison d'être fiers de la régularité avec laquelle la série a paru pendant une dizaine d'années. Depuis le début de la série jusqu'au deuxième numéro d'avril 1777, c'est le romancier Crébillon fils, en sa qualité de censeur royal, qui donne l'approbation, reproduite à la fin des volumes et datée normalement du dernier jour du mois qui précède celui indiqué sur la page de titre (ou du 14 du mois courant dans le cas des livraisons doubles). Ce même rythme est respecté de mai 1777 à décembre 1778, période pendant laquelle la signature est celle d'Hubert-Pascal Ameilhon.[11] La rupture avec Paulmy ne semble pas avoir troublé cette régularité de publication, mais à partir de janvier 1779, le censeur qui s'occupe de la *BUR* devient l'abbé de Sancy. Comme à l'époque de Crébillon déjà (en septembre-octobre 1775), plus d'un volume porte parfois la même date d'approbation: ceux pour février et mars 1779, par exemple, datés tous deux du 30 janvier; ou ceux de septembre à novembre 1780, quand on offre la *Cassandre* de La Calprenède étalée sur trois volumes, avec une approbation commune du 31 septembre. Ce qui semble être, en mars 1781, un premier retard (de Sancy ne signe que le 29 de ce mois) aurait été vite rattrapé, car la même date d'approbation est donnée dans les quatre volumes qui suivent, et désormais le censeur avance régulièrement le jour choisi au 28, au 26, même au 22 du mois. C'est dans le dernier volume qu'approuve de Sancy que semble s'amorcer un retardement progressif qui ne sera jamais comblé de façon permanente. Ce numéro pour février 1784 est daté du 3 du ce mois, léger délai qui persiste sous le régime du nouveau censeur, Raulin fils, et s'accentue en novembre de cette même année, quand l'approbation n'est donnée que le 15. Pendant 1785, cette pratique devient régulière, et Raulin ne signe jamais avant le 10 du mois en question. A partir de février 1786, la rédaction de la *BUR* semble avoir cherché à rectifier cette situation: ce volume est approuvé le 15 janvier (avant le deuxième volume pour janvier, reçu le 20), et jusqu'au second volume pour juillet l'avance ainsi gagnée est maintenue. Un avis paru en juin 1786 – moment où l'on sollicite les réabonnements – fait allusion aux problèmes d'une distribution régulière (1786.vi.191-92):

---

11. La forme 'Hamelion' dans certaines réimpressions ne serait qu'une coquille.

Si rien n'est plus respectable que les engagemens que l'on prend avec le Public, rien n'est plus difficile quelquefois que de lui prouver son zèle par son exactitude. Depuis six mois nous avons éprouvé souvent cette difficulté. Ne pouvant la vaincre, comme nous l'aurions désiré, nous avons tâché du moins de racheter cette négligence par des efforts particuliers; & nous osons dire que nos six derniers volumes rachètent, par un mérite qui se fait aisément sentir, le tort involontaire de les avoir fait attendre [...] A l'égard de l'exactitude, nous en connoissons trop l'importance, pour ne pas la regarder comme une partie essentielle de notre engagement.

Ces bonnes intentions sont, cependant, vouées à l'échec. En août et septembre 1786 – derniers volumes que signe Raulin – les dates d'approbation sont encore une fois retardées au 10 du mois en question, et dans les six numéros qu'approuve Etienne-André Phillipe de Prétot, à partir d'octobre 1786, on attend même la fin du mois ou, dans le second volume de janvier 1787, la fin du mois suivant. Quand un nouveau censeur, Nicolas-Joseph Sélis, rentre en fonction, avec le numéro de février 1787, son approbation porte la date du 7 avril, le numéro de mars est du 7 mai et le premier volume d'avril est du 30 juin. La situation s'embrouille quand on voit que le second volume d'avril aurait été approuvé en août (le jour n'est pas indiqué), tandis que dans le numéro pour mai on trouve la même date que dans le premier volume d'avril, c'est-à-dire le 30 juin. Le second volume pour juillet aurait été reçu le 15 juillet, avant celui de juin, daté du 31 juillet, tandis que le premier volume de juillet ne mentionne aucun jour ni mois, et transforme l'année en 1778! Encore une fois un avis, dans le second volume d'avril (mais rappelant que c'est le moment de renouveler les abonnements, donc vers juin ou juillet) évoque discrètement les difficultés que connaît la collection: 'Les derniers volumes de l'année [allant de juillet à juin] que nous offrons aujourd'hui à Messieurs nos Lecteurs, leur prouveront notre zèle & le désir que nous avons de ne leur présenter que les morceaux dignes de leur estime: les deux de Juillet sont imprimés, & le volume d'Août presque fini: ils confirmeront également cette juste opinion' (1787.iv.ii.250). Loin de s'améliorer, cependant, la situation semble s'être dégradée très rapidement. Le volume d'août ainsi promis ne semble en fait avoir paru qu'avec une année de retard, et l'approbation est signée par Sélis le 24 octobre 1788. Cette date est répétée dans les numéros pour septembre et octobre 1787 ainsi que dans la première livraison pour janvier 1788 (la seconde ne porte pas de date). Les volumes pour novembre et décembre 1787 auraient été approuvés par le même censeur le 31 décembre 1788, et celui pour février 1788 le 15 février 1789. Il est vrai que la date du 31 mars 1788 paraît dans l'approbation du volume pour mars 1788, mais il est préférable d'accepter que ce serait ici une coquille, plutôt que de considérer comme fautives les autres indications citées. D'autant plus que les volumes pour avril et mai-juin 1788 sont datés respectivement du 30 avril et du 16 mai 1789. La dernière approbation (toujours signée par Sélis) paraît dans cette livraison pour juin 1788, et désormais il n'y a aucune indication interne de la véritable date de publication des volumes. Cependant, une préférence marquée pour des articles de plus en plus longs pourrait suggérer qu'on abandonne la variété en faveur de la facilité, afin de contenter le plus rapidement possible des abonnés qui attendent avec une certaine impatience.

Un nouveau *Prospectus* publié vers la fin de 1788 vient confirmer le témoignage des approbations, qui font supposer un bouleversement considérable dans la publication des volumes de la *BUR* après juillet 1787. Ce document a paru dans un supplément au numéro du *Mercure de France* pour le 15 novembre 1788[11bis] et annonce – malheureusement sans donner beaucoup de précisions – une réorganisation totale de l'entreprise:

> Des obstacles insurmontables avoient depuis long tems suspendu le cours d'un Ouvrage si favorablement accueilli du Public dans sa naissance, & honoré depuis du succès le plus constant. Des circonstances plus heureuses vont le faire revivre: nous nous empressons d'en donner avis aux anciens Souscripteurs de la Bibliothèque des Romans, & à tous les Amateurs de cette partie si agréable de notre Littérature. Un nouveau Propriétaire, aidé de quelques Capitalistes a rassemblé les fonds nécessaires pour ranimer cette entreprise, & la porter à la perfection dont elle est susceptible. Il n'a rien épargné pour se procurer un Rédacteur & des Coopérateurs distingués par leurs talens, & capables de donner à ce genre d'ouvrage un nouveau degré de mérite & d'agrément [. . .]
>
> Les préjugés peu favorables que le passé auroît pu faire naître, seront bientôt dissipés par l'exactitude des livraisons, & par le choix du Libraire chargé de la distribution de l'Ouvrage. L'intelligence, le zèle & l'activité de M. *Bastien* sont connus, & lui ont mérité la confiance du Public.
>
> On regarde comme sacrés les engagemens contractés avec les anciens Souscripteurs, & l'on va se hâter d'y satisfaire: on donnera au moins deux volumes par mois d'ici à la fin du mois de janvier prochain; ils se succéderont avec la même rapidité dans le cours de l'année; & à la fin de 1789 on sera parfaitement au courant.

Nous ne savons encore rien de l'identité des nouveaux animateurs du la *BUR*. Il est à présumer, cependant, d'après ce texte, que Jean-François de Bastide ait été écarté définitivement – à ce moment, sinon avant – de la direction de l'entreprise qu'il avait créée avec le marquis de Paulmy. Ce qui semble être une critique assez brutale de la gestion financière de l'ancien rédacteur se place à la fin de ce prospectus: 'On ne proposera plus désormais aucun rabais, ni aucune de ces spéculations mercantiles qui déshonorent une œuvre littéraire; & le prix des années précédentes sera fixé irrévocablement à 24 liv. pris à Paris.'

Sous la rubrique des *Annonces et notices*, le *Mercure de France* du 13 décembre 1788 (pp.92-93) reproduit une version abrégée du nouveau prospectus, où, en même temps, on avertit que les volumes d'août et de septembre ainsi que le premier volume d'octobre 1787, avaient enfin été publiés. Le 14 mars 1789, dans le même périodique (p.106), il est question des volumes de janvier et de février 1788; le 6 juin (p.44), de celui de mars 1788; le 27 juin (p.188), de ceux pour avril, mai et juin 1788. La dernière indication que nous ayons relevée sur l'étalement des livraisons concerne les deux volumes de juillet 1788 et se trouve

---

11bis. *Supplément contenant les prospectus et avis de la librairie*, 12 pp. Une note (pp.1-2) explique que 'cette Feuille de Supplément est destinée à la publication des *Prospectus & Avis particuliers* de la Librairie, dans le Mercure, le Journal de Genève & la Gazette de France'. Nous n'avons pas retrouvé ces 12 pages dans le microfilm de la *Gazette de France* conservé à la Bn, mais elles se rattachent au numéro pour le 22 novembre 1788 du *Journal historique et politique de Genève*. Cette même note donne des détails curieux sur le tirage de ces trois périodiques et sur le prix des annonces: 'les frais pour chaque page du Mercure tiré à onze mille, seront, en petit romain, de 30 liv. 15 sous, & en philosophie, 21 liv. Chaque page qui aura été insérée dans le Mercure, pourra être aussi insérée dans le Journal de Genève, tiré à 3500, pour 10 liv. 12 s. 6 den.; chaque colonne de la Gazette de France, tirée à 6000, coûtera, en petit romain 32 liv. 15 sous, &c. Outre le prix ci-cessus, on doit donner au Rédacteur du Mercure un exemplaire des *livres nouveaux* annoncés dans chaque Prospectus.'

dans la *Gazette de France* (p.340) du 25 août 1789. Nous ignorons ainsi les véritables dates de parution des quatorze volumes qui devaient encore suivre, mais il est clair que le tout dernier de la collection, portant la mention juin 1789, n'a guère pu sortir, au plus tôt, avant les derniers mois de 1789 ou les débuts de 1790. D'autant plus qu'un nouveau changement de régime se laisse deviner quand, à partir de la livraison pour août 1788, le nom du libraire Bastien disparaît des pages de titre.

2. Libraires et réimpressions

Les collections de la *BUR* qui subsistent de nos jours sont souvent incomplètes et se composent – au moins jusque vers les premiers mois de 1781 – de volumes provenant d'impressions différentes. Les éditeurs, s'accrochant à une conception 'encyclopédique' de l'ouvrage, ont cherché pendant la première moitié de son existence au moins, à maintenir disponible la totalité des volumes parus. Il en a résulté de multiples réimpressions des volumes qui venaient à manquer, suivant les hasards de l'épuisement des réserves. Ce fait explique l'état disparate de la plupart des collections et rend l'étude des rééditions d'une complexité exceptionnelle. En réalité, il semble bien qu'il n'y ait jamais eu de véritable réédition complète de l'ensemble des volumes. La seule réimpression partielle qui paraît avoir été relativement suivie daterait de 1777-1778. Un avis paru dans le premier volume de janvier 1778 donne les détails (1778.i.1.1):

Dans le mois de mars [1777...], nous annonçâmes qu'il nous restoit peu d'Exemplaires de la première Edition, & qu'on alloit en faire une nouvelle, qui seroit finie dans le terme d'une année. Le desir de répondre à la flatteuse impatience du Public, nous a fait presser ce travail, & nous en annonçons la fin. Le nombre des volumes qui ont paru jusqu'à ce jour, est de 40 [...]

Le premier état des volumes de la *BUR* allant de juillet 1775 à mars 1777 se reconnaît au fait que les pages de titre portent uniquement le nom du libraire Lacombe, ainsi que les adresses rue Christine (jusqu'en décembre 1776) ou rue de Tournon. Le fleuron représente une tige portant des feuilles et deux fleurs, et à la dernière page on donne le nom de l'imprimeur: M. Lambert, rue de la Harpe. Ensuite, à partir d'avril 1777, des avis annoncent l'établissement d'un Bureau, rue du Four Saint-Honoré, surtout pour gérer les abonnements parisiens, car Lacombe devait s'occuper toujours des envois en province. C'est à ce moment qu'on a entrepris la réédition des quarante premiers volumes, et dans cette nouvelle version la mention du Bureau précède, sur les pages de titre, celle du libraire.

Le Bureau de la *Bibliothèque* reste rue de Tournon jusqu'au milieu de 1779, en dépit des difficultés qu'a pu provoquer le départ du marquis de Paulmy à la fin de l'année précédente. Déjà en mai 1778 le nom de Lacombe avait paru pour la dernière fois en tant que libraire,[12] et jusqu'au et y compris le premier volume pour octobre, on n'indique que l'adresse du Bureau. A partir du second volume d'octobre et jusqu'en mai 1779, un nouveau libraire est associé à l'entreprise:

---

12. Voir Poirier, pp. 22, 31, sur la faillite de Lacombe et l'intervention de Panckoucke. Le nom de ce dernier ne figure dans la *BUR* qu'en traducteur d'Arioste. Mais voir note 13.

Moutard, rue des Mathurins, qui, en plus, à partir de janvier 1779, remplace Lambert comme imprimeur. Quelques mois plus tard, au milieu de 1779, le Bureau déménage rue Neuve-Sainte-Catherine (l'adresse paraît pour la première fois dans le premier volume de juillet) et, vers le même moment (la chose se lit déjà sur la page de titre du numéro de juin), Demonville, rue Saint-Sévrin, prend la relève de Moutard, dans ses fonctions de libraire et d'imprimeur.

C'est pendant la période qui va de juin 1779 à septembre 1780 et où les éditeurs de la *Bibliothèque* ont travaillé avec Demonville, que les rééditions de divers volumes antérieurs semblent avoir proliféré plus qu'à tout autre moment. Si c'est le nom de Demonville qu'on trouve indiqué comme imprimeur à la fin des nouveaux volumes qui sortent, celui-ci signe très peu des réimpressions. On a eu recours à une vingtaine d'autres ateliers, à divers moments, pour tirer de nouvelles versions des numéros déjà parus, où les détails donnés sur les frontispices varient considérablement.[13] Il se trouve ainsi des pages de titre qui portent l'indication des différents mois des années 1775 à 1780, mais où l'adresse du Bureau est donnée comme rue du Four Saint-Honoré ou rue Neuve Sainte-Catherine, et où on lit le nom de Demonville, soit rue Saint-Séverin, soit rue Christine (déménagement indiqué pour la première fois dans le premier numéro de juillet 1780). Quelques rares fois, la signature de l'imprimeur comporte une date: par exemple, veuve Ballard, rue des Mathurins, 1779, dans une réimpression du second numéro pour octobre 1778. C'est surtout Simon, également rue des Mathurins, qui donne habituellement le millésime: celui de 1779 dans une version du premier volume pour janvier 1776 ou celui de 1780 dans un second volume du mois d'avril 1776.

Dans la plupart des cas au lieu de reproduire textuellement les détails des anciennes pages de titre, ces imprimeurs semblent donner les adresses du Bureau (ainsi que du libraire associé) qui correspondent au moment où la réimpression paraît. Cette pratique offre, bien sûr, des avantages évidents du point de vue commercial et publicitaire. Il y a au moins un exemple d'une première édition qu'on a cherché à mettre à jour en corrigeant à la main un frontispice déjà imprimé: dans la livraison originale pour mai 1778, le nom de Lacombe (qui n'est plus mentionné à partir du mois de juin) a été rayé et l'on a ajouté les mots 'et pour la province' aux détails donnés sur le Bureau. Un petit nombre de cas suggère néanmoins que la remise à jour de ces indications n'était pas une règle absolue dans les réimpressions. Nous ne savons pas, par exemple, si les versions faites, de certains volumes des années 1775 et 1776, par Pierres, Stoupe, Thiboust, Valleyre jeune, et qui ne portent que le nom de Lacombe (rue Christine ou rue de Tournon) précèdent véritablement l'établissement du Bureau ou s'il s'agit de la reproduction littérale d'anciennes pages de titre. Il existe

---

13. Les imprimeurs dont nous avons relevé le nom dans une enquête qui se poursuit sont: la veuve Ballard, imprimeur du roi, rue des Mathurins; Cailleau, rue Saint Severin; Couret de Villeneuve, imprimeur du roi à Orléans [beau-père de la fille de Panckoucke]; Couturier, Cloître Saint Nicolas du Louvre; Demonville, rue S. Severin; Grangé, rue de la Parcheminerie; Gueffier, au bas de la rue de la Harpe; d'Houry, rue de la Vieille Bouclerie; L. Jorry, rue de la Huchette; Lambert, rue de la Harpe; P. de Lormel, rue du Foin Saint Jacques; Moutard, rue des Mathurins; Ph. D. Pierres, rue S. Jacques; Cl. Simon, rue des Mathurins; Stoupe, rue de la Harpe; veuve Tarbé, à Sens; veuve Thiboust, imprimeur du Roi, place Cambrai; Valade, rue des Noyers; Valleyre l'aîné, rue de la Vieille Bouclerie; N. Valleyre jeune, rue Saint Severin.

également une version du numéro pour novembre 1777, signée par Simon et datée par lui de 1779, mais qui donne sur la page de titre uniquement l'adresse du Bureau, rue de Four Saint-Honoré – formule qui correspond normalement à la période juin-octobre 1778. Il n'y a ainsi aucune correspondance ici entre les trois éléments superficiels de datation, ce qui souligne la nécessité, afin de démêler dans ses détails l'histoire des réimpressions, d'un recours à des techniques plus subtiles de bibliographie matérielle dans une enquête qui reste à faire.

Le dernier volume de la *Bibliothèque* pour lequel nous ayons jusqu'ici trouvé une réimpression est un exemplaire du premier numéro de janvier 1781. L'imprimeur est Demonville et le nom de celui-ci se trouve également sur la page de titre après la mention du Bureau, rue Neuve Sainte-Catherine. Il s'agit d'une version nouvelle de ce volume, car entre octobre 1780 et mars 1782 Demonville s'était en fait éclipsé en tant que libraire associé au Bureau, pour être remplacé dans cette fonction ainsi que celle d'imprimeur par Gueffier, rue de la Harpe. Le libraire de la rue Christine n'a pas été évincé définitivement, cependant, et son nom se retrouve encore une fois sur les pages de titre à partir du second volume de mars pour 1782. La réimpression que nous venons de signaler doit dater d'après cette nouvelle association avec le Bureau de la *Bibliothèque*, association qui devait être en fait assez durable et ne cesser qu'après juin 1787, bien qu'il y ait eu une période entre juillet et novembre 1784 où l'on ne trouve que l'adresse du Bureau et où l'on note les signatures des imprimeurs Grangé et Valleyre. Si les rapports avec Demonville semblent ainsi être restés relativement stables, le Bureau, installé depuis le milieu de 1779 rue Neuve Sainte-Catherine, déménage deux fois: d'abord rue Mêlée au début de 1786 et ensuite place Saint-Michel vers novembre de cette même année.

Après le départ de Demonville, dans les volumes pour juillet et août 1787, aucun nom de libraire ne figure sur les pages de titre, à la suite des détails sur le Bureau. C'est un moment, nous l'avons vu, où la *BUR* est passée par une crise assez grave pour que la publication ait été suspendue pendant une année. Quand le numéro pour septembre 1787 paraît, avec son approbation datant d'octobre 1788, c'est le Bureau qui a disparu des frontispices, et l'on ne trouve plus que l'indication d'un nouveau libraire annoncé par le *Prospectus* de novembre 1788: Bastien, rue des Mathurins. Le nom de celui-ci figure dans quinze volumes jusqu'à la seconde livraison pour juillet 1788 (parue selon la *Gazette de France*, nous l'avons dit, en août 1789). Ensuite, et jusqu'à la fin de la collection, c'est le Bureau, établi maintenant rue des Poitevins, qui veille sur la publication des volumes à venir.

Si, après le début de 1781, les rééditions volume par volume semblent avoir été abandonnées définitivement, il y a eu en revanche certaines tentatives après cette date pour relancer de nouvelles versions de la collection, soit dans des formats plus prestigieux et plus coûteux, soit offertes au public sous des conditions avantageuses. Dès avril 1782, il paraît dans la *BUR* une annonce qui fait état du projet d'une édition de luxe in-quarto. Les abonnés devaient recevoir non seulement la suite de la collection, mais en même temps pendant six ans, les numéros déjà parus, à partir des premiers. L'entreprise, qui aurait été patronnée par un noble espagnol, le comte de Villahermosa, n'a pas abouti, et l'on ne connaît que deux volumes, faits pour accompagner le prospectus.[14] Ceux-ci comprenaient les matières des huit livraisons entre juillet et décembre 1775, et chaque tome in-quarto devait ainsi renfermer l'équivalent de huit numéros. 'Le troisieme volume in-4°, affirme-t-on avec un mélange d'optimisme et de prudence, est sous presse, toujours chez DIDOT l'aîné, rue Pavée; il paroîtra le plutôt qu'il sera possible. La nécessité de faire passer des Prospectus chez l'Etranger & d'en attendre l'effet pour déterminer le tirage, est une excuse qu'on recevra sans peine' (1782.iv.II.6).

Au moment du lancement avorté de l'édition in-quarto, les éditeurs renoncent à leur politique qui consistait à fournir au client les volumes qui lui manquaient dans la collection in-12 et se mettaient à solder leurs réserves au prix de 10 sols le volume. 'La complaisance que nous avons eue constamment de completter les personnes qui dans le cours de l'année égaroient des volumes de leur collection, a occasionné dans nos magasins un incomplet presqu'inconcevable, & dont nous sommes obligés de tirer parti' (1782.iv.II.4). Cette opération a peut-être réussi à écouler l'ancien stock, car dès le mois d'août, un prospectus publié à part et qui ne figure pas à notre connaissance dans les volumes de la *BUR*, annonce qu''il va être faite une nouvelle édition de cet Ouvrage par souscription. Le nombre des exemples sera borné au nombre même des Souscripteurs. Conséquemment, après le terme qui sera indiqué, il deviendra impossible de fournir un seul corps complet'.[15] Les 112 volumes de la réédition devaient paraître par groupes de 16 volumes toutes les six semaines entre février et novembre 1783, et se payer moins de 40 pour cent du prix original. En plus, pour toute commande de quatre abonnements entre amis un cinquième serait donné gratuitement; ou, dans le cas des libraires, six abonnements attireraient un septième, mais qui durerait, celui-ci, jusqu'au jour où la *BUR* ne paraîtrait plus! Aucun document, jusqu'ici, ne nous a confirmé l'existence de cette réédition, qui n'a probablement pas paru.

Cinq années plus tard, dans le second volume pour avril 1787 (approuvé seulement au mois d'août), c'est une version in-octavo de la collection qui est proposée au public. On cherche en même temps à rassurer les abonnés antérieurs (1787.iv.II.250):

Nous prévenons Messieurs nos Souscripteurs, que la nouvelle Edition *in*-8°. que nous avons annoncée, n'empêche nullement la continuation de celle *in*-12. La nouvelle Edition est au contraire un garant de notre exactitude pour l'avenir comme de la bonté des volumes, puisque ce sont les matieres des volumes *in*-12 que nous donnerons tous les mois, qui formeront un des volumes de chaque livraison de la nouvelle Edition.

Ce nouveau projet de réédition, qui sera la dernier, a eu aussi peu de succès que les deux précédents: nous n'en connaissons que deux volumes pour juillet 1787, ainsi que l'exemplaire pour juillet 1775 signalé par Roger Poirier.[16] Comme dans les autres tentatives de réédition, on semble ainsi avoir voulu mener de front la publication de la suite de la série, ainsi qu'une nouvelle version des

---

14. Poirier, p.104, qui signale une variante du titre: *Traduction des meilleurs romans grecs, latins et gaulois extraits de la Bibliothèque universelle des romans [...]*, 1785.

15. Arsenal 8° Z.4866, p.2. Cf. Poirier, p.105.

16. Poirier, pp.103-104, qui décrit une nouvelle préface préparée pour cette édition.

volumes déjà parus. Si l'on prend littéralement la mention de 'deux cents volumes déjà publiés avec succès' qu'on trouve dans la nouvelle version du premier volume de 1775, la date de cette réédition, ainsi que l'a calculée Poirier, serait janvier 1788. Il nous semble plus probable que ce chiffre soit une approximation pour les 192 numéros sortis avant le milieu de 1787, moment où la publication a été suspendue pendant plus d'une année. Quand le libraire Bastien prend la collection en main après cette interruption, il ne semble plus être question de la version in-octavo. Celle-ci est, sans doute, une de ces 'spéculations mercantiles' que condamne, nous l'avons vu, l'auteur du *Prospectus* de 1788.

3. Public et rédacteurs

Le texte de la *BUR* donne très peu d'indications sur le public qui achetait la collection.[17] Les rédacteurs semblent s'adresser à des gens de bon ton et matériellement aisés. Un certain conservatisme moral dans les commentaires correspond-il aux goûts du public réel? L'accent qu'on met sur l'histoire des grandes familles de France, sur la généalogie, vient-il des préférences des lecteurs ou des préoccupations favorites d'un ou de plusieurs des rédacteurs? Ce public est-il en majorité féminin, comme Bastide semble le supposer quand il remercie la dame qui aurait fourni le manuscrit d'*Ah! que de choses?*: 'Votre sexe deviendra l'objet particulier de mes travaux; pour l'amuser, je penserai à vous; pour l'interesser, je me rappellerai sans cesse ce que je vous dois; & je ferai parler les Amans, comme je vous aurois parlé moi-même, si j'avois pu me livrer au bonheur de vous voir.'[18] D'autres références, à d'autres moments, semblent confirmer que les rédacteurs des articles écrivent souvent pour des lectrices. En avril 1777, par exemple, on offre des traductions de contes étrangers afin d'instruire 'les Dames Françoises' (1777.iv.ii.6). Et le comte de Tressan, en mars 1779, publie une introduction à la littérature médiévale, écrite sous la forme d'une lettre à sa fille. En décembre 1777, on fait remarquer que la *BUR* doit être un ouvrage 'd'Amusement & d'agrément, pour lequel nous devons desirer d'avoir au moins autant de Lectrices que de Lecteurs' (1777.xi.210; cf. Poirier, p.117). Il ne s'agirait donc pas, pour la rédaction, d'un public exclusivement féminin, et c'est plutôt la nécessité de plaire à autant de lecteurs que possible, évoquée dans cette dernière citation, qui devient la préoccupation principale des collaborateurs. En octobre 1787, on expose en détail la difficulté qu'il y a à concilier des goûts essentiellement opposés (1787.x.i.5):

A nos extraits de livres, qui intéressoient la classe générale des lecteurs, les savans ont répondu: 'Ce n'est pas la peine d'extraire des livres connus ou d'un intérêt commun.' Quand nous avons songé à désarmer les savans, le monde poli a posé notre volume, & il a bâillé. Nous nous sommes retranchés dans la littérature fleurie, & les savans nous

17. L'étude annoncée par Anne Sauvy apportera une précieuse documentation, grâce à la liste des abonnés qu'elle a retrouvée. Poirier, pp.109-22, fait un certain nombre de conjectures. Selon la *Nouvelle Bibliothèque des romans* en 1803 (vie année, i.1), la *BUR*, 'lorsque l'ébranlement de la Révolution força les Auteurs de cette entreprise à la cesser', avait quatre mille souscripteurs.
18. 1779.i.I.iv. Cf. Poirier, pp.117-20, sur le public féminin.

ont fait sentir le coup de la férule; & les gens du monde, le coup de l'éventail; les vrais gens de lettres ont été réduits à nous plaindre & à n'oser nous justifier.

Si la *BUR* est forcée de renoncer progressivement à ses ambitions érudites (et en particulier à l'analyse des œuvres anciennes), ce serait parce que les lecteurs, avides de nouveautés et tyranniques dans leurs volontés, auraient imposé cette évolution (1787.x.14):

Un nouvel esprit règne; & nous sommes forcés de dévoiler au public un de ses torts. C'est lui qui nous expose souvent à sacrifier tous les siècles à son goût. Il y veut soumettre les arts, les lettres, & même les sciences; il exige que nous soyons vrais, il s'élève contre les notices des livres qui ne le satisfont pas. Si nous lui fardons la vérité pour lui complaire, il nous accuse de supposition; il nous reproche de le flatter lorsqu'il nous en fait une obligation absolue. Comment faire, quand notre devoir est contraire à son plaisir & quand nous ne pouvons remplir notre tâche qu'en rétrogradant vers des matières passées de mode.

Le dialogue mené entre rédacteurs et lecteurs dans divers avis et notices publicitaires se poursuit à bâtons rompus dans le texte des articles proprement dits. En septembre 1775, on commente par exemple une lettre où un correspondant regrette de ne pas avoir trouvé l'*Oiseau bleu* de madame d'Aulnoy parmi les contes de fées résumés jusque-là. En janvier 1779, il est question d'un envoi reçu de Cambrai et d'une partition musicale qu'aurait inspirée à une dame l'une des chansons du duc de Brabant publiées en décembre. Quand un 'Amateur d'anecdotes' envoie deux récits en mai 1779, l'éditeur écrit: 'Nous serons toujours flattés de recevoir de tels présents' (1779.v.179). En février 1780, une note nous informe que Jacques-Vincent Delacroix aurait préparé lui-même l'article tiré de son ouvrage, les *Mémoires d'un Américain* (1771) (1780.ii.72). Bastide, en avril 1780, n'invite-t-il pas 'MM. les Gens-de-lettres' à lui faire parvenir de tels morceaux, en annonçant qu'une réponse sera donnée dans les trois jours et que les articles acceptés seront payés tout de suite. 'Les Romans anciens ou modernes, traduits ou à traduire, étant répandus dans toutes les Bibliothéques, il sera aisé de s'en procurer, & de travailler d'abord sans se faire connoître [au Propriétaire du Privilége ...] On pourra seulement lui faire demander si tel ou tel objet n'a pas déjà été traité' (1780.iv.ii.6). Une note publiée en décembre 1780 souligne la nécessité de cette dernière précaution (1780.xii.65-66):

Un Anonyme nous adressa il y a quelques mois un extrait fort étendu de cette Chronique [de Pépin]. Nous possédions depuis quelque tems celui que nous donnons aujourd'hui qui n'a ni la longueur, ni le caractère de celui que nous n'avons pu employer. Si nous avions su le nom & la demeure de l'Anonyme, nous lui aurions fait nos remercîmens & nos excuses: nous le prions de les recevoir ici. Nous l'engageons en même-tems à faire retirer son manuscrit.

Dans ce dernier cas, il est possible qu'il s'agisse d'une simple mise en scène, d'un tour de passe-passe, par lequel on chercherait à authentifier l'original de l'article en question – un volume de 1522 qui semble être introuvable et pourrait n'être qu'une supercherie. Ailleurs aussi, certains amateurs qui auraient fourni des textes ne sont probablement que des fictions derrière lesquelles se cachent les collaborateurs réguliers de la *BUR*. On a pu soupçonner Bastide, par exemple, d'être le véritable auteur d'*Ah! que de choses!* en janvier 1779, malgré les remerciements que, dans son *Epître* liminaire, il prodigue à une bienfaitrice anonyme. En avril 1782, quand on attribue l'anecdote *Mourat et Iglou* à 'une femme de qualité, & de très grande qualité' qui 'veut garder l'anonyme' sous le cryptonyme de 'madame la comtesse de ***', on est autorisé à rester sceptique lorsqu'on apprend que c'est Charles-Joseph de Mayer, un des collaborateurs les plus féconds à l'époque, qui aurait communiqué ce morceau (1782.iv.i.101).

Sur d'autres anonymes on donne des détails plus précis, même si ces renseignements ne suffisent pas à les identifier de façon certaine. Qui, par exemple, est l'auteur désigné au début de l'article consacré au *Séthos* de l'abbé Terrasson en décembre 1776? 'L'extrait que nous allons présenter est l'ouvrage d'un homme que le zèle & les talens avec lesquels il s'est acquitté de plusieurs commissions importantes d'administration, ont élevé aux honneurs de la Magistrature' (1776.xii.8). Qui est l''homme de Qualité' qui en mars 1779 fait un bref éloge de l'*Abénaki* de Saint-Lambert, et, tout en voulant rester anonyme, espère que l'auteur du conte devinera son identité (1779.iii.188)? Il est plusieurs fois question d'une 'femme de qualité', auteur surtout d'articles inspirés par des modèles anglais. En mars 1781, on donne le *Voyage d'une jolie femme*, adaptation manuscrite d'un roman de madame Brooke, avec la remarque suivante: 'On doit la traduction de cet Ouvrage à une femme de qualité attachée à une grande Princesse' (1781.iii.3). Au mois de juin suivant, *La Fille romanesque*, d'après madame Lennox, est attribuée 'à la même plume qui a traduit le *Voyage d'une jolie femme* inséré dans notre Volume de Mars' (1781.vi.3-4). En décembre, *Nourjahad*, de madame Sheridan, est publié dans la traduction d'une 'femme de qualité, dont les bienfaits multipliés & vivement sentis, nous ont déjà attiré le reproche de tourmenter la reconnoissance du Lecteur en ne la faisant connaître que par son esprit' (1781.xii.3-4). Ce dernier texte est une adaptation abrégée de la traduction de 1769 qu'on attribue à une certain madame de Sérionne, mais peut-on en conclure qu'il s'agit là de la collaboratice de la *BUR*, car celle-ci aurait très bien pu se contenter de remanier le travail d'un autre auteur? Si la 'femme de qualité, & de très-grande qualité' que parraine Charles-Joseph de Mayer, nous l'avons déjà vu, en avril 1782 et la 'femme qui pourroit briller, & qui se cache' qu'on dit être l'auteur du manuscrit *Les Scrupules d'une jolie femme* (dans le second volume d'avril: 1782.iv.ii.15) n'ont sans doute rien à voir avec notre traductrice, il y a, en août, un dernier article de cette 'Femme de Qualité, qui depuis un an, nous a enrichis tant de fois', adapté cette fois-ci d'un original anglais anonyme, sous le titre des *Deux Amies* (1782.viii.3-4). En mars 1781, on annonce une version du *Criticon* de Gracian, traduite par 'M. le Duc de ***, né Espagnol', et lorsque l'article paraît en mai, on l'attribue à 'M. le duc de V***'. Il serait tentant, s'il n'y avait pas la différence de titre de noblesse, d'identifier celui-ci au comte du Villahermosa, qui selon Barbier aurait été le mécène de l'édition in-4° proposée en 1782 mais jamais réalisée. Encore un texte donné pour espagnol, *El Armario de donna Beatrix de Silva*, en juin 1788, est attribué à 'un grand homme dont les occupations sont bien supérieures à celles des lettres' (1788.vi.370-71), mais il n'y a pas d'autres indications pour suggérer qu'il s'agit encore une fois de l'hispanisant anonyme de 1781. (Villahermosa de toute façon était mort entretemps.)

Les articles de la *BUR* ne sont normalement pas signés, sauf pendant une brève période qui va de janvier 1779 à mars 1780. Dans une note publiée en juillet 1780, on rappelle que 'depuis près de trois mois' on n'est plus 'dans l'usage de nommer les Auteurs des différens Extraits qui forment nos Volumes' (1780.vii.ii.3-4). Sous le régime de Paulmy, l'anonymat des 'coopérateurs' était de rigueur, bien qu'il y ait eu de rares exceptions à la règle. En août 1776, par exemple, on annonce que le résumé de *Polexandre* par Gomberville a été préparé par 'M. de la Dixmerie' (c'est-à-dire: Nicolas Bricaire de La Dixmerie).[19] En novembre de la même année, on explique comment on a pu présenter des textes allemands: 'Nous avons été aidés par un militaire académicien, qui tient dans la Litterature érudite un rang distingué, M. le Baron de Zutlauben, Maréchal de Camp, & Capitaine aux Gardes Suisses' (1776.xi.10). Quand Jean-Baptiste de Lacurne de Sainte-Palaye fournit des manuscrits on le nomme également, mais le texte des articles est rédigé par un autre sous le voile de l'anonymat, vraisemblablement Pierre-Jean-Baptiste Legrand d'Aussy. En revanche, la série de récits orientaux qui commence en juillet 1777 est signée par son auteur, Denis-Dominique Cardonne, interprète du roi. Avec le départ de Paulmy, la nouvelle politique rentre en jeu, et dans le second volume de janvier 1779, on trouve les signatures de 'M. de la Dixmerie', de 'M. le Comte de Tress... [pour Tressan]', et de 'M. l'Abbé C*** [pour Jean-Marie-Louis Coupé]'. D'autres collaborateurs dont on trouve le nom à cette époque sont Barthélemy Imbert, Charles-Joseph de Mayer et Louis Poinsinet de Sivry, tous trois pour la première fois en mars 1779. En avril, madame Riccoboni signe la première des quatre nouvelles qu'elle fournit à la *BUR*; et en mai nous apprenons que 'M. de Sivry, n'ayant pu, pour cause de maladie, finir l'Extrait' (1779.v.84), l'abbé Coupé en écrira la conclusion. Dans le premier volume pour juillet, un roman allemand d'Hermes est traduit par 'M. Friedel, Professeur de Langue Allemande de Messieurs les Pages du Roi' (1779.vii.i.62). A la fin d'un premier article consacré aux *Amours rivaux* de Jean-François de Bastide, on nous apprend (sans que le nom de Bastide soit prononcé) que 'Cet ouvrage, [...] composé en partie, & totalement écrit par un des Coopérateurs de la *Bibliothèque* des Romans se trouve au Bureau dudit Ouvrage' (1779.viii.202). En décembre 1779, l'extravagant polygraphe Couchu signe une version de *Partinuples* et devient ainsi le dernier des collaborateurs de cette période à se signaler aux lecteurs. A partir d'avril 1780, les signatures disparaissent pratiquement, jusqu'à la fin de la collection. On rompt ce silence en juin 1780 pour faire l'éloge de Louis-Edme Billardon de Sauvigny, à qui l'on doit un récit tiré des *Comptes amoureux* de Jeanne Flore; en janvier 1784 on permet à Mayer de signer une notice écrite à l'occasion de la mort de Tressan; en juillet de la même année, Michel de Cubières-Palmézeaux est nommé à la fin d'une 'histoire morale' dont il paraît avoir donné la primeur à la *BUR*. Une nouvelle génération de coopérateurs se laisse deviner quand, en septembre 1787, on trouve la signature 'Par M. Dugas' ou, en avril 1788, celle de 'Perrin de Cayla'.

Notre documentation sur l'attribution précise des différents articles de la *BUR*, tout en restant fragmentaire, ne dépend pas uniquement des indications

---

19. Poirier ne nomme pas Bricaire de La Dixmerie dans sa discussion des rédacteurs, pp.22-23, où l'on trouvera de plus amples détails sur la plupart des autres collaborateurs cités ici.

donnécs ainsi dans le texte. La principale source supplémentaire qui permet un certain nombre d'autres identifications se trouve dans les ouvrages publiés en librairie par les principaux collaborateurs de la collection. Paulmy et Tressan, Mayer et Imbert ont tous rassemblé des textes qu'ils avaient écrits pour la *BUR* afin d'en faire des recueils publiés sous leur nom. Dans le cas de Jean-François de Bastide, l'examen des périodiques que celui-ci a rédigés vingt ans avant la *Bibliothèque* nous a permis de mieux mesurer le sens des paroles de Mayer quand celui-ci écrit en 1786 que 'M. de Bastide a mis du sien dans sa collection'.[20] L'apport de certains 'coopérateurs' est connu grâce à des études qui leur ont été consacrées (c'est le cas de madame Riccoboni, par exemple, et de Florian), bien que l'article que nous attribuons à Antoine de Rivarol (voir 1780.i.ii.3-64) semble avoir échappé aux bibliographes de celui-ci. Le thème du médiévisme pendant la seconde moitié du dix-huitième siècle ayant attiré plusieurs chercheurs, nous sommes bien renseignés sur les rapports avec la *BUR* qu'ont entretenus Legrand d'Aussy et le comte de Tressan. Il faut dire enfin de ce dernier qu'il est celui de tous les collaborateurs dont la *BUR* fait le plus constamment mention, soit en le nommant, soit en employant des cryptonymes et des abréviations ('M.L.C.D.T.', 'M. le Comte de Tress***'), soit en plaçant des allusions voilées à ce 'nom adoré de nos lecteurs'; et il est le seul à qui on consacre, en janvier 1783, un passage d'éloges et, en janvier 1784, une notice nécrologique.

4. Classes et séries

Le plan que se proposent les rédacteurs de la *BUR* est exposé en détail dans le *Discours préliminaire*, donné au début du premier volume de la collection. Ainsi que Roger Poirier l'a fait remarquer (pp.34-35), ceux-ci adaptent, en le simplifiant, la méthode de classement ('assez confuse et assez imparfaite') proposée par Nicolas Lenglet Dufresnoy dans la bibliographie romanesque que celui-ci a publiée sous le titre de *Bibliothèque des romans* à la suite de sa dissertation *De l'usage des romans* en 1734. Les 'Anciens romans grecs & latins' de Lenglet Dufresnoy (article I) deviennent la première 'classe' de la *BUR* et les 'Romans d'amour' (article II), la quatrième 'classe'. (L'ancien bibliographe comprend dans cette seconde catégorie des ouvrages étrangers; mais la *BUR* préférera en général n'y faire rentrer que des textes français, ou à la rigueur, des traductions déjà parues.) L'on garde également les 'Romans de chevalerie' (article VII) pour en faire la seconde 'classe', ainsi que les 'Contes de fées et autres contes merveilleux' (article XI), qui deviendront la huitième. Les 'Romans héroïques' (article III) et les 'Romans historiques et histoires secrètes' (article IV) sont réunis dans la troisième 'classe' sous le titre de 'Romans historiques'. De même, les 'Nouvelles espagnoles et françaises' (article V) et les 'Contes et nouvelles amoureuses, satiriques et tragiques' (article XII) ne forment plus qu'une seule 'classe', la septième, tandis que les 'Romans de spiritualité et de morale' (article VI) se joignent aux 'Romans de politique' (article X) dans la cinquième. La sixième

---

20. *Cabinet des fées*, 1785-1789, xxxvii.58-65, cité par Poirier, p.19 Pour l'apport de Bastide et de ses collègues, voir plus loin, pp.57-58.

'classe' regroupera les 'Romans satiriques' (article IX) et les 'Romans comiques' (article XIII). Deux articles de Lenglet Dufresnoy disparaissent dans ce remaniement: les 'Romans antiques en vers français' (VIII) – assimilés en fait aux romans de chevalerie par la *BUR* – et les 'Romans divers' (XIV).

A l'origine, les matières de la *BUR* sont ainsi réparties sous huit rubriques, qui devaient être indiquées à la tête de chaque article:

Première Classe. Romans traduits du grec et du latin.

Seconde Classe. Romans de chevalerie.

Troisième Classe. Romans historiques.

Quatrième Classe. Romans d'amour.

Cinquième Classe. Romans de spiritualité, de morale et de politique.

Sixième Classe. Romans satiriques, comiques et bourgeois.

Septième Classe. Nouvelles historiques et contes.

Huitième Classe. Romans merveilleux.

Le *Discours préliminaire* cherche à définir chacune de ces catégories, et Roger Poirier, dans son livre, rend compte en détail des critères et des exemples qui sont proposés (pp.37-52). En principe, les quatre premières classes paraissaient dans un volume sur deux, et les quatre dernières dans l'autre, mais cette alternance n'a pas été respectée de façon rigoureuse. Dès septembre 1775, l'article de la huitième classe est réduit à un simple avis de huit pages, sans résumé de texte; et en décembre de la même année on renvoie la sixième classe au second volume de janvier 1776. En mars 1776, on saute les troisième, quatrième et huitième classes, et en août la deuxième. Parfois les rédacteurs expliquent que le texte prévu était trop long pour tenir dans le volume en question; parfois l'extrait n'est pas terminé à temps pour être publié.

En juillet 1777 on redéfinit le domaine couvert par la première classe, en l'ouvrant à toutes les littératures étrangères et non seulement à celles de l'antiquité gréco-romaine. Vers cette même époque une perturbation majeure commence à se produire dans le système des classes. Les quatre dernières paraissent de moins en moins régulièrement, et en septembre on annonce qu'on va 'confondre' la cinquième et la sixième. Ce nouvel ordre ne dure pas cependant, car en réalité ces deux classes, ainsi que la septième et la huitième, sont désormais plus ou moins abandonnées. Pour compenser, on élargit la quatrième classe, en janvier 1778, aux 'Romans français d'amour & de toute autre catégorie, rangés par ordre alphabétique'. Ce 'dictionnaire' des romans, qui s'inspire très nettement de la *Table alphabétique* que donne Lenglet Dufresnoy à la fin de sa discussion méthodique, dérange l'alternance volume par volume des quatre classes qui survivent et transforme la nature de bien des articles, car beaucoup se résument maintenant à quelques lignes. Malgré la plus grande quantité de titres que ce système permet de placer, en avril 1780 on n'a atteint que les *Amours de Myrtil*, et ce progrès très lent à travers l'alphabet explique la profusion, dans la *Table* de 1789, des titres qui commencent par un *A*. La quatrième classe est abandonnée ensuite pendant plusieurs mois (en août, en publiant l'*Aventure singulière de Jean de Tournemont*, on avoue que l'ordre alphabétique était devenu 'très-gênant') (1780.viii.99), et quand on la reprend en décembre 1780 il n'est plus question du dictionnaire romanesque.

Désormais, ce sont la première et la quatrième classe qui prédominent, présentes toutes deux dans la plupart des volumes, tandis que la seconde et la troisième paraissent de façon plus irrégulière. Il y a parfois des modifications dans les titres de ces rubriques: en juillet et en octobre 1780, ainsi qu'en janvier 1787, on met 'Romans héroïques' à la place de 'Romans historiques', mais en avril 1780 on avait déjà expliqué que 'Les Romans héroïques tenant nécessaire-ment à l'Histoire, entreront désormais dans cette troisième classe' (1780.iv.i. 111). Ailleurs il semble s'agir de simples erreurs de numérotage, comme lors-qu'on considère la seconde classe comme celle des 'Romans historiques' (juillet 1782, septembre et octobre 1783) ou des 'Romans comiques' (août 1783); la troisième comme celle des 'Romans d'amour (mars 1785); la quatrième comme celle des 'Romans étrangers' (décembre 1785); ou la septième comme celle des 'Romans de spiritualité et de morale' (février 1786) ou des 'Romans merveilleux' (janvier 1787). Certaines des vieilles catégories, comme dans ces derniers exemples, sont reprises sur le tard: c'est le cas également des 'Romans satiriques' (sixième classe) en janvier-avril 1786. La cinquième classe, cependant est celle qui subit les modifications les plus importantes, devenant entre mai 1780 et avril 1781, le domaine des 'Romans mythologiques', et abritant entre novembre 1785 et février 1786 une série de 'Romans allégoriques'. Dans un certain nombre de cas tout au long de la série, l'indication de classe est omise en tête de l'article, mais, le classement prévu ne faisant pas de doute, il ne s'agit vraisemblablement que de lacunes involontaires. Après mars 1787, cependant, ce phénomène se généralise et pendant les deux dernières années de la collection le système des classes est abandonné définitivement.

En gros, les huit classes avec les articles sans classe représentent les pourcenta-ges suivants de la pagination totale:[21]

I.	22,30	II.	11,29	III.	14,59	IV.	24,60
V.	3,90	VI.	2,40	VII.	2,73	VIII.	2,06

| Sans classe. 16.13 | | | Total 100.000 |

(Dans le cas des erreurs dans le classement notées ci-dessus, nous avons tenu compte des numéros de classe et non pas des étiquettes.)

i. *Les romans de chevalerie*

Cette division en classes ne représente pas le seul principe de choix et de structuration qu'exploitent les rédacteurs de la *BUR*. Chaque rubrique suit, avec les années, un développement interne qui lui est particulier et, à l'intérieur du classement, se constitue un certain nombre de séries subordonées. Les 'Romans de chevalerie', nous dit-on par exemple dans le *Discours préliminaire*, représentent 'une chaîne de livres qui forment presque une histoire complète de plusieurs siècles' (1775.vii.i.15). C'est ainsi que, pendant les premières années de la collection, ces textes se suivent selon l'ordre général proposé par Lenglet Dufresnoy: d'abord ceux qui concernent la Table Ronde (jusqu'en octobre 1777), ensuite ceux qui ont trait à Charlemagne (jusqu'en décembre 1778). On se fonde à cette époque sur les manuscrits et les éditions anciennes que renferme

---

21. Sur un total de 45 612 pages. Voir plus loin, note 36.

la bibliothèque du marquis de Paulmy ou que fournit Lacurne de Sainte-Palaye. Le rôle qu'a joué ainsi la *BUR* dans la redécouverte contemporaine de la littérature médiévale – chansons de geste, romans courtois, fabliaux – a souvent été signalé, le plus récemment par Gossman dans son livre sur Lacurne et par Wilson dans son étude de Legrand d'Aussy. Léon Gautier, avant eux, tout en établissant un bilan scrupuleux de ces articles, se révèle un censeur sévère devant les versions des *chansons de geste* que la *BUR* a publiées, soit sous la rubrique des 'romans de chevalerie', soit dans la classe des 'romans historiques'. Après le départ de Paulmy, à la fin de 1778, il y a eu un changement de cap très net, que Roger Poirier résume en comparant le premier extrait, relativement fidèle, de *Perceval le Gallois* en 1775 avec celui, bien plus libre, paru en novembre 1783 (pp.79-81). Pendant une certaine période, surtout dans le courant de 1779, on s'amuse à recréer le bon vieux temps grâce aux pastiches de Tressan, de Florian, de Poinsinet de Sivry, morceaux tout à fait représentatifs de ce goût dit 'troubadour' qu'a défini Jacoubet. Quand on revient à des textes plus authentiques, à partir de 1780, ce sont surtout des publications du seizième siècle (ou même des débuts de dix-septième) qu'on exploite, avec un complément de sources étrangères, et surtout espagnoles (*Partinuples*, *Amadis*, *Tiran le Blanc*). Un seul article, pendant cette deuxième période de la collection, se fonde sur un manuscrit ancien (de la Bibliothèque du roi en l'occurrence): *Le livre du très-chevalereux comte d'Artois*, en janvier 1783.

ii. Les romans historiques

La classe des 'Romans historiques' ne trouve pas d'emblée la formule qui bientôt inspirera les rédacteurs pendant la première période de la *BUR*. Tout au début, on passe des grands héros du moyen âge dans le *Triomphe des neuf preux* (juillet 1775) aux histoires d'amour du monde ancien, dans l'*Histoire secrète des femmes galantes de l'antiquité* (août 1775) et dans les *Impératrices romaines* (octobre 1775). On aborde encore, par le biais du roman héroïque de mademoiselle de Scudéry, la vie du *Grand Cyrus* (novembre 1775), avant d'en venir aux débuts de l'histoire de France en janvier et février 1776: deux ouvrages du dix-septième siècle, l'*Histoire celtique* de Hotman et les *Intrigues galantes de la cour de France* de Vanel ou de Sauvel, servent de prétexte à un panorama des amours des rois de France. Ce thème est abandonné pendant le reste de l'année, et l'on consacre une série de cinq articles à la vie sentimentale romancée d'Aspasie, d'Ovide, de Catulle, d'Horace et d'autres, puisée surtout chez madame de Villedieu. Ce n'est qu'en janvier 1777 qu'on revient au plan déjà esquissé en quelque sorte lorsque l'histoire de France à été évoquée en 1776: on adopte un ordre chronologique et entreprend de raconter la vie privée des grands princes depuis les origines, grâce aux romans qui ont été consacrés à chaque règne.[22] Dès la seconde moitié de 1777, c'est Charlemagne qui devient le principal objet des préoccupations des rédacteurs, et il y a à ce moment-là un certain parallélisme entre les articles 'historiques' tirés de la *Chronique* du pseudo-Turpin, de la *Chanson de Saines* ou du *Charlemagne* de Girart d'Amiens, et les extraits consacrés presque simultané-

22. Un curieux équivalent moderne serait la série de Guy Breton, *Les Histoires d'amour de l'histoire de France* (Paris 1955-1965).

ment au Roland des épopées italiennes ou aux chansons de geste carolingiennes dans la rubrique des 'romans de chevalerie'. La série des 'Romans relatifs à l'histoire de France' dépasse Hugues Capet (on rend compte du manuscrit ancien de la *Chanson* à son propos, conservé dans la bibliothèque de Paulmy) au début de 1778 et à la fin de l'année on arrive à Philippe le Bel, juxtaposant dans chaque article notices explicatives et résumés de romans.

Comme cela a été le cas pour les 'romans de chevalerie', le choix des textes 'historiques' devient moins rigoureux après le départ de Paulmy. L'ordre strictment chronologique ne joue plus après février 1779: on continue à exploiter les nouvelles publiées au dix-septième et aux débuts de dix-huitième siècle par mademoiselle de La Roche-Guilhem, Baudot de Juilly, Née de La Rochelle, mademoiselle Caumont de La Force, Boisguilbert, ou Eustache Lenoble, mais sans respecter désormais la succession des règnes. On a recours également aux romans héroïques du dix-septième siècle, l'exemple le plus frappant étant l'abrégé de la *Cassandre* de La Calprenède qui remplit trois volumes en octobre-novembre 1780. Si l'histoire française reste prépondérante, les modèles romanesques (comme par exemple, *Edouard II roi d'Angleterre* d'après madame de Tencin ou *Perkin faux duc d'York* de La Paix de Lizancour ou la *Relation historique et galante de l'invasion de l'Espagne par les Maures* de Baudot de Juilly) puisent de temps en temps dans l'histoire d'autres nations ou sont carrément des adaptations d'originaux étrangers (comme l'*Histoire des trois fameux imposteurs* de John Evelyn ou l'*Histoire secrète de la reine Zarah* de madame Manley). L'exotisme géographique colore certains récits tirés d'un passé plus proche dans des *Mémoires d'un Américain*, dans *Zélaskim, histoire américaine*, dans des *Lettres vénitiennes*. Parfois l'actualité même sert de prétexte à un article: la visite des héritiers du trône de Russie rehausse l'intérêt de l'*Histoire du véritable Démétrius, czar de Moscovie* par Née de La Rochelle; la nouvelle d'un tremblement de terre à Messine ou d'un désastre naturel à Formose donne lieu à des récits 'siciliens' ou 'chinois';[23] le voyage de La Pérouse au Pacifique pourvoit d'un certain à-propos l'*Histoire des Sévarambes*, de Veiras. On exploite la presse périodique en publiant sur un bâtard de Richard III une *Anecdote historique tirée d'un papier anglois* ou sur le *Monstre moral* que fut le bourreau de Charles Ier un autre trait d'histoire emprunté au *Monde* de Bastide. Si un passage tiré de Froissart semble être à sa place sous la rubrique de l'histoire (sinon des fictions), on se rend compte du côté arbitraire des 'classes' de la *BUR* quand on y trouve aussi une discussion de la vie et des œuvres de Christine de Pisan, une nouvelle adaptée du *Cymbeline* de Shakespeare, une version fantaisiste de mythes scandinaves et la vie d'un des héros de la *Bibliothèque bleue*.[24]

L'aspect le plus frappant de cette classe des 'Romans historiques' après 1778 est cependant le très grand nombre de textes originaux, comparables aux pastiches médiévaux que nous avons déjà signalés et commençant à paraître plus ou moins en même temps qu'eux. La *BUR* offre ainsi à ses lecteurs une longue série de 'nouvelles historiques' qui développent le modèle donné par Baculard d'Arnaud dans les volumes qu'il publie à partir de 1774 (voir Martin (1973)). C'est en août 1777 qu'il est pour la première fois question de remanier

---

23. 1783.iv.II.125-68; 1783.x.I.106-42.
24. 1780.iii.17-34; 1779.x.II.117-40; 1781.i.I.21-71; 1784.vii.II.43-84; 1784.viii.69-97.

une 'anecdote' pour en faire une 'nouvelle', lorsqu'on raconte les amours d'*Eginhard et Imma*. Un autre prototype de ce genre de fiction historique paraît en octobre 1778, quand, en l'absence d'un roman sur Agnès Sorel, on supplée à ce manque en offrant 'un canevas suivi' (1778.x.II.115) où l'on rassemble divers témoignages, mais ce texte est en fait classé parmi les 'Romans d'amour'. Deux mois plus tard, en décembre 1778, on trouve cependant dans la troisième classe *Blanche et Thibaut, anecdote historique*, faite d'éléments puisés un peu partout; et au mois de mars 1779, en raison de la 'stérilité de Romans historiques' (1779.iii.149), l'abbé Coupé compose les *Aventures d'Isabelle de France*, l'insérant également sous la rubrique de l'histoire. Le mois suivant, ce même 'coopérateur' propose l'*Histoire de la prophétesse flamande*, qu'il dit tiré d'un manuscrit ancien, mais que nous n'avons pu identifier. En juillet ce sont les *Amours d'Eléonore d'Acquitaine*, mais signées cette fois-ci par Charles-Joseph de Mayer, qui deviendra désormais le principal fournisseur de nouvelles historiques arrangées au goût du jour. Celui-ci adopte un style à la fois mélodramatique et sensible, s'inspirant soit du moyen âge et de la Renaissance en France, soit d'épisodes exotiques de l'histoire allemande, anglaise et surtout italienne. Entre juillet 1779 et février 1783, on compte une quinzaine de ces morceaux qui peuvent être attribués à Mayer. A partir de décembre 1782, des nouvelles tout à fait similaires, mais dont nous n'avons pu identifier l'auteur, continuent à paraître. A ses débuts, Mayer choisit volontiers des sujets tirés de l'histoire française du seizième siècle, et le même thème formera également le fil conducteur d'une autre série d'articles consacrés aux héros et aux mœurs de ce moment du passé national, allant de l'*Allegeance qui fournit la lecture aux âmes émues de feu ardent, [...] anecdote du règne de Henri II*, en février 1780, à *François d'Aubervilliers et Marguerite de Romainville*, en février 1786. Certains de ces morceaux se donnent pour des manuscrits; d'autres se réclament d'anciennes éditions mais sont le plus vraisemblablement des supercheries. Parfois le côté narratif des textes est fort réduit, et on offre des dialogues ou des descriptions de fêtes et de tournois. En février 1782, on insiste sur les buts patriotiques qu'on se propose dans ce genre de morceau ('En rappellant les vertus des peres nous voudrions bien enflammer l'émulation des enfans'), ainsi que sur la valeur didactique des fictions historiques ('Nous aurons toujours soin de conserver les caracteres de ces Personnages illustres') (1782.ii.52, 53). Si le premier de ces textes sur le seizième siècle est signé par l'abbé Coupé, les autres restent anonymes, mais l'influence possible, ici encore, de Charles-Joseph de Mayer n'est pas exclue. Celui-ci a publié en 1783 une *Galerie philosophique du seizième siècle* et en 1785 les *Aventures et plaisante éducation du courtois chevalier Charles-le-bon, sire d'Armagnac*, où il entreprend de défendre ce genre de roman 'dans lequel, depuis cinq années j'ai fait mes preuves [dans la Bibliothèque des Romans]' (*Aventures*, pp.108-109). Selon Mayer, comme pour la *BUR* dès le *Discours préliminaire*, la valeur du roman historique est dans le tableau vivant qu'il peut offrir d'une époque révolue. Il ne s'agit pas simplement d'écrire 'la vie privée d'un personnage connu par ses dignités ou par ses actions', mais plutôt de faire un 'Livre dans lequel la fiction planant avec sagesse sur un espace donné, emprunte les traits caractéristiques, les mœurs, les usages & les origines, & les rassemble sous les yeux des Lecteurs avec le charme que les tableaux d'amour ne manquent point de répandre' (*Aventures*, pp.62, 64; cf.1775.vii.i.16-17).

iii. *Les romans étrangers*

La première classe, il faut le souligner, n'a pas l'exclusivité des textes tirés d'autres langues, et il s'en trouve bien des exemples sous d'autres rubriques. C'est ici, cependant, que les rédacteurs, dans la conception primitive de la collection, cherchent plus spécialement à dresser un bilan des littératures autres que françaises. Cette classe, nous l'avons déjà signalé, était à l'origine réservée aux romans grecs et latins. Pendant la première année de la collection, on passe en revue Parthénius, Longus, Achilles Tatius, Héliodore, Eustathe Macrembolite (sans oublier *Du vrai et parfait amour*, attribué par son auteur, Martin Fumée, à Athénagoras); tandis que pour la littérature latine le choix est bien plus hétéroclite, allant d'Apulée, au *Dolopathos* de Jean de Haute-Seille, et même à l'*Utopie* de sir Thomas More. Ensuite, après qu'on a élargi la définition de cette classe, une série d'articles, systématiques par leur ordre sinon par leur contenu, cherche à présenter les principales littératures européennes et orientales. Le choix des textes illustratifs, puisés dans la bibliothèque de Paulmy, est extrêmement inégal. Si Cervantès, avec *Persile et Sigismonde* représente l'Espagne, et *La Rosalinda* de Morando l'Italie, c'est l'intrigue d'un opéra d'Addison qui résume la littérature narrative anglaise et le *Teurdanck* de l'empereur Maximilien ier celle de l'Allemagne. Il est question à la fois d'une version hollandaise du roman de Beuve de Hanstone et des poèmes d'Ossian dans un article consacré à la littérature 'flamande'; il s'agit de légendes polonaises et de pièces de théâtre russes dans celui qui rend compte des littératures slaves. Dans ce dernier cas, les rédacteurs avouent franchement leurs difficultés: 'S'il y a quelques Romans modernes, c'est tout au plus en Polonois, ou en Russe, & nous ne sommes point en état d'en rendre compte, tant parce que nous n'avons pas les originaux, que parce que nous ne trouvons point de Traducteurs assez habiles' (1777.v.6). Tout en signalant les limites de la documentation dont disposaient les rédacteurs de la *BUR* (et en regrettant les fantaisies qu'ils se permettent), Paul Van Tieghem, en étudiant la diffusion des littératures scandinaves en France, témoigne de l'importance et de l'originalité des deux articles qu'ils consacrent aux *sagas* (1777.ii.5-44 et 1777.iv.i.5-39). En abordant les littératures orientales, on fait appel à la très belle collection de manuscrits de Paulmy et à celle de Denis-Dominique Cardonne, interprète royal, ce dernier étant également le rédacteur des articles.[25]

En novembre 1777, on abandonne, cependant, ce tour d'horizon méthodique des littératures romanesques. 'Nous n'observerons plus qu'un point, c'est de n'extraire désormais dans cette Classe de Romans étrangers, que ceux qui n'auront jamais été traduits en François, renvoyant ceux qui l'ont été parmi les Romans François' (1777.xi.7). En réalité, cette nouvelle politique n'a été observée que dans une minorité de cas, comme par exemple – pendant les quelques mois qui suivent cette décision – la version d'*Emily or the history of a natural daughter*, les trois morceaux orientaux que Cardonne tire de manuscrits inédits et le roman

---

25. 1777.vii.I.5-36; 1777.viii.5-61; 1777.x.I.5-56.

anglais, *Mémoires de la vie et des aventures de Tsonnonthouan*, qui n'a été traduit qu'ultérieurement. En 1779, les *Mémoires de Fanny Wilkes*, de Hermes, n'avaient pas été publiés en français, mais les autres textes résumés cette année-là, surtout d'auteurs italiens comme Boccace, Grazzini, Manzini et Marini, n'étaient pas inconnus en France, tandis que d'autres titres donnés pour étrangers (les *Mémoires du chevalier Hasard, Lindamir, histoire indienne tirée de l'espagnol*) risquent plutôt d'être des traduction supposées. A la fin de l'année on lance une une nouvelle série de 'Romans latins modernes', résumant d'abord des ouvrages du dix-septième siècle, comme ceux de Zacharie de Lisieux ou de Théophile de Viau. Si cette nouvelle catégorie n'est pas entretenue de façon systématique au-delà des deux premiers articles, l'on revient de temps en temps dans les volumes qui suivent à un certain nombre de textes latins ou donnés pour tels. On remonte à Ausone, on attribue des textes d'origine obscure à Nicolas Bourbon ou à Helius Eobanus et un roman de l'évêque Camus à Gabriel Jansénius, ou on se satisfait de contes et de nouvelles modernes habillés à la romaine, comme le *Marius* de Gain de Montagnac ou des récits empruntés au *Conservateur*. Ce genre de morceau d'une authenticité douteuse sert également à illustrer d'autres littératures, comme en 1780 lorsqu'on lit, dans une suite de volumes, une bergerie allemande attribuée au poète Filtz qui semble introuvable, un roman mauresque attribué à Pedro de Moncaya à l'égard duquel les bibliographes espagnols font preuve d'une certaine méfiance, une 'histoire anglaise' qui se déroule en Ecosse et qui est attribuée à Geoffrey Chaucer, et les aventures d'un 'gentilhomme bavarois' (1780.viii.3-18), d'après un manuscrit latin par un moine allemand.

A partir de 1781, les articles dans cette classe se suivent sans ordre précis, si ce n'est que les rédacteurs cherchent évidemment la variété et font ainsi alterner les diverses littératures étrangères auxquelles se rattachent les analyses de textes. Un roman allemand sera suivi, par exemple, d'un texte latin, d'une traduction de l'anglais ou de l'espagnol, d'une adaptation d'un livre italien introuvable. On emprunte une 'anecdote anglaise' ou un 'songe allemand' (1782.vi.5-30; 1782.vi.31-42), un poème d'Ossian, à des journaux français; on traduit un texte tiré du *Gentleman's Magazine*, des observations de Steele dans le *Spectator*, un petit récit de Johnson paru dans le *Rambler*; on se sert à volonté parmi les morceaux traduits dans un *Décaméron anglois* qui vient de paraître; tandis que les contes en vers de Wieland se prêtent à de rapides analyses qui peuvent toujours être casées sans difficulté. Même si, en 1785-1786, on prend quelques récits orientaux authentiques dans le recueil publié par Digeon en 1781 ou dans une version de Pilpai paru en 1644, et si, en 1787, on revient à un morceau traduit par Galland, on se contente à d'autres moments d'un orientalisme mis au goût du jour par des contemporains comme Saint-Hyacinthe, madame Sheridan, madame de Saint-Chamond ou Gueulette. En 1782, on consacre tout un volume à un roman anglais, *Les Deux Amies*, qui n'avait pas paru avant en français; en 1784 et 1785, en revanche, on offre, sous la rubrique des romans étrangers, des traductions supposées comme *Le Lord impromptu* de Cazotte, ou les *Mémoires du chevalier de Kilpar*. Le choix des auteurs italiens reste en général très conservateur (Tasso, Gelli, Boccace, Pona, Sannazaro, Loredano), mais des modernes comme Chiari, Pignotti, surtout Algarotti, ne sont pas exclus. L'on reprend brièvement le thème de la littérature hollandaise, mais les œuvres qu'on cite semblent être introuvables, en particulier celles attribuées à un certain Appelboom.

C'est sans doute la série d'articles consacrée à l'intérieur de cette classe aux textes et aux thèmes ibériques qui représente un des aspects les plus originaux et les moins généralement connus du contenu étranger de la *BUR*.[25bis] Entre 1779 et 1787, on résume une dizaine des principaux ouvrages espagnols et portugais du moyen âge (Diego de San Pedro, *Carcél de amor*; Juan Manuel, *El Conde Lucanor*), du seizième siècle (Geronymo de Contreras, *Selva de aventuras*; *Lazarille de Tormes*; Jeronimo Corte Real, *Naufragio [...] de Manoel de Sousa de Sepulveda*) et du dix-septième siècle (Gracian, *El Criticón*; Lope de Vega, *Dorotea* et *Gatomaquia*; Castillo Solorzano, *La Garduña de Sevilla*; Juan Perez de Montalvan, *Succesos y prodigios de amor*; Cervantes, *Novelas ejemplares*). Mais on commence à sortir des chemins battus lorsque dans le second volume pour janvier 1778 on consacre un article de 80 pages à la *Historia de los Vandos* de Ginés Perez de Hita, ouvrage qui a été à l'origine des traditions de ce roman 'hispano-mauresque', dont J. Cazenave a étudié l'influence en France, surtout aux dix-septième siècle. Cazenave ne mentionne la *BUR* qu'en passant, mais il attire l'attention sur le fait que les rédacteurs ont cherché à traduire les romances dont Perez de Hita a parsemé son ouvrage. Ce thème des guerres entre les Maures et les Espagnols est en fait un filon que la *BUR* continue à exploiter pendant plusieurs années, grâce à des compilations plus ou moins originales sur *Le Bon Gazoul*, sur *Mahomet-le-Gaucher* et sur le *Duel d'Albaylados*. Dans ces trois cas la tradition de la romance populaire est encore imitée, soit dans le style des dialogues, soit en introduisant dans le texte des vers qui, une fois au moins (il s'agit du texte espagnol du célèbre 'Fonte frida, fonte frida' accompagné d'une traduction)[26] sont authentiques. En même temps qu'on développe ainsi les données du roman de Perez de Hita, on puise, de façon tout à fait systématique, dans les traditions plus anciennes de la romance historique. Cette série commence en juillet 1782 par la vie de Bernardo del Carpio dans une compilation qui a pour titre *Le Chevalier Bernard, la fleur d'Espagne et de toute chevalerie* et où, selon le rédacteur, il n'y a aucune ligne qui 'ne soit tirée de l'Histoire, ou des monumens qui la représentent' (1782.vii.II.40). Viennent ensuite le roi Rodrigue en octobre de la même année (soi-disant d'après un volume de 1570 que nous n'avons pu identifier), le roi Pelage en mars 1783 (encore une prétendue source de seizième siècle qui reste introuvable) et les sept enfants de Lara en juin (un texte portugais cette fois-ci, mais également obscur). En juillet 1783, on aborde la légende du Cid en rendant compte du *Romancero y historia del muy valeroso cavallero don Rodrigo de Bivar*, par Juan de Escobar, article préfacé de remarques générales sur l'évolution de la romance espagnole. Henri Tronchon, dès 1912, a étudié la façon dont le rédacteur de la *BUR* a modelé à son goût les vers reproduits par Escobar et a attiré l'attention sur l'influence qu'a exercée cet article aux débuts du romantisme (chez Herder et Creuzé de Lesser en particulier). Bien que le rédacteur du morceau *Elvire et*

25bis. Tenant compte de l'ensemble des textes 'espagnols' (et non seulement de ceux qui ont paru dans la classe des 'romans étrangers' que nous analysons ici), René Godenne (1969) fait un premier bilan global de 'l'Espagne romanesque' telle que la *BUR* l'a représentée. Notre table et notre index permettront de corriger quelques erreurs de détail qui s'y sont glissées.

26. 1782.vii.I.39-40. Cf. 1784.v.42-44, 77-82.

Sol, filles du Cid en octobre 1784 se réclame de 'différentes sources' (1784.x.II.4), il s'agit en fait d'une suite du premier article inspiré par Escobar. Un dernier morceau en janvier 1787 est consacré au chevalier exemplaire Durandart: le recueil *Espejo de amadores* que le rédacteur prétend avoir adapté a été pour nous introuvable, mais la romance qu'il cite 'pour éviter tout soupçon de supposition' est une des plus connues ('Durandarte, Durandarte, buen cavallero provado').[27] Encore une fois ici on étudie les origines de la romance, faisant preuve, à l'égard de ce genre, d'une curiosité peu commune à l'époque et qui ne se généralisera qu'au dix-neuvième siècle.

iv. Les romans d'amour

La classe 'infiniment nombreuse' (1775.vii.117) des 'Romans d'amour' englobe pendant la vie de la *BUR* une grande variété de textes, mais à ses débuts se limite presque totalement aux narrations 'héroïques' ou aux nouvelles 'historiques' du dix-septième siècle. Les auteurs préférés en 1775-1776 sont ainsi Honoré d'Urfé, mademoiselle de Scudéry, Gomberville, madame de La Fayette, madame de Villedieu et La Calprenède, et si ultérieurement cette quasi-exclusivité est rompue, les romanciers du grand siècle conservent leur prestige jusqu'à la fin de la collection. En 1777 on s'aventure dans d'autres domaines, il est vrai, avec des versions de textes médiévaux (y compris le *Cligès* de Chrétien de Troyes) ou des traductions du latin de Pie II ou d'un texte turc dans la version de Galland, mais l'année s'ouvre et se ferme néanmoins sur des œuvres de mademoiselle de Scudéry. Le classement des romans par ordre alphabétique commence, nous l'avons vu, au début de 1778. Le principe n'est cependant pas appliqué avec une rigueur absolue. C'est souvent un nom propre à l'intérieur d'un titre qui détermine la place de celui-ci: les *Aventures d'Abdalla* sous Abdalla, les *Mémoires de monsieur d'Ablincourt* sous Ablincourt, et ainsi de suite. Parfois un titre en *A* servira de prétexte à une discussion d'autres ouvrages, comme lorsque le nom d'Abeilard donne lieu à des passages consacrés aux *Lettres de Bélise à Cléante* et aux *Lettres portugaises* de Guilleragues, ou lorsque l'*Abra-Mulé* d'Eustache Le Noble amène l'analyse des œuvres complètes de cet écrivain. On parle sous cette rubrique des romans d'auteurs étrangers qui ont été déjà traduits, comme l'*Adrienne* de Chiari ou l'*Histoire d'Agathon* de Wieland, mais d'autres titres de ces mêmes écrivains qui n'existent pas en traduction sont renvoyés à la première classe un ou deux mois plus tard. C'est en août de l'année 1778 qu'on commence à insérer des manuscrits donnés pour inédits, avec *Aglaure ou la fée de la forêt*, qui sera suivie en octobre de la première compilation préparée exprès pour la *BUR*: l'*Histoire d'Agnès Sorel* que nous avons déjà signalée. En 1779, cette tendance se développe, comme dans les autres classes examinées jusqu'ici: on donne un texte manuscrit de Coypel; madame Riccoboni publie trois de ses quatre nouvelles historiques (la quatrième est pour mars 1780); et Charles-Joseph de Mayer fait preuve ici de la même fécondité que celle que nous avons pu remarquer dans le

---

27. 1787.i.I.11-12, 32-44. Cf. 1782.xii.67-69, où 'Durandarte' est adapté une première fois. Pour une discussion de la romance catalane, voir 1779.xii.53-83. Pour d'autres exemples de romances, voir 1779.xii.122, 125, 144-46; 1782.vii.II.22-23; 1782.xii.39-43, 92, 122-25; 1783.iii.91-92; 1783.vi.63, 74, 81, 91, 103, 104-105; 1784.iii.32-35; 1788.vii.I.157.

cadre de la troisième classe. Ces textes originaux alternent avec des narrations du dix-septième siècle, bien sûr, mais aussi avec des articles inspirés par la littérature du moyen âge (*Le Roman de la rose* revu par Tressan) ou de la Renaissance (l'*Histoire de l'amant ressuscité* de 'Théodore Valentinian', pour ne prendre qu'un exemple parmi les plus curieux).

L'ordre alphabétique est abandonné, nous l'avons dit, dans le courant de 1780, et désormais le choix des textes semble être régi surtout par une recherche de la variété et par une nouvelle faveur accordée à des fictions plus récentes. Les romans et contes du dix-septième ne s'éclipsent jamais tout à fait, mais dès août 1780 on se met à parler du *Paysan parvenu* de Marivaux, suivi en janvier 1781 de la *Vie de Marianne* et d'un ouvrage paru aussi récemment que 1771 (les *Lettres africaines* de Butini). Dans les années qui suivent on trouvera ainsi à côté des représentants du siècle précédent comme mademoiselle de La Roche-Guilhem, Préchac ou l'évêque Camus, des articles tirés d'ouvrages écrits pendant la première moitié du dix-huitième siècle par madame de Tencin, l'abbé Prévost, Duclos, Mouhy ou Crébillon fils. La production des trente à quarante années précédentes occupe une place de plus en plus importante. Si Jean-François de Bastide, en tant que principal rédacteur se taille la part du lion et réussit à tirer parti de la quasi-totalité de sa production de romans, il ouvre les pages de la *BUR* également (si de façon moins généreuse) aux ouvrages d'autres contemporains mineurs, comme mademoiselle de Milly, Sabatier de Castres, Framery, Barthe ou Compan. C'est à partir d'août 1783 que le contenu de cette catégorie se rapproche encore davantage de l'actualité littéraire, car on rend compte de *Dolbreuse* par Loaisel de Tréogate l'année même de la parution du livre. Désormais bon nombre d'autres ouvrages publiés très récemment seront signalés par la *BUR*: l'*Alexandrine* de madame de Colleville, en 1783 encore; l'*Isle inconnue* de Grivel, les *Petites Maisons du Parnasse* de Beffroy de Reigny, l'*Ecole des filles* de Cubières-Palmézeaux, les *Mémoires de Rigobert Zapata* de Lignac, la *Découverte australe* de Rétif de La Bretonne, l'*Art de corriger et de rendre les hommes constans* de madame de Vasse, tous en 1784, auxquels on peut ajouter la publication posthume d'*Arsace et Isménie* par Montesquieu; et ce genre de discussion d'ouvrages qui viennent de sortir se retrouve pendant les années qui suivent à une cadence plus modérée mais néanmoins régulière.

Une innovation encore plus importante pour ce qui est du contenu de cette classe des 'romans d'amour' est annoncée en octobre 1781: 'Il est un nombre presque infini de petites fictions ingénieuses, répandues dans les ouvrages, dans des recueils dont la plupart ne seront jamais réimprimées [...] Nous en répandrons quelques-unes dans la plupart de nos Volumes successifs' (1781.x. 1.181). Tandis que jusque-là les courtes narrations que la *BUR* publiait *in extenso* semblent avoir été en majeure partie rédigées exprès selon les normes de la collection, on se propose maintenant, sans abandonner l'ancien procédé, de puiser également ailleurs, et la source de ces nouveaux récits est essentiellement la presse périodique contemporaine. Un titre important sera, par exemple, le *Conservateur* de Bruix et de Turben, publié entre 1756 et 1760, d'où l'on tire une série de petites histoires (*Charmus, Elise et Thersandre, Eurynome et Dosiclès, Euphrosie* parmi d'autres), dont certaines ont été également remaniées par le comte de Mirabeau pour faire le *Recueil de contes* que celui-ci a publié en 1780. Le grand pourvoyeur de contes tirés des périodiques, cependant, n'est autre que Jean-François de Bastide, qui pille avec vigueur et avec une grande persévérance deux journaux qu'il avait rédigés aux environs de 1760, *Le Nouveau Spectateur* et *Le Monde comme il est*. Entre 1781 et 1786, c'est très régulièrement un de ces morceaux qui clôt le volume, et il est difficile d'éviter l'impression que Bastide trouvait dans son ancien travail de journaliste une source fertile de bouche-trous commodes. Si l'on peut encore identifier deux récits de Gain de Montagnac parus jadis dans le *Mercure de France* (et repris dans les *Amusemens philosophiques* de leur auteur) ou un morceau traduit de l'anglais par Le Tourneur pour son *Journal anglais* (et ensuite le *Jardin anglois* de 1788), l'origine de bon nombre des petits contes n'a pas encore été établie. Certains peuvent bien être des textes inédits, mais ce qui distingue cette catégorie de récit des 'nouvelles historiques' dont la *BUR* avait déjà fait une spécialité, c'est surtout une relative brièveté, ainsi qu'une mise en scène généralement contemporaine et parfois une construction qui, par son unité et par les effets de surprise réservés pour la conclusion, semble en avance sur son époque. Un des thèmes à la mode exploité à plusieurs reprises dans ce genre de conte est celui de la femme qui perd sa raison à la suite d'une déception amoureuse. On attribue communément cette vogue au succès d'une comédie de Marsollier de Vivetières, *Nina ou la folle par amour*, jouée en 1786, et voit sa consécration dans des recueils comme les *Folies sentimentales* (1786) et les *Nouvelles Folies sentimentales* (1787). Dès 1783, cependant, la *BUR* raconte les malheurs de la *Folle du château de Riant* ainsi que celle du *Braconnier du bois Belle-Fée* (où c'est le héros qui ne résiste pas à la mort de sa bien-aimée), tandis qu'en 1785 une *Folle respectable* attend au bord de la route le retour d'un mort. En 1787, *La Folle par amour* de Cubières-Palmézeaux est le seul de ces textes que nous ayons trouvé ailleurs.

v. Les romans moraux

Les classes V à VIII, ayant été gardées moins longtemps, ont subi moins de transformations que les quatre premières. Les 'Romans de spiritualité, de morale et de politique' commencent par l'*Histoire de Barlaam et de Josaphat*, texte du huitième siècle traduit au seizième et encore au dix-septième, et passent ensuite au *Télémaque* de Fénelon, qu'on traite en même temps que les *Fables* de celui-ci (que 'dans notre siècle on n'eût pas manqué d'intituler [...] *Contes philosophiques* ou *Contes moraux*') (1775.ix.80). Le troisième texte est le *Pélerinage de Colombelle et Volontairette*, traduit du hollandais en 1636, et le quatrième la *Cyropédie* de Xénophon, suivie de diverses imitations modernes par Ramsay, le duc d'Aiguillon et l'abbé Pernetti. Au début de 1776, on se contente d'annoncer un article tiré des romans édifiants de l'évêque Camus, qui paraît effectivement en mars. Après des ouvrages en latin, comme l'*Argénis* de Barclay et les *Pieuses Récréations* du père Gazée, on résume la *Vie de Guzman d'Alfarache*, divers récits de Rivière Dufresny et le *Séthos* de Terrasson. La grande variété des sources qui est ainsi de règle dans cette classe est illustrée encore dans l'article consacré à la description de quatre célèbres séries de peintures par Hogarth commentant les mœurs de son époque. Ces 'romans muets' ne constituent pas vraiment une classe à part (contrairement à ce que suggère Roger Poirier (pp.52-55), et la formule n'est pas développée ailleurs. En 1777, on offre encore les aventures d'un héros de roman médiéval, des nouvelles morales espagnoles, des conseils sur l'art de conserver la beauté et la santé des dames, une traduction du danois, et une très longue version de la légende du Juif errant qui occupe tout un volume.[28] On cherche, par un choix de fables allemandes et de contes moraux anglais, à permettre aux 'Dames Françaises' de juger d'un certain nombre de fictions 'philosophiques' étrangères qui ont servi de modèle en France: 'rarement avons-nous surpassé nos voisins dans la profondeur & meme dans la justesse des idées' (1777.iv.II.5). Ce n'est ensuite qu'en 1780-1781 qu'on reprend la cinquième classe, pour servir de cadre à une série de 'romans mythologiques', faite de textes originaux inspirés soit des *Amours des déesses* de Puget de La Serre, soit des *Métamorphoses* d'Ovide. En 1785-1786 encore, on groupe de petits récits (dont un au moins tiré d'un périodique), des textes satiriques de la première moitié du dix-huitième siècle, ainsi qu'un voyage imaginaire du dix-septième siècle (*La Terre australe connue*, de Gabriel de Foigny) dans une cinquième classe rebaptisée celle des 'Romans allégoriques'.[29] En plus, la septième classe prend une seule fois le titre de 'Romans de spiritualité et de morale', quand on rend compte des *Triomphes de la noble amoureuse dame* de Jean Bouchet.

vi. Les romans comiques

C'est par le *Satyricon* de Pétrone ('modèle du genre' nous dit-on dans le *Discours préliminaire*) (1775.vii.I.19) que s'ouvre la sixième classe, consacrée aux 'Romans satyriques, comiques & bourgeois', mais on passe tout de suite après à des textes français, comme les grands romans parodiques du dix-huitième siècle, de Furetière et de Scarron, ou, passant au dix-huitième siècle, le *Télémaque travesti* de Marivaux et le *Gil Blas* de Lesage. On remonte au seizième siècle pour rendre compte du *Pantagruel* et du *Gargantua* de Rabelais, ainsi que des *Facétieuses journées* de Chappuys. En avril 1776, on étudie différentes formes de jeux de société sous forme narrative que chacun de ces trois siècles a élaborées; mais, en janvier 1777, lorsqu'on aborde la formule de l''histoire interrompue' (divertissement où chaque narrateur doit à son tour faire avancer une narration pleine de rebondissements), on n'emprunte à l'*Aristandre* de l'abbé d'Aubignac que son titre et son cadre, dans ce qui semble être un texte inédit. En 1776 et 1777, on étend la catégorie des romans comiques et satiriques aux ouvrages étrangers, avec le *Bertoldo* de l'Italien Croce et le *Don Quichotte* de Cervantes. La littérature allemande est représentée assez curieusement par l'*Histoire prodigieuse et lamentable de J. Fauste*, tandis qu'un ouvrage anglais, *Chrisal ou les aventures d'une guinée*, est fondu avec un roman français, *La Pistole parlante* (où le passage de main en main d'une pièce de monnaie sert également de support à une série d'aventures) pour faire un récit composite, *Le Lingot*. Après juin 1777, cette classe disparaît pendant longtemps, revenant en juillet 1781, avec le *Francion* de Sorel, et pendant les premiers mois de 1786, avec d'autres ouvrages du dix-septième siècle, comme les *Aventures du baron de Fœneste* d'Agrippa d'Aubigné, ainsi que – choix curieux

---

28. 1777.i.I.5-51; 1777.iii.3-48; 1777.vi.5-99; 1777.vii.II.5-250; 1777.ix.6-81.
29. 1785.xii.3-8; 1786.i.I.3-30, 186-90; 1786.ii.165-81. On trouve le titre 'Romans moraux' à la tête de l'article sur les *Œuvres* de Madeleine et de Catherine Des Roches (1786.vii.II.59-96).

entre tous – un traité de grammaire de la fin du quinzième siècle (1786.iii.30-111).

vii. *Les contes et nouvelles*

En définissant dans leur *Discours préliminaire* la septième classe des 'Nouvelles historiques et contes', les rédacteurs de la *BUR* affirment que, tout en évitant les textes qui 'ne consistent que dans un trait ou un bon mot' ainsi que les contes en vers (genres qui paraissent pourtant sous d'autres rubriques), ils ne choisiront que 'les narrations véritablement abrégées, & dont plusieurs peuvent être renfermées dans un même volume' (1775.vii.I.20-21). C'est effectivement dans des recueils qu'on puise la plupart des textes qui rentrent dans cette catégorie pendant une période relativement courte, qui ne dépasse guère le milieu de 1777. La fin du quinzième siècle fournit les *Cent nouvelles nouvelles*, qu'on fait suivre des chefs-d'œuvre du seizième: l'*Heptaméron* de Marguerite de Navarre et les *Nouvelles Récréations et joyeux devis* de Bonaventure Des Périers. Le Grand Siècle est représenté par Segrais, Scarron, madame de Villedieu et Saint-Réal, avec l'auteur anonyme des *Nouvelles d'Elisabeth reine d'Angleterre*, ouvrage auquel la *BUR* consacre trois articles de suite. Notons qu'on admet dans cette classe non seulement les *Nouvelles tragi-comiques* de Scarron, mais aussi les récits intercalés du *Roman comique*, ainsi qu'un épisode tiré de l'*Ibrahim* de mademoiselle de Scudéry. On aborde le dix-huitième siècle par le biais des *Illustres Françaises* de Robert Challes (assez appréciées pour qu'on y consacre deux articles) et les *Journées amusantes* de madame de Gomez. En 1777, les rédacteurs semblent chercher une plus grande variété que ne permet peut-être cette organisation auteur par auteur. Une fois, par exemple, ils font rentrer la rubrique des contes et nouvelles dans le cadre du 'roman impromptu' qui avait été entrepris dans la sixième classe: après la conclusion de la narration principale les amis se mettent à présenter des contes inspirés, dans deux cas sur trois, par des ouvrages du dix-septième siècle (1777.iii.139-213). Une autre fois, on puise dans un recueil publié en 1738, pour offrir quatre récits tirés de divers auteurs des générations précédentes, y compris l'Anglaise madame Haywood (1777.iv.II.85-156). Pendant les derniers mois où cette classe soit utilisée, ce sont encore des modèles étrangers dont on rend compte: quatre articles sont consacrés à l'histoire de la nouvelle italienne, grâce aux textes réunis dans le *Novelliero italiano* de 1754. Les deux derniers de ces articles survivent en fait à l'indication de la septième classe et paraissent en avril et septembre 1778 en appendice soit à la première soit à la quatrième.

viii. *Les romans merveilleux*

Bien que dans le *Discours préliminaire* on puisse considérer la classe des 'Romans merveilleux' (la huitième et la dernière) comme celle où le genre romanesque aurait connu 'sa plus brillante carrière' (1775.vii.I.21), cette catégorie ne résiste guère mieux que celle des contes et nouvelles. Après un coup de chapeau aux traditions plus lointaines du conte de fées dans un article consacré à la légende de *Mélusine*, on se lance dans une discussion plus ou moins chronologique de la mode littéraire que ce genre a inspirée à partir des dernières années du dix-septième siècle. Perrault, madame d'Aulnoy, mademoiselle Caumont de La Force, madame Murat, Mailly, mademoiselle L'Héritier de Villandon y prennent leur place, ainsi que les représentants de la génération suivante: madame Le Marchand, mademoiselle Lubert, madame de Villeneuve, le comte de Caylus. A ces noms il faut ajouter celui d'Hamilton, de qui on semble avoir hâte de parler, car l'article qui lui est consacré paraît dès décembre 1775, rompant ainsi la progression historique. Pour la première fois en octobre 1776 on résume l'un des 'voyages imaginaires' qui, selon le *Discours*, font partie de la huitième classe (1775.vii.i.21): il s'agit de l'*Histoire comique* de Cyrano de Bergerac, accompagnée d'un bref résumé de la carrière de celui-ci. De même que la septième classe s'est trouvée absorbée un moment dans la cadre fictif du roman impromptu, la rubrique des contes merveilleux subit ce même sort en avril 1777 quand une demoiselle présente comme des histoires qu'elle a entendues dans son enfance des récits de Caylus et de madame de Villeneuve (avant qu'on aborde, sans changer de classe, quelques 'proverbes dramatiques' que la demoiselle et ses amis jouent pour s'amuser). Quand la septième classe, ainsi que nous l'avons dit, choisit en juin 1777 de tirer parti d'un recueil italien, la huitième en fait autant, en consacrant deux articles de suite au *Pentamerone* de Basile. Cette initiative, cependant, n'a pas de suite, car elle tombe juste avant la disparition pendant très longtemps de cette catégorie des romans merveilleux. Ce n'est qu'en janvier et mars 1787 que la rubrique est relancée (mais renumérotée septième classe) pour présenter encore un texte de madame de Murat, suivi du roman satirique de Bordelon, *L'Histoire des imaginations extravagantes de monsieur Oufle causées par la lecture des livres qui traitent de la magie* et des *Voyages de Gulliver* d'après Jonathan Swift.

ix. La disparition des classes

Si la division en classes n'est plus indiquée régulièrement à la tête de chaque article après mars 1787, la même terminologie est encore employée de façon sporadique pendant un certain temps, mais incorporée aux titres des articles. Ainsi, dans le premier volume pour avril 1787, trouve-t-on *La Folle par amour [...] roman d'amour*, l'*Histoire du comte d'Eu, roman historique* et *Le Plaisir et la volupté, conte allégorique*. Mais dans ce même numéro il est question (dans des étiquettes semblables) de 'romans philosophiques' (*Le Rêve d'un sage* et *Histoire critique de l'âme des bêtes*), terme nouveau, employé peut-être pour des raisons de brièveté à la place de celui de 'romans de spiritualité, de morale et de politique'; et l'expression 'roman historique' semble être utilisée autrement qu'avant quand elle s'applique ici à un conte de Voisenon, *Histoire de la félicité*. Si en juillet un texte de Pignotti est toujours un 'roman étranger' ou que les *Aventures d'Euphormion* soient une 'histoire satyrique, morale et politique' en octobre 1787, les anciennes formules ne sont pratiquement plus employées: à peine deux 'romans historiques' en janvier et juin 1788, et, avec un certain sens de l'à-propos, un 'roman de chevalerie' comme dernier morceau de toute la collection en mai 1789. Malgré ces restes épars, le système des classes et l'alternance de celles-ci ne jouent absolument plus, même si les principes qui ont guidé le choix des rédacteurs pendant longtemps ne sont pas abandonnés si vite.

Le moyen âge, par exemple, n'a pas tout à fait perdu son pouvoir d'attraction dans cette dernière période de la *BUR*, mais on se contente maintenant d'histoires tirées de la *Bibliothèque bleue* et de pastiches comme l'*Ollivier* de Cazotte ou le *Lisvart de Grèce* de Mayer. Les sujets historiques du seizième siècle, longtemps chers aux rédacteurs de la collection, se retrouvent encore dans des textes du dix-septième siècle, comme les *Amours du grand Alcandre* de la princesse de Conti ou le *Prince de Condé* de Boursault, ainsi qu'exceptionnellement dans une nouvelle de 1775, *Clémence d'Etragues*, par Louis d'Ussieux. On pourrait croire délaissés les longs romans héroïques (deux titres seulement dans le courant de 1787, dont un est introuvable), si la *Cléopâtre* de La Calprenède ne venait remplir un peu moins de quatre volumes au début de 1789. On rend compte de deux ouvrages édifiants de 1634 et de 1636 par l'abbé Ceriziers; on offre de petits contes à rire datant de 1644; et on compare une nouvelle galante de 1668 à une production anglaise récente où un chien mène également l'intrigue.[30] L'*Histoire des Sévarambes* de Denis Veiras représente une conception du voyage imaginaire qui fait contraste avec celle, plus récente, qui est proposée trois volumes plus tard dans le *Robinson Crusoé* de Daniel Defoe. Le choix qui s'opère dans la littérature française du dix-huitième siècle change quelque peu de biais pendant cette époque. Si les articles sur les ouvrages qui viennent de sortir (le *Blançay* de Gorjy ou l'*Estelle* de Florian, par exemple) continuent, les fictions originales et les supercheries, préparées pour la *BUR*, disparaissent pratiquement. Il en est de même pour les petites narrations empruntées aux périodiques, bien que ce qui semble être l'unique exemple en ce genre, *Le Coup de foudre*, soit un des plus intéressants parmi ces contes où l'on veut déjà (sans attendre les théoriciens du genre au dix-neuvième siècle) concentrer l'intérêt du lecteur sur les révélations d'un dénouement inattendu. Les journaux où l'on puise maintenant de préférence sont ceux de Marivaux, avec un 'conte moral' tiré du *Spectateur français* et un compte rendu de l'*Indigent Philosophe*. En même temps, on accorde une importance accrue à d'autres romanciers de la génération précédente, que ce soient des talents mineurs comme Mouhy, avec les *Délices du sentiment*, ou des maîtres, comme Crébillon, avec *Ah! quel conte!* et surtout Prévost, avec plus de deux volumes consacrés au *Philosophe anglais* et près de 200 pages encore à *Manon Lescaut*.

Si un certain essoufflement se fait sentir dans la présentation de la littérature nationale pendant ces derniers mois de la *BUR*, l'on peut constater dans les articles où il s'agit de modèles étrangers une volonté de sortir parfois des chemins battus, même si la collection, dans ce domaine comme dans d'autres, continue essentiellement sur sa lancée. Il est vrai, par exemple, que le pseudo-orientalisme chasse encore le vrai (avec les *Mille et un quart d'heure* de Gueuelette et le *Misogug* de Cubières-Palmézeaux), que la rubrique des romans latins modernes vivote toujours (avec les *Narrations tragiques* de Gilbert Cousin, l'*Euphormion* de Barclay, l'*Eudémie* de Rossi) et que l'on ressuscite comme par devoir quelques textes grecs (le *Tableau* de Cébès, un dialogue de Lucien). Il est également vrai que les rédacteurs des articles de littérature italienne se contentent pour la plupart de reprendre le Tasse, de raconter la vie de Jeanne d'Arc d'après l'historien Biondi,

---

30. 1787.x.II.159-214 et 1788.i.I.197-210; 1787.ix.102-85.

de reproduire un conte donné pour italien mais d'origine douteuse (1788.i.1.147-96), tandis que ceux qui s'occupent de l'Espagne, tout en se réclamant des noms de Tirso de Molina, de Lope de Vega ou en résumant un roman anonyme contemporain (1788.vi.370-405), choisissent des textes dont l'authenticité reste à établir. L'apport de l'Angleterre, cependant, comprend des éléments résolument plus modernes. Mis à part un 'conte indien' soi-disant de 1682 et qu'on attribue avec peu de vraisemblance à une sœur d'Antoine Hamilton (1787.vii.11.147-81), les autres textes appartiennent tous au dix-huitième siècle, allant du *Procès de John Bull* d'Arbuthnot, au *Vicaire de Wakefield* de Goldsmith (qui occupe presque 250 pages), et à l'*Histoire de François Wills* de Pratt. Les adaptations de romans anglais très récents (formule exploitée dès août 1783, rappelons-le, avec l'*Evelina* de madame d'Arblay) connaissent encore une certaine faveur jusqu'au début de 1788: *L'Enfant naturel* et *Aspasie*, deux titres anonymes de 1784 et 1786 respectivement; *Louisa*, 1787, par madame Helme; *Zoraïde*, 1786, par madame Hughes. Deux fois on consacre un volume entier (comme pour les *Deux Amies* en 1782 déjà) à des ouvrages qui n'avaient pas encore été traduits en français: *The Injured Daughter*, 1768, et *Frances the philanthropist*, 1786.

La période 1787-1789 est surtout celle d'un renouveau dans le choix des textes allemandes. Si, à la fin de 1788, on a recours encore à un conte de Wieland vieux de trente-cinq ans ou aux *Rêveries de Diogène de Sinope* du même, qui datent des années 70, les autres ouvrages dont on rend compte sont bien plus récents. Même quand un original authentique semble introuvable, comme c'est le cas pour *Alexandrine de Ba****, donnée en juin 1787 pour traduite de l'allemand, on se fonde sur une édition française qui porte le millésime de l'année précédente. Lorsqu'au début de 1789 on ouvre une nouvelle voie (qu'on n'aura pas le temps de poursuivre avant que la collection s'arrête) en abordant la littérature allemande du moyen âge par le biais du *Nibelungenlied*, on s'inspire des éditions de Christoph Heinrich Myller, parues en Allemagne en 1784-1785. La notoriété de l'autobiographie plus ou moins romancée du baron de Trenck, publiée en allemand en 1787, lui avait déjà valu deux traductions françaises au moment où la *BUR* en parle. On consacre près de trois cents pages à une version de *Geradsinn und Aufrechtigkeit* de Schultz, roman paru en 1788 mais qui n'avait pas encore été publié en français. On plonge dans les eaux troubles du préromantisme germanique avec quatre nouvelles tirées des *Biographien der Selbstmörder*, 1785, de Spiess – ouvrage dont la traduction ne paraîtra en librairie qu'en 1798. L'auteur allemand, cependant, à qui les rédacteurs semblent accorder leur préférence à cette époque est August Gottlieb Meissner. Les trois quarts des deux livraisons pour avril 1788 sont consacrés à une version de l'*Alcibiade* de celui-ci, texte qui a été l'objet de deux autres traductions en 1787 et en 1789. Mais la source que la *BUR* a exploitée le plus volontiers est la série de récits que Meissner a publiée, entre 1778 et 1788, sous le titre de *Skizzen*: on en tire *Les Coquilles de noisette* en mars 1788, les *Anecdotes du règne de Nushirvan* en juin, *Que ne hasarde pas une mère [...]* en juillet. L'inspiration du 'manuscrit' sur *Blanche Capello* donnée en septembre 1780 pourrait aussi venir en partie des narrations que Meissner consacre à cette héroïne à partir de 1778, mais dans le détail le texte de la *BUR* est tout à fait différent, et deux des quatre épisodes du récit chez Meissner datent, en plus, d'après 1780. Ce qui est le plus curieux dans les rapports de la *BUR* et de l'auteur allemand, c'est que celui-ci a en même temps puisé dans la collection française pour écrire un certain nombre de ses 'esquisses'. Rudolph Fürst, dans une étude de la carrière de Meissner, note en passant que la *BUR* – il s'agit du volume de février 1781 – est donnée comme source de *Graf Balduin von Flandern* paru dans le septième recueil des *Skizzen*, daté de 1785. D'autres influences, non avouées cette fois-ci, semblent également probables dans le cas d'*Agnes Sorel* (septième recueil de Meissner et *BUR* octobre 1778), de *Die Zauberschule* (huitième recueil, 1785, et le *Comte Lucanor* de la *BUR* en novembre 1781), de *Cuenna, Vivonne und Ruyter* (huitième recueil et *BUR* 1783), de *Die Rache* (neuvième recueil, 1788, et les *Vengeances* dans la *BUR* en août 1780). Un treizième recueil de Meissner, publié tardivement en 1796, comprend deux autres récits déja parus dans un périodique dans le courant de 1785 et qui semblent s'inspirer de la *BUR*: *Das Karaïbische Denkmal* (*Le Monument Caraïbe*, dans la *BUR* de juin 1780) et *Ezzelin* (dans la *BUR* de décembre 1782).[31]

x. Les renvois et les retours en arrière

Tout un réseau de correspondance se tisse ainsi entre la *BUR* et ses modèles pendant les quatorze années où la collection a paru. Malgré l'aspect hétéroclite de leur contenu, il se distingue dans ces volumes, lorsqu'on remonte année par année, comme nous venons de le faire, la suite des articles, un certain nombre de fils conducteurs qui donnent au recueil sinon une uniformité absolue tout au moins un caractère qui lui est particulier. Tout au début, les rédacteurs cherchent souvent à souligner cette cohésion de leur texte (que son mode de publication tendait inévitablement à morceler) en renvoyant le lecteur d'un article à l'autre. Parfois il s'agit tout simplement de rappeler que certains morceaux, en fonction de leur longueur, se répandent sur plusieurs numéros; parfois un même ouvrage aura donné lieu à deux articles, comme, par exemple, lorqu'on présente à part un épisode intercalé tiré d'un long roman qu'on vient de résumer. Certains extraits sont annoncés d'avance, ou retardés pour qu'on puisse leur consacrer une place adéquate. Quand on en arrive au 'dictionnaire' des romans d'amour ou quand on résume d'autre part la vie et les œuvres d'un auteur donné, on a soin de rappeler les titres dont on a déjà rendu compte. Pour lancer la série des romans historiques voués à l'histoire de France, ainsi que nous l'avons vu, on consacre tout un article à passer en revue les différents titres qu'on aura à résumer progressivement. Même lorsque ce tissu de liens qui parcourt toute la collection n'est pas mis en évidence par des renvois, il est clair que, pour la préparation de nouveaux articles, les rédacteurs s'inspirent constamment des précédents qu'ils ont déjà établis et que l'exemple des premières années leur reste utile jusque dans les derniers volumes de la *BUR*.

Pendant les années 80 surtout, nos journalistes semblent s'être souvent penchés sur les anciens numéros de la collection. Une brève mention de ces trois textes en février 1776 (1776.ii.174-75), par exemple, n'aurait-elle pu donner l'idée des articles consacrés en 1787 aux histoires galantes de Bussy Rabutin, suivies des *Amours du grand Alcandre* de la princesse de Conti et du *Divorce satirique* de Victor Cayet? Deux pages en avril 1779 sur la *Déiphire* d'Alberti (1779.iv.19-

---

31. Pour un autre lien possible entre Meissner et la *BUR*, voir 1781.x.II.3-71.

20), pourraient également être à l'origine de l'article qui rend compte de cet ouvrage en 1785. On mentionne en passant en octobre 1776 l'*Histoire de la reine Zara* ou *Tiran le Blanc* (1776.x.i.9; 1776.x.ii.29), mais les extraits de ces textes ne paraissent qu'en avril et octobre 1783. Le fait qu'on a parlé de l'*Argénis* de Barclay en avril 1776 (1776.iv.i.10) n'est peut-être pas étranger à la décision de résumer l'*Euphormion* du même auteur en 1787; et le choix de trois ouvrages de Boccace en 1783, 1784 et 1786, nous rappelle qu'il en a été question en juin 1777, dans la présentation du *Décaméron* (1777.vi.157-58). Très souvent, on ne se contente pas de relever de brèves indications antérieures, mais on reprend carrément les mêmes textes pour en offrir une version nouvelle. C'est ainsi que le *Perceval le Gallois* de novembre 1775 est refait par Tressan en 1783, ou qu'un épisode omis du *Perceforest* de janvier 1776 est développé en détail en septembre 1785, ou que les *Lutins de château de Kernosy* de madame de Murat sont repris en janvier 1787 plus de dix ans après leur première apparition en juin 1777. En juillet 1784, Tressan développe avec beaucoup de fantaisie les données de l'article qui traite en avril 1777 de la *Regnara Lodbrog Saga*; en février 1786, le texte que celui-là avait consacré au thème de *Cléomadès* est mis en concurrence avec une nouvelle version tirée des *Aventures de Clamadès* de madame Le Givre de Richebourg. Le *Rinaldo innamorato* du Tasse, dont on parle d'abord en juillet 1778, se retrouve une seconde fois en février 1788, mais attribué maintenant au père du poète. Deux romans allemands (de madame La Roche et de Wieland), parus tous les deux dans le volume de septembre 1778, sont rénovés ultérieurement: les *Mémoires de mademoiselle de Sternheim* en mars 1781 et les *Aventures merveilleuses de don Sylvio de Rosalva* en janvier 1785.

Un certain nombre de courtes fictions sont de même données plus d'une fois. L'intrigue du *Testament*, paru en mars 1777, est remaniée en juillet 1784; en 1783 on donne une nouvelle version de l'*Histoire du roi Séged*, par Samuel Johnson, déjà résumée en avril 1777; et trois contes tirés de l'*Histoire de la sultane de Perse* de Galland sont repris textuellement en 1786-1787. D'autres répétitions des mêmes morceaux – mais après un laps de temps bien plus court – se produisent en 1785 et 1786. On peut s'étonner de trouver en mars 1785, sous le titre du *Ridicule corrigé*, le même texte d'un conte de Bastide publié aussi récemment qu'avril 1783 sous le titre de l'*Hypocrite en amour*, ou de relire en janvier 1786 *L'Amour converti*, déjà imprimé en février 1784. Si l'on attend plus de quatre ans pour se resservir en juillet 1786 de ce qui est essentiellement le même extrait de *La Princesse de Gonsague* que celui donné en novembre 1781, moins de deux années séparent les deux résumés (différents cette fois-ci) des *Divers Effets d'amour* en septembre 1784 et avril 1786.

5. Principes et théories

Il est difficile de ne pas croire que ce dernier genre de répétition à tres court terme s'explique par la négligence ou par une paresse momentanée devant la nécessité de fournir mois par mois suffisamment de copie. Néanmoins, sur un plan plus général, le fait que des retours en arrière sont possibles, surtout après plusieurs années, suggère une certaine stabilité dans les critères de choix qui régissent la composition de la collection. En fait, les principes qu'affichent les rédacteurs de la *BUR* subissent peu de transformations au fur et à mesure que les années passent. La formule des pages de titre – qui représente tout un programme – est gardée jusqu'à la fin:

Bibliothèque universelle des romans, ouvrage périodique, dans lequel on donne l'analyse raisonnée des Romans anciens & modernes, François ou traduits dans notre langue; avec des Anecdotes & des Notices critiques concernant les Auteurs ou leurs Ouvrages; ainsi que les mœurs, les usages du temps, les circonstances particulières & relatives, & les personnages connus, déguisés ou emblématiques.

Si les explications et les commentaires sont moins complets que ce libellé donne à prévoir, la conception de départ de la collection, esquissée dans le titre et développée dans le *Prospectus*, est respectée dans ses grandes lignes. La variété, notons-le, doit dès le début alléger et assouplir les ambitions encyclopédiques des rédacteurs, qui rejettent une organisation soit chronologique, soit par genres, soit entièrement alphabétique, en faveur de 'la forme périodique'. 'Nous avons préféré la forme du Journal, parce qu'elle met le Lecteur à portée de jouir promptement & successivement d'un travail déjà fait, & d'acquérir, sans se fatiguer, les richesses, aussi variées qu'intéressantes, de l'imagination.' On cherchera, volume par volume, à 'faire constraster les genres, les tems, & l'intérêt des fictions dont nous rendrons compte' (1775.vii.i.7-8).

En même temps, dans leur *Prospectus*, nos rédacteurs promettent d'éviter ce qu'ils appellent les 'Romans trop connus' (1775.vii.i.9). Et ils réaffirment cet engagement, par exemple en août 1780: 'Nous nous étions fait une sorte de loi de ne point faire entrer dans notre Collection les Romans modernes que l'on trouve dans toutes les Bibliothèques' (1780.viii.98). En revanche, ils entreprennent en 1775 d'offrir aux lecteurs 'beaucoup d'excellens Romans, qui sont d'anciens manuscrits, renfermés, comme des trésors, dans l'immense Bibliothèque qui nous est ouverte [c'est-à-dire celle de Paulmy]; & de faire renaître beaucoup d'autres Romans, auxquels la rareté ou la vétusté avoient ravi les avantages de la publicité, en bornant à un très-petit nombre les exemplaires, en quelque sorte mystérieux, qu'on ne peut que très-difficilement trouver' (1775.vii.i.8-9). Cette recherche de textes obscurs mène les rédacteurs parfois assez loin, pour un lecteur moderne, d'une étroite définition du genre romanesque. Les ouvrages en vers d'une part ne sont nullement exclus et d'autre part des textes sans grand intérêt narratif sont de temps en temps admis. En particulier, les limites qui séparent le travail du romancier et celui de l'historien restent floues à travers toute la collection. En novembre 1785, on cherche à expliquer que tout dépend, en ce domaine, de la façon de présenter les choses (1785.xi.179):

Si l'on nous reprochoit d'avoir donné cette histoire [c'est-à-dire une anecdote présentée comme véridique tirée des *Imposteurs insignes* de Rocoles] dans un Ouvrage absolument consacré aux Romans, nous répondrions d'abord que plusieurs histoires y ont été lues avec plaisir, & qu'en outre il est une maniere d'arranger les histoires qui peut les rendre, à quelques égards, romanesques. D'ailleurs, combien d'histoires sont si extraordinaires qu'elles pourroient être regardées comme des *Romans* ou comme des fables [...] Il n'est pas de la nature d'un Roman d'être toujours *fable*, mais d'en présenter les apparences, même dans le cas de la vérité.

Ainsi que le voulaient les canons du goût littéraire, la *BUR*, en parlant des fictions, veut joindre l'utile à l'agréable. 'Nous tâcherons', lit-on dans le *Prospectus*, 'que chaque volume de cette Bibliothèque soit d'une lecture diversifiée, instructive et amusante' (1775.vii.i.8). Et en 1786, craignant de ne pas l'avoir assez respecté, les rédacteurs réitèrent le même principe: 'Peut-être, jusqu'ici, avons-nous plutôt voulu donner des extraits intéressans que des notions instructives. C'est à ce dernier objet que nous allons désormais nous appliquer.' La loi suprême, cependant, reste celle de plaire, et ils ajoutent: 'Au reste, nous ne suivrons dans ce nouveau travail, que le goût du Public, qui sera toujours notre règle' (1786.i.ii.135-36). Dans une discussion détaillée du genre romanesque donnée, en octobre 1780, en préface à la *Cassandre* de La Calprenède, on réagit avec insistance contre la notion encore courante à l'époque que lire un roman était perdre son temps, ou pire: 'Soit qu'on s'en serve pour charmer ou pour étendre son imagination; pour égayer ou pour aggrandir son ame; pour dissiper, orner ou exercer son esprit; pour développer ou rectifier les mouvemens précieux de sa sensibilitié, on aura plus gagné que dans toute autre sorte de lecture' (1780.x.i.8). En plus du compte, ces avantages sont à la portée de tout le monde: 'Les autres genres parlent aux hommes instruits; le Roman se fait entendre des femmes & des enfans' (1780.x.i.9). Le *Prospectus* de 1775 chante déjà les louanges des romans, ces 'premiers livres de toutes les nations', qui 'renferment les plus fidelles notions de leurs mœurs, de leurs usages, de leurs vices & de leurs vertus' (1775.vii.i.3). La discussion d'octobre 1780 développe la notion de la supériorité qu'ont les fictions sur l'histoire: '*Ces événemens sont-ils vraiment arrivés?* êtes-vous forcé de demander à Tite-Live. Vous n'avez pas besoin d'interroger Pétrone: ces mœurs qu'il vous expose, ces passions, & tous ces procédés qu'elles enfantent, portent leur caractère de vérité, & vous disposent à croire tout ce que Tacite vous dévoilera du règne de Néron [...] C'est ainsi que tout est vrai dans le Roman, puisqu'on sent tout ce qu'il y a de faux' (1780.x.i.14). Autrement dit, le roman ferait revivre le passé en allant droit à ce qui est essentiel, mais convaincra, pourrait-on rétorquer, plutôt la sensibilité, grâce aux apparences, que l'intelligence, par les faits.

Les commentaires de la *BUR* ne concernent pas cependent uniquement les sujets essentiels dont traitent les fictions: si l'étude de l'humanité reste toujours importante, les techniques des romanciers ont également leur intérêt: 'Tous les Romans se ressemblent presque pour les situations [...] Mais il est des choses plus piquantes: telle est la peinture des mœurs; telle la variété successive qui distingue les temps; telle sur-tout la manière différente des auteurs' (1786.i.ii.135). 'Qui, se demande-t-on, plus que le Romancier doit avoir la liberté du choix des formes', car 'le Roman unit tous les tons'. La seule règle d'or est celle d'éviter les excès: 'On l'a dit cent fois: la nature commune n'est pas propre aux arts [...] L'effet dépend de l'exagération: on doit éviter également le familier & l'outré.' Une des préoccupations constantes des rédacteurs de la *BUR* concerne les différences structurales qui distinguent les romans du dix-septième siècle de ceux des contemporains. Dans les fictions héroïques, 'où l'action est aussi grande que dans l'Epopée, l'intérêt moins fixé s'applaudit de s'étendre' (1780.x.i.19; 8; 20; 21). En juin 1780, on rend compte de l'*Apologie des romans*, 1765, de Béliard, où celui-ci fait encore l'éloge des romans 'compliqués'

(1780.vi.164). L'ancien principe de construction, nous explique-t-on ensuite, part d'une série de 'recits d'aventures distincts qui, à la longue, constituent le Roman' (1780.xii.134). Tout en défendant ainsi l'intérêt des procédés d'autrefois, les rédacteurs de la *BUR* savent apprécier l'évolution des techniques depuis l'époque de La Calprenède (1780.x.1.23):

De son temps, on ne savoit pas plus varier les caractères que conduire une intrigue avec simplicité, & au moyen du plus petit nombre d'incidens possible. Ses Héros ne diffèrent que par de légères nuances, pensent, parlent, agissent avec trop d'uniformité. Il appartenoit aux Anglois de nous apprendre à les frapper dans des moules divers, à les présenter dans une opposition brillante, & à jetter dans le Roman ce dramatique inconcevable, que nous n'avons fait qu'ébaucher encore sur nos théâtres. O Fielding! O Richardson!

Le nouveau style de roman peut, bien sûr, avoir ses inconvénients: 'nos Romanciers modernes intriguent si peu, prennent si peu d'action, la délaient tant, parlent tant, qu'il ne scroit pas mal à propos de leur offrir des modèles, même de complication' (1785.iii.64). Mais, l'un dans l'autre, une plus grande simplicité semble être préférable – simplicité qui cadre mieux, évidemment, avec la notion du résumé sur laquelle se fonde la *BUR*. 'Nous abandonnons ce prétendu talent de tout embrouiller aux âges qui ont précédé le nôtre; & nous dispenserons toujours autant qu'il sera possible, le Lecteur d'acheter, par une longue fatigue d'esprit & de mémoire, le plaisir que nous nous proposons de lui procurer par nos Extraits' (1779.ix.176).

Paradoxalement peut-être, les anciennes fictions peuvent être plus faciles à 'extraire': 'les Romans anciens doivent être comparés à un pays de conquête, où l'on peut se permettre tout ce qu'on veut. Au lieu que les Romans modernes, (sur-tout ceux qu'un grand mérite a consacrés), imposent des règles de goût, de fidélité, d'imitation de style que l'on ne peut suivre sans un assez grand travail' (1787.x.1.73). Les textes récents sont à la fois plus familiers au public et plus subtils dans leur facture. Dans une curieuse préface à ce qui semble être un manuscrit inédit, *Les Scruples d'une jolie femme*, en avril 1782, on tourne autour de ces problèmes de vraisemblance qui ont tant tracassé les romanciers du dix-huitième siècle. Dans ce texte préliminaire, le chevalier de Bl*** explique qu'il ne peut pas croire que la narration en question (trouvée, nous dit-on, dans un château) soit de la main de madame de La Fayette comme on l'a prétendu, mais, jouant sur les conventions de ce genre de présentation faite pour 'authentifier' une fiction qui se veut réaliste, il ne peut pas croire non plus qu'il s'agisse d'un roman. 'La simplicité de cette narration, écrit-il, ne peut appartenir qu'à l'héroïne de l'aventure.' Et puis il commente avec un certain pessimisme cette ambition (qu'il attribue à tous les romanciers mais que le dix-huitième siècle s'est surtout imposée) d'atteindre un tel degré de naturel que tout artifice disparaît: 'Nos meilleurs Romanciers, tant anciens que modernes, ont vainement employé tout leur esprit, dans leurs Ouvrages, à faire disparoître l'Auteur; malgré leurs soins, tout le décèle. D'ingénieuses préparations, des faits trop bien amenés, des réflexions profondes, d'heureuses digressions, des portraits achevés, un style trop correct, le soin de rendre compte de tout annoncent à leurs Lecteurs que c'est pour eux qu'ils écrivent' (1782.iv.II.10). Le comble de l'art dans le domaine des fictions serait ainsi de créer une illusion parfaite de vraisemblance. L'auteur de l'article sur un roman anglais, *Zoraïde*, en octobre 1787, peut par conséquent considérer comme un grave défaut le fait qu''on est averti à toute minute qu'on lit un roman' (1787.x.1.176). Le jugement qu'on prête à une jeune dame en avril 1782 est encore plus sévère, car celle-ci semble trouver que par sa nature même le genre romanesque est inférieur au théâtre pour ce qui est du 'réalisme': 'C'est que les Acteurs sont-là, ils me font illusion, & je les prends pour les véritables personnages. Ce n'est plus une représentation à mes yeux, c'est la réalité. Mais quand j'ai seulement le livre à la main, il n'y a point-là d'illusion, & tout me paroît froid' (1782.iv.1.16).

Le dialogue qui met en scène cette jeune dame – et l'oppose d'abord à un vieillard, ensuite à une vieille dame – évoque également la question des goûts littéraires et la façon dont ceux-ci varient selon les générations. Dans ce qui semble au premier abord une autocritique par personne interposée, la *BUR* fait dire à cette jeune personne: 'Ce qui m'excède dans la *Bibliothèque des Romans*, ce sont toutes ces vieilles fictions qui sont à mille ans & à mille lieues de nous. Qu'avons-nous besoin de savoir les très-gothiques amours des Maures, des anciens Paladins, & même de nos ayeux qui vivoient il y a deux siècles [...] Ne seroit-il pas plus convenable de nous peindre nous-mêmes?' (1782.iv.1.14). Le vieillard vient ensuite défendre ce qui semble être le vrai point de vue des rédacteurs de la *BUR*, car lorsque la dame se lance dans les derniers racontars du beau monde, celui-ci qualifie son récit de 'Roman moderne' et profite de l'occasion pour affirmer que dans une société immorale on a besoin des exemples d'autres époques où les mœurs auraient été plus pures. La vieille dame, également, est choquée quand son interlocutrice trouve les vieux romans ennuyeux parce qu'ils ne parlent pas plus ouvertement de l'amour ('on n'y rencontre nulle part l'ombre d'une passion') et trouve étrange la mode récente du 'genre noir': 'Pourquoi cette manie de ne lire que des choses tristes, de ne voir que des drames lugubres' (1782.iv.1.38, 40). Le même genre de conservatisme moral et esthétique s'exprime souvent dans les pages de la *BUR* (Bastide est né, après tout, en 1724), même si les textes choisis illustrent simultanément, nous l'avons vu, bien des modes et des engouements de l'époque. En 1783, un des rédacteurs se lance dans une diatribe contre les tableaux de mœurs qui insistent trop sur le vice (1783.i.1.151):

Nous nous sommes dégradés, & nous peignons notre dégradation. Nous faisons paroître le *Paysan perverti*, les *Liaisons dangereuses*, & d'autres Romans de ce genre, bien écrits sans doute, & avec des intentions pures; mais dans lesquels nous ne voyons pourtant que des vices, un libertinage affreux, des mœurs qui révoltent, sans le moindre tableau qui nous élève, sans le moindre trait qui vienne rassurer l'innocence & consoler la vertu.

En poursuivant, ce même auteur s'attaque à la nouvelle morale de la sensibilitié, qui ne fait qu'embrouiller les notions du bien et du mal (1783.i.1.151-52):

Nous imprimons *Alexandrine* [roman de madame de Colleville, 1783, dont le sous-titre est *l'amour est une vertu*], pour nous prouver que cette même vertu, dont nous retenons le mot après avoir dénaturé da signification, c'est l'Amour. L'Amour, y dit-on avec assurance, l'Amour est la Vertu! On soutenoit jadis que c'étoit une foiblesse; on ajoutoit que cette foiblesse pouvoit cependant conduire à la Vertu: mais, sûrement, il n'étoit encore entré dans la tête de personne de les confondre ensemble.

Le ton moral de la *BUR* n'est cependant pas partout aussi rigoriste, et on en vient même à critiquer des excès didactiques (1787.iii.61):

Faut-il toujours couronner la vertu dans une pièce de théâtre & dans un Roman, & y faire échouer le vice? Certainement cela seroit plus raisonnable & plus utile; mais ces sortes d'ouvrages sont la représentation de la vie humaine; & dans la vie, les personnes honnêtes ne triomphent pas toujours: il n'est que trop ordinaire d'y voir réussir celles qui ne le sont pas. Or c'est à ce qui est, bien plus qu'à ce qui doit être, que ceux qui écrivent en morale s'attachent [...] Le point essentiel, dans ces sortes de compositions, c'est d'intéresser; & l'on a fait toujours bien quand on atteint ce but.

Ailleurs on affirme que c'est chez les classes populaires que, malgré un goût peu développé, les plus saines traditions ont été respectées dans les fictions, au moins jusqu'au dix-septième siècle (1786.iv.1.156):

Le Peuple n'entendit rien, ni aux beautés sérieuses de Clélie, ni au ton maniéré des Romans de la Capitale, ni à toutes les intrigues du troisième genre [c'est-à-dire les romans émoustillants écrits pour une jeunesse dissipée]; il aimoit mieux le merveilleux; on lui donna Fortunatus, la Belle au bois dormant, & les autres livres de la Bibliothèque bleue. Le fameux Imprimeur de Troyes fit gémir sa presse avec le plus grand succès, pour cette partie de la Nation, qui seule a conservé l'empreinte du caractère de nos ayeux.

On esquisse un tableau idyllique des lectures du paysan, en louant les éditeurs spécialistes de la littérature de colportage comme Oudot et Garnier: 'Vous faites les délices des bons villageois: votre parure modeste ne contraste pas avec la simplicité du toît rustique, & dans les longues veillées d'hyver, à la lueur de la lampe, vos récits merveilleux remuent délicieusement tout le cercle champêtre' (1787.iv.11.183). Ces textes conservent pour le rédacteur de ce passage un fort attrait nostalgique: 'cette Bibliothèque bleue si dédaignée de nos orgueilleux critiques, amusa mes tendres années: oui j'aime à retrouver encore les doux souvenirs de cet âge, & les premières emotions de l'enfance'. Si les livres des campagnes sont ainsi idéalisés, ceux dont s'amusent les domestiques sont la cible d'un certain mépris: 'Les anti-chambres eurent aussi leurs Romans [...] Cette classe servile en tout, rendant ses modèles en charge, prenant la morgue pour la fierté, le libertinage pour l'amour, eut également un Imprimeur à elle; c'est le fameux Pierre Marteau de Cologne' (1786.iv.1.156).

Une attitude curieusement conservatrice et décidément anti-féministe se révèle quand, en avril 1787, on commente l'*Histoire de la comtesse de Savoye*, de la comtesse de Fontaines. La 'femme auteur' qui se mettrait en tête d'écrire un roman, nous dit-on, souffrirait inévitablement de multiples désavantages (1787.iv.1.136):

Elle ne conçoit que par détails successifs, qu'elle symmétrise avec artifice: la foiblesse de ses organes ne lui permet pas de disposer une masse imposante d'événements, ni de dessiner largement des passions toujours trop timides ou trop réglées dans son ame [...] Elle ne peut être que femme, c'est-à-dire, aimable sans efforts & sans exagération. C'est par une douceur continue & méthodique, pour ainsi dire, c'est par une finesse d'esprit qui entretient la curiosité, par un sentiment délicat qui *couve* celui du Lecteur plutôt qu'il ne l'*échauffe*, qu'elle vient à bout d'inspirer un intérêt aussi modeste que sa plume.

Celles-ci peuvent sembler d'étranges notions à présenter au public en grande partie féminine de la *BUR* (au moins aux dires des rédacteurs). Mais l'auteur de ce texte (peut-il ne pas être un homme?) ne craint pas de froisser ses lectrices, car elles apprécieront encore moins que lui les faibles pouvoirs d'une femme (1787.iv.1.137):

Par un autre effet du caractère, ces qualités qui la font plaire, ne lui plairoient pas à elle-même. Une ame ardente veut être étonnée, saisie, emportée au-delà des bornes du bien et du goût: & voilà pourquoi les femmes, qui ont en général cette ame, & des organes foibles, des sentiments abondants & beaucoup de préjugés, le goût de la façon & point le germe qui crée, se livrent les premières à la magie mâle d'un livre qui les tyrannise plutôt qu'il ne les séduit, & qui toujours forçant & fécondant les idées ou les passions ne leur laisse, avec l'oubli de la violence, que le plaisir qui en est le résultat.

Ce passage extraordinaire, où la lecture d'un roman équivaudrait à un viol perpétré par le romancier, n'est pas le seul où un auteur de la *BUR* exprime son enthousiasme pour le genre romanesque à travers des images sexuelles. En octobre 1780, par exemple, on peut lire (1780.x.1.16):

La Fée du Roman, c'est la maîtresse que j'aime, en qui je loue tout, à qui je pardonne tout: c'est la maîtresse qui m'aime, qui connoît le besoin de mon âme, les goûts de mon esprit & le vœu de mon cœur. Elle se pare ou se néglige, elle rit, elle pleure, joue, devise ou raisonne, & va toujours à mon cœur: elle n'a qu'un but, c'est celui de me plaire: elle y parvient, en m'occupant, en m'amusant, en m'instruisant, en me grondant, de même qu'en me favorisant.

Devant une telle passion pour les fictions (tous les collaborateurs l'ont-ils partagée?), comment s'étonner de la longévité de la *Bibliothèque universelle des romans*!

6. Extraits et avis

La *BUR* promet à ses lecteurs non pas des textes intégraux, mais des résumés, ou, pour employer le mot préféré par les rédacteurs, des '*extraits*'. Ce dernier terme n'a pas le sens de 'morceaux choisis' (dont on ne trouve que peu d'exemples), mais correspond à l'idée de l'abrégé, du précis. Dans le cas de certaines très courtes fictions, on n'abrège pas, bien sûr, mais, au moins pendant les premières années de la collection, on se sent obligé d'offrir des excuses aux lecteurs les rares fois où un morceau est donné *in extenso* ou quand l'enthousiasme d'un des coopérateurs l'amène à dépasser les bornes prévues. Il est souvent question d'enlever ce qui n'est pas 'intéressant', ce qui complique le déroulement de l'action dans un récit ou en détourne l'attention, surtout dans le cas des longs romans du dix-septième siècle. L'idée d'offrir un résumé commode d'un ouvrage plus long n'a pas été exploitée uniquement, à l'époque, par la *BUR*, car, dans d'autres périodiques également, les formules utilisées pour les discussion littéraires comprenaient communément l'*abrégé* ou l'*extrait*, et surtout dans le cas d'ouvrages narratifs qui se prêtaient à ce genre d'analyse. Les articles de la *BUR* comportent en fait, dans la plupart des cas, les deux éléments essentiels des comptes rendus contemporains: une introduction générale qui situe l'ouvrage et son auteur, suivie d'un résumé plus ou moins commenté du contenu. La collection ne consiste cependant pas en une série d'articles uniformes, chacun offrant simplement l'abrége d'un ouvrage spécifié dans le titre. Même quand une analyse concerne un seul ouvrage, le rédacteur ne se sentira pas toujours obligé de rester fidèle à son modèle, qui dans certains cas ne sera que le prétexte d'un développement tout à fait personnel. D'autre part, les modèles proposés peuvent n'être que des supercheries, permettant aux auteurs de placer des morceaux de leur cru. Même quand les analyses restent plus fidèles, elles ne se rapportent pas toujours à un seul ouvrage: on profite, à l'intérieur d'un même article, de l'occasion de parler de plusieurs morceaux de la plume du même auteur ou de plusieurs ouvrages traitant du même héros, du même thème. Parfois ces analyses 'multiples' ne sont qu'une suite de textes dont chacun garde son indépendance, mais parfois on va plus loin et on fait de véritables articles de synthèse. Les données de deux ou de plusieurs ouvrages peuvent être combinés pour créer une narration originale et inédite.

A cause surtout de ces articles traitant de plus d'un titre – que ce soient des séries de morceaux séparés groupés sous la même rubrique ou des synthèses plus ou moins homogènes – tout calcul du nombre d'extraits et du nombre d'ouvrages dont il est question dans la *BUR* devient, selon nous, problématique. Les chiffres avancés par John M. Clapp (812 'ouvrages distincts', avec 114 'contes', donnant un total de 926) (Clapp, p.77) ne correspondent ni aux données de la *Table* de 1789 (où il y a 910 titres, dont des répétitions), ni à la variété des formes que peuvent revêtir les analyses. Néanmoins, nous avons cru nécessaire de chercher à établir des chiffres d'ensemble qui seraient comparables à ceux de notre prédécesseur. Les nôtres se fondent essentiellement sur le découpage pratiqué dans notre *Table*, dans laquelle nous avons cherché à commenter chaque titre à son tour, ne groupant nos remarques que lorsqu'un texte de synthèse dans la *BUR* rendait ce procédé nécessaire. Nous avons ainsi recensé dans les paragraphes où nous donnons notre commentaire 372 ouvrages français traités 'individuellement' et 214 ouvrages étrangers. Ce total de 586, ainsi que les autres chiffres que nous avançons ici, ne peuvent être considérés, bien sûr, qu'approximatifs, vu la nature subjective ou pragmatique de certains découpages. On peut y ajouter 32 ouvrages français et 17 ouvrages étrangers servant de point de départ à des articles 'synthétiques', ce qui nous donne un total de 640 extraits correspondant à des ouvrages plus ou moins identifiés. Si l'on compte en plus les 100 ouvrages français et les 73 ouvrages étrangers dont il est également question dans cette catégorie d'article où plusieurs originaux s'entremêlent dans la discussion du texte de base, on arrive à un chiffre global de 813, étonnament proche de celui de 812 avancé par Clapp.

Bien que nous ayons relevé en plus 169 mentions de traductions, d'adaptations et de suites d'ouvrages qu'analyse la *BUR*, tous ces titres ont été assimilés dans nos calculs aux textes originaux, pour éviter de gonfler abusivement nos chiffres. D'autre part, quand un même ouvrage se prolonge dans plusieurs numéros de la *BUR* ou est l'objet de plus d'une analyse, il n'a été compté qu'une fois (sauf dans le cas de recueils de morceaux séparés). Ce premier total ne renferme pas non plus les 'petits fictions', prises dans les journaux ou assimilables à celles qui sont tirées de cette source: il y en aurait 144 selon l'article de 1910, et, selon nos estimations, 103. L'accord apparent qui semble ainsi s'établir entre ces deux analyses ne tient cependant pas compte de 97 autres articles qui, selon nous, sont le plus vraisemblablement des textes originaux, présentés soit comme des 'manuscrits', soit sous divers déguisements bibliographiques. Déjà ce seul type de cas problématique est presque cinq fois plus nombreux que la vingtaine de difficultés avouées par Clapp (p.78), et il faut souligner le fait que ce groupe d'articles doit être ajouté à nos totaux cités plus haut.

On peut ainsi affirmer que la *BUR* renferme aux environs d'un millier d'analyses, mais vouloir fixer un chiffre plus exact nous semble contraire aux réalités de la collection, où l'article bien défini et consacré à un seul ouvrage prédomine, certes, mais voisine avec ces formules qui mettent des limites bien plus floues à la notion de l'extrait. Malgré le caractère approximatif du bilan que nous avons établi, il peut – et voilà ce qui nous semble le résultat le plus probant de cette tentative de refaire les calculs de Clapp – nous aider à suivre l'évolution de certaines tendances générales à l'intérieur de la collection. Les articles 'de synthèse', par exemple, se révèlent, si l'on prend les totaux année par année, être une spécialité de la *BUR* uniquement avant 1779, et ils disparaissent presque complètement après cette date, cédant le pas à une notion plus 'unitaire' de l'extrait. En revanche, les textes originaux, qui semblent avoir été écrits exprès pour la *BUR* et pour lesquels des sources précises semblent introuvables, ne commencent à paraître qu'en 1777, et leur importance (à en juger uniquement par le nombre de titres) diminue nettement après 1783. Les 'petites fictions', les contes tirés des périodiques, battent leur plein entre 1782 et 1785 et périclitent après, sans disparaître totalement. On peut observer en plus que le nombre global d'analyses, année par année, est relativement constant. Sans tenir compte de 1775 et 1789, où l'on n'a des numéros que pour six mois, la moyenne entre 1776 et 1788 est de 61 extraits par an, et l'écart autour de cette moyenne ne dépasse pas plus ou moins 4 en 8 années sur 13. En 1781, par exemple, on descend jusqu'à 54, tandis qu'en 1784 on monte jusqu'à 69. En 1778, la présentation des romans d'amour par ordre alphabetique et avec de très brefs commentaires fait que le total atteint est 100. En 1780, en revanche, l'analyse étendue sur trois volumes de la *Cassandre* de La Calprenède réduit le nombre à 48, et une plus large utilisation en 1788 de cette technique du très long extrait donne un chiffre de 34 seulement. En 1789, où les mêmes méthodes continuent, il n'y a que 8 ouvrages en une demi-année, à comparer avec les 37 en 1775, pendant les premiers six mois de la collection.

Notons que nous n'avons pas cherché à retirer de ce bilan les articles consacrés à des ouvrages qui ne correspondent guère à une définition étroite du genre romanesque. Ceci expliquerait peut-être en partie les différences globales entre les totaux de notre dénombrement et de celui de Clapp, mais il n'est pas clair si notre prédécesseur a écarté les articles 'marginaux' ou non. Quoi qu'il en soit, il faut tenir compte du fait que cette bibliothèque des 'romans' puise ses matières également chez des historiens, chez des auteurs dramatiques, chez des poètes lyriques et épiques, chez des auteurs de dissertations même. *L'Amour logicien* de François de Callières est un traité de galanterie; le *Doctrinal de court* de Pierre Michault un ouvrage de grammaire; l'*Histoire critique de l'âme des bêtes* par Julien-Hyacinthe de Guer une étude facétieuse. Non seulement on adapte des pièces de théâtre comme la *Camma* de Pierre Corneille ou la *Blanche de Bourbon* de Charles Regnault ou le *Jeune Homme* par Jean-François de Bastide, mais on offre même des 'canevas' de proverbes dramatiques à jouer en société (1777.iv.ii.185-226).

Les originaux en vers (mais dont la *BUR* rend compte en prose) sont très nombreux, allant des romans du moyen âge aux œuvres de Christine de Pisan ou de Madeleine et Christine Des Roches, de certains poèmes narratifs du dix-septième siècle aux contes poétiques d'un Wieland. Clapp parle de '16 poèmes' en dehors des narrations médiévales (p.71), mais il est évident que ce chiffre est bien en deçà de la réalité, puisque dans les deux seuls articles où l'on passe en revue des poèmes italiens consacrés à la légende de Roland on peut déjà en compter 14 (1777.xi.5-239; 1777.xiii.5-215). D'autre part, un nombre considérable d'articles comprend des morceaux donnés en vers dans le texte même de la *BUR*. En septembre 1782, dans un cas extrême, on va jusqu'à offrir une adaptation versifée du roman de madame de Tencin, *Le Siège de Calais*. Mais normalement il s'agit plutôt de reproduire ou d'adapter des textes poétiques dans les originaux, comme les 'romances' espagnoles dont Perez de Hita parsème son *Historia de los Vandos*; comme les traductions d'odes et d'élégies de Catulle et de Tibulle, de Properce et d'Horace ou celles des sonnets de Pétrarque; comme les œuvres de Thibaud de Champagne et du duc de Brabant; ou comme la version intégrale de *Peau d'âne* de Perrault.

Les rédacteurs ne se contentent pas, nous l'avons dit, de résumer les matières des ouvrages qu'ils abrègent: un commentaire plus ou moins long accompagne presque invariablement l'extrait. Ces discussions précèdent normalement le résumé proprement dit et sont imprimées très souvent en plus petits caractères. D'autres remarques, ainsi que des notes sur le texte, peuvent être placées à la fin de l'article. Cet appareil critique offre typiquement des détails bibliographiques sur les différentes éditions de l'ouvrage en question, ainsi que des renseignements sur la vie de l'auteur, accompagnés parfois d'appréciations plus précisément littéraires. L'importance accordée à cet aspect des articles varie énormément. Parfois les données bibliographiques sont reléguées au titre qu'on trouve en tête de l'extrait et le résumé commence tout de suite. Parfois, pour passer à l'autre extrême, les commentaires envahissent le texte, que ce soit dans le cas de très courts articles où l'on renonce à donner un abrégé, ou que ce soit dans de longues études synthétiques où les résumés ne sont que des accessoires cités à titre d'illustration.

John M. Clapp attire l'attention sur 'quelque 12' avis traitant de la littérature romanesque de diverses nations et sur 'environ 20' autres consacrés à des auteurs 'peu connus' (p.78). En même temps, il loue la qualité et l'originalité de ces commentaires. La série d'études sur les littératures étrangères à laquelle Clapp fait ainsi allusion commence dans le premier volume de juillet 1776, quand la première 'classe' est ouverte aux 'Romans de toutes les nations', à commencer par l'Espagne. On passe ensuite, de deux mois en deux mois, à la littérature italienne (août 1776), anglaise (octobre 1776), allemande (novembre 1776), flamande et celtique (janvier 1777), scandinave (février et avril 1777), polonaise et russe (mai 1777), avant d'aborder l'Orient en juillet 1777 avec des ouvrages narratifs arabes, turcs (août 1777) et persans (octobre 1777). Les partis pris cosmopolite et encyclopédique qui s'y révèlent sont intéressants (bien que, selon nous, ils ne dépassent pas les bornes de ce qu'on peut s'attendre à trouver dans des périodiques littéraires de l'époque), mais la documentation des rédacteurs est très variable, inégale et lacunaire. En dehors de cette série signalée par Clapp, on trouve, éparpillés à travers la collection, d'autres 'articles de fond', sur le théâtre et la poésie des Chinois (juin 1778), sur la romance catalane (décembre 1779), sur la poésie et le théâtre hollandais (avril 1783), sur le genre burlesque espagnol (février 1784), sur le genre macaronique (juin 1786), et sur les 'ballades' espagnoles (janvier 1787). Quand les articles d'une certaine envergure sont consacrés particulièrement à des écrivains, ils concernent le plus souvent des auteurs français. La discussion de la vie et des œuvres de Marguerite de Navarre (octobre 1775) dépasse, par exemple, les limites moyennes des commentaires de ce genre, et il en est de même quand on en vient à la carrière de Jean-Pierre Camus (janvier 1776), de Scarron (janvier 1776), de Lesage (juillet 1776), de Du Fresny (septembre 1776), de madame de Gomez (décembre 1776), d'Eustache Lenoble (mars 1778 et mai 1783), de Coypel (février 1779) ou de Christine de Pisan (octobre 1779). Un certain nombre d'auteurs étrangers font également l'objet de ce genre de discussion plus étendue: Chiari en novembre 1778, Lope de Vega en janvier 1782, Castillo Solorzano en décembre 1782, Boccace en octobre 1783. Ces listes pourraient être rallongées, afin de les rapprocher du total donné par Clapp, en y ajoutant des discussions plus brèves soit d'autres auteurs, soit d'ouvrages isolés (comme l'*Astrée* d'Honoré d'Urfé en juillet 1775 ou l'*Enfer* de Dante en janvier 1780), soit de divers thèmes littéraires (comme la présentation de la littérature médiévale en mars 1779, ou la défense des romans en février et avril 1782).

Ces commentaires des rédacteurs, que ce soient des présentations détaillées comme celles que nous venons d'évoquer ou de petites introduction en peu de phrases, qu'ils se présentent sous la forme d'observations préliminaires ou de notes finales, occupent en moyenne, pendant les 14 années de la collection quelque 8 pour cent de la pagination totale.[32] Parmi les quatre 'classes' principales, c'est dans celle des romans historiques que l'appareil critique est le plus fortement représenté: 12,49 pour cent de toutes les pages consacrées à cette catégorie d'ouvrage. Ce résultat est à prévoir, car les rédacteurs de la *BUR* cherchent régulièrement à situer les 'fictions' de ce genre dans le cadre de l'histoire grâce à une profusion de notes et d'explications. Ce chiffre de plus de 12 pour cent dans le cas des romans historiques est à comparer avec celui de 9,89 pour cent pour les romans étrangers, de 6,91 pour cent pour les romans d'amour et de 6,21 pour cent pour les romans de chevalerie.[33] Pour ce qui est des quatre classes plus ou moins abandonnées après 1777, c'est dans la sixième (romans satiriques, comiques et bourgeois) que les commentaires semblent être le plus développés (16,75 pour cent de la pagination), mais c'est principalement à cause des longs articles consacrés à Scarron et à Lesage. Ce chiffre tombe à 10,65 pour cent pour la huitième classe (romans merveilleux), et à 8,7 pour cent pour la cinquième (romans de spiritualité, de morale et de politique). Ces quelques résultats relativement élevés s'expliquent en grande partie par le fait que pendant les premières années de la collection les commentaires occupent une place importante, mais que celle-ci décline progressivement avec le passage du temps. Le pourcentage moyen des commentaires (sur la pagination annuelle) pour 1775 à 1778 est de l'ordre de 12,71 pour cent, tandis qu'entre 1779 et 1783, le chiffre n'atteint que 8,35 pour cent, et de 1784 à 1787, il se réduit à 6,60 pour cent. Pendant les deux dernières années (1788 et les cinq mois de 1789), les

32. Pour la base de cette statistique, voir plus loin, p.53.

33. Nos calculs, dans les cas d'erreurs dans les rubriques, sont faits d'après les numéros des classes.

commentaires ne représentent plus que 2,06 et 0,49 pour cent des matières, selon la pagination.

Malgré l'appareil critique qui entoure les résumés publiés dans la *BUR* et les ambitions érudites affichées aux débuts de la collection, le lecteur moderne ne doit pas s'attendre à des adaptations d'une très grande fidélité. Les rédacteurs se permettent toutes les libertés dans leur travail, allant du résumé partiel ou tronqué jusqu'au remaniement total de l'ouvrage cité comme le modèle de l'article, et à la supercherie pure et simple où la source annoncée ne semble avoir jamais existé. Roger Poirier définit ce qu'il appelle d'une part les 'résumés-miniatures' et de l'autre les 'résumés-caricatures' (pp.73-81, 81-93): c'est-à-dire une source donnée peut être exploitée soit sobrement et avec précision, soit librement avec tous les degrés de fantaisie. Cette distinction, réelle pour les cas extrêmes (les adaptations très libres faites par Tressan de certains ouvrages médiévaux ont souvent été signalées), est difficile à maintenir dans des cas plus marginaux. Dans notre *Table* nous avons renoncé, à regret, à une première ambition d'inclure, pour ainsi dire, un 'indice de fidélité', qui aurait mesuré, pour chaque article, jusqu'à quel point l'abrégé de la *BUR* pourrait être considéré comme correspondant à l'ouvrage original. La variété des méthodes employées dans les extraits nous a forcé à abandonner ce projet, et nous nous sommes contenté, dans nos commentaires, d'attirer l'attention sur les cas problématiques que nous avons eu l'occasion d'approfondir.

Bien que le ton de la collection avant 1779 reste plus sobre que pendant les années qui suivent, ainsi que l'a signalé Roger Poirier, les méthodes qu'on emploie, dès le début, dans la rédaction des notices n'étaient pas toujours aussi scrupuleuses que cette constatation générale laisserait prévoir. Il semble bien que le marquis de Paulmy lui-même ait eu une prédilection pour ce qu'on pourrait appeler les 'extraits remaniés'. Déjà en mai 1776, on nous avertit que *Les Amours des grands hommes* de madame de Villedieu ne sera qu'un premier modèle pour l'article (édité ultérieurement ailleurs sous le nom de Paulmy), et qu'on réunira avec les matières de ce roman d'autres épisodes grecs donnés dans d'autres ouvrages par la romancière en question. Le même procédé est exploité par Paulmy dans la série d'articles consacrés aux *Exilés de la cour d'Auguste* (juillet, août, octobre 1776), également inspirée par un roman de madame de Villedieu. Dans sa version de l'*Histoire admirable de Juif errant* (juillet 1777), le marquis va encore plus loin, et transforme une brochure de 47 pages en un traité d'histoire universelle qui occupe tout un volume de la *BUR*. Les deux articles sur la légende de Roland que Paulmy publie en novembre et décembre 1777 collent de plus près à leurs sources (sauf pour ce qui est d'une version fantaisiste de la *Chanson de Roland*) mais illustrent ce même goût pour l'analyse synthétique, qui regroupe des éléments pris dans divers volumes. La suite d'articles qui commence en janvier 1777 sous le titre d'*Histoire galante et enjouée* (et se réfère ainsi à un ouvrage de l'abbé d'Aubignac publié en 1673) ne peut pas être attribué définitivement à Paulmy, mais elle porte la notion de l'extrait remanié' à un nouveau degré de complexité. Dès le début, le rédacteur avoue que 'nous n'avons suivi que le cadre, & presque que le titre de ce petit roman' (1777.i.ii.52) et il se lance dans une narration impromptue qu'une société d'amis se serait raconté. Ce 'roman', *Les Amoureux de Quimpercorentin*, semble être fait de souvenirs de plusieurs ouvrages romanesques, qui ne sont pas identifiés dans le texte. En mars et en avril 1777, après la conclusion du roman proprement dit, chaque membre de la petite société se met à faire des récits, et ce cadre se poursuit même au-delà de la division en classes. Dans cette suite de narrations, les commentaires et les liaisons entre les morceaux sont assurés non plus par la voix du rédacteur, mais par les remarques des membres de la société d'amis telles qu'elles nous sont rapportées. Autrement dit, nous avons ici une tentative pour transformer en 'fiction' les supports même des textes, l'organisation globale de la *BUR*. Cette formule extrême, où tout devient pour ainsi dire 'roman', n'est employée qu'une fois encore, dans le cas des *Portraits de famille* (avril 1778), titre tiré d'un ouvrage anglais, mais qui servira simplement de mise en scène pour permettre l'analyse d'une suite de textes divers.

Il y a, en même temps, une autre catégorie d'extrait, où les rédacteurs de la *BUR* s'écartent des strictes normes de la formule de base, qui semble prévoir uniquement des résumés d'ouvrages déjà publiés. Il s'agit du texte inédit, rédigé pour la *BUR* et selon ses normes, qui sera si fréquent après le changement de régime à la fin de 1778. Pendant la seconde moitié de 1778 déjà il paraît deux nouvelles (*Eginhard et Imma*; *Agnès Sorel*) faites pour combler des lacunes dans la suite des règnes chez les romanciers historiques, mais c'est en janvier 1779 que paraît le premier article que l'on soit sans doute justifé à traiter de supercherie: *Agathide*, sans nom d'auteur, qui aurait été publiée à Cologne en 1580. Un original du seizième siècle semble être introuvable, et il est bien plus vraisemblable que Barthélemy Imbert (qui reprend le texte plus tard dans un recueil de ses contes) ait cherché tout simplement à fournir un genre de récit 'ancien' dont on trouvait bien peu de modèles antiques. N'écrit-on pas en octobre de la même année: 'Il est vrai que nous n'avons pas sous cette époque, un grand nombre de Livres qui portent le titre de Romans' (1779.x.I.4-5), tout en se proposant d'adapter les textes des historiens d'autrefois. En avril déjà, on voit paraître dans le même numéro deux morceaux que de nos jours on considère communément comme des faux: l'*Histoire de Bliombéris*, 'roman de chevalerie' rédigé par Florian et l'*Histoire des amours de Gertrude, dame de Chateau-Brillant*, nouvelle du seizième siècle publiée soi-disant en 1609, mais due sans doute à la seule imagination de madame Riccoboni. C'est surtout Charles-Joseph de Mayer, nous l'avons vu, qui, à partir des *Amours de Guillaume de Saint-Vallier, troubadour* (juin 1779), se fait une spécialité de la pseudo-nouvelle historique. Celui-ci, en publiant ses textes rédigés pour la *BUR* dans un volume de 1790, insiste sur la liberté de son inspiration: 'Il falloit non des Romans originaux, disoit-on, à la Bibliothèque des Romans, mais des extraits. Pour des extraits, le Comte de Tressan & moi, nous ne disions pas notre pensée; mais nous aimions mieux nous laisser aller à notre imagination, & créer un Roman, que d'extraire servilement l'ouvrage d'autrui.'[34] Dans une préface de 1787, Mayer fait preuve d'une franchise encore plus nette: 'C'est à l'occasion de la *Bibliothèque des Romans* que j'ai composé la plupart de mes Romans, que le Rédacteur donnoit pour des extraits d'anciens

34. Mayer, *Romans*, Lettre à l'éditeur.

Romans.'[35] Toutes ces prétentions à l'originalité n'excluent pas, bien sûr, la possibilité que l'idée de départ d'un texte ait été inspiré par un modèle réel. Il est donc concevable que certains des ouvrages que nous n'avons pu retrouver aient existé et que le mot de supercherie ne doive être prononcé qu'avec prudence.

Si certaines narrations originales s'affublent ainsi d'antécédents livresques, d'autres se donnent pour des manuscrites inédits (formule qui est en fait tout à l'opposé de la notion de l'extrait tiré d'un texte connu et représentatif). Le premier article qui adopte cette formule sans détours paraît en août 1778: c'est un conte qui a pour titre *Aglaure ou la fée de la forêt* et que nous n'avons pu retrouver ailleurs. Ensuite, en mai 1779, Poinsinet de Sivry prétend que son récit moyenâgeux, *Morgus ou la tour sans huis*, est tiré d'un 'ancien manuscrit rare'. Ainsi la double convention du manuscrit d'autrefois et du manuscrit contemporain est-elle établie, et elle sera exploitée au cours des années 80 pour placer bon nombre de textes qui semblent bien être originaux.

C'est en fait cet accent qu'on met sur les nouveautés, sur les inédits, sur les supercheries plus ou moins transparentes qui contribue fortement à donner à la collection, tout de suite après 1779, un ton nouveau, et qui crée ou renforce l'impression d'une plus grande infidélité dans les adaptations. Il est possible de regretter cet abandon partiel des prétentions érudites de la *BUR*, mais, en même temps, il ne faut pas sous-estimer, pour l'évolution des genres et des goûts littéraires, la nouveauté et la popularité des modèles que la *BUR* a ainsi offerts au public. Même si un certain nombre des textes pour lesquels nous n'avons pu identifier de source authentique sont véritablement des résumés d'ouvrages perdus, il est probable que la grande majorité d'entre eux sont en fait des ouvrages modernes. Une analyse des pourcentages que ceux-ci représentent sur la pagination globale de chaque année indique clairement que leur importance statistique augmente radicalement pendant la période 1779 à 1784. Pour ces années, la proportion moyenne de titres sans modèle identifié est de l'ordre de 35 pour cent, à comparer avec une moyenne, pour les quatre années précédents, d'un peu moins de 6 pour cent. Après 1784, le chiffre tombe ensuite à 10 pour cent dans les tomes qui terminent la série, au fur et à mesure qu'on abandonne le récit inédit (ou au moins récent) en faveur de la notion de l'extrait tel qu'il a été conçu aux débuts de la collection.

7. Chiffres et proportions

Dans son article, John M. Clapp entreprend une première analyse globale du contenu de la *BUR* et offre des statistiques sur l'importance relative des divers articles, classés surtout par période littéraire et par pays d'origine. Roger Poirier semble accepter les calculs de Clapp, tout en exprimant certaines réserves quant à la proportion des matières traduites d'autres langues (pp.33-34). Nous avons entrepris, dans le cadre de notre travail, de reconstituer les chiffres de Clapp, afin d'en évaluer la précision, surtout à la lumière de la plus ample documentation bibliographique qui peut maintenant être exploitée. En fait il s'est révélé plus

35. Mayer, *Amours*, i, p.viii.

complexe que prévu de refaire le classement opéré par Clapp dans le contenu de la *BUR*. Pour commencer, le total de 43.000 pages (en 224 volumes) qui est donné par notre prédécesseur comme base de ses calculs reste discutable (Clapp, p.68). La collection comprend, selon nous, plus près de 46.000 pages en tout, ou 45.000 pages si l'on ne considère que les articles proprement dits; et le 224e volume ne contient pas de textes, étant consacré à la *Table*.[36] Nous ne savons pas si le total inférieur donné par Clapp résulte du fait qu'il aurait enlevé de ses calculs certains cas marginaux (les ouvrages en vers, les originaux 'non-romanesques', les commentaires bio-bibliographiques), ou si cette différence a ses origines dans une trop grande confiance accordée à la table des matières de 1789, qui n'est pas sans ambiguïtés ni erreurs. Certains totaux à l'intérieur de l'article de Clapp semblent être inexacts (les 29.000 pages qu'il dit être consacrées aux ouvrages français ne se retrouvent pas toutes dans la discussion détaillée de cette catégorie d'ouvrages), mais l'inévitable subjectivité qu'implique ce genre de classement fait que l'identification d'erreurs précises ou même de différences d'interprétation est presque impossible. La forte proportion de morceaux pour lesquels aucun modèle précis ne peut être identifié, avec en plus la multiplicité de formes hybrides, fait qu'on a toujours conscience des choix souvent arbitraires qu'on est obligé de faire pour classer un ouvrage donné sous telle ou telle rubrique.

Plutôt que d'essayer de suivre pas à pas les procédés de Clapp, nous avons cherché à adopter une méthode d'analyse compatible avec la nature des matières contenues dans la *BUR* et avec les renseignements bibliographiques dont nous disposions, et de comparer les résultats ainsi obtenus avec ceux de l'enquête précédente. Un classement de base selon les périodes littéraires et les langues d'origine (comme celui de Clapp) semblait possible. Mais bientôt il est devenu évident que chaque catégorie chronologique et géographique renfermerait deux types de titre. D'abord, ceux des articles qui sont consacrés à des ouvrages où les données de la *BUR* correspondent à des textes authentifiés; ensuite les autres articles d'origine incertaine mais que les rédacteurs de la *BUR* rattachent à une époque ou à un pays en particulier.[37] Nous avons suggéré déjà que la majorité de ces morceaux sans source bien établie sont vraisemblablement des textes inédits, et nous avons noté la façon dont leur importance relative varie pendant la vie de la *BUR*. En tout, ces articles 'mal identifiés' représentent 8810 pages, ou 19,32 pour cent de la pagination totale. Environ 35 pour cent de cette catégorie est fait de textes qui se donnent pour des ouvrages étrangers, et plus de 50 pour cent concernent des titres (français et étrangers) qui se rattachent à des périodes littéraires avant 1700. Dans un cas comme dans l'autre, il est bien

---

36. Nos calculs sont faits sur un total global de 46.688 pages, qui comprend les pages préliminaires (y compris les pages de titre) et finales, mais qui exclut certaines pages non-chiffrées portant des annonces de libraire. Sur ce total, 45.612 pages, selon notre dénombrement, sont occupées par le texte des articles (41.917,5 par les résumés et 3694,5 par les commentaires). Dans le classement des articles selon les matières, nous avons été amené à écarter 15,5 pages de notes très générales, et nos calculs de pourcentages se sont ainsi faits dans ce domaine sur un ensemble de 45.596,5 pages seulement. Dans le cas des pages où se trouve à la fois la fin d'un morceau et le début du suivant, nous avons attribué une demi-page à chacun des deux, quelle que soit la proportion réelle.

37. Pour nos calculs, nous avons retenu dans cette catégorie des titres 'incertains' même le petit nombre de supercheries que l'histoire littéraire a dévoilées depuis.

plus probable qu'il s'agit en réalité d'écrits français de la fin de l'Ancien Régime. Neanmoins, il nous a semblé essentiel de tenir compte dans notre analyse des prétentions historiques ou cosmopolites de leurs auteurs, non seulement pour mieux contrôler les conclusions de Clapp, mais aussi – ce qui importe davantage – afin de mesurer avec plus de précision l'importance que les éditeurs de la *BUR* cherchaient à accorder, au moins en apparence, aux diverses littératures dont ils rendaient compte.

Si, par conséquent, nous avons pu arriver à un chiffre de 29.502,5 pages dans toute la collection consacrées à la littérature française – total qui correspond *grosso modo* à celui de 29.000 avancé par Clapp – il faut ajouter tout de suite que 5709 de ces pages sont occupées par des ouvrages dont l'identification reste douteuse. Bien que presque tous les ouvrages en question soient sans doute français, le choix de l'époque dans laquelle il faut les classer est moins évident, si l'on veut suivre les mêmes division génériques et chronologiques que celles qui ont été utilisées par Clapp. Celui-ci choisit de mesurer la pagination relative pour les catégories suivantes: ouvrages du moyen âge et du seizième siècle; les romans héroïques et comiques du dix-septième; les nouvelles de la fin du dix-septième et du début du dix-huitième; le roman de la première partie du dix-huitième siècle; et les ouvrages contemporains (p.69). (Ce bilan ne représente enfin que 25.500 pages sur les 29.000 que Clapp attribue à la littérature française, soit une différence de 3500 pages; et, dans notre dénombrement, ce même classement laisse de côté 2334 pages correspondant essentiellement à d'autres ouvrages du dix-septième siècle que ceux qui rentrent dans le classement proposé.) Si l'on prend la catégorie des œuvres médiévales, celles-ci représentent pour Clapp 12,07 pour cent des 29.000 pages 'françaises', et pour nous 13,99 pour cent de nos 29.502,5 pages. Dans notre chiffre cependant nous distinguons la part (11,21 pour cent) à accorder aux ouvrages identifiés et celle (2,78 pour cent) des titres moins authentiques. Pour le seizième siècle, l'estimation de Clapp équivaut à 4,83 pour cent, la nôtre à 5,11 pour cent, mais ici les cas vérifiés y sont pour 2,43 pour cent seulement et les cas douteux pour 2,68 pour cent. En ce qui concerne les ouvrages contemporains, la proportion suggérée par Clapp se traduit par 30,34 pour cent, tandis que la nôtre est 31,44 pour cent (20,67 pour cent 'vérifiés' et 10,78 pour cent 'non identifiés'). La forte représentation de textes probablement inédits dans ce dernier cas n'invalide pas en soi l'accord entre nos conclusions et celles de Clapp, mais ce chiffre commun d'environ 30 ou 31 pour cent est nettement en deçà de la réalité, si l'on considère que la quasi-totalité des 'supercheries' attribuées à d'autres catégories appartiennent dans un sens à celle-ci, étant en fait des ouvrages français contemporains.

Pour ce qui est des textes du dix-septième siècle, les données avancées par Clapp sont plus difficiles à assimiler à notre documentation. Selon notre prédécesseur, 6,90 pour cent seulement de la pagination 'française' est consacré aux 'romans héroïques' tandis que nous sommes arrivés à un chiffre de 11,26 pour cent, peut-être parce que nous n'avons pas appliqué assez sévèrement la restriction qu'apporte Clapp en parlant plus particulièrement de 'romans héroïques de la génération de La Calprenède' (p.69). En revanche, notre estimation de l'importance des romans comiques est bien moins élevé (0,94 pour cent) que la sienne (2,41). Dans ces deux cas, la question des originaux mal identifiés ne joue pas, car, suivant notre analyse au moins, tous les textes qui rentrent dans ces deux catégories de roman se réclament de modèles connus. Pour ce qui est des 'nouvelles' du dix-septième et des débuts du dix-huitième siècle, elles sont mieux représentées chez nous (15,79 pour cent, dont 0,73 pour cent en textes non identifiés) que chez Clapp (12,41 pour cent); mais, en revanche, les romans de la première partie du dix-huitième siècle atteignent chez lui (avec 18,97 pour cent) un chiffre supérieur au nôtre (12,73 pour cent, dont 0,23 pour cent de cas douteux), bien que nous ayons étendu cette période jusqu'à 1750. Toutes ces différences pourraient bien avoir leur explication dans des problèmes de définition, puisqu'il s'agit de termes littéraires aussi difficiles à circonscrire que 'roman héroïque', 'roman comique' et 'nouvelle' ou d'expressions plutôt floues comme 'les premières années, les débuts du dix-huitième siècle'. En fin de compte, le total des pourcentages suggérés ainsi par l'enquête de Clapp pour la période globale 1601-1705 atteint 40,69 pour cent, chiffre remarquablement semblable à notre 40,72 (pour les mêmes éléments du classement seulement), ce qui semble confirmer que les écarts viendraient essentiellement de désaccords sur le détail de la catégorisation. L'on ne doit pourtant pas trop insister sur la coïncidence approximative qui s'établit ainsi entre les deux séries de résultats. Celles-ci restent toujours quelque peu faussées en conséquence de la présence dans notre dénombrement (8,74 pour cent) de contes de fées et d'autres ouvrages divers du dix-septième siècle, dont Clapp ne semble pas tenir compte dans ses statistiques. D'autre part ce surplus de textes du dix-septième ne suffit pas tout à fait pour expliquer les lacunes (3500 pages sur 29.000, ou 12,07 pour cent) dans le classement général proposé dans l'article de 1910.

La proportion de la pagination de la *BUR* consacrée aux ouvrages étrangers serait selon les statistiques de Clapp de l'ordre de 14.000 pages sur 43.000, ou 32,56 pour cent (p.69). Si l'on ne considère que les articles se rapportant à des ouvrages pour lesquels nous avons identifié d'authentiques modèles non français, le pourcentage que suggère notre enquête n'est que 28,50, chiffre supérieur pourtant aux 25,58 que représente la correction apportée par Roger Poirier aux totaux de Clapp (Poirier, pp.33-34). La proportion des cas douteux s'élève dans ce domaine à 6,80 pour cent, ce qui donnerait en tout, selon nous, 35,30 pour cent de la collection consacré à des textes d'origine étrangère ou donnés pour tels par les rédacteurs. Clapp semble ainsi avoir ajouté foi régulièrement (comme le suppose Roger Poirier) mais pas inévitablement aux identifications proposées par le texte de la *BUR*, sans toujours tenir compte de la fantaisie qui y règne souvent. Une comparaison de nos chiffres avec l'analyse faite par Clapp selon les cultures d'origine des divers morceaux autres que français tend (sauf dans le cas des manuscrits orientaux) à confirmer cette même impression: la correspondance qui s'établit presque partout concerne nos totaux globaux, sans tenir compte des supercheries possibles.

Selon nous, ainsi, Clapp surestime l'importance de la littérature espagnole (même si l'on accepte tous les morceaux d'une inspiration plus ou moins lointaine). En revanche, il réduit de trop la part des textes anglais, même en deçà de nos chiffres pour les ouvrages authentiques. Les autres littératures dont il est question (européennes, modernes, mais avant 1700, suivant la formule de

	Antiquité classique	Orient	Espagne	Italie	Allemagne	Angleterre	Autre
Sources identifiées	1,71	1,87	4,68	6,41	3,82	8,28	0,49
Sources non identifiées	0,90	-	2,42	0,85	0,35	1,17	0,65
Total	2,61	1,87	7,10	7,26	4,17	9,45	1,14
Clapp	2,09	1,86	8,14	7,21	4,65	6,98	1,63

Clapp) sont celles de la Pologne et de la Russie (0,04 pour cent de la pagination totale), de la Scandinavie (0,26 pour cent, dont 0,09 en textes suspects), du Portugal (0,35 pour cent, dont 0,16 de cas marginaux) et des Pays-Bas (0,49 pour cent, dont 0,23 consacré à un certain Appelboom que nous n'avons pu retrouver).

Les remarques qu'ajoute Clapp sur les époques littéraires les mieux représentées dans les diverses catégories étrangères sont imprécises, mais justes (p.69). Les ouvrages italiens viennent, nous dit-il, principalement du moyen âge et du seizième siècle: nos chiffres suggèrent qu'entre 57,93 et 65,42 pour cent (selon qu'on ne considère que les cas identifiés ou le total global) des pages 'italiennes' sont consacrées à ces deux périodes. Pour ce qui est de l'Espagne, la période proposée par Clapp, allant du moyen âge au dix-septième siècle représente entre 63,85 et 91,30 pour cent de nos totaux: il n'y a qu'un seul ouvrage écrit en espagnol qui soit définitivement attesté pour le dix-huitième siècle. La littérature contemporaine en revanche est, comme le signale Clapp, la source essentielle des textes anglais (de 84,51 à 94,04 pour cent) et allemands (de 83,32 à 90,97).

Réunissant textes français et étrangers dans une catégorisation générale par périodes littéraires, Clapp arrive à un total de 2,09 pour cent de la pagination d'ensemble pour les textes de l'antiquité classique, de 23,26 pour cent le moyen âge avec le seizième siècle, de 69,77 pour cent les dix-septième et dix-huitième siècles, avec 1,86 pour cent les textes orientaux (p.69). C'est à ce niveau que nos chiffres démontrent le plus nettement que Clapp a le plus souvent pris au pied de la lettre les identifications proposées par la *BUR*. Si notre pourcentage total de 2,61 dans les cas des ouvrages gréco-romains correspond plus ou moins au 2,09 de Clapp, c'est sans tenir compte du fait que le chiffre pour les textes identifiés n'est que de 1,71 pour cent. De même, pour le moyen âge et le seizième siècle pris ensemble, notre total de 22,76 (Clapp: 23,26) se compose de 16,15 en ouvrages attestés et 6,61 de cas douteux. Pour les dix-septième et dix-huitième siècles notre chiffre global de 72,76 (Clapp: 69,77) se découpe en 60,94 pour cent plus 11,82. Ce n'est que pour le petit nombre de titres orientaux (que la *BUR* donne avec raison pour des documents authentiques) que l'écart disparaît pratiquement: un pourcentage de 1,86 chez Clapp et de 1,87 chez nous. Encore une fois, comme pour les textes français pris à part, une lacune d'un peu plus de 3 pour cent se présente dans l'analyse de 1910: les catégories choisies pour ce tableau global ne font qu'un total de 41.700 pages sur les 43.000 définies au début, soit 96,98 pour cent.

L'article de Clapp aborde ensuite l'identification des auteurs auxquels les éditeurs de la *BUR* ont accordé le plus de place dans leur collection (pp.73-76).

Les chiffres qu'il avance sur la pagination respective consacrée à divers écrivains français correspondent en grande partie aux nôtres, quelques lacunes mises à part:

	Clapp	Martin
La Calprenède	1106	1239
Prévost	613	715
Scudéry (mademoiselle de)	589	540
Villedieu	477	(526)
Bastide	419	*2099*
Marivaux	380	384
Scrupules d'une jolie femme	310	308
Gomez	304	*259*
Baudot de Juilly	-	293
Lenoble	-	285
Bardou	253	279
Mouhy	-	278
Lussan	229	*279*

Nous ne nous expliquons pas l'écart de 133 pages dans le cas de La Calprenède (*Pharamond*, 66; *Cassandre*, 590; et *Cléopâtre*, 583) et de 102 pages dans celui de Prévost (*Histoire d'une Grecque moderne*, 79; *Philosophe anglais*, 450; et *Manon*, 186), ni les différences moins importantes pour mademoiselle de Scudéry, Marguerite de Lussan et mesdames de Gomez et de Villedieu. (Le chiffre pour cette dernière n'est qu'approximatif, vu la liberté avec laquelle ces articles sont adaptés.) Mais ces variations sont mineures comparées à celle qui concerne l'apport de Jean-François de Bastide. Nous avons dénombré plus de 2.000 pages de textes consacrés soit à des ouvrages qui lui sont attribués, soit à des articles tirés de périodiques antérieurs dont il a été le principal auteur. Il est vrai que sur presque 1400 pages empruntées à ces périodiques et collections, il y a des raisons de croire qu'environ 190 pourraient être ou bien des traductions, ou bien des textes qui ne sont pas de lui; et il est possible que d'autres morceaux encore soient des emprunts faits par Bastide en tant qu'éditeur plutôt que des ouvrages originaux. En revanche, un peu plus de 700 pages représentent des récits publiés par Bastide dans ses *Contes* en 1764, avec encore une cinquantaine de pages prises dans ses *Variétés littéraires*, 1774. En plus, au-delà de 600 pages sont consacrées à divers ouvrages publiés en volume: neuf sur les douze ouvrages romanesques que relèvent Martin, Mylne et Frautschi, avec également l'adaptation d'une pièce de théâtre, *Le Jeune Homme*, 1766. A tous ces totaux, on pourrait ajouter encore 440 pages environ dont l'attribution à Bastide est incertaine, ce qui voudrait dire que celui-ci aurait fourni à lui seul 5,60 pour cent de la pagination de la *BUR*. Le premier de ces articles date d'octobre 1776, mais la plupart d'entre eux se situent entre 1782 et 1785.

Bastide, cependant, n'est pas le seul des 'coopérateurs' à se servir de la collection pour présenter au public des ouvrages de leur cru. Mais ces autres ont préféré le plus souvent donner au public de la *BUR* la primeur de leurs productions et ne les faire sortir qu'ensuite sous forme de volume séparé. C'est le cas de Paulmy lui-même (avec son *Choix de petits romans de différens genres*, 1786) et de Tressan (avec sa *Traduction libre d'Amadis de Gaule*, 1779; avec l'*Histoire de*

Tristan de Léonis, celle du *Petit Jehan de Saintré* et celle du *Prince Gérard*, 1780; et avec le *Corps d'extraits de romans de chevalerie*, 1782) qui, tous deux, reprennent des extraits préparés pour la *Bibliothèque*. Charles-Joseph de Mayer imite ses maîtres en rééditant des morceaux comme *Geneviève de Cornouailles*, 1783, *Asgill* et *Laure et Félino*, 1784, les *Amours du chevalier Bayard*, 1787, ainsi qu'un recueil de ses *Romans* en 1790. D'autres textes de Mayer (*Les Anecdotes françaises*, 1779, et *Lisvart de Grèce*, 1787) sont résumés dans la *BUR* après leur publication sous forme de livre. Le chevalier de Florian donne son *Bliombéris* à la *Bibliothèque* avant d'en faire une de ses *Six nouvelles* en 1784; et en revanche la *BUR* rend compte de son roman pastoral *Estelle* après la parution de l'ouvrage en 1788. Une place importante est de la même façon réservée à madame Riccoboni, dont on publie quatre nouvelles (reprises ensuite dans l'*Histoire de Christine*, 1783) et chez qui on puise des articles sur les *Lettres d'Adélaïde de Dammartin* et sur l'histoire d'*Ernestine*. La table suivante (de totaux de pagination) fait le bilan de l'apport de ces collaborateurs qui a été également publié ailleurs:

Mayer	1883
Tressan	1693
Paulmy	478
Riccoboni	385
Florian	159

Ces chiffres ne tiennent compte que des articles de la *BUR* qui résument des ouvrages déjà parus ou qui concernent des textes qui devaient paraître ultérieurement en librairie. (On pourrait y ajouter pour Mayer plus de 600 pages, pour Paulmy plus de 400, pour Tressan quelque 96, si l'on tenait compte également des 'extraits' qu'on peut leur attribuer mais que ceux-ci n'ont pas cru bon de rééditer à part.) On voit ainsi que le comte de Tressan et Charles-Joseph de Mayer, tous deux, rivalisent quantitativement avec Bastide, et que ces trois habitués de la *BUR* dépassent de loin, dans le palamarès de la pagination, tous les autres auteurs français les mieux représentés.

En établissant son bilan des écrivains français, Clapp ne descend pas au-delà de 230 pages environ. Il est pourtant amené à le faire dans le cas des littératures étrangères: on verra plus loin que 58 pages représentent le plus petit chiffre qu'il cite. Pour avoir des points de repère communs, cela nous a donc semblé utile de poursuivre notre classement au même degré dans chaque catégorie, et nous avons opté pour un minimum de 50 pages. Dans les deux tables qui suivent, qui donnent des totaux pour les auteurs français auxquels on consacre entre 100 et 250 pages et entre 50 et 99 pages, les parenthèses indiquent des cas où le calcul présente des difficultés, soit parce qu'il s'agit au moins en partie d'articles 'composites' où l'apport de chaque auteur reste imprécis, soit parce que l'attribution de certains ouvrages pose des problèmes. Nous faisons également rentrer dans ces catégories de longueur des titres d'ouvrages anonymes, soit qui se réclament de modèles identifiés, soit qui semblent être des productions originales dues aux rédacteurs de la *BUR* (dont Mayer serait le plus fécond).

De 100 à 250 pages

De 50 à 99 pages

Prince Erastus
56 *Amours d'Eléonore d'Acquitaine; Lancelot*
55 Du Périer; Platin; *Blanche et Thibaut;*
 Contes de mon bisaïeul; Maugis d'Aigremont
54 Hotman; Le Marchand; *Adhémar;*
 Cent Nouvelles nouvelles; Claris et Laris
53 Du Bail; *Fortunatus*

52 Aubigné; Campan; Marguerite
 de Navarre; Segrais; *Perceforest*
51 Chappuys; Du Plaisir; Lesuire;
 Aucassin et Nicolette; Téare
50 Boursault; Delacroix; L'Héritier
 de Villandon; *Conradin; Mémoires du*
 chevalier de T.

John M. Clapp s'étonne de ne trouver dans la *BUR* aucun article tiré des œuvres de Voltaire, et Roger Poirier renchérit en y voyant une sorte de censure anti-philosophique.[38] Notre *Index* révèle que les rédacteurs sont moins réticents à l'égard du maître de Ferney que la simple liste des articles ne pourrait le suggérer, et que son nom ainsi que ses ouvrages (*La Henriade, Zaïre, Mérope* et d'autres) sont souvent cités dans les commentaires – surtout, il est vrai, après 1778 et le départ de Paulmy. Très fréquemment, on donne un ou deux vers tirés de ses tragédies ou de sa poésie (en avril 1787 il y en a trois pages), ou l'on reproduit l'opinion de Voltaire sur tel ou tel auteur. Les contes philosophiques – *Zadig* et *Candide* en particulier – sont considérés comme des chefs-d'œuvre, et, si on ne les résume pas, c'est qu'ils sont trop connus, ainsi que Clapp lui-même le suggère. La même raison semble écarter la nécessité de parler longuement de la *Nouvelle Héloïse*, mais le nom de Jean-Jacques Rousseau est mentionné presque une vingtaine de fois et en termes élogieux. Si Poirier a raison quand il attire l'attention sur le fait que la *BUR* ne consacre aucun article aux romans de Laclos et de Louvet de Couvray (à cause de leur succès de scandale ou à cause de leur succès tout court?), il se trompe en affirmant que Montesquieu, Cazotte et Rétif de La Bretonne sont victimes du même oubli.[39] En décembre 1784, on rend compte du récit posthume, *Arsace et Isménie,* de Montesquieu (titre, bien sûr, moins sujet à controverse que les *Lettres persanes* dont Poirier constate l'absence); en novembre 1784, on donne le *Lord impromptu* de Cazotte, et en juillet 1787 l'*Ollivier* de celui-ci; en décembre 1784, il y a un article consacré à la *Découverte australe* de Retif, suivi en février 1786 d'une analyse de la *Dernière Aventure d'un homme de quarante-cinq ans.*

Passant à la littérature étrangère, nous comparons dans les tables ci-dessous nos conclusions et celles de l'article de Clapp sur les auteurs hispaniques et italiens auxquels la *BUR* consacre la pagination la plus importante.

	Clapp	Martin
Vega Carpio	256	261
Escobar	–	204
Castillo Solorzano	199	150
Gracian	197	198
Cervantes	146	154
Amadis de Gaule	–	130

38. Clapp, p.73; Poirier, pp.94-97. Poirier, pp.36, 100, 103-104, attire l'attention sur une lettre de Voltaire (datée du 15 août 1775) au sujet de la *BUR*. Pour ses commentaires sur Rousseau, voir Poirier, pp.92-94 et 95, note 69.

39. Poirier, pp.50, 94-97. Laclos et Louvet de Couvray sont néanmoins mentionnés en passant, ainsi que notre *Index* le révèle. Diderot et l'*Encyclopédie* ne sont cités qu'incidemment; tandis que le silence sur l'œuvre de Marmontel semble être total.

Partinuples	–	128
Lazarille de Tormes	–	123
? Moncaya	–	106
Montemayor	98	99
Espejo de amadores	–	95
Aleman	–	81
Perez de Hita	–	80
Flores y Blanca Flor	–	75
Jardim de Varoens	–	72
?Destruction de l'empire des fées	–	66
Contreras	–	66
Lopez	–	(65)
San Pedro	–	62
Perez de Montalvan	–	53

Le chiffre que nous donnons pour Lope de Vega comprend 28 pages consacrées à un ouvrage que la *BUR* lui attribue, mais que les bibliographes du dramaturge espagnol semblent ignorer. L'article consacré à *La Garduña de Sevilla* de Castillo Solorzano n'occupe que 150 des 199 pages du numéro où il paraît. Clapp s'interroge sur l'importance accordée au *Criticón* de Gracian, mais la raison de cette faveur pourrait être que le morceau serait de la plume d'un noble qui s'est intéressé à la fois littérairement et financièrement à la *BUR*. Le total indiqué pour Cervantès ne comprend pas une adaptation de la nouvelle, *La Force du sang* (27 pages) par madame de Gomez.

	Clapp	Martin
Le Tasse	473	353
Boccace	331	*425*
Marini	221	223
Arioste	–	163
Grazzini	144	*165*
Boiardo	–	121
Chiari	100	120
Algarotti	100	111
Forteguerri	–	101
Folengo	–	76
Gelli	–	72
Basile; Fiorentino	–	71
?Il Re pescaivolo	–	69
?Flegoni	–	66
Pona	–	63
Dante	61	62
Loredano	58	61
Morando	–	53
?Guidici	–	50

Le total qu'atteint le Tasse est, dans un sens, gonflé indûment, à cause des deux articles séparés qui sont consacrés au *Rinaldo*, en juillet 1778 et en février 1788. Clapp, suivant sans doute la *Table* de 1789, semble compter l'ensemble du volume (212 pages) où paraît la première de ces versions, mais en fait l'œuvre du Tasse n'y occupe que 87 pages. L'attribution de *Renaud l'amoureux* au père du Tasse (que signale également Clapp) ne se trouve que dans l'article de 1778 et dans la *Table* de 1789. Les 165 pages consacrées, selon nous, à Grazzini comprennent 19 pages d'une anecdote tirée de son œuvre en mai 1779, mais donnée pour manuscrite et sans nom d'auteur. Le chiffre de 163 pages pour l'Arioste (curieusement passé sous silence dans l'étude de 1910) ne retient pas la partie de l'article de décembre 1777 où il est question des suites et des imitations de l'*Orlando furioso*.

Les auteurs préférés parmi les Anglais (et – nous le verrons plus loin – les Allemands) sont essentiellement plus modernes que ceux qui illustrent les littératures latines et ils représentent presque exclusivement la littérature du dix-huitième siècle.

	Clapp	Martin
The Injured Daughter	278	279
Goldsmith	267	*285*
Frances the Philanthropist	–	249
Day	231	234
Louisa	–	226
Brooke	–	173
Meades	–	151
Defoe	143	144
Swift	130	130
Fielding	128	129
Arblay	101	102
Pratt	–	99
Lennox	95	96
Haywood	97	90
Sheridan	–	84
Berington	–	79
The Bastard	–	77
Cavendish	–	76
Arpasia	–	71
Helme	–	71
Tsonnonthouan	–	64
Hughes	–	61
Coventry	–	58
? *The Old Woman*	–	56
Emily	–	54
Fielding (Sarah)	–	53
Shakespeare	–	51

Clapp constate que l'*Histoire de John Bull* d'Arbuthnot est attribuée par la

BUR à Swift, mais ni lui ni nous n'avons fait rentrer ces 12 pages dans le total donné pour celui-ci. De même, le *David Simple* de Sarah Fielding est donné comme étant du frère de celle-ci, mais figure dans la table ci-dessus sous le nom de la romancière. L'écart entre notre chiffre pour Goldsmith et celui de Clapp semble s'expliquer par le fait que notre prédécesseur n'aurait pas compté le *Philosophe sans étude* (11,5 pages en avril 1777). Les totaux donnés pour Defoe devraient peut-être être augmentés des 19 pages consacrées aux carrières de Marie Read et d'Anne Bonny et inspirées en partie de la *General History of the pirates*. Au chiffre cité pour Shakespeare (il s'agit d'une nouvelle tirée de *Cymbeline*), il conviendrait peut-être d'ajouter encore 23,5 pages correspondant au résumé (en avril 1778) d'un récit de Feutry, inspiré en partie par *Roméo et Juliette*. Clapp regrette de ne trouver aucun ouvrage adapté de Richardson, de Sterne ou de Smollett, mais notre index révèle que, si Smollett semble en effet être entièrement absent des pages de la *BUR*, les deux autres écrivains ne sont pas tout à fait négligés. *Tristram Shandy*, par example, est indiqué en septembre 1787 comme modèle des *Mémoires de Tsonnonthouan*. Pour ce qui est de Richardson, une vingtaine de brèves références rappellent sa célébrité, et il se trouve même une petite discussion de neuf pages où il est question de ses romans et de *Grandison* en particulier.

La pagination correspondant aux ouvrages allemands n'est pas donnée dans l'article de 1910, où il n'est question que des 'douze ouvrages' par Wieland et des 'quatre' de Meissner. La *Table* de 1789 signale effectivement douze titres qu'on peut attribuer au premier de ces écrivains, mais – en plus du fait, noté dans la *Table*, que *Don Sylvio de Rosalva* est donné deux fois – l'*Histoire du prince Biribinker* n'est qu'un épisode de ce dernier roman et l'*Histoire d'un jeune Grec* est un autre titre pour l'*Histoire d'Agathon*. Malgré le fait que les rédacteurs attribuent tardivement un cinquième titre, *Bianca Capello*, à Meissner, nous hésitons à les suivre dans cette attribution. Nos totaux pour ces deux auteurs sont 494 pages pour Wieland et 438 pages pour Meissner, ce qui fait d'eux les auteurs étrangers les mieux représentés selon notre classement par pagination, aucun autre auteur non français n'ayant dépassé le seuil des 400 pages.

Wieland	494	Gellert	84
Meissner	438	Spiess	77
Schulz	147	Hermes	60
Nibelungenlied	134	Pestalozzi	58
Histoire de David Rumberg	104	La Roche	51

Clapp fait remarquer que *Werther* ne fait pas l'objet d'un résumé (encore un ouvrage trop répandu?), et selon notre index il n'y a dans toute la *BUR* que deux brèves mentions de Goethe.

Le travail de Clapp, qui donne un aperçu de l'ensemble du contenu, ne tient pas compte des préférences changeantes des rédacteurs au cours de la publication de la *BUR*. Celles-ci sont pourtant importantes, et une tentative d'analyse chronologique des matières nous permettra de mieux comprendre l'évolution de la collection. Dans la table ci-dessous, l'on peut suivre la proportion qui paraît chaque année de chacune des catégories historiques. Nos chiffres représentent les ouvrages identifiés (français et étrangers) exprimés d'abord comme un pourcentage de la pagination totale des ouvrages attestés pour chaque époque littéraire; et ensuite le même calcul a été refait, mais tenant compte cette fois-ci des textes moins authentiques. Nous indiquons en italique les chiffres les plus élevés dans chaque élément du classement chronologique.

	Antiquité	Moyen âge	16e siècle	17e siècle	18e siècle
1775	*34,83* (*26,84*)	5,72 (4,46)	4,37 (3,24)	5,16 (4,71)	2,01 (1,60)
1776	15,24 (10,00)	7,37 (5,74)	5,06 (3,26)	*19,14* (*17,48*)	4,32 (3,53)
1777		24,82 (*19,34*)	*16,39* (10,55)	5,83 (5,33)	2,96 (4,77)
1778		20,88 (16,27)	*18,77* (12,08)	5,76 (5,26)	6,24 (5,50)
1779		9,85 (13,92)	11,59 (9,06)	6,37 (7,41)	3,00 (5,42)
1780	2,30 (8,82)	6,91 (8,00)	*14,80* (*13,58*)	11,94 (11,09)	2,77 (3,41)
1781	*18,69* (*24,95*)	2,18 (1,70)	7,62 (8,07)	4,52 (4,13)	8,47 (9,52)
1782		– (0,66)	– (*12,89*)	3,97 (6,64)	8,12 (9,01)
1783		3,44 (8,87)	2,86 (7,25)	7,37 (8,33)	3,61 (6,19)
1784		2,93 (3,95)	1,71 (8,73)	3,80 (4,20)	9,82 (9,29)
1785	– (10,42)	4,83 (3,76)	– (0,36)	4,12 (3,76)	*11,21* (*10,24*)
1786	*17,41* (*11,42*)	6,42 (5,00)	9,33 (6,00)	6,46 (6,37)	7,85 (7,11)
1787	7,43 (4,87)	2,31 (3,10)	1,07 (0,69)	9,12 (8,93)	*11,20* (9,34)
1788	4,10 (2,69)	– (0,78)	6,43 (4,24)	1,09 (1,49)	*15,91* (*13,05*)
1789		2,35 (4,46)		5,35 (4,88)	2,52 (2,02)

La moitié des ouvrages authentiques datant de l'Antiquité gréco-romaine sont déjà analysés pendant les deux premières années de la collection, et 70 pour cent avant la fin de 1781. En cette dernière année, Claudien et Plutarque tiennent brièvement la vedette, comme saint Jérôme et Lucien en 1786-1787, et en même temps des adaptations libres d'Ovide ou de franches supercheries gonflent nos chiffres globaux. Les textes du moyen âge sont également concentrés aux débuts de la *BUR*: 58,79 pour cent des ouvrages authentiques (ou 45,84 pour ce qui est des chiffres d'ensemble) avant 1779, et 75,55 (ou 66,76) pour cent avant 1781. Si cette catégorie se maintient ensuite, l'apport des littératures étrangères est très important: 60,85 pour cent des originaux identifiés, 64,47 pour cent de l'ensemble pendant les années 1781-1789. La littérature du seizième siècle connaît un développement légèrement plus tardif: seulement 44,59 pour cent des titres identifiés paraissent avant 1779, le chiffre de 56,14 pour cent est atteint à la fin de 1781 et 70,98 pour cent à la fin de 1781. Les compilations et les supercheries, qui sont particulièrement abondantes dans cette catégorie historique, servent à prolonger encore son importance: 29,13 pour cent seulement de l'ensemble des textes qui se réclament d'un modèle du seizième siècle paraissent avant 1779, et il faut attendre la fin de 1782 pour arriver à un total de 72,73 pour cent. Si le dix-septième siècle connaît la faveur des éditeurs dès le commencement de la *BUR* (35,89 – ou 32,78 – pour cent de cette catégorie paraissant avant 1779), il maintient son rôle mieux que ne le font les époques plus anciennes. Le cap des 70 pour cent d'ouvrages identifiés n'est passé qu'à la fin de 1783 (70,06 pour cent; et 70,38 de la pagination globale de cette tranche chronologique).[40]

Ces chiffres semblent traduire assez nettement une préférence croissante pour les ouvrages modernes. Avant 1779, on ne recense que 15,32 (ou 15,40) pour cent des textes du dix-huitième siècle; on dépasse la moitié à la fin de 1784 (51,32 ou 58,24 pour cent); et on arrive à 70 pour cent en 1786 seulement (70,38 ou 75,59 pour cent). Si l'on calcule le pourcentage d'originaux identifiés dans cette catégorie sur la pagination totale de textes attestés pour chaque année, le résultat ne dépasse pas 31,52 pour cent (en 1778) avant l'année 1781, et la moyenne est de 22,61 pour cent. En revanche, dès la fin de 1781, ce chiffre saute à 59,95 et maintient ensuite une moyenne de 61,82 pour cent (avec 76,33 pour cent en 1782 et 89,56 en 1788). Si ensuite, on considère les chiffres globaux pour cette catégorie d'ouvrages – et ici les morceaux mal identifiés sont de toute façon des écrits contemporains – les textes publiés pour la première fois après 1700 représentent régulièrement chaque année plus de la moitie de la pagination (sauf en 1783 – 40,54 pour cent – et 1789 – 32,11 pour cent), avec une moyenne de 58,27 pour cent. A ce total, il faudrait sans doute rajouter en plus la majeure partie des morceaux non attestés qui s'inspirent, avec plus ou moins de fantaisie, d'autres époques littéraires, mais dans l'état actuel de notre documentation, nous ne pouvons chiffrer cet aspect complémentaire du 'modernisme' des rédacteurs de la *BUR*.

Les rapports entre les pourcentages d'ouvrages français et étrangers (en moyenne 71,5 contre 28,5 pour les textes identifiés) varient également avec le temps. La table suivante représente la proportion des titres étrangers authentiques (suivie entre parenthèses du pourcentage de ceux-ci plus les traductions supposées) calculée sur le total de la pagination pour chaque année.

La littérature étrangère occupe ainsi une place relativement mineure en 1775 et 1776, mais celle-ci s'accroît considérablement pendant les trois années suivantes. Malgré le chiffre toujours élevé pour 1781, les totaux diminuent nettement pendant la période qui va de 1780 à 1785. En revanche, pendant les trois années de 1786 à 1788, on recommence à accorder une nouvelle importance aux textes étrangers authentiques, surtout en 1788, où pour la première fois ceux-ci représentent presque la moitié du contenu. Ces différences sont en quelque sorte égalisées grâce aux traductions supposées, qui ne commencent

---

40. Cette statistique nous amène à nuancer les conclusions de Poirier, pp.71-72.

75	76	77	78	79
17,38	17,56	37,11	38,93	32,95
(20,22)	(18,13)	(37,63)	(39,62)	(44,50)
80	81	82	83	84
12,29	34,91	18,64	21,63	24,80
(21,83)	(45,68)	(26,86)	(40,39)	(36,33)
85	86	87	88	89
19,40	37,90	37,94	46,29	16,65
(27,40)	(39,76)	(43,80)	(52,70)	–

vraiment qu'en 1779 et qui viennent, pendant les années de recul 1780 à 1785, rajouter en moyenne 11,33 pour cent aux chiffres de base.

La faveur dont jouit chacune des littératures où puise la *BUR* subit d'importantes transformations. Les pourcentages reproduits en face correspondent à la pagination pour chaque domaine linguistique comparée à la pagination totale de l'année en question: seuls les textes identifiés d'abord; et ensuite l'ensemble des morceaux qui se réclament de la littérature indiquée. Nous avons donné en italique les chiffres qui dépassent 10 pour cent.

Le latin et le grec sont au début de la collection les principales langues étrangères dont on tient compte (le titre original de la première classe excluait en fait toute autre) mais leur importance baisse presque tout de suite, ainsi que notre analyse des périodes littéraires l'a déjà indiqué. Ici il faut noter cependant que, puisque nous ne tenons compte que de la langue des originaux, bon nombre d'ouvrages latins modernes aident à maintenir cette catégorie. Pendant la première période où les textes non français sont particulièrement fréquents – c'est-à-dire de 1777 à 1779 – les récits orientaux authentiques sont bien en évidence (avant de s'effacer pendant plusieurs années); l'Espagne atteint une importance qui se maintient ensuite grâce aux adaptations libres sinon fantaisistes; mais c'est surtout l'Italie qui se taille la part du lion. Comme nous l'avons déjà constaté, ces littératures sont représentées dans la *BUR* surtout par des ouvrages anciens, datant de la première moitié du dix-septième siècle au plus tard. En revanche, quand on en arrive aux trois autres 'années de pointe' des littératures étrangères – 1786 à 1788 – la situation a tout à fait changé. L'Italie, bien sûr, connaît un certain regain de faveur en 1786, mais on parle maintenant d'Algarotti, à côté de Boccace, de Folengo et de Loredano. Ce sont cependant l'Angleterre et, à un moindre degré, l'Allemagne (dont la montée commence pour toutes deux en 1781) qui se partagent les honneurs maintenant. Et les exemples que choisissent les rédacteurs sont désormais presque uniquement des ouvrages contemporains. Les statistiques sur les pays d'origine viennent ainsi confirmer la tendance croissante à choisir des textes modernes qu'a révélée l'analyse des périodes littéraires.

8. Librairie et presse périodique

Une des principales indications de l'intérêt que les rédacteurs de la *BUR* portent à la littérature contemporaine se manifeste dans l'importance relative qu'ils

	Grec et latin	Langues orientales	Italien	Espagnol	Anglais	Allemand	Autre
1775	16,25 (19,09)						1,14
1776	6,37		3,14	6,20	1,23 (1,80)	0,63	
1777	3,19	5,97	18,19	4,26	1,84 (2,11)	0,32 (0,56)	3,35
1778	0,09	10,90	12,11	4,34	4,47 (5,16)	5,75	1,27
1779	3,01		14,37	11,85 (22,35)	1,96 (3,02)	1,76	
1780	1,80 (4,47)		5,35 (9,48)	3,24	1,90 (2,82)	(1,83)	
1781	5,04 (9,68)		1,60 (5,69)	10,98 (13,01)	(13,63)	3,67	
1782				8,19 (13,77)	7,16 (9,00)	3,28 (4,08)	
1783	1,67 (4,08)		5,40	7,00 (14,03)	7,56 (9,04)		– (7,84)
1784	(4,12)		5,73	4,70 (7,28)	8,37 (11,85)	4,61	1,39 (2,74)
1785	(4,08)	4,38	1,84 (2,30)	2,17	10,06 (13,52)	0,96	
1786	5,62	4,06	12,50	0,96	11,30 (13,16)	3,46	
1787	4,67	0,39	2,92	0,45 (3,28)	28,06 (29,10)	1,46 (3,45)	
1788	1,00 (1,12)		5,05 (8,39)	(2,95)	17,47	22,76	
1789					3,96	12,70	

accordent aux fictions en prose qui ont paru en librairie pendant la vie de la collection. Avant l'année 1780, il n'y a que quatre articles où l'on rende compte de nouveautés publiées en France pour la première fois à partir de 1774. Dans les volumes ultérieurs cependant, quelque 48 romans ou contes (français ou en traduction française) sortis entre cette date et 1789 font l'objet d'un résumé. Parmi ces 48, il y en a 14 qui figurent dans la *BUR* l'année de leur parution, et encore 7 pendant l'année qui suit leur publication. (Si l'on considère également les ouvrages étrangers résumés dans la *BUR* mais qui n'ont pas été traduits ailleurs avant 1790, on ne trouve qu'un seul titre pendant la période qui précède 1780, et 8 après.) A ces chiffres on peut ajouter 122 ouvrages plus anciens parus en français avant le début de la collection, mais qui ont été néanmoins réédités pendant l'existence de la *BUR*. (Dans le cas des titres étrangers, nous avons compté de nouvelles traductions comme des rééditions; mais d'autre part, il nous a été impossible de tenir compte des rééditions dans leur langue originale d'ouvrages étrangers non traduits.) Parmi ces 122 textes, 28 ont été signalés par les rédacteurs l'année même d'une réédition, et 18 l'année suivante. Dans 27 des autres cas, la nouvelle édition a été publiée avant l'article de la *BUR*, et dans 48 après l'article correspondant. Il y a en plus trois textes parus d'abord dans la *BUR* et qui ont été édités en librairie l'année de cette première publication; encore 13 volumes avant 1789 qui réunissent d'autres morceaux tirés directement de la *BUR*; et 5 ouvrages pendant cette même période donnés dans des versions plus complètes après que la *BUR* en ait parlé. Tous ces exemples réunis représentent un total global de 195 titres 'contemporains' (dans les différents sens restreints que nous venons de donner à ce terme et sans compter les ouvrages étrangers non traduits et leurs rééditions) ou environ 20 pour cent du millier de titres que renferme la *BUR*.

Les rédacteurs de la *BUR* semblent ainsi avoir été sensibles à l'évolution de la littérature romanesque publiée en librairie à l'époque de leur collection. Poursuivant ces comparaisons sur un plan plus général, l'on peut se demander à quel point le contenu de la collection reflète les mêmes préoccupations que celles qui guident les libraires dans le choix des textes anciens ou modernes qu'ils rééditent. Nous avons ainsi cherché à analyser, selon les catégories chronologiques et nationales utilisées plus haut, la totalité des rééditions de fictions en prose parues en France et en français pour la période 1775-1789. Les premières éditions n'ont pas été retenues, car nous avons voulu examiner non pas la production d'ouvrages originaux, mais plutôt les réactions de ceux qui cherchaient à puiser dans le corpus de textes déjà parus. Faute de renseignements complets sur la pagination des rééditions, nous avons dû nous contenter de recenser des titres, notant chaque ouvrage français et chaque traduction toutes les fois qu'il en paraissait une nouvelle édition.

La table suivante indique le pourcentage de ces rééditions qui se rangent dans chacune des périodes littéraires indiquées. A titre de comparaison très approximative, nous donnons les proportions correspondantes pour ce qui est de la *BUR*, calculées d'après le nombre des titres d'abord et ensuite selon la pagination (textes identifiés suivis entre parenthèses des totaux globaux).

	Rééditions en librairie	BUR Titres	BUR Pagination
Antiquité	2,55	2,23	2,12 (2,61)
Moyen Age	1,32	16,46	15,49 (16,04)
(comprend Orient:)	0,52	1,73	2,32 (1,87)
16e siècle	1,86	9,78	6,85 (8,59)
17e siècle	5,79	29,46	29,63 (26,18)
18e siècle	88,48	42,08	45,90 (46,58)

Si la proportion des ouvrages de l'antiquité semble être comparable partout, l'importance qu'accorde la *BUR* aux textes du moyen âge tranche nettement avec celle que suggèrent nos chiffres sur les rééditions. Ce domaine littéraire – on l'a assez souvent dit – était clairement une spécialité et une originalité de la *Bibliothèque*, d'autant plus que nos rééditions comprennent plusieurs textes qui avaient paru pour la première fois dans cette collection, avant d'être publiés sous forme de livre. De même, les rédacteurs de la *BUR* ont une préférence marquée pour les textes du seizième siècle que les libraires ne semblent pas partager. Cet écart s'accentue encore davantage quand on aborde le dix-septième siècle, et il est clair, ici encore, que la *BUR* veut présenter à ses lecteurs des ouvrages qui, justement, ne sont pas disponibles en librairie. La grande préférence des libraires se porte évidemment sur les auteurs de dix-huitième siècle, tandis que la *BUR*, bien que cette catégorie d'ouvrages y ait son rôle à jouer, reste relativement plus réticente à leur égard. Dans l'ensemble, ces chiffres semblent confirmer la fonction de complément à l'édition normale que s'est imposée la *BUR*, offrant à ses lecteurs des textes qui n'étaient pas entre toutes les mains.

Une table représentant l'importance relative des langues étrangères qui ont été la source de traductions rééditées entre 1775 et 1789 révèle d'autres différences dans les priorités de la *BUR* et des libraires.

	Rééditions en librairie	BUR Titres	BUR Pagination
Grec et latin	13,20	12,75	10,36 (12,22)
Orient	2,52	4,70	6,56 (5,30)
Italien	8,00	28,86	22,50 (20,58)
Espagnol et Portugais	6,30	14,77	17,08 (21,09)
Anglais	50,58	22,15	29,04 (26,75)
Allemand	18,33	10,07	13,41 (11,83)
Autre	1,08	6,71	1,04 (2,23)

Les littératures orientales authentiques se révèlent maintenant, connaissant une faveur bien plus grande chez les rédacteurs de la *BUR* que dans l'édition traditionnelle. Les proportions globales pour toutes les langues modernes européennes sont sensiblement les mêmes dans les échantillons proposés (84,29 pour cent pour les rééditions; 83,07/82,48 pour la *BUR*), mais, à l'intérieur de cette catégorie générale, les différentes langues sont traitées de manières très diverses. La *BUR*, par exemple, accorde une place bien plus grande aux œuvres italiennes et espagnoles; tandis que, malgré la part importante consacrée par les rédacteurs aux textes anglais et allemends, leur enthousiasme ne semble pas égaler celui dont font preuve les libraires. Pour ce qui est des 'autres langues', le nombre de titres cités par la *BUR* est élevé en grande partie à cause des articles de synthèse consacrés à diverses littératures étrangères. Ces diverses fluctuations se greffent sur une différence globale dans la proportion que représentent les textes étrangers dans la *BUR* et dans l'ensemble des rééditions. Parmi ces dernières, seulement 20,7 pour cent ne sont pas des ouvrages français, tandis que dans le cadre de la collection que nous analysons les littératures d'autres pays représentent au-delà de 15 pour cent en plus, ou un total de 36,88 pour cent des titres et 35,32 (35,30) pour cent de la pagination.

D'autres comparaisons sont possibles si l'on considère, à la lumière de ce que nous savons des rééditions, le bilan établi plus haut des auteurs qui occupent le plus de place dans la *BUR*. Parmi les écrivains français qui y figurent, Prévost et Marivaux, bien sûr, avaient tous les deux une réputation qui assurait des rééditions à l'époque de la *BUR*. Si Mouhy connaissait encore une certaine vogue et si quelques titres de Marguerite de Lussan, ainsi que le *Gage touché* d'Eustache Lenoble et les *Cent nouvelles nouvelles* de madame de Gomez paraissaient encore aux années 80, les divers ouvrages de Bastide, cependant, avaient pratiquement disparu du marché. Madame de Villedieu semble être oubliée; madame de Murat, Baudot de Juilly et Bordelon ne sont connus que par les *Cabinets des fées*, les *Bibliothèques de campagne*, la collection des *Voyages imaginaires*. La dernière version d'un roman de mademoiselle de Scudéry (*Mathilde*) remonte à 1756, mais trois adaptations d'ouvrages par La Calprenède ont paru jusqu'en 1769. Ces noms, bien sûr, ne se trouveraient pas à la tête du genre de palmarès que nous avons cherché à établir ailleurs, nous fondant sur le nombre de rééditions publiées entre 1751 et 1789 (Martin (1970)). Selon ce critère, les grands succès de librairie sont Rousseau, Voltaire, le Montesquieu des *Lettres persanes*, le Marmontel des *Contes moraux*, avec Fénelon, qui seul a les honneurs en règle de la *BUR*. D'autres textes réédités plus de vingt fois comprennent la *Reine de Golconde* de Boufflers (conte auquel la *BUR* ne fait que des allusions en passant), le *Diable boiteux* de Lesage (résumé en 5 pages) et les *Lettres de mistriss Fanny Butler* madame Riccoboni (sujet d'une discussion tout à fait oblique). Au palier inférieur, celui des quinze rééditions, nous trouvons Laclos, madame Leprince de Beaumont et Coyer, qu'on passe essentiellement sous silence; les *Mémoires du comte de Gramont* de Hamilton et l'*Histoire de dom Bougre* d'un anonyme, également négligés; deux romans de Crébillon, à qui on consacre enfin des articles. Tout en suggérant que la règle n'a pas été absolue, ces constatations tendent à confirmer la politique affichée par les rédacteurs de la *BUR* et qui consistait à éviter les textes trop répandus.

Auprès des auteurs étrangers on peut faire le même genre d'observation: avec de notables exceptions, on a tendance à fuir les très grands succès. Parmi les traductions rééditées le plus fréquemment pendant la seconde moitié du siècle il faut compter *Robinson Crusoé* (auquel la *BUR* consacre tardivement presque 150 pages), le *Voyage sentimental* (mentionné une fois en passant) et *Don Quichotte* (représenté par une discussion de la bibliothèque du héros, des nouvelles intercalées, des suites). Les rédacteurs choisissent de parler du *Tom Jones* de Fielding, moins souvent réimprimé que son *Amélie*, dont ils ne tiennent pas compte. Les *Voyages de Gulliver* (qui passent également par plus de dix éditions) font l'objet d'un article, mais le succès comparable en librairie de *Clarisse Harlowe* et de *Grandisson* ne garantit pas à Richardson la même place dans la collection. Si *Werther*, le *Congrès de Cythère*, le *Ministre de Wakefield* se classent au même niveau dans ce bilan des rééditions (entre 5 et 9), le premier de ces titres est négligé, le second donne le fond de deux articles, tandis que le troisième se répand sur plus d'un volume de la *BUR*. A part Cervantès, aucun des écrivains espagnols cités plus haut comme ceux à qui la *BUR* a consacré le plus de pages n'a été réédité après 1750 (au moins pour ce qui est d'ouvrages qu'on pourrait ranger parmi les fictions en prose). Les têtes de liste parmi les auteurs italiens, en revanche, ont connu une vogue contemporaine qui semble avoir été plus importante: si Loredano est inconnu, on donnait diverses versions en prose de

Dante, on traduisait Chiari et Grazzini, on rééditait Marini, Boccace et surtout le Tasse. Les deux écrivains allemands préférés des rédacteurs de la *BUR* servent à résumer deux critères typiques qui semblent régir le choix des textes. D'une part, Wieland, à en juger par les traductions et leurs rééditions, est connu et apprécié, mais cc succès reste assez modéré pour que son œuvre puisse encore susciter l'intérêt du public. D'autre part, les nouvelles de Meissner commencent seulement à paraître en français dans certains recueils et font partie de ces nouveautés que la *BUR*, de plus en plus, cherche à offrir à ses lecteurs.

Les choix des rédacteurs de la *BUR* sont ainsi loin de représenter une copie conforme des préférences manifestées par les libraires dans les rééditions qu'ils publiaient. Ce décalage était à prévoir, compte tenu des buts de la collection que nous examinons. Malgré ses première prétentions encyclopédiques la *BUR* est dès le début un périodique, qui subit les contraintes de ce genre de publication. En conséquence, il aurait été intéressant de comparer son contenu non pas avec les productions de la librairie traditionnelle, mais plutôt avec le témoignage de la presse contemporaine. Malheureusement une documentation globale sur le rôle des fictions en prose – qu'il s'agisse de textes narratifs ou de comptes rendus – n'existe pas encore et il n'est pas possible d'entreprende une analyse systématique de la *BUR* à la lumière des habitudes journalistiques d'alors. Certaines observations d'ordre plus général s'imposent néanmoins. Par exemple, nous avons déjà pu suggérer que la notion de l'*extrait*, telle qu'elle a été comprise par les rédacteurs de la *BUR*, dérive de la façon dont tout journaliste à l'époque faisait le compte rendu d'un livre. Ensuite, l'accent qu'on met progressivement dans la *BUR* sur les nouveautés, sur les morceaux originaux répond aux normes que le public attendaient des ouvrages périodiques. Une recherche du nouveau, un intérêt pour les modes passagères, viennent équilibrer l'importance accordée aux textes oubliés ou exotiques, non seulement dans la *BUR* mais assez généralement dans la presse sous l'ancien régime.

Pour le lecteur moderne, l'actualité serait peut-être plutôt le domaine propre au journaliste, mais il faut se rappeler que la presse périodique du dix-huitième siècle avait une prédilection marquée pour la collection et la préservation des morceaux d'anthologie. Des *Abeilles*, des *Glaneurs*, des *Vendangeurs*, de *Petits Réservoirs*, tout au long du siècle, empruntent leurs matières un peu partout, cherchant surtout la variété. Sur une échelle bien plus vaste, le *Choix des anciens Mercures*, entre 1757 et 1764, a l'ambition de recueillir en plus de cent volumes les articles du *Mercure de France* (et d'ailleurs) les plus dignes d'être sauvés de l'oubli. La série de l'*Esprit des journaux*, commençant en 1772 et durant jusqu'en 1818, cherche à reproduire les meilleurs morceaux des périodiques contemporains. Un *Choix littéraire*, des *Cahiers de lecture*, un *Journal de lecture* offrent également des textes choisis dans tous les genres. Le terme de *Bibliothèque* – évoquant un ensemble d'ouvrages à conserver – est très fréquent dans les titres de journaux: l'*Inventaire de la presse classique* donne une bonne trentaine d'exemples, avec encore une demi-douzaine de *Nouvelles Bibliothèques*. C'est dans ce genre de compilation, plutôt que dans l'ancienne formule de la *Bibliothèque de campagne* (que Clapp examine dans son article) qu'il faut sans doute chercher les modèles immédiats de la *BUR*. Bastide, rappelons-le, a été éditeur du *Choix des Mercures* aux débuts de cette série, et il reproduit dans la *BUR* des morceaux qui y avaient déjà paru.

Le *Conservateur*, 1756-1760, de Bruix et de Turben est une autre source où les rédacteurs de la *BUR* ont puisé au moins une vingtaine d'articles. Il en est de même pour le *Choix littéraire*, 1755-1760, de Vernes, et dans l'exemplaire conservé à l'Arsenal on trouve encore sur certaines pages de garde des annotations concernant les morceaux susceptibles d'être utilisés dans la *BUR*.

Dans ces divers périodiques qui se donnent comme des dépôts de morceaux de choix, on trouve soit des textes complets mais parfois arrachés de leur contexte, soit des comptes rendus ou des remaniements. La préférence que donne la *BUR* à la seconde de ces formules vient peut-être du marquis de Paulmy, qui employait des secrétaires pour faire des 'extraits' des manuscrits et des livres rares de sa vaste collection. Quand celui-ci, ayant abandonné la *BUR*, fait publier les *Mélanges tirés d'une grande bibliothèque*, c'est encore cette même technique qu'il choisit. En revanche, quand, à la fin des années 80, deux autres grandes compilations romanesques font leur apparition, on revient à la notion, plus traditionnelle dans l'édition non-périodique, du texte intégral. Le *Cabinet des fées* (41 volumes édités par Charles-Joseph de Mayer entre 1785 et 1789) reprend le titre et la formule de différents recueils qui remontent jusqu'en 1717, tout en les dépassant dans le sens du gigantisme. Les *Voyages imaginaires* (39 volumes en 1787-1788) ont peut-être une unité thématique qui manquait aux vieilles *Bibliothèques de campagne*, mais autrement ils n'en diffèrent pas essentiellement par la formule employée. Dans le cas de ces deux recueils, cependent, malgré leurs rapports avec le passé, il est peut-être possible de postuler un lien avec le succès qu'avait connue la *BUR* avec ses prétentions méthodiques, et ce serait justement dans cette ambition encyclopédique qu'avaient les deux nouvelles collections, cette volonté de recenser et de reproduire tous les meilleurs exemples de deux types de narrations romanesques.[41]

9. Table et index

La table analytique qui suit comporte deux éléments: une description du contenu de la *BUR*, volume par volume, et, à la suite de chaque article, notre discussion des sources exploitées par les rédacteurs.

Nous reproduisons ainsi tous les titres qui se trouvent soit à la tête d'un article, soit dans le texte en forme de sous-titres. La seule exception volontaire concerne des références conventionnelles qui nous semblaient sans intérêt, comme 'Chapitre I', ou 'Livre II'... Nous ne donnons pas non plus les épigraphes qui suivent les titres et n'en sont pas une partie intégrante. Nous avons cherché à conserver l'orthographe et la ponctuation originales (sans parsemer notre texte de '*sic*', surtout dans les citations de langues étrangères, qui fourmillent d'erreurs), sauf pour ce qui est de l'emploi des majuscules et du signe '&' (représenté ici sous la forme 'et' ailleurs que dans les citations entre guillements). De même, l'indication de classe qui précède les principaux titres est reproduit textuellement. Dans certains cas, en l'absence d'un titre, nous

---

41. Poirier, pp.120-22, souligne les rapports entre la *BUR* et la *Bibliothèque universelle des dames*, 1785-1788, sans rappeler que douze volumes de cette collection sont consacrés à des ouvrages de Tressan.

avons été amené à utiliser celui qui est donné dans la *Table* de juin 1789, ou d'en proposer un nous-même, mais ceux-ci sont toujours signalés par des crochets.

La page où commence chaque 'classe' est donnée avant le titre qui annonce celle-ci; la première et la dernière page de chaque 'article' sont également indiquées avant la reproduction du titre. L'on trouvera ensuite des détails de la pagination des différents éléments qui composent l'article: des chiffres en italique indiquent des commentaires du rédacteur; des chiffres en caractères romains se rapportent aux résumés proprement dits. Une virgule placée après ces chiffres introduit un titre qui se trouve dans la *BUR*, tandis que l'emploi de deux points signale que nous avons cherché à résumer nous-même l'essentiel du passage en question. Dans le cas de certains volumes, quand la pagination du *reprint* Slatkine ne correspond pas à celle que nous avons relevée dans notre édition de base, nous l'indiquons entre parenthèses afin de faciliter la consultation de la réimpression de 1970.

Nous avons renoncé à indiquer tous les avis et les notices qui se répètent de volume en volume, soit derrière les pages de titre, soit sur des pages préliminaires non chiffrés, nous bornant à les signaler quand ils paraissent pour la première fois. (Même lorsque ces pages ne portent pas de chiffre, elles comptent dans la pagination du volume, comme, également, le recto et le verso de la page de titre, ce qui explique pourquoi nos bilans commencent typiquement par les pages 3, 5 ou 7.) A la fin des volumes, en revanche, nous avons été amené à noter tous les avis, car ceux-ci se placent régulièrement avant la Table et l'Approbation, que nous indiquons chaque fois, mais sous une forme abrégée. Quand les dernières pages ne sont pas numérotées, nous donnons entre crochets les chiffres correspondants.

L'essentiel de notre commentaire concerne l'identification des modèles exploités dans chaque article. Dans les cas les plus simples nous nous fondons sur les détails de la première édition donnés par DeJongh pour le roman du seizième siècle, par Lever pour le dix-septième, par Jones pour la première moitié du dix-huitième et par Martin, Mylne et Frautschi (MMF) pour la période après 1750. Quand un titre ne paraît pas dans ces répertoires, nous signalons soit un exemplaire de bibliothèque, soit une référence de compilation bibliographique. La Bibliothèque de l'Arsenal et la Bibliothèque nationale ayant été utilisées par les rédacteurs de la *BUR*, nous y avons toujours commencé nos recherches en dehors des bibliographies. Quand l'article est fait à partir d'une réédition, nous avons en général tâché de l'identifier, en même temps que l'édition *princeps*. Les variantes dans les dates avancées par la *BUR* et celles données par notre documentation n'ont été commentées que lorsque nous avions une explication à proposer. Pour ce qui est des textes médiévaux, nous avons résumé les détails donnés par Woledge, à la fois pour les manuscrits et les éditions, et nous avons cru utile de signaler les éléments qui font partie des collections d'Arsenal, car c'est parmi ceux-ci qu'on trouvera, au moins avant 1779, le point de départ des articles de la *Bibliothèque*. Quand nous n'avons pu trouver ailleurs une référence à un texte donné par la *BUR*, nous en résumons brièvement le contenu, dans l'intention de faciliter des identifications éventuelles.

Nous avons voulu réduire autant que possible, grâce à un système de renvois, les répétitions, dont certaines sont inévitables dans un ouvrage de consultation plutôt que de lecture suivie. Nous groupons tous nos commentaires sur un texte donné, normalement la première fois où il en est question, sauf quand il s'agit de recueils qui rassemblent soit des éléments disparates, soit une série de narrations indépendantes. Le lecteur sera renvoyé à l'article de base par une référence donnée dans la ligne qui suit la description de l'article et qui précède nos commentaires. Nous indiquons au même endroit les suites d'articles qui s'étendent sur plusieurs numéros. Le système de références (75.vi.5-37, 80.i.II.3-64, par exemple) se compose ainsi. Les deux premiers chiffres représent l'année (1775, 1780); les petits chiffres romains le mois (juin, janvier); le I (ou II) le premier ou le second volume des mois où l'on en publiait deux; et le tout est suivi de la pagination.

Notre description de la *BUR* est fondée sur l'exemplaire de la Bn qui correspond aux cotes Y^2 8145 à 8335. Ce choix a été à l'origine une question de commodité de travail, car l'autre collection principale, Rés Y^2 1861-1968, était d'un accès plus difficile. En fait, il s'est trouvé que le texte choisi est celui de tous ceux que nous avons examinés depuis qui se rapproche le plus d'un premier état du recueil. La collection de la Réserve de la Bn, par example, se compose pour les premières années de rééditions publiées après l'établissement du Bureau. Il en est de même du principal exemplaire d'Arsenal (8° BL 28864^{I-IIO}). Celui-ci, cependant, se distingue des versions de la Bn par le fait que, seul, il est complet, et c'est le texte dont nous nous sommes servis essentiellement à partir de janvier 1787, moment où l'exemplaire de la Bn devient lacunaire mais où, de toute façon, les réimpressions et les variantes semblent avoir cessé depuis longtemps. L'édition Slatkine, composite comme tant d'autres, a été néanmoins irremplaçable pour notre travail en dehors des grandes bibliothèques parisiennes.

Malgré les complexités de l'histoire des réimpressions de la *BUR* et le fait qu'aucune collection existante ne semble, en conséquence, être faite de volumes identiques, les variantes de pagination et de contenu qui pourraient concerner notre *Table* sont absolument minimes. Il n'y a qu'un seul morceau dans 224 volumes qui soit remplacé, dans certains exemplaires, par un autre texte: en mai 1782, à la place d'une *Anecdote historique tirée d'un papier anglois*, on trouve parfois *L'Enfant sauvé des eaux*, traduction d'un poème allemand. Des différences de pagination se produisent de temps en temps, mais elles sont rarement considérables: l'écart, sur la version de la Bn que nous décrivons, de presque une trentaine de pages dans les deux volumes d'avril 1781 reproduits par Slatkine est tout à fait exceptionnel.

A la suite de notre *Table* nous proposons un index 'littéraire' des 224 volumes de la *BUR*. Nous avons cherché à y faire rentrer tous les titres d'ouvrages, tous les noms d'auteur, de traducteur, d'éditeur, de libraire qui figurent dans la collection, dans les commentaires ainsi que dans les *extraits*. L'on trouvera également un très large choix des noms de personnage utilisés dans les multiples textes romanesques que présente la collection, documentation qui peut ête utile dans l'identification de textes obscurs. En revanche, nous avons écarté tous les autres noms propres, en particulier les noms de lieu, ainsi que ceux de personnages historiques qui ne jouent pas un rôle dans les fictions.

A l'intérieur de ces restrictions, le bilan que nous avons établi est à la fois un index de notre *Table* et du contenu de la *BUR*. De cette double fonction il résulte que les noms et les titres recensés tombent dans trois catégories différentes, que nous avons cherché à départager par des conventions typographiques. D'abord, il y a évidemment les références de la *BUR* qui sont reproduites dans notre *Table*: celles-ci sont données en caractères ordinaires. Ensuite, il y a les auteurs et les titres que nos commentaires nous amènent à citer, mais qu'on ne trouvera pas mentionnées par la *BUR*: nous les signalons en accolant un astérisque aux numéros de page, donnés en caractères ordinaires. Enfin, il y a les très nombreux détails qu'offrent les rédacteurs de la *BUR* mais que nous n'avons même pas cherché à reproduire dans la *Table*: dans ces cas nous employons des chiffres entre parenthèses, afin de signaler le fait que pour de plus amples renseignements il faut se reporter non pas à notre travail mais à l'article même de la *Bibliothèque*.

C'est au nom de l'auteur que nous indiquons la référence d'un ouvrage donné, et sous le titre, à moins qu'il ne s'agisse d'un ouvrage anonyme, l'on ne trouvera normalement qu'un renvoi au nom de cet auteur. Quand, cependant, dans le cas de certains recueils de récits, nous n'indiquons pas sous le nom de l'auteur les morceaux précis que la *BUR* a choisi d''extraire', nous sommes obligés, bien sûr, de renvoyer directement à l'article à partir des titres de ces morceaux. Nous conservons pour la plupart les formes des noms employées par la *BUR*, ne les rationalisant qu'avec prudence, dans des cas où l'identité des noms concernés est bien établie. Quand une forme plus complète du nom d'un auteur est utilisée dans notre *Table*, nous l'employons, cependant, de préférence dans l'index. Nous avons également gardé les diverses variantes des titres (ainsi que les formes en langues étrangères), les classant par simple ordre alphabétique sous le nom de l'auteur. Le lecteur aura ainsi à parcourir tous les titres cités pour un auteur donné s'il veut être sûr de repérer toutes les références possibles à l'ouvrage qu'il cherche. Cette convention simplifie la présentation de l'index, sans poser de problèmes majeurs à l'usager.

Nous avons inséré dans notre *Index*, quand il y a eu lieu, les formes particulières des titres d'ouvrages qui sont employées dans la *Table* de 1789, avec renvoi à la version que nous avons préférée. Cela a semblé être le moyen le plus simple de permettre la rectification des quelques erreurs qui se sont glissées dans le répertoire préparé par la rédaction de la *BUR*. Ainsi l'usager sera-t-il obligé parfois de passer d'une forme erronée ou incomplète d'un titre (le même phénomène se produira dans le cas, par exemple, des sous-titres ou dans celui de certains noms de personnages paraissant dans des titres) à la forme complète de ce titre, et ensuite de cette forme complète au nom de l'auteur, où les détails sur la pagination de l'ouvrage en question se trouveront enfin. C'est que nous avons dû renoncer aux renvois plus directs, car la multiplication des références de ce genre aurait trop rallongé un texte déjà très étendu. Nous espérons que nos lecteurs ne s'impatienteront pas trop devant les méandres de ce labyrinthe, et nous leur recommandons même de pratiquer autant que possible ce genre de prospection en chaîne. Celui qui voudrait épuiser la documentation offerte par cet index trouvera en principe utile de chercher systématiquement au nom de l'auteur, au titre, et plus particulièrement à ces noms propres qui peuvent servir à caractériser certains ouvrages. C'est surtout grâce aux noms des héros et des héroïnes de nos fictions qu'on risque de tomber sur les rapprochements les plus variés et parfois les plus intéressants. A 'Tressan', par exemple, on verra que celui-ci est auteur d'une *Histoire de Tristan de Léonis*, mais c'est au nom de 'Tristan' qu'on trouvera encore une vingtaine de références diverses, avec en plus un rappel du *Tristan* de Chrétien de Troyes et une liste de plusieurs variantes dans les titres des autres ouvrages qui sont consacrés à ce même thème.

Nous rappelons enfin que, la pagination pouvant varier dans les différentes impressions des volumes de la *BUR*, il sera de temps en temps nécessaire de chercher autour de la page précise qu'on trouvera indiquée dans cet *Index*. Pour ce qui est du reprint Slatkine (cité parfois directement quand un S précède les numéros de page), les indications de notre *Table* permettront d'estimer l'ordre de l'écart qui se produit dans ce genre de cas.

Table analytique

'Nous ignorons absolument le nom de celui ou de celle qui s'accuse d'avoir volé cette Anecdote [...] & nous ne nous rappelons pas précisément où il l'a prise, quoi que nous reconnoissions bien le fond de cette Histoire-là pour l'avoir lu quelque part' (1778.v.172).

Explication des conventions de la table analytique

Les articles de cette table comportent:

a. l'*indication des 'classes'*, précédée de la page où chacune commence.

b. les *titres et sous-titres* utilisés dans le texte de la *BUR*. Ceux qui sont donnés entre crochets sont reconstitués soit d'après les tables parues à la fin des volumes et le répertoire de 1789, soit d'après des mentions données dans le texte même.

c. la *pagination* globale de chaque article, et – après le titre de celui-ci – l'analyse des différents éléments qui le composent. Notons que:

    i. les chiffres en italique signalent des commentaires faits par les éditeurs de la *BUR*; les chiffres en romain se rapportent aux '*extraits*' proprement dits.

    ii. quand deux points suivent une indication de pagination, les mots qui viennent tout de suite après sont notre résumé d'un texte. Quand on trouve une virgule à cette place, il s'agit, en revanche, d'un titre donné par le *BUR*.

    iii. les chiffres entre parenthèses donnent certaines variantes qui concernent la réédition Slatkine de 1970.

d. des *renvois*, quand il y a lieu, à d'autres articles qui traitent du même ouvrage (suites, nouvelles versions, rectifications).

e. l'identification sommaire, dans un paragraphe à part, des *ouvrages qui ont servi de source* à l'article de la *BUR*.

Le système des renvois se compose de l'indication de l'année, du mois (et du volume quand il y en deux pour un même mois) et de la pagination: 80.i.II.3-64 se lit, par exemple, deuxième volume de janvier 1780, pages 3 à 64.

Pour de plus amples détails sur ces conventions, voir notre Introduction, pp.72-74.

Table analytique

1775.vii.I.[1]

[3]-[4] Annonces. [*3*]-[*4*]: annonces du libraire Lacombe qui paraissent à la tête de chaque volume jusqu'en mars 1777.

5-12 (3-10)[2] Prospectus. *5-12*.

13-24 (11-22) Discours préliminaire. *13-24*.

25 (23). PREMIÈRE CLASSE. ROMANS TRADUITS DU GREC.

25-53 (23-52) Les Affections de divers amans, faites et rassemblées par Parthénius de Nicée, ancien auteur grec, et mises en françois. 1555. *25-26*: sur les fables milésiennes; *26-52*; *52-53*: traduit par Jean Fornier.

> Parthénius de Nicée, trad. Jean Fournier, *Affections de divers amans*, 1555 (DeJongh, no. 178; MMF 55.R61).

53 (52). PREMIÈRE CLASSE. ROMANS LATINS.

53-109 (52-109) L'Ane d'or d'Apulée. *53-54*; 55-105; 105-107, Episode du conte de Psyché et de Cupidon, dans le roman de l'Ane d'or; *107-109*.

> Apulée, trad. l'abbé Compain de Saint-Martin, *L'Ane d'or*, 1707 (MMF 69.R9).

109. SECONDE CLASSE. ROMANS DE CHEVALERIE.

109-140 Le Roman de Merlin. *109-110*; 110-134; *134-135*, Les Prophéties de Merlin; 135-136, De l'oiseau qui naîtra d'un arbre, et de la bête qui naîtra aux déserts de Babylone; 136-137, Du poisson qui naîtra au fleuve Jourdain; 137, Titres de quelques autres prophéties; *138-140*: par Robert de Borton.

> Le rédacteur cite comme source du premier extrait (p.134) les deux premiers volumes d'un 'Livre de Merlin'. Il s'agit vraisemblablement de l'*Histoire de la vie, miracles, enchantemens et prophecies de Merlin*, 1498 (Arsenal), 1498, 1505, 1507, 1510, s.d., 1528 (Woledge, no.103). Sur le *Merlin* de Robert de Boron, voir Woledge nos 96, 113, et Bossuat, nos 1899-1907, 6387-6390, 7577-7579, 7595. Sur les *Prophécies . . .*, voir Paton. Selon Wilson, p.297, l'article a été rédigé par Legrand d'Aussy et revu par Paulmy. Cf. Poirier, pp.42-43.

141 (140). TROISIÈME CLASSE. ROMANS HISTORIQUES.

141-165 (140-165) Le Triomphe des Neuf-Preux. *141-142*: composé sous Charles VIII; 143-152 Hector; *153*, Artus, roi de la Grande Bretagne; 153-155; *155*, Charlemagne; 156-159; *159*, Godefroy de Bouillon; 159-162; *162*, Bertrand du Guesclin; 163-165; *165*: editions de 1487, 1507.

> Anon., *Les Neuf Preux*, 1487 (Arsenal; DeJongh, no.25), 1507 (Woledge, no.105). Selon Wilson, p.297, l'article a été rédigé par Legrand d'Aussy et revu par Paulmy.

166. QUATRIÈME CLASSE. ROMANS D'AMOUR.

166-227 Astrée. 166-208; *208-209*: par d'Urfé; *209-226*, Eclaircissemens sur l'Histoire d'Astrée par M. Patru; *226-227*: premier tome 1610.

> Honoré d'Urfé, *L'Astrée*, 1607-1624 (Lever, pp.78-81). Olivier Patru, *Eclaircissements sur l'Astrée*, dans *Plaidoyers et œuvres diverses*, 1681, pp.889-905 (Bn).

---

1. Pour le système d'indication des volumes, voir p.74.

2. Nous signalons entre parenthèses la pagination de l'édition Slatkine quand celle-ci diffère de la collection de la Bn (complétée par celle de l'Arsenal) que nous décrivons dans notre *Table*. Voir p.74.

227 Approbation. *227*: le 30 juin 1775. Crébillon.

1775.vii.II.

[5]. CINQUIÈME CLASSE. ROMANS DE SPIRITUALITÉ, DE MORALE ET DE POLITIQUE.

[5]-32 Histoire de Barlaam et de Josaphat, roi des Indes. [*5*]-*6*: par S. Jean Damascène ou Jean Sinay, traduit par Jean de Billy; 6-30; *30-32*: seconde traduction par le père Girard.

> Jean Damascène (VIIIᵉ siècle), trad. Jean de Billy, *Histoire de Barlaam et de Josaphat, roy des Indes*, 1574 (DeJongh, no.228). Trad. le père Antoine Girard, *Histoire de Josaphat, roy des Indes*, 1642 (Bn).

32. CINQUIÈME CLASSE. ROMANS DE SPIRITUALITÉ, DE MORALE ET DE POLITIQUE.

32-48 Les Aventures étranges de Lycidas et de Cléorithe. *32-33*: par le sieur de Basire, 1529; *33-48*.

> F. Gervais Bazire d'Amblainville, *Les Adventures estranges de Lycidas Cyrien et Cléorithe Rhodienne, contenant la conversion de l'un et la réprobation de l'autre*, 1630. Lever, p.27, note que le privilège date de 1624. DeJongh, no.97, donne la date de 1529, mais ne cite que *BUR*. Erreur pour 1629?

49. SIXIÈME CLASSE. ROMANS SATYRIQUES, COMIQUES ET BOURGEOIS.

49-83 La Satyre de Pétrone. *49-50*; 50-79; *79-83*: traduit par Marolles, Nodot (1694, 1713), Venète (1697) et – modèle de l'extrait – du Jardin (1742) sous le nom de Boispréaux.

> Titus Petronius Arbiter Pétrone, trad. Bénigne Du Jardin, dit de Boispréaux, *Satyre de Pétrone*, 1743 (Bn). On réédite encore au dix-huitième siècle la traduction par François Nodot publiée en 1694 (voir MMF 56.R48). Trad. Michel de Marolles, abbé de Villeloin, *Le Pétrone en vers*, 1667 (Bn). Nous n'avons pu trouver de version de Pétrone attribuée ailleurs à Nicolas Venette, auteur du *Tableau de l'amour conjugal*, 1687.

84. SEPTIÈME CLASSE. NOUVELLES HISTORIQUES ET CONTES.

84-137 Les Cent Nouvelles nouvelles. *84-86*; 86-89, [La Médaille à l'envers]; 89-91, [Le Cordelier médecin]; 91-93, [La Pêche de l'anneau]; 93-94, [Le Mari armé]; 94-95, [Le Duel d'Aiguillette]; 95-96, [L'Ivrogne en paradis]; 96-99; 99-102, [Le Mari commode sans le savoir]; 102-104, [Les Pâtés d'anguille]; 104-105, [L'Encens au diable]; 105, [Le Veau]; 105-106, [Le Clerc eunuque]; 106, [Le Faiseur de papes]; 106, [La Nonain savante]; 106-110, [Le Borgne aveugle]; 110-111, [Le Conseiller au bluteau]; 111-113, [L'Enfant de neige]; 113, [Le Mari médecin. L'Abbesse malade]; 113-114, [L'Enfant à deux pères]; 114-115, [La Procureuse qui passe la raie]; 115-122, [La Forcée de gré. La Demoiselle cavaliere]; 123-124, [Le Seigneur au bahu. Le Galant morfondu. La Vache et le veau. La Dame à deux. Les Dames dixmées. Le Bénétrier d'ordures. Le Mari curé. Les Carmes marchands. Le Curé coursier. L'Ecossoise lavandière. Les Poires payées. La Bouche honnête]; 124-126; 126-128, [Le Mari confesseur]; 128-130; 130-131, [Les Amans infortunés]; 131-132, [Le Sage Nicaise ou l'amant vertueux]; *132-137*.

> Anon., *Les Cent Nouvelles nouvelles*, 1462. Édition, 1486 (DeJongh no.23), [1495], 1505, s.d., s.d., s.d., s.d., s.d., [1530], s.d., [1530], [1532] (Woledge, no.30).

138. HUITIÈME CLASSE. ROMANS MERVEILLEUX.

138-169 Histoire de Mélusine. *138-144*: par Jean d'Arras, 1500, 1584. Version de Nodot, 1548, 1700; 144-169.

> Jean d'Arras, *Mélusine*, 1478 (DeJongh, no.9), s.d. (Arsenal), s.d., s.d., [avant 1500], s.d., s.d., 1517, 1525 (Arsenal), s.d., 1544, s.d., s.d., 1584, s.d., 1597, 1597 (Woledge, no.84). François Nodot, *Histoire de Melusine tirée des chroniques de Poitou*, 1698 (Lever, p.198).

169. HUITIÈME CLASSE. ROMANS MERVEILLEUX.

169-212 (169-211) [Contes de fées]. *169-170*: des contes 'plus modernes' par madame d'Aulnoy, mademoiselle de la Force, madame de Murat; 171-179, Le Dauphin, par madame d'Aulnoy; 179-196, Belle-Belle, ou le chevalier Fortuné, autre conte, par madame d'Aulnoy; 196-200, La Bonne Femme, par mademoiselle de la Force; 200-209, Le Palais de la vengeance, par madame de Murat; *209-212*.

> Marie-Catherine Le Jumel de Barneville, baronne d'Aulnoy, *Contes nouveaux ou les fées à la mode*, 1698. *Le Dauphin, conte*, se trouve dans le t.iv, et *Belle-Belle ou le chevalier Fortuné, conte*, dans le t.ii. (Lever, pp.122-123; MMF 54.R9 et 57.R2). Charlotte-Rose de Caumont de la Force, demoiselle de Brion, *Les Contes des contes*, 1698. *La Bonne Femme* est le dernier conte du t.ii (Lever, p.119; MMF 56.R14). Henriette-Juliette de Castelnau, comtesse de Murat, *Les Nouveaux Contes de fées*, 1698. *Le Palais de la vengeance* se trouve aux pages 1-64 de la première édition (Lever, p.316).

212 Fautes à corriger dans le premier volume. *212*.

[213-214] Table. Approbation. [*214*]: le 16 juillet 1775. Crébillon.

[215]-[216] Privilege du Roi. [*216*]: le 7 juillet 1775. Le Begue. Saillant.

1775.viii.

[5]. PREMIÈRE CLASSE. ROMANS TRADUITS DU GREC ET DU LATIN.

[5]-52 Du vrai et parfait amour, écrit en grec par Athénagoras, philosophe athénien, contenant les amours honnêtes de Théogènes et de Charide, de Phérécides et de Mélangénie. [*5*]-7: discussion de l'attribution à Athénagore ou à Fumée, seigneur de Genillé; 7-52. Une note, p.13, renvoie à un abrégé paru dans le *Conservateur*, 1756.

> Martin Fumée, sieur de Genillé, *Du vrai et parfait amour, contenant les amours de Théagènes et de Charide, de Phérécides et de Mélangénie*, 1598 (DeJongh, no.317; MMF 85.R2, t.vi). La version du *Conservateur* a paru dans le volume de novembre 1756, pp.127-217.

52-87 Les Amours pastorales de Daphnis et de Chloé, par Longus. *52-56*: traduit par Jacques Amiot, 1559, et par un anonyme; 56-86; *86-87*.

> Longus, trad. Jacques Amyot, *Les Amours pastorales de Daphnis et Chloé*, 1559 (MMF 51.R3). Vu la référence à un traducteur anonyme, p.54, le rédacteur s'est servi vraisemblablement de l'édition de 1757, qui offre une '*double traduction du grec en françois de M. Amiot et d'un anonime, mises en parallèle*' (MMF 57.7).

88. SECONDE CLASSE, ROMANS DE CHEVALERIE.

88-110 Le Saint-Gréaal. *88-90*: l'auteur se nomme Desrain au feuillet 36. Cf. les versions de Chrétien de Troyes et de Gauthier Map; 90-103; 103-110, Le Second Livre du Saint-Gréaal.

> *Hystoire du sainct Greaal*, 1516, 1523 (Arsenal) (Woledge, no. 181). A propos de ces deux éditions du *Perlesvaus*, voir Swanson, pour qui l'auteur du texte reste inconnu. Selon Wilson, p.297, l'article de la *BUR* a été rédigé par Legrand d'Aussy et revu par Paulmy. Voir aussi Gossman, p.328, note 1. La version par Chrétien de Troyes dont il est question dans la présentation est le *Perceval* ... (voir 1775.xi.37-85 et 1783.xi.52-102).

110. TROISIÈME CLASSE. ROMANS HISTORIQUES.

110-145 Histoire secrète des femmes galantes de l'antiquité, 6 vol. in-12, dont les trois premiers, Paris 1726 et les trois derniers, Rouen 1732. *110-114*: par Dubois; 114-145; *145*. Voir aussi 1775.x.I.118-119, où l'ouvrage est attribué à 'M. de Serviez'.

> Jacques Roergas de Serviez, *Histoire secrète des femmes galantes de l'antiquité*, 1726-1732 (Jones, p.38, qui l'attribue à François-Nicolas Dubois).

146. QUATRIÈME CLASSE. ROMANS D'AMOUR.

146-215 Almahide ou l'esclave reine, par M. ou plutôt par Mademoiselle de Scudéry. *146-155*: 1660; 155-214; *214-215*.

Madeleine de Scudéry, *Almahide ou l'esclave reine*, 1660-1663 (Lever, p.34).
[216] Errata pour le second volume de juillet. Approbation. [*216*]: le 31 juillet 1775.
Crébillon.

1775.ix.

[5]. CINQUIÈME CLASSE. ROMANS DE SPIRITUALITÉ, DE MORALE
ET DE POLITIQUE.

[*5*]-80 Les Aventures de Télémaque. [*5*]-*10*; 10-72; *73*; 73-79: passages les plus critiqués;
80: note sur le Télémaque travesti de Marivaux.
Pour le *Télémaque travesti* de Marivaux, voir 1775.x.II.24-133 et 1775.xi.205-214.

François de Salignac de la Mothe Fénelon, *Suite du quatrième livre de l'Odyssée d'Homère ou les avantures de Télémaque fils d'Ulysse*, 1699 (Lever, p.396; MMF 51.R20).

80-120 Recueil des fables composées pour l'éducation de Mgr le duc de Bourgogne, par
M. de Fénelon. A Paris, chez Jacques Etienne. *80-82*: second volume des *Dialogues des
morts*. 'Dans notre siècle on n'eût pas manqué d'intituler ces Fables *Contes Philosophiques*,
ou *Contes Moraux* [. . .]' (p.80); 82-90, [Les Aventures d'Aristonoüs]; 90-94, [Les Aventures de Melesichton]; 94-95, [Aristée]; 95-99, [Alibeg (Alibée)]; 99-103, [Rosimond et
Braminte]; 103-106, [Florise]; 106-109, [Alfaronte et Clariphile]; 109-112, [Histoire
d'une vieille reine et d'une jeune paysanne]; 112, [Le Départ de Lycon]; 112-113, [Le
Nourrisson des Muses]; 113-114, [Le Jeune Bacchus et le faune]; 114, [Le Rossignol et
la fauvette]; 114-116; 116-117, [Les Deux Renards]; 117-119, [Les Deux Lionceaux];
119-120, [L'Abeille et la mouche].

François de Salignac de la Mothe Fénelon, *Fables composées pour l'éducation d'un prince*, dans *Dialogues des morts*, 1718 (Jones, p.29; MMF 52.R20).

120. SIXIÈME CLASSE. ROMANS SATYRIQUES, COMIQUES ET BOURGEOIS.

120-155 Le Roman bourgeois. 120-124: par Antoine Furetière; 124-133; 133-154, Histoire
de Lucrèce la bourgeoise; 155.

Antoine Furetière, *Le Roman bourgeois, ouvrage comique*, 1666 (Lever, p.374). Réédité en 1704 (BM),
1713 (BM) et 1714 (Bn, BM).

155. SEPTIÈME CLASSE. NOUVELLES HISTORIQUES ET CONTES.

155-206 Les Nouvelles françoises. Paris 1657. *155-165*: sur les divers narrateurs du cadre
et sur la vie de Segrais; 165-171, Eugénie. Première nouvelle, par Aurélie; 172-179,
Adélaïde, deuxième nouvelle; 179-182, Honorine, troisième nouvelle; 183-192, Mathilde,
quatrième nouvelle; 192-202, Aronde, cinquième nouvelle; 202-206, Floridon. Sixième
Nouvelle; *206*.

Jean Regnault, sieur de Segrais, *Les Nouvelles françoises ou les divertissemens de la princesse Aurélie*,
1657 (Lever, pp.324-325; MMF 55.R67).

207-214 Avis. *207-214*: sur les contes de fées, et, en particulier, l'*Oiseau bleu*, ainsi que le
Palais de la vengeance.
Pour *Le Palais de la vengeance* de madame Murat, voir 1775.vii.II.169-212. Pour *L'Oiseau
bleu* de madame d'Aulnoy, voir 1776.vi.114-136.
[215]-[215] Tables. Approbation. [*216*]: le 30 septembre 1775. Crébillon.

1775.x.I.

[5]. PREMIÈRE CLASSE. ROMANS TRADUITS DU GREC ET DU LATIN.

[5]-62 Le Prince Erastus, ou les Sept-Sages de Rome. *[5]-7*: 'Ce Roman [. . .] est parvenu, de siècles très-reculés, jusqu'à notre âge [. . .]' (p.5). Cf. le *Dolopatos*, traduit en français par Hébert. Même formule que les *Mille et une nuits*; 8-46; 46-56: épisode d'Europus comparé avec la version de Hébert; *56-57*; 57-62: épisode tiré d'un manuscrit du marquis de Paulmy (Réponse de Lentullus contre le quatrième exemple).

La tradition des *Sept Sages de Rome* remonte dans les littératures européennes au *Dolopathos* latin de Jean de Haute-Seille au treizième siècle. La traduction du roman latin, *Li Romans de Dolopathos*, en vers français, est attribuée à Herbert au début du treizième siècle. Pour une étude des divers manuscrits français, y compris ceux de Paulmy, qui se trouvent à l'Arsenal, voir Gaston Paris, pp.i-xliii. Voir aussi Woledge (nos 153-157), qui signale des éditions de 1490, 1492 (Arsenal), 1493, 1494 (Arsenal), s.d., 1498, 1577 (Arsenal). Le texte 'de notre âge' que résume la *BUR* semble être l'*Histoire du prince Erastus, fils de l'empereur Dioclétien*, que le chevalier de Mailly a publiée en 1709, d'après une version italienne (Arsenal, BM).

62. SECONDE CLASSE. ROMANS DE CHEVALERIE.

62-117 Lancelot du Lac, chevalier de la Table Ronde. *62-64*: 'Le Manuscrit sur lequel nous avons travaillé, est on ne peut pas plus beau' (p.63). Par Gautier Moab; 64-117. Voir aussi 1777.vii.I.87-122.

Cycle de Lancelot. Mss douzième-treizième siècles. Éditions: 1488 (Arsenal), 1494, 1513, 1520, 1520-1533, 1526, 1533, 1591 (Woledge, no.96). Le manuscrit no.3479-80 à l'Arsenal est signé Gauthier Moab. Selon Wilson, p.297, cet article a été rédigé par Legrand d'Aussy et revu par Paulmy.

118. TROISIÈME CLASSE. ROMANS HISTORIQUES.

118-204 Les Impératrices romaines. *118-120*: par M. de Serviez; 120-127. Calpurnie, femme de Jules-César; 127-136, Livie, femme d'Auguste; 136-143, Julie, femme de Tibère; 143-148, Livie Orestille, Lollie Pauline, et Césonie, femmes de Caïus-Caligula; 148-153, Valérie-Messine, femme de Claude; 153-157, Agrippine, seconde femme de Claude, empereur; 157-158, Octavie, première femme de Néron; 158-161, Poppée, seconde femme de Néron; 161-162, Messaline, troisième femme de Néron; 163, Lépida, femme de Galba; 164-165, Galeria Fundana, femme de Vitellius; 165-167, Domitille, femme de Vespasien; 167-168, Marcie Furnille, femme de Titus; 168-171, Domitia, femme de Domitien; 171-172, Plotine, femme de Trajan; 172-173, Sabine, femme d'Adrien; 173, Faustine la mère, femme d'Antonin; 174-175, Faustine la jeune, femme de Marc-Aurèle; 175-176, Lucile, femme de Lucius-Verus; 176-178, Crispine, femme de Commode; 178-180, Titiana, feme de Pertinax; 180-184, Julie, femme de Sévère; 185-186, Nonia Celsa, femme de Macrin; 186-189, Impératrices, femmes d'Héliogabale; 189-191, Imperatrices, femmes d'Alexandre Sévère; 191-204; *204*. Voir aussi 1775.x.II.208-212.

Jacques Roergas de Serviez, *Les Femmes des douze Cesars*, 1718 (Jones, p.31; MMF 58.R52). Des éditions de 1728, de 1744 et de 1758 portent le titre: *Les Impératrices romaines*.

205. QUATRIÈME CLASSE. ROMANS D'AMOUR.

205-227 La Cythérée. *205-209*: par Louis-Marin le Roy, sieur de Gomberville; 209-227.

Marin le Roy, sieur de Gomberville, *La Cythérée*, 1640 (Lever, p.127).

[228] Approbation. *[228]*: le 30 septembre 1775. Crébillon.

1775.x.II.

[5]. CINQUIÈME CLASSE. ROMANS DE SPIRITUALITÉ, DE MORALE ET DE POLITIQUE.

[5]-23 Pélerinage de Colombelle et Volontairette, vers leur bien-aimé, dans Jérusalem. *[5]-7*: par Boëce de Bolswert (Boetius à Bolswert); *7-23*.

> Boetius a Bolswert, *Duyfkens ende Willemynkens Pelgrimagie tot haren beminden binnen Ierusalem*, 1627. Trad. M. Morin, *Pèlerinage de Colombelle et Volontairette vers leur bien-aimé dans Jérusalem*, 1636 (Lever, p.341).[3]

24. SIXIÈME CLASSE. ROMANS SATYRIQUES, COMIQUES ET BOURGEOIS.

24-133 Télémaque travesti. *24*: par Marivaux. Publié 1734; 24-126; *126-133*. Voir aussi 1775.ix.80 et 1775.xi.205-214.

> Pierre Carlet de Chamblain de Marivaux, *Le Télémaque travesti*, 1736 (Jones, p.59; MMF 81.R59).

134. SEPTIÈME CLASSE. NOUVELLES HISTORIQUES ET CONTES.

134-185 Les Cent Nouvelles de la reine de Navarre. *134-155*: vie et œuvres de Marguerite de Navarre; 155-178; *178-183*: anecdotes tirées de Brantôme qui ont un rapport avec les nouvelles de Marguerite de Navarre; *183-185*: éditions de l'*Heptaméron*. Voir aussi 1785.i.I.3-16.

> Marguerite d'Angoulême, reine de Navarre, dite Marguerite de Navarre, *Heptameron des nouvelles de tres illustre et tres excellente princesse Marguerite de Valois*, 1559 (DeJongh, no.202; MMF 75.R76).

185. HUITIÈME CLASSE. ROMANS MERVEILLEUX.

185-207 Histoires ou contes du temps passé, avec des moralités, par M. Perrault. *185-188*; 188-189, Le Petit Chaperon-Rouge; 189-190, Les Fées; 190-193, La Barbe-Bleue; 193-194, La Belle au bois dormant; 194-195, Le Maître chat, ou le chat boté; 195-196, Cendrillon; 196-198, Riquet à la houpe; 198-199, Le Petit Poucet; *199*, L'Adroite Princesse, ou les aventures de Finette: ce conte est-il de Perrault?; 199-204; *204-207*.

> Charles Perrault, *Histoires ou contes du temps passé, avec des moralitez*, 1697 (Lever, p.222; MMF 61.R54). *L'Adroite Princesse ou les avantures de Finette* a paru dans les *Œuvres mêlées* de Marie-Jeanne L'Héritier de Villandon en 1695 (Lever, p.334).

208-212 Avis. *208-210*: anecdotes sur les impératrices romaines, en supplément à l'article paru dans le volume précédent; *210-211*, Sur l'impératrice Messaline; *211*, Sur Julie, femme de l'empereur Sévere; *212*, Sur Comitia-Calvilla, femme de l'empereur Commode. Pour *Les Impératrices romaines* de Serviez, voir 1775.x.I.118-204.

213 Fautes à corriger dans le premier volume d'octobre. *213*.

214-216 (213-215) Tables. Approbation. *216*: le 15 octobre 1775. Crébillon

1775.xi.

[5]. PREMIÈRE CLASSE. ROMANS TRADUITS DU GREC ET DU LATIN.

[5]-37 Les Amours de Leucippe et de Clitophon, traduits du grec d'Achile Tatius. *[5]-7*: traduit par Belleforêt et par du Perron de Castera; 7-36; *36-37*.

---

3. Nous remercions de nous avoir aidé à identifier l'original hollandais le professeur P. J. Buijnsters, de la Katholieke Universiteit, Nimègue, ainsi que D. Schouten, de la Koninklijke Bibliotheek, La Haye.

Achilles Tatius, trad. François de Belleforest, *Amours de Clitophon et de Leucippe, escrits en grec par Achilles Statius*, 1568 (DeJongh, no.211). Trad. Louis-Adrien Duperron de Castéra, *Les Amours de Leucippe et de Clitophon*, 1734 (MMF 85.R2, t.v et 97.R12).

37. SECONDE CLASSE. ROMANS DE CHEVALERIE.

37-85 Perceval le Gallois. *37-39*: original en vers par Raoul de Beauvais. Cf. le *Perceval* de Chrétien de Troyes. Le résumé est fait sur une version en prose du poème de Menessier, *Très-plaisante et récréative histoire du très-preux et vaillant chevalier Perceval-le-Gallois*, 1530; 39-83; *84*: *Le Chevalier à l'épée*, d'après le *Perceval* en vers; 84-85.
Pour un premier article sur le *Saint-Greaal*, voir 1775.viii.88-110. Pour une nouvelle version de *Perceval le Gallois*, voir 1783.xi.52-102.

Anon., *Très plaisante et récréative hystoire du très preulx et vaillant chevalier Perceval le Galloys*, 1530 (Bn, à Menessier). Selon DeJongh (no.100), il s'agit d'une version en prose du roman de Chrétien de Troyes et des suites de Gaucher de Dourdan et de Menessier. Voir Bossuat, nos 1832-1848bis, 6352-6370, 7469-7504. Wilson, p.297, attribue l'article à Legrand d'Aussy, mais il aurait été revu par Paulmy. Cf. Poirier, pp.78-80.

86. TROISIÈME CLASSE. ROMANS HISTORIQUES.

86-156 Artamène, ou le grand Cyrus. *86-89*: mademoiselle de Scudéry; 89-156.

Madeleine de Scudéry, *Artamène ou le grand Cyrus*, 1649-1654 (Lever, pp.73-76).

156. QUATRIÈME CLASSE. ROMANS D'AMOUR.

156-191 Zaïde, nouvelle espagnole. *156-170*: madame de La Fayette et son œuvre; 170-191.

Marie-Madeleine Pioche de La Vergne, comtesse de La Fayette, *Zayde, histoire espagnole*, 1670 (Lever, p.427; MMF 64.R41). On résume, pp.166-169, une comédie de Louis Fuzelier, *L'Amour maître de langue*, 1718, inspiré par *Zayde* (Brenner, no.6596).

191-204 [La Princesse de Montpensier]. *191-192*; 193-204.

Marie-Madeleine Pioche de La Vergne, comtesse de La Fayette, *La Princesse de Montpensier*, 1662 (Lever, p.354; MMF 86.R62).

205-209 Avis. *205-209*: le rédacteur se défend d'avoir donné 'l'Ouvrage presque entier' en rendant comte du *Télémaque travesti* de Marivaux.
209-214 Avant-propos du Télémaque travesti, par M. de Marivaux. 209-214.
Pour le *Télémaque travesti* de Marivaux, voir 1775.x.II.24-133.
[215] Approbation. [*215*]: le 31 octobre 1775. Crebillon

1775.xii.

Au verso de la page de titre il y a un *Avis* sur les abonnements qui se répète jusqu'en mars 1777.

[5]. CINQUIÈME CLASSE. ROMANS DE SPIRITUALITÉ, DE MORALE ET DE POLITIQUE.

[5]-63 La Cyropœdie, ou histoire de Cyrus. [*5*]-*18*: traductions par Pyramus de Candolle, 1613, et par Charpentier, 1659. 'On a beaucoup disputé pour savoir si *la Cyropœdie* étoit une Histoire ou un Roman' (p.6); 18-63.

Xénophon, trad. Pyramus de Candolle, *Œuvres*, 1613 (Bn). Trad. François Charpentier, *La Cyropédie*, 1659 (Bn).

63-76 Les Voyages de Cyrus, par M. de Ramsay. *63-66*; 66-75; *75-76*.

Andrew Michael Ramsay, *Les Voyages de Cyrus, avec un discours sur la mythologie*, 1727 (Jones, p.39; MMF 53.R35).

77-83 Suite de la Nouvelle Cyropœdie ou réflexions de Cyrus sur ses voyages. *77*; 77-82; *82-83*.

> Armand-Louis de Vignerot-Duplessis-Richelieu, duc d'Aiguillon et d'autres, *Suite de la Nouvelle Cyropedie ou reflexions de Cyrus sur ses voyages*, 1728 (Jones, p.41, qui suggère d'autres attributions).

83-89 Le Repos de Cyrus, ou l'histoire de sa vie, depuis sa seizième jusqu'à sa quarantième année, par M. ***. *83-84*; 84-88; *88-89*.

> Abbé Jacques Pernetti, *Le Repos de Cyrus ou l'histoire de sa vie depuis sa seizième jusqu'à sa quarantième année*, 1732 (Jones, p.50).

89-101 Lettre du père Vinot, de l'Oratoire, à madame la comtesse d'Agénois, sur la Cyropœdie de M. de Ramsay. 89-101.

102-107 Lettre de M. de Ramsay à madame la comtesse d'Agénois, à l'occasion de la Lettre critique du père Vinot, qui a été communiquée. 102-107.

> Jones, p.39, cite Quérard à propos de ces deux lettres, qui semblent avoir paru ici pour la première fois.

107-110 [Conclusion]. *107 110*: notes sur Ramsay et sur Pernety.

110. SIXIÈME CLASSE. ROMANS SATYRIQUES, COMIQUES ET BOURGEOIS.

110-111 [Roman comique de Scarron]. *110-111*: ce texte a été renvoyé au second volume de janvier.
Pour le *Roman comique* de Scarron, voir 1776.i.II.18-119.

111. SEPTIÈME CLASSE. NOUVELLES HISTORIQUES ET CONTES.

111-170 Contes, nouvelles, et joyeux devis de Bonaventure des Periers; à Amsterdam, 1711, 2 vol. in-12. *111-116*: vie et œuvres de Des Periers, y compris son *Cymbalum mundi*; 116-129: dialogues tirés du *Cymbalum mundi*; 130-170: contes, avec notes sur les imitations ultérieurs.

> Bonaventure Des Périers, *Nouvelles Récréations et joyeux devis*, 1558 (DeJongh, no.195). Editions au dix-huitième siècle: 1711, 1735 (Bn). Bonaventure Des Périers, *Cymbalum mundi*, 1537 (MMF 53.R12).

170. HUITIÈME CLASSE. ROMANS MERVEILLEUX.

170-214 Contes d'Hamilton. *170-181*: vie de Hamilton; 181-198, Contes. Le Bélier; 198-207, [Fleur d'Epine]; 207-213, [Quatre-Facardins]; 213-214, [Zénéïde].

> Anthony Hamilton, *Le Belier, conte*, 1730. *Histoire de Fleur d'Epine, conte*, 1730. *Les Quatre Facardins, conte*, 1730 (Jones, p.43; MMF 60.R27). *Zeneyde*, dans *Œuvres mêlées en prose et en vers*, 1731 (Jones, p.45; MMF 61.R5).

[215]-[216] Tables. Approbation. [*216*]: le 30 novembre 1775. Crébillon.

1776.i.I.

[5]. PREMIÈRE CLASSE. ROMANS TRADUITS DU GREC ET DU LATIN

[5]-22 Histoire de Zarine et de Stryangée. [*5*]-7: 'un morceau qui nous reste du premier Livre des Histoires de Nicolas de Damas' (p.6); 7-20; *21-22*.

> L'*Histoire universelle* de Nicolas Damascène date du premier siècle av. J.-C. Un épisode des livres i-ii, section 12, sert d'inspiration à ce récit. Les éditeurs renvoient également (p.7) à une dissertation à ce propos par Jean Boivin, publiée dans les *Mémoires de littérature tirez des registres de l'Académie royale des inscriptions et belles-lettres*, 1717, ii.67-84 (Bn).

23. SECONDE CLASSE. ROMANS DE CHEVALERIE.

23-74 Perceforest, roi de la Grande-Bretagne. *23-30*: éditions de 1528 et de 1531; 30-70; *71-74*: lai en vers.

Voir aussi 1785.ix.3-26.

Perceforest. Mss quatorzième-seizième siècles. Editions: 1528, 1531-1533 (Arsenal) (Woledge, no.112). Selon Wilson, p.297, l'article a été rédigé par Legrand d'Aussy et revu par Paulmy.

75. TROISIÈME CLASSE. ROMANS HISTORIQUES.

75-128 Histoire celtique, où, sous les noms d'Amendorix et de Célanire, sont comprises les principales actions de nos rois, et les différentes fortunes de la Gaule et de la France, dédiée au cardinal de Richelieu, par le sieur de la Tour Hotman, année 1634. *75-77*; 77-115; *116-128*, Notes [historiques et géographiques].

François Hotman, sieur de la Tour, *Histoire celtique où sous les noms d'Amindorix et de Célanire sont comprises les principales actions de nos roys et les diverses fortunes de la Gaule et de la France*, 1634 (Lever, p.187).

129. QUATRIÈME CLASSE. ROMANS D'AMOUR.

129-188 La Princesse de Clèves. *129-135*: madame de la Fayette et la publication de l'ouvrage; 135-186; *186-188*: présentation de *La Comtesse de Tende*, parue dans le *Mercure* 'il y a environ cinquante ans' (p.187).

Marie-Madeleine Pioche de La Vergne, comtesse de La Fayette, *La Princesse de Clèves*, 1678 (Lever, p.353; MMF 52.R29). Sur la méthode de l'auteur de ce résumé, voir Poirier, pp.73-76.

188-215 (188-214) La Comtesse de Tende. 188-215.

La Comtesse de Tende, nouvelle historique, par Marie-Madeleine Pioche de La Vergne, comtesse de La Fayette, a été publiée dans le *Mercure de France* au mois de juin 1724, pp.1267-1291. Voir aussi MMF 61.R2.

[216] ([215]) Approbation. [*216*]: le 31 décembre 1775. Crébillon.

1776.i.II.

[5]. CINQUIÈME CLASSE. ROMANS DE SPIRITUALITÉ, DE MORALE ET DE POLITIQUE.

[5]-17 ([5]-15) Romans de M. Camus, évêque de Beley. [*5*]-*17*: vie de Camus, sans 'extrait'. 'Nous nous bornerons aujourd'hui à cette simple annonce, l'abondance des matières qui vont entrer dans les deux Classes qui suivent, nous en faisant une nécessité [...]' (p.8).
Pour la suite de cet article, voir 1776.iii.5-80.

18 (16). SIXIÈME CLASSE. ROMANS SATYRIQUES, COMIQUES ET BOURGEOIS.

18-119 (16-117) Le Roman comique, par Scarron. *18-60*: carrière et œuvres de Scarron, avec des vers et des notes sur son théâtre; 60-62, Le Roman comique; *63-64*: on citera le texte même de Scarron; 64-68, Extrait du chapitre intitulé quel homme étoit le sieur de la Rappinière; 68-76, Portrait de la Rancune, et récit de l'aventure du pot-de-chambre; 76-85, Portrait de la troupe. Aventures de l'avocat Ragotin; 85-89, Combat de nuit; 90-95, Mauvais Succès de la civilité de Ragotin; sa chûte de cheval, etc.; 95-98, Suite des infortunes de Ragotin; 98-100, Conversation littéraire; 100-105, Les Bottes. Malin Tour de la Rancune; *105-107*: suites de Preschac et de deux anonymes; 107-113: résumé de la troisième suite; *113-119*: ouvrages inspirés par le *Roman comique.*
Voir aussi 1775.xii.110-111, où cet article est annoncé.

Paul Scarron, *Le Romant comique*, 1651. Un troisième tome apocryphe a paru en 1662 (Lever, p.376-380; MMF 52.R46). *La Suite du Roman comique, troisième partie,* par Jean de Préchac, est de 1679 (Lever p.396). En 1771, on publie une *Suite et conclusion du Roman comique de Scarron* (Lever, p.380; MMF 71.14), dont les pp.1-33 sont résumées dans l'article de la *BUR* (pp.107-113).

120 (118). SEPTIÈME CLASSE. NOUVELLES HISTORIQUES ET CONTES.

120-213 (118-211) Nouvelles de Scarron. *120*: 'Les quatre premières *Nouvelles* ne sont que des Episodes du *Roman Comique*'; 120-128, La Dame invisible, épisode du Roman comique; 128-134, Précis de l'historiette intitulée A trompeur, trompeur et demi, dans le Roman comique; 134-144, Précis du Juge dans sa propre cause; épisode du Roman comique; 144-153, Précis des Deux Frères rivaux; historiette tirée du Roman-Comique; 153-171, La Trahison déconcertée, histoire espagnole, insérée dans la suite, et conclusion du Roman comique; 171-183, Châtiment de l'avarice; nouvelle de Scarron; 183-191, La Précaution inutile; nouvelle de Scarron; 191-198, L'Adultère innocente; nouvelle de Scarron; 199-208, Plus d'effets que de paroles; nouvelle de Scarron; 208-213: pièces de Quinaut et de Boisrobert imitées de Scarron.

> Paul Scarron, *Les Nouvelles tragi-comiques, traduites d'espagnol en françois*, 1655-1657 (Lever, pp.328-331). Ce recueil comprend *La Précaution inutile, L'Adultère innocent, Plus d'effets que de paroles*, résumés ici, ainsi que *Les Hypocrites* que la BUR laisse de côté, faute de place (p.213). Le *Châtiment de l'avarice, nouvelle*, a été publié dans *Les Dernières Œuvres de monsieur Scarron*, 1663 (Lever, pp.103-104). Les autres récits sont pris dans le *Roman comique* ou dans la *Suite et conclusion du Roman comique* (voir article précédent), pp.34-70 et 148-323.

214 (212). HUITIÈME CLASSE. ROMANS MERVEILLEUX.

214-238 (212-233) Peau-d'asne, conte. *214*; 214-238: conte en vers.

> Charles Perrault, *Peau d'âne*, dans *Grisélidis, nouvelle, avec le conte de Peau d'âne et celui des Souhaits ridicules*, 1694 (Bn).

[239]-[240] ([234]-[235]) Tables. Approbation. [*240*]: le 15 janvier 1776. Crébillon.

1776.ii.

[5]. PREMIÈRE CLASSE. ROMANS TRADUITS DU GREC ET DU LATIN.

[5]-33 L'Utopie de Thomas Morus, chancelier d'Angleterre, ou idée d'une république heureuse; traduit du latin en françois par le sieur Gueudeville. Amsterdam 1730, in-octavo. [*5*]-*15*: sur More et les traductions françaises de l'*Utopie*; 15-22; 23, Des magistrats de l'Utopie; 24-25, Des arts de l'Utopie; 25-26, Du commerce des Utopiens; 27-28, Des voyages des Utopiens; 29-30, Des esclaves d'Utopie, de leurs mariages, et des marques auxquelles on reconnoît le roi et les sénateurs d'Utopie; 30-32, De la guerre des Utopiens; 32-33, Des différentes religions de l'Utopie; *33*.

> Thomas More, *Utopia*, 1516. Trad. Nicolas Gueudeville, *Utopie*, 1715. *Idée d'une république heureuse ou l'Utopie de Thomas Morus*, 1730 (Bn).

34. SECONDE, CLASSE. ROMANS DE CHEVALERIE.

34-71 Méliadus de Léonnois. *34-36*: édition de 1526. 'Le premier Auteur de ce Roman, s'appelloit Rusticien de Pise ou de Puise' (p.34); 36-70; *70-71*.
Pour la première partie de la compilation de Rusticien de Pise, voir 1776.x.I.48-96.

> Rusticien de Pise, *Meliadus*. Mss treizième-quinzième siècles. Editions: 1528, 1532 (Arsenal), 1534, 1535, 1535, 1540, 1584 (Arsenal) (Woledge, no.152).

72. TROISIÈME CLASSE. ROMANS HISTORIQUES.

72-192 Intrigues galantes de la cour de France, depuis le commencement de la monarchie jusqu'au règne de Louis xiv. Cologne 1698. *72*: Etienne Sauval revu par Vanel; 73.

> Claude Vanel (ou Henri Sauval), *Intrigues galantes de la cour de France*, 1694 (Lever, pp.235-236; MMF 53.R39). Ce texte sert de base à l'article, mais d'autres romans historiques sont cités au fur et à mesure. Voir aussi 1778.ii.180-215 et 1778.x.II.115-237.

74, Amours de Pharamond, premier roi de France; *74*: roman de Pharamond.

Pour le *Faramond* de Gautier de Coste, sieur de La Calprenède, voir 1776.vii.I.148-214.

74-75, Amours de Clodion; 75-76, Amours de Childéric; *76*: Hamilton, *Anecdotes de la cour de Childéric premier*, 1736.

Pour les *Anecdotes de la cour de Childéric*, de Marguerite de Lussan, voir 1777.i.I.78-125, 1778.ii.207-213 et 1779.ix.175-214. Jones, p.59, commente l'attribution à Antoine Hamilton.

76-77, Amours de Clovis, premier roi chrétien; 77-80, Deuterie, maîtresse de Théodebert, roi d'Austrasie; 80, Amour incestueux de Clotaire; 80-83, Amours de Chérébert, roi de Paris, 83-85, Amours de Gontran, roi d'Orléans; 85-89, Frédégonde, maîtresse de Chilpéric, roi de Neustrie et de Paris; *89: Mérouée fils de France*, 1678.

Anon., *Mérovée, fils de France*, 1678 (Lever, p.307). Voir aussi 1777.ii.116-118.

90, Amours de Dagobert; 91, Alpaïde, maîtresse de Pepin, maire du palais, sous le règne de Childebert II; 92-93, Amours de Charlemagne; *93*: héros de nombreux romans de chevalerie; 93-95, Valderade, maîtresse de Lothaire, roi de Lorraine; 95-96, Richilde, maîtresse de Charles-le-Chauve, empereur et roi de France; 96-97, Ansegarde maîtresse de Louis-le-Begue, empereur et roi de France; 98, Amours de Blanche, femme de Louis-le-Fainéant; 99, Amalfrede, maîtresse de Robert, roi de France; 100, Bertrade, maîtresse de Philippe premier; 101-103, Léonor d'Aquitaine, femme de Louis-le-jeune; 103-104: Larray, *Eléonore de Guienne ou l'héritière de Guienne*. Le chevalier de Vignacourt, *Adèle de Ponthieu*, 1723, et *La Comtesse de Vergi*.

Isaac Larrey, *L'Héritière de Guyenne*, 1691 (Bn). Etude historique que Lever n'a pas retenue (p.637). Voir aussi 1778.ii.205. Adrien de la Vieuville d'Orville, comte de Vignancourt, *La Comtesse de Vergi*, 1722 (Jones, pp.34-35; MMF 66.R66). Voir aussi 1778.ii.215. Pour *Edèle de Ponthieu* par Vignancourt, voir 1778.ii.214-215 et 1778.vii.I.199-238.

104-106, Marie de Moravie, maîtresse de Philippe-Auguste; *106*: mademoiselle de Lussan, *Anecdotes de la cour de Philippe-Auguste*.

Pour les *Anecdotes de la cour de Philippe-Auguste* de Marguerite de Lussan, voir 1778.ii.206-207 et 1778.xi.I.19-169.

106-108, Intrigues de la cour de France sous le règne de Philippe-le-Bel; *109*: abbé de Boismorand, *Histoire amoureuse et tragique des princesses de Bourgogne*, 1720.

Pour l'*Histoire amoureuse et tragique [...]* de Chéron de Boismorand, voir 1779.i.II.143-203.

109-110, Intrigues de la cour de France sous le règne de Charles VI; *110*: mademoiselle de Lussan, *Histoire du règne de Charles VI*.

Marguerite de Lussan, *Histoire et règne de Charles VI*, 1753 (Bn). Etude historique.

111-114, Intrigues de la cour de France sous le règne de Charles VII; *114*: madame Durant, *Mémoires secrets de la cour de Charles* VII. Mademoiselle de Lussan, *Mémoires secrets des intrigues de la cour de Charles VII*. Voir aussi 1778.x.II.115-237.

Catherine Bédacier, née Durand, *Mémoires secrets de la cour de Charles VII*, 1700 (Lever, p.269; Jones, p.1; MMF 57.R7). Jones cite une référence de Barbier à la *BUR*: 't.xxii, p.208, première partie'. Il s'agit d'une très brève mention qu'on trouvera 1778.ii.208-209. Une nouvelle édition de l'ouvrage a été publiée par Marguerite de Lussan en 1757, avec le titre *Mémoires secrets de la cour de France sous le règne de Charles VII* (Jones, p.1; MMF 57.R7).

115-117, Intrigues de la cour de France sous le règne de Louis XI; 117-118, Intrigues de la cour, sous le règne de Charles VIII; 118-122, Intrigues de la cour, sous le règne de Louis XII; *122*: Lesconvel, *Anecdotes historiques des règnes de Charles VIII et de Louis XII*, 1741.

Pierre de Lesconvel, *Anecdotes secrètes des règnes de Charles VIII et de Louis XII*, 1741 (Jones, p.77).

122-141, Intrigues de la cour de France sous le régne de François premier; *141-142*: madame de Murat, *La Comtesse de Château-Briant*. Mademoiselle de Lussan, *Anecdotes de la cour de François premier*.

La Comtesse de Château-Briant est attribuée plus communément à Pierre de Lesconvel. Voir 1779.ix.171-174. Marguerite de Lussan, *Anecdotes de la cour de François Ier*, 1748 (Jones, p.98).

142-146, Intrigues de la cour de France sous le régne d'Henri ɪɪ; *146*: mademoiselle de Lussan, *Annales galantes de la cour de Henri II*, 1749.

> Marguerite de Lussan, *Annales galantes de la cour de Henri second*, ?1747, 1749 (Jones, p.95, 102; MMF 51.R36).

147-148, Intrigues de la cour de France, sous le règne de François ɪɪ; 148-156, Intrigues de la cour de France, sous Charles ɪx; 156-160, Intrigues de la cour de France sous le règne d'Henri ɪɪɪ; 160-173, Intrigues de la cour, sous le règne d'Henri ɪv; *174-175*: mademoiselle de la Force, *Mémoires historiques ou anecdotes secrettes et galantes de la duchesse de Bar*. Marguerite de Lorraine, princesse de Conti, *Amours du grand Alcandre. Le Divorce satyrique. Mémoires de Marguerite de Valois.*

> Charlotte-Rose de Caumont de la Force, *Mémoire historique ou anecdote galante et secrète de la duchesse de Bar*, 1709 (Jones, p.15). Pour les *Amours du grand Alcandre* de la princesse de Conti, voir 1787.x.II.80-158. Pour *Le Divorce satyrique* de Pierre-Victor-Palma Cayet, voir 1788.i.II.168-215. Marguerite de Valois, reine de Navarre, *Les Mémoires de la reine Marguerite* (publ. Mauléon de Granier), 1628 (Bn).

175-180, Intrigues de la cour de France, sous le règne de Louis xɪɪɪ; *181: Amours d'Anne d'Autriche avec le C.D.R.*, 1696. *Histoire des amours de Grégoire VII*, 1700. *Histoire amoureuse des Gaules (Intrigues galantes de la cour de France. La France galante)*, par Bussi-Rabutin.

> Anon., *Les Amours d'Anne d'Autriche, épouse de Louis XIII, avec monsieur le C.D.R.*, 1693 (Lever, p.46). Catherine Bédacier, née Durand, *Histoire des amours de Grégoire VII, du cardinal de Richelieu, de la princesse de Condé et de la marquise d'Urfé*, 1700 (Lever, p.59). C'est une réédition des *Amours du cardinal de Richelieu*, 1687. Pour l'*Histoire amoureuse des Gaules* de Bussy-Rabutin, voir 1787.vii.I.141-224.

182-186, Intrigues de la cour de France sous le règne de Louis xɪv, avant la mort du cardinal Mazarin; 186-192, Intrigues de la cour, sous le règne de Louis xɪv, depuis la mort du cardinal Mazarin.

193. QUATRIÈME CLASSE. ROMANS D'AMOUR.

193-216 Romans de madame de Villedieu. *193-200*: vie et œuvres de madame de Villedieu; *200-201*, Histoire des Fratricelles, par madame de Villedieu; 201-216.

> Marie-Catherine-Hortense Desjardins, madame de Villedieu, *Les Fratricelles ou Frérots*, dans *Annales galantes*, 1670, t.ii (Lever, pp.64-65).

216 Approbation. *216*: le 31 janvier 1776. Crébillon.

1776.iii.

[5]. CINQUIÈME CLASSE. ROMANS DE SPIRITUALITÉ, DE MORALE ET DE POLITIQUE.

[5]-10 La Mémoire de Darie, où se voit l'idée d'une dévotieuse vie et d'une religieuse mort. Paris, 1620, par Jean-Pierre Camus, évêque de Beley. [5]-7; 7-10.

> Jean-Pierre Camus, *La Mémoire de Darie, où se voit l'idée d'une dévotieuse vie et d'une religieuse mort*, 1620 (Lever, p.262; Descrains, no.029).

11-28 Palombe ou la femme honorable, histoire catalane, divisée en six livres, et dédiée à madame la marquise de Guercheville, par M. l'Ev. de Beley, an. 1625. *11-12*; 12-28.

> Jean-Pierre Camus, *Palombe ou la femme honnorable, histoire catalane*, 1625 (Lever, p.339; Descrains, no.049).

29-34 Diotrèphe, histoire valentine, par M. l'evêque de Beley, ann. 1624. 29-34.

> Jean-Pierre Camus, *Diotrèphe, histoire valentine*, 1626 (Lever, p.138; Descrains, no.053).

35-46 Aristandre, histoire germanique, par M. l'évêque de Beley. Ann. 1624. 35-46; *46*.

Jean-Pierre Camus, *Aristandre, histoire germanique*, 1624 (Lever, p.72; Descrains, no.046).

47-80 Le Pantagone historique, montrant en cinq façades autant d'accidens signalés, par J.P.C. évêque de Béley. *47*, Herman, ou l'amitié fraternelle, première histoire; 47-56; *57*, Herminia ou les déguisemens, seconde histoire; 57-63; *64*, Pascal, ou l'erreur excusable, troisième histoire; 64-71; *71*, Félix, ou la vertu reconnue, quatrième histoire; 71-76; 76-80, Everard, cinquième histoire.

> Jean-Pierre Camus, *Le Pentagone historique, monstrant en cinq façades autant d'accidens signalez*, 1631 (Lever, p.342; Descrains, no.088).

81. SIXIÈME CLASSE. ROMANS SATYRIQUES, COMIQUES ET BOURGEOIS.

81-128 Histoire de Gargantua et de Pantagruel, par Rabelais. *81-83*: a paru à partir de 1535; 83-99, [Gargantua]; 100-123, Pantagruel; *123-128*.

> François Rabelais, *Pantagruel*, 1532-1533. *Gargantua*, 1534 (DeJongh, nos 109, 114). Pour les versions publiées au dix-huitième siècle, voir MMF 52.37, 52.38 et 67.R56.

129. SEPTIÈME CLASSE. NOUVELLES HISTORIQUES ET CONTES.

129-179 Nouvelles de madame de Villedieu. *129-133*; 134-159, Nouvelles africaines, par madame de Villedieu; 159-179, Dom Carlos, nouvelle historique.
Voir aussi 1778.iii.138-149.

> Marie-Catherine-Hortense Desjardins, madame de Villedieu, *Nouvelles afriquaines*, 1673 (Lever, p.318, qui émet des doutes sur l'attribution). *Dom Carlos, nouvelle historique*, 1672, est généralement attribuée plutôt à César Vichard, abbé de Saint-Real (Lever, pp.142-143).

180. HUITIÈME CLASSE. ROMANS MERVEILLEUX.

180-214 (180-213) [Contes de fées]. *180*; 180-192, Plus belle que fée; conte par mademoiselle de la Force; 192-202, Gracieuse et Percinet; conte par mademoiselle de la Force; 202-208, Persinette, conte; par mademoiselle de la Force; 208-214, Verd et bleu, conte; par mademoiselle de la Force.

> Charlotte-Rose de Caumont de La Force, demoiselle de Brion, *Les Contes des contes*, 1698. *Plus belle que fée* et *Persinette* se trouvent dans le t.i, *Verd et Bleu* dans le t.ii (Lever, p.119; MMF 56.R14). *Gracieuse et Percinet* est plutôt de Marie-Catherine Le Jumel de Barneville, comtesse d'Aulnoy et se trouve dans les *Contes des fées*, 1696, de celle-ci (Lever, p.120).

[215]-[216] ([214]-[215]) Tables. Approbation. [*216*]: le 29 février 1776. Crebillon.

1776.iv.I.

[5]. PREMIÈRE CLASSE. ROMANS TRADUITS DU GREC ET DU LATIN.

[5]-52 Les Amours de Théagènes et de Chariclée, histoire éthipoique. [*5*]-*11*: attribué à Héliodore, évêque de Tricca. Traduction de Jacques Amyot, 1547. L'article est fait d'après la version de l'abbé de F***, 1727, 1743; 11-50; *50-52*.

> Héliodore, trad. l'abbé L.-F. de Fontenu, *Amours de Théagène et Chariclée*, 1727 (MMF 55.R39). Pour la version de Jacques Amyot en 1547, voir DeJongh, no.146.

53. SECONDE CLASSE. ROMANS DE CHEVALERIE.

53-238 Histoire du chevalier Tristan, fils du roi Méliadus de Léonois. *53*: l'article est de 'M.L.C.D.T.'; *53-57*; 57-238.

> *Tristan.* Mss treizième-quinzième siècles. Editions: 1489, [1494], [1499] (Arsenal), [1499] (Arsenal), [1506], 1514, 1520 (Arsenal), 1533 (Woledge, no.170). Selon Jacoubet (1932), pp.5-26, cet article par le comte de Tressan a été fait d'après une édition de 1589. Le morceau a été réédité en 1780 sous le titre d'*Histoire de Tristan de Léonis* (MMF 80.31) et repris par Tressan dans son *Corps d'extraits de romans de chevalerie*, 1782, i.1-183 (MMF 82.37).

[239] Approbation. [*239*]: le 31 mars 1776. Crébillon.

1776.iv.II

[5]. CINQUIÈME CLASSE. ROMANS DE SPIRITUALITÉ, DE MORALE ET DE POLITIQUE.

[5]-46 Argénis et Poliarque. [*5*]-*10*: par Jean Barclay. Publié en 1621. Traductions par du Ruyer, Pierre Marcassus, Nicolas Coëffeteau, Josse, Savin; 10-45; 45-46: deux suites par Gabriel Bugnot, 1669.

> John Barclay, *Ioannis Barclaii Argenis*, 1621 (Lever, pp.68-69). Pour les versions françaises de Pierre de Marcassus, 1623, et de F. Nicolas Coeffeteau, 1624, voir Lever, pp.70 et 198; pour celles de l'abbé Josse, 1732, et de Savin, 1771, voir MMF 54.R10 et 71.16. Pierre du Ruyer est auteur d'une tragi-comédie, *Argénis et Poliarque*, 1630 (Bn). Barclay, éd. dom Gabriel Bugnot, *Argénis*, 1659 (Bn).

47. SIXIÈME CLASSE. ROMANS SATYRIQUES, COMIQUES ET BOURGEOIS.

47-52 Les Aventures extravagantes du courtisan grotesque, imprimées à Paris, sans date. *47*: imprimé en 1633 ou 1634; *47-52*.

> Anon., *Les Avantures extravagantes du courtizan grotesque*, 1627, 1628 (Lever, p.85). Courte facétie en 'bouts rimés': 'Le Courtisan sortit un jour d'un palais (*de bœuf*), habillé de vert (*de gris*), parfumé (*comme un jambon*) . . .'.

52-56 [L'Homme inconnu]. *52-54*: par l'abbé Chérier (Passard), 1725; *54-56*.

> Abbé Claude Cherrier, L'Homme inconnu ou les equivoques de la langue, dedié a bacha Bilboquet, 1713 (Bn). Dans *Polissonniana ou recueil de Turlupinades*, 1722, 1725 (Bn). Facétie du même genre que la précédente, connue également sous le titre de *Bacha-Bilboquet*.

56-69 [Bigarrures du seigneur des Accords]. *56-69*: commentaires sur les jeux de mots (rébus, acrostiches, etc), d'après Etienne Tabourot, *Les Bigarrures et touches du seigneur des Accords*, 1560.

> Etienne Tabourot, *Les Bigarrures du seigneur Des Accords*, 1583 (Bn). Au début de la discussion, pp.56-57, il est question de la *Lettre écrite à madame la comtesse Tation*, 1770, de François-Georges Maréchal, marquis de Bièvre (MMF 70.28).

70. SEPTIÈME CLASSE. NOUVELLES HISTORIQUES ET CONTES.

70-215 Les Illustres Françoises, histoires véritables, (ou plutôt nouvelles) 4 vol. *70-74*: par Grégoire Challes: 74-76; 77-94, Histoire de M. des Ronais et de mademoiselle du Puis; 94-109, Histoire de M. de Contamine, et d'Angélique; 109-122, Histoire de M. de Terny et de mademoiselle de Bernay; 122-135, Histoire de M. de Jussy et de mademoiselle Fenouil: 135-149, Histoire de M. Desprez, et de mademoiselle de l'Épine: 149-178, Histoire de des Francs et de Sylvie; 179-215, Histoire de M. Dupuis et de madame de Londé; *215*.
Pour des suites apocryphes, voir 1776.vi.38-113.

> Robert Chasles, *Les Illustres Françoises*, 1713 (Jones, p.21; MMF 56.R17).

215-[216] Tables. Approbation. [*216*]: le 14 avril 1776. Crébillon.

1776.v.

[5]. PREMIÈRE CLASSE. ROMANS TRADUITS DU GREC ET DU LATIN.

[5]-28 Les Amours d'Ismène et d'Isménias. [*5*]-*6*: par Eumathius ou Eustathius. Traduc-

tions françaises par Jean Louveau, 1559, Avost de Laval, 1582, Colletet, 1625, Beau-champs, 1729 et 1743; 6-28.

> Eustathe Macrembolite, trad. Pierre-François Godart de Beauchamps, *Les Amours d'Ismène et d'Isménias*, 1729 (Jones, p.42, qui donne parmi d'autres une réédition pour 1743; MMF 56.R24). Pour les versions de Jean Louveau et d'Hierome d'Avost de Laval, voir DeJongh, nos 199, 260; pour celle de Guillaume Colletet, voir Lever, p.26.

29-57 Les Amours d'Abrocome et d'Anthia, histoire éphésienne, traduite de Xénophon l'Éphésien, enrichie de figures en tailledouce, etc. par M. Jourdan, Paris, 1748, in-octavo. *29-30*; 30-57; *57.*

> Xénophon d'Éphèse, trad. Jean-Baptiste Jourdan, *Les Amours d'Abrocome et d'Anthia*, 1748 (MMF 97.R12, t.vii).

58. SECONDE CLASSE. ROMANS DE CHEVALERIE.

58-89 Isaïe-le-Triste. *58-60*: 'nous n'en connoissons aucun manuscrit, & il n'en en a jamais eu qu'une seule édition'; 60-89.

> *Isaie le Triste.* Mss quinzième siècle. Editions: 1522 (Arsenal), [1530], s.d., [1550] (Woledge, no.82).

90. TROISIÈME CLASSE. ROMANS HISTORIQUES.

90-146 Les Amours d'Aspasie de Milet, et autres romans tirés de l'histoire grecque, par madame de Villedieu. *90-91*; 91-95; 95-101, Histoire de Solon; 101-107, Histoire de Lycurgue; 107-123, Histoire d'Aspasie; 123-135, Amours d'Aspasie et d'Alcibiade; 135-145; *145-146.*
Voir aussi 1779.x.I.224.

> Marie-Catherine-Hortense Desjardins, dame de Villedieu, *Les Amours des grands hommes*, 1671-1678 (Lever, p.57). Le roman de madame de Villedieu n'est que le point de départ de cet extrait. Le rédacteur (pp.90-91) entreprend de regrouper sous un seul titre les principaux épisodes 'grecs' traités par cet auteur, et d'en faire autant ensuite pour les sujets 'romains' et 'français'. (La suite 'romaine' est donnée sous le titre des *Exilés de la cour d'Auguste*, 1776.vii.I. 119-148, viii.69-105, x.I.97-126.) L'article est attribuable au marquis de Paulmy, qui publie ce texte (quelque peu remanié) dans son *Choix de petits romans*, 1786, ii.1-71 (MMF 86.56).

147. QUATRIÈME CLASSE. ROMANS D'AMOUR.

147-227 Carmante, par madame de Villedieu. *147*; 147-227.

> Marie-Catherine-Hortense Desjardins, dame de Villedieu, *Carmente, histoire grecque*, 1668 (Lever, p.97).

[228] Approbation. [*228*]: le 30 avril 1776. Crebillon.

1776.vi.

[5]. CINQUIÈME CLASSE. ROMANS DE SPIRITUALITÉ, DE MORALE ET DE POLITIQUE.

[5]-37 Les Pieuses Récréations du père Angelin Gazée, de la Compagnie de Jésus: œuvre rempli[e] de saintes joyeusetés, et divertissement pour les ames dévotes, mis en françois par le sieur Remy. A Rouen, 1647. [*5*]-7; 7-37: série de toutes petites anecdotes sans titres.

> Le père Angelin Gazée, *Pia hilaria variaque carmina*, 1619. Trad. Abraham Ravaud (pseud. Abraham Remy), *Les Pieuses Récréations du R. P. Angelin Gazée, de la Compagnie de Jésus*, 1633 (Lever, p.345, qui indique une réédition de 1647).

38. SEPTIÈME CLASSE. NOUVELLES HISTORIQUES ET CONTES.

38-113 [Suite des Illustres Françoises]. 38-67, Histoire du comte de Vallebois, et de

mademoiselle de Pontais; 67-86, Histoire du comte de Livry, et de mademoiselle de Mancigny; 86-113, Histoire de M. de Salvange et de madame de Villiers.
Pour un premier article sur *Les Illustres Françoises*, voir 1776.iv.II.70-215.

> Ce sont des suites apocryphes qui ont paru d'abord dans des éditions de 1722 (*Histoire de M. de Vallebois*) et 1725 (*Histoire du comte de Livry, Histoire de M. de Salvagne*). Voir à ce propos Deloffre (1967), pp.556-561.

114. HUITIÈME CLASSE. ROMANS MERVEILLEUX.

114-136 L'Oiseau bleu, par madame d'Aunoy. *114*; 114-136.
Voir aussi 1775.ix.207-214.

> Marie-Catherine Le Jumel de Barneville, baronne d'Aulnoy, *L'Oiseau bleu*, dans *Contes de fées*, 1725, i.67-132 (première édition introuvable, 1696) (Lever, p.120; MMF 57.R2).

137-215 Contes des fées, par madame de Murat. *137-138*: 'un homme de beaucoup d'esprit, & dont le nom est aussi connu que les ouvrages, possède un manuscrit de cette Dame, qu'il est disposé à rendre public' (p.137); 138-149, Histoire de Rhodope; *149*; 150-152: extrait d'un dialogue entre Julie, fille d'Auguste et madame de Villedieu; 152-153: chansons; 153-155: réflexions; *155-156*: notes sur *Zattide*, *Le Silphe amoureux*, *L'Aigle au beau bec*, *La Fée princesse*, *Peine perdue* et une imitation du *Diable boiteux*; 156: vers; *156-159*: ouvrages imprimés de madame de Murat; 158-172, [Les Lutins du château de Kernosy] (comprend, pp.166-170, Histoire de madame de Briance); *172-174*; 174-188, Le Parfait Amour, conte par madame de Murat; 188-197, L'Heureuse Peine, conte, par madame de Murat; 197-207, Anguillette, conte, par madame de Murat; 207-215, Jeune et Belle, conte, par madame de Murat.
Pour une nouvelle version des *Lutins du château de Kernosy*, voir 1787.i.II.47-89.

> Les morceaux inédits (pp.138-156) sont d'après un manuscrit de l'Arsenal, datant de 1708-1709, et l'homme de beaucoup d'esprit' qui en était propriétaire serait le marquis de Paulmy. Pour de plus amples détails, voir Storer, pp.141-148. Pour des détails sur *Les Lutins du château de Kernosy*, voir 1787.i.II.47-89. *Le Parfait Amour, Anguillette, Jeune et Belle* se trouvent dans les *Contes de fées*, 1698, pp.1-134, 135-296, 297-408, d'Henriette-Julie de Castelnau, comtesse de Murat (Lever, p.119; MMF 54.R2). *L'Heureuse Peine* se trouve dans *Les Nouveaux Contes des fées*, 1698, pp.160-232, de la même (Lever, p.316; MMF 85.R4).

[216] Tables. Approbation. [*216*]: le 31 mai 1776. Crebillon.

1776.vii.I.

[5]. PREMIÈRE CLASSE. ROMANS GRECS, LATINS, ESPAGNOLS, ETC.

[5]-16 Avant-propos. [*5*]-7: 'Nous nous proposons [. . .] d'extraire tour-à-tour des Romans de toutes les Nations' (p.6); *7-16*: littérature romanesque espagnole.
16-89 [Persile et Sigismonde]. *16-18*: carrière de Cervantès. Traductions de *Persile et Sigismonde* par Audiguier, 1618, et madame le Givre de Richebourg, 1738; *18-20*, Persile et Sigismonde; 20-89 (comprend, pp.30-32, Histoire de l'hermite Renaud; 46-49, Aventures de Rutile; 50-51, Récit de don Manuel de Sousa-Coutino; 53-55, Histoire de Mauricio; 68-71, Aventures d'un Polonois; 77-78, Histoire d'Ambrosia).

> Miguel de Cervantes-Saavedra, *Los Trabajos de Persiles y Sigismunda*, 1617. Trad. Vital d'Audiguier, *Les Travaux de Persiles et de Sigismonde, sous les noms de Périandre et d'Auristèle*, 1618 (Lever, p.407, qui indique également une versions par François de Rosset, parue la même année). Trad. madame Le Givre de Richebourg, *Persile et Sigismonde*, 1738 (Bn). Sur la méthode de l'auteur de ce résumé, voir Poirier, pp.76-78.

90. SECONDE CLASSE. ROMANS DE CHEVALERIE.

90-118 Le Roman du roi Artus, et des compagnons de la Table Ronde. Paris, 1488, trois volumes in-folio. *90-91*: 'Le Livre du Roi Artus ne contient guères que les mêmes faits dont nous avons déjà rendu compte, en extrayant les autres Romans des Chevaliers de la Table Ronde, & de la conquête du Saint-Gréal; mais ils y sont en meilleur ordre' (p.90); 91-118.

Nous n'avons pas trouvé de texte qui corresponde de façon précise aux détails bibliographiques donnés à la tête de cet article, ni reconnu ailleurs les quelques citations et les précisions sur les armoiries qui sont données par le rédacteur. Bien que datant de 1488, le *Livre ou romant fait et composé à la perpetuation de memoire des vertueux faiz et gestes de plusieurs nobles et excellens chevaliers compaignons de la Table Ronde* (Woledge, p.77; DeJongh, no.27) a été publié à Rouen et ne comporte que deux volumes. Poirier, pp.42-43, signale le ms 6608 (fol.1-11) à l'Arsenal où Contant d'Orville ou Legrand d'Aussy ont fait un *Extrait du roman d'Artus manuscrit* (c'est-à-dire du ms 3482), que Paulmy aurait corrigé. Ce texte ne paraît cependant pas être à l'origine de l'analyse de la *BUR*, pas plus que le *Roman de Merlin* (1775.vii.I.109-140) ni le *Triomphe des Neuf-Preux* (1775.vii.I.141-165) dont il est également question dans le manuscrit. Selon Wilson, p.297, l'article a été rédigé par Legrand d'Aussy et revu par Paulmy.

119. TROISIÈME CLASSE. ROMANS HISTORIQUES.

119-148 Les Exilés de la cour d'Auguste, extrait libre des Exilés de madame de Villedieu, auxquels on a joint une partie des Amours de Tibulle, de Catulle, de Properce, et d'Horace. 119-124; 124-138, Histoire de Lentulus; 138-148, histoire d'Ovide. Pour la suite, 1776.viii.69-105 et 1776.x.I.97-126.Cf.1776.xi.61-116.

Marie-Catherine-Hortense Desjardins, dame de Villedieu, *Les Exilez*, 1672-1678 (Lever, p.158, qui signale les quatre premiers volumes sous le titre des *Exilez de la cour d'Auguste* en 1675). Pour les principes de composition de cet 'extrait libre', voir 1776.v.90-91. Le texte est du marquis de Paulmy, qui l'a repris dans son *Choix de petits romans*, 1786, ii.73-254 (MMF 86.56).

149. QUATRIÈME CLASSE. ROMANS D'AMOUR.

149-214 Pharamond. *149-156*: par Gautier de Costes, seigneur de la Calprenède, continué par Vaumorière; 156-195; *195-214*: sur les épisodes du roman et sur l'œuvre dramatique de La Calprenède.

Gautier de Coste, sieur de La Calprenède, *Faramond ou l'histoire de France*, 1661-1670 (Lever, p.161, qui signale que les t.viii-xii sont de Pierre d'Ortigue de Vaumorière). Alexandre-Nicolas de La Rochefoucauld, marquis de Surgères a publié une version abrégée en quatre volumes en 1753 (MMF 53.20).

[[215] Approbation. [*215*]: le 30 juin 1776. Crebillon.]

1776.vii.II.

[5]. CINQUIÈME CLASSE. ROMANS DE SPIRITUALITÉ, DE MORALE ET DE POLITIQUE.

[5]-85 La Vie de Gusman d'Alfarache. [*5*]-6: par Matthieu Alleman. Traductions par Chapelain, Thomas Corneille et Lesage; 6-84: le texte comprend, pp.11-46, Histoire amoureuse d'Osmin et de Daraxa et 52-71, Histoire amoureuse et tragique; *84-85*.

Mateo Aleman, *La Vida y hechos del picaro Guzman de Alfarache*, 1599-1603. Trad. Gabriel Chappuys, *Guzman d'Alfarache*, 1600. Trad. Jean Chapelain, *Le Gueux ou la vie de Guzman d'Alfarache*, 1619-1620 (Lever, pp.177-178). Trad. Alain-René Lesage, *Histoire de Guzman d'Alfarache*, 1732 (MMF 77.R9 et 77.6). L'attribution à Thomas Corneille d'une traduction de ce texte ne semble pas avoir été suivie ailleurs.

86. SIXIÈME CLASSE. ROMANS SATYRIQUES, COMIQUES ET BOURGEOIS.

86-133 Histoire de Gilblas de Santillane, par M. le Sage. *86-87*; 87-102; *102-114*: Lesage et son œuvre romanesque, y compris sa collaboration aux *Mille et un jours* de Pétis de la Croix (pp.111-112); 115-121: extraits du *Mélange amusant*, 1743; *121-133*: Lesage auteur dramatique.

Alain-René Lesage, *Histoire de Gil Blas de Santillane*, 1715-1735 (Jones, p.26; MMF 55.R48). *Meslange amusant de saillies d'esprit et de traits historiques des plus frappans*, 1743 (Jones, p.82). Anon., trad. François Pétis de La Croix, Les *Mille et un jours, contes persans*, 1710-1712 (MMF 66.R5). Voir aussi 77.x.I.52-56.

134. SEPTIÈME CLASSE. NOUVELLES HISTORIQUES ET CONTES.

134-162 Nouvelles d'Elisabeth, reine d'Angleterre. Paris, 1647 et 1680, 4 vol. in-12. *134-136*: auteur inconnu; 136-159, Première Nouvelle. Histoire du marquis de Bonneval, du comte de Graville, et de Marianne; *159*; 159-161: bref résumé de la seconde nouvelle; *162*.
Pour la troisième et la quatrième nouvelle, voir 1776.ix.179-197 et 1776.x.II.76-164.

> Anon., *Nouvelles d'Elisabeth, reyne d'Angleterre*, 1674 (Lever, pp.319-320). Ouvrage attribué à tort à Marie-Catherine Le Jumel de Barneville, comtesse d'Aulnoy.

163. HUITIÈME CLASSE. CONTES DE FÉES, ET ROMANS MERVEILLEUX.

163-212 La Tour ténébreuse, et les jours lumineux, contes anglois tirés d'anciens manuscrits, contenant la chronique, les fabliaux, et autres poësies de Richard Premier, surnommé Cœur-de-lion, roi d'Angleterre, par mademoiselle l'Héritier. Paris, 1705, 1 volume in-12. *163-164*; 164-211: des vers sont mêlés à la narration en prose. Comprend, pp.183-193, un résumé du conte de *Ricdin-Ricdon*; 211-212.

> Marie-Jeanne L'Héritier de Villandon, *La Tour tenebreuse et les Jours lumineux, contes anglois, accompagnez d'historiettes, et tirez d'une ancienne chronique composée par Richard, surnommé Cœur de Lion, roy d'Angleterre*, 1705 (Jones, p.10; MMF 85.R4).

[213]-[215] Tables. Approbation. [*215*]: le 14 juillet 1776. Crébillon.

1776.viii.

[5]. PREMIÈRE CLASSE. ROMANS GRECS, LATINS, ESPAGNOLS, ITALIENS, ETC.

[5]-17 Avant-propos. [*5*]-*15*: sur la littérature romanesque italienne; *16-17*: sur *La Rosalinde* de Bernard Morando, 1655, traduit par Fontanieu, 1730.
18-68 La Rosalinde, imitée de l'italien, 1730.

> Bernardo Morando, *La Rosalinda*, 1650. Trad. Gaspard-Moïse-Augustin de Fontanieu, *La Rosalinde*, 1730 (Jones, p.43).

69. TROISIÈME CLASSE. ROMANS HISTORIQUES.

69-105 Suite des Exilés de la cour d'Auguste. 69-71; 71-105, Histoire de Cornélius-Gallus; *105*.
Pour les autres articles dans cette série, voir 1776.vii.I.119-148 et 1776.x.I.97-126. Cf. 1776.xi.61-116.

106. QUATRIÈME CLASSE. ROMANS D'AMOUR.

106-261 Polexandre, par Gomberville, Paris, 1632, 1641, cinq gros volumes in-8°. *106-107*: résumé préparé par M. de la Dixmerie; 107-260; *260-261*: la seconde classe supprimée dans ce volume à cause de la longueur de l'extrait de *Polexandre*.

> Marin Le Roy, sieur de Gomberville, *Polexandre*, 1632-1637 (Lever, p.347, qui signale une version primitive, *L'Exil de Polexandre et d'Ericlée*, en 1619).

[262] Approbation. [*262*]: le 31 juillet 1776. Crebillon.

1776.ix.

[5]. CINQUIÈME CLASSE. ROMANS DE SPIRITUALITÉ, DE MORALE
ET DE POLITIQUE.

[5]-132 Le Puits de la vérité, histoire gauloise, par Rivière Dufresny, imprimée à Paris en 1698, in-12, et dans les Œuvres de l'auteur, tome 4, édition de 1747. [5]-6; 6-67; 67-85: notice sur l'œuvre de Dufresny; 85-104: citations tirées des *Amusemens sérieux et comiques*, 1699 (y compris, pp.97-101, Fragment d'une lettre siamoise; 101, Réflexions sérieuses; 102-104, Réflexions plus gaies); *105*: présentation de cinq sur vingt et une nouvelles écrites pour le *Mercure* vers 1710-1712; 105-115, Histoire toute véritable; 116-121, Le Mariage par intérêt, ou la fille à l'enchère; 121-124, Aventure du Carnaval; 125-128, Le Diable masqué; 128-132, L'Entremetteur pour lui-même.

> Les ouvrages dont on donne des abrégés dans cet article se trouvent dans le t.iv des *Œuvres de monsieur Riviere Dufresny, nouvelle édition, corrigée et augmentée*, 1747 (Bn), comme le rédacteur l'indique dans son titre. Cependant, *Le Puits de la vérité, histoire gauloise*, 1698, est attribué communément à Jean de Frontignières (Lever, p.356, qui indique un passage du *Mercure galant* où Dufresny lui-même propose cette même attribution). *Les Amusemens sérieux et comiques*, 1699, en revanche, sont bien de Charles Rivière Du Fresny, ainsi que les cinq nouvelles parues dans le *Mercure* (de novembre, juin, février 1711 et juillet, novembre 1712, respectivement).

133. SIXIÈME CLASSE. ROMANS SATYRIQUES, COMIQUES ET BOURGEOIS.

133-178 Vie de Bertolde, de Bertoldin son fils, et de Cacasenno son petit-fils. *133-140*: *Bertolde* et *Bertoldin* par Jules-César Crocé et *Cacasenno* par Camille Scaliger della Fratta. Version en vers italiens par vingt-trois poètes, 1736, et traduction très libre de *Bertolde* en français, 1752; 140-177; *177-178*.

> Giulio Cesare Croce, *Sotilissime astutie di Bertoldo*, 1606. Trad. *Histoire de Bertholde*, 1752 (MMF 52.22). La suite sur *Bertoldino*, 1608, est également attribuée à Croce, mais celle de *Cacasenno*, 1620, est d'Adriano Banchieri (pseud. Camillo Scaligeri dalla Fratta) (Bondanella, Petronio, Renda). Voir aussi *Bertoldo, con Bertoldino et Cacasenno in ottava rima*, 1736 (BM).

179. SEPTIÈME CLASSE. NOUVELLES HISTORIQUES ET CONTES.

179-197 Suite des Nouvelles d'Elisabeth reine d'Angleterre, Anne de Boulen. 179-196; *197*.
Pour les deux premières nouvelles, voir 1776.vii.I.134-162 et pour la quatrième 1776.x.II.76-164.

198. HUITIÈME CLASSE. CONTES DE FÉES, ET ROMANS MERVEILLEUX.

198-213 [La Reine de l'Isle des fleurs]. *198-199*: présentation de deux recueils de contes de fées – 'le *Cabinet des Fées*, en huit volumes' et 'dix contes publiés en 1718 par un anonyme'; 199-213, La Reine de l'Isle des Fleurs, conte tiré des Illustres Fées, seconde édition, 1709; *213: La Petite Grenouille verte* renvoyée à plus tard.
Pour la *Petite Grenouille verte*, voir 1776.x.II.204-207.

> Le Catalogue La Vallière donne un *Cabinet des fées*, 1717, 8 t., mais la première édition que Jones (p.44) ait pu voir est en trois volumes et date de 1731-1735. Lenglet Dufresnoy donne le titre *Nouveaux contes des fées*, 1718, mais Jones (p.44) n'a vu que la version de 1731. Ce dernier ouvrage est attribué au chevalier de Mailly. Celui-ci est également auteur de *La Reine de l'Isle des Fleurs*, dans *Les Illustres Fées, contes galans*, 1698, pp.168-197 (Lever, p.230).

[214] Tables.
[[215] Approbation. [*215*]: le 31 août 1776. Crébillon.]

1776.x.I.

[5]. PREMIÈRE CLASSE. ROMANS GRECS, LATINS, ESPAGNOLS, ITALIENS, ANGLOIS, ETC.

[5]-13 Avant-propos. [*5*]-*13*: sur la littérature romanesque anglaise. L'anecdote qui suit est tirée d'un opéra d'Adisson.

14-47 Amours d'Henri II, roi d'Angleterre, et de la belle Rosamonde. 14-27; 28-39: dialogues tirés de l'opéra d'Adisson; *39-40*; 40-47.

> Cette anecdote historique, selon le rédacteur, 'a été, depuis longtemps, romanesquement arrangée en Angleterre même, où elle a été écrite très-anciennement en vers Anglois' (p.8). L'article de la *BUR* s'inspire (pp.8-9) de l'opéra, *Rosamond*, 1707, de Joseph Addison (BM), ainsi que des anciens historiens comme Matthieu Paris, *Historia major*, 1571 (Bn). Voir le catalogue imprimé de BM à Clifford (Rosamond de) pour divers poèmes et livres de colportage consacrés à ce personnage en Angleterre au dix-huitième siècle.

48. SECONDE CLASSE. ROMANS DE CHEVALERIE.

48-96 Gyron-le-Courtois. *48-49*: petit in-folio, à Paris, chez Vérard, sans date; 49-96; *96*. Pour la seconde partie de la compilation de Rusticien de Pise, voir 1776.ii.34-71.

> Rusticien de Pise, *Gyron le Courtois*. Mss treizième – quinzième siècles. Editions: [1501] (Arsenal), 1519 (Woledge, no.152). Selon Wilson, p.297, l'article a été rédigé par Legrand d'Aussy et revu par Paulmy.

97. TROISIÈME CLASSE. ROMANS HISTORIQUES.

97-164 Seconde Suite des Exilés de la cour d'Auguste. 97-98; 98-126, [Histoire de Catulle]: en partie d'après les *Amours de Catulle* de M. de la Chapelle. (Comprend, en vers, pp.101-102, Traduction de l'ode seconde de Catulle. Lugete ô veneres; 102-104, Traduction de l'ode troisième de Catulle. Vivamus mea Lesbia; 107, Imitation de l'ode trente-unième de Catulle. Juventia surripui tibi; 109-111, Traduction de la neuvième ode de Catulle. Furi et Aureli; et de la vingt-neuvième. Nulla potest; 112-113, Imitation de l'épigramme trentième. Lesbia mi dicet semper malè; 115, Imitation de l'ode trente-troisième. Si quidquid cupido; 116-118, Imitation de quelques tirades du poëme des noces de Thétis et Pelée par Catulle, et particulièrement du morceau commençant par ce vers: Sit fine te patriis, etc.; 120-121, Imitation de l'ode trente-quatrième. Jucundùm mea vita; 123, Imitation de la vingt-septième épigramme de Catulle. Quintia est formosa multis; 124-125, Traduction de la cinquième épigramme à Furius. Furi cui neque servus; 125, Imitation de la dixième épigramme. Salve nec minimo, etc.; 126, Imitation de la seizième épigramme. Cœli Lesbia nostra.); 127-128, Amours de Tibulle: d'après les *Amours de Tibulle*, par M. de la Chapelle, 1612, et la *Vie de Tibulle*, par M. Gilles de Moivre, 1743; 128-164. (Comprend, pp.130-131, Seconde Élégie du premier livre. Audendum est; 133-134, Élégie troisième du premier livre. Ibitis ageas sine me Messala; 135-137, Cinquième Élégie du livre premier. Asper eram; 138-140, Élégie quatrième du livre troisième. Di meliora ferant; 141-143, Élégie onzième du livre premier. Quis fuit horrendos; 144-146, Élégie quatrième du premier livre. Sic umbrosa tibi; 147-148, Élégie quatrième du livre second. Hic mihi servitium video; 150, Quatorzième Élégie du quatrième livre. Rumor erat; 152-153, Élégie, ou ode seconde du quatrième livre. Sulpicia est tibi culta; 154-155, Élégie septième du quatrième livre. Tandem venit amor; 160, Treizième Élégie du quatrième livre. Nulla tuum.)

Pour les autres articles dans cette série, voir 1776.vii.I.119-148 et 1776.viii.69-105. Cf. 1776.xi.61-116.

> Sur l'ouvrage de madame de Villedieu qui sert de cadre à cet article, voir 1776.vii.I.119-148. Les autres titres mentionnés par le rédacteur sont: Jean de La Chappelle, *Les Amours de Catulle*, 1680-

1681 (Lever, p.47) et *Les Amours de Tibulle*, 1712-1713 (Jones, p.21); Gillet de Moivre, *La Vie et les amours de Tibulle, chevalier romain et de Sulpice, dame romaine, leurs poësies, et quelques autres traduites en vers françois*, 1743 (Jones, p.81).

165. QUATRIÈME CLASSE. ROMANS D'AMOUR.

165-215 [La Duchesse d'Estramène]. *165-166*: l'article sur *La Jeune Alcidiane*, par madame de Gomez, remis au mois de novembre. A la place on donne un résumé de Duplaisir, *La Duchesse d'Estramène*, 1682, déjà publié par M. de Bastide dans les t.xii et xiii du *Choix des Mercures*; 167-215, La Duchesse d'Estramène, histoire angloise.
Pour *La Jeune Alicidiane* de madame de Gomez, voir 1776.xi.117-214.

Du Plaisir, *La Duchesse d'Estramène*, 1682 (Lever, p.146). Attiré par un compte rendu élogieux de cet ouvrage donné dans le *Mercure* de mai 1682, Jean-François de Bastide en fait un 'extrait' qu'il publie dans son *Nouveau Choix des Mercures*, 1758, xii.211-238 et xiii.205-224 et dans les *Contes de M. de Bastide*, 1763, iv.98-157 (MMF 63.17).

[216] Approbation. [*216*]: le 30 septembre 1776. Crébillon.

1776.x.II.

[5]. CINQUIÈME CLASSE. ROMANS DE SPIRITUALITÉ, DE MORALE ET DE POLITIQUE.

[5]-24 Romans muets, dessinés et gravés par M. Hogarth, fameux peintre anglois. [*5*]-*6*: 'Les Romans moraux, dont nous allons donner une notice, ressemblent si peu à tous les autres, que nous croyons pouvoir les proposer comme un modèle d'un genre nouveau' (p.5); 6-20; *21-24*: carrière de Hogarth.

Il s'agit de descriptions des séries de tableaux par William Hogarth: *The Harlot's Progress* (pp.6-9), *The Rake's Progress* (9-13), *Marriage à la mode* (14-18), *The Two Apprentices* (19-20). Selon le *Manuel des châteaux*, pp.118-119, ces 'romans muets' n'ont 'd'original qu'en peinture'. On peut comparer néanmoins à l'article de la *BUR* les *Lettres de monsieur ** à un de ses amis à Paris pour lui expliquer les estampes de monsieur Hogarth*, Londres, 1746, par Rouquet (Bn), ouvrage repris dans le t.iii de la *Bibliothèque choisie et amusante*, 1748 (Arsenal; Jones, p.96, qui ne retient pas les *Lettres . . . dans sa description du recueil*). Voir Poirier, pp.52.54.

25. SIXIÈME CLASSE. ROMANS SATYRIQUES, COMIQUES ET BOURGEOIS.

25-75 Histoire de don Quichotte de la Manche, traduite de l'espagnol de Michel Cervantes, d'Avellanneda, et de Cid-Hamet Benengeli, avec l'Histoire de Sancho-Pença, Alcade de Blandanda formant en tout 14 volumes in-12. *25-26*: 'le véritable Auteur des dernières parties, est M. le Sage'; *26-30*: commentaires sur la bibliothèque de Don Quichotte; 31-35: les nouvelles intercalées des quatre premiers volumes; 35-39: les nouvelles des cinquième et sixième volumes, qui ne seraient pas de Cervantès et qui ont été traduits par Filleau de Saint-Martin; 39-47: récits intercalés de la suite dite d'Avellaneda, qui serait de M. le Sage; 47-75: les nouvelles de la dernière suite, par le Sage (surtout, pp.48-63, [L'Histoire d'Agésilande] et pp.66-75, [La Vie de Sancho-Pança]).

Miguel de Cervantes Saavedra, *El Ingenioso Hidalgo Don Quixote de la Mancha*, 1605-1615. Trad. César Oudin et François de Rosset, *L'Ingénieux Don Quixote de la Mache*, 1614-1618 (Lever, p.233). Trad. François Filleau de Saint-Martin, *Histoire de l'admirable Don Quichotte de la Manche*, 1677-1678 (Lever, p.194; MMF 52.R8). Pour les versions publiées au dix-huitième siècle, voir MMF 52.R8, 77.21 et 99.54. ?Alain-René Lesage, *Nouvelles Avantures de l'admirable Don Quichotte de la Manche, composées par le licencié Alonso Fernandez de Avellaneda*, 1704 (Jones, p.9). ?Alain-René Lesage, *Suite nouvelle et veritable de l'histoire et des avantures de l'incomparable Don Quichotte de la Manche, traduite d'un manuscrit espagnol de Cide-Hamet Benengely son veritable historien*, 1722-1726 (Jones, p.35).

76. SEPTIÈME CLASSE. NOUVELLES HISTORIQUES ET CONTES.

76-164 Histoire des amours du fameux empereur des Turcs, conquérant de Constantinople, Mahomet II, avec la princesse grecque, Eronime. *76-77*: 'nous avons eu à copier plutôt qu'à extraire'; 77-164 (comprend, pp.83-100, Histoire du bassa Soliman et de la princesse Eronime).
Pour les autres récits tirés des *Nouvelles d'Elisabeth, reyne d'Angleterre*, voir 1776.vii.I.134-162 et 1776.ix.179-197.

165. HUITIÈME CLASSE. ROMANS MERVEILLEUX, CONTES DE FÉES, ET VOYAGES IMAGINAIRES.

165-203 [Voyages de Cyrano de Bergerac]. *165*; 165-190, Voyages et histoire comiques des états et empire de la Lune, du Soleil et des Oiseaux, par Cyrano de Bergerac, formant le tome premier de ses Œuvres; 191-195, Histoire comique des États du Soleil et de l'empire des Oiseaux; *195-203*: carrière de Cyrano, et surtout, pp.198-203, sa tragédie, *La Mort d'Agrippine*.

> Savinien de Cyrano de Bergerac, *Histoire comique, par monsieur de Cyrano Bergerac, contenant les états et empires de la lune*, 1657 (Lever, p.187). *Les Nouvelles Œuvres de monsieur de Cyrano Bergerac, contenant l'Histoire comique des estats et empires du Soleil, et autres pièces divertissantes*, 1662 (Lever, p.327). Voir aussi MMF 87.R16, t.xiii.

204-215 Contes de fées. 204: 'une légère idée du Recueil des Contes de Fées dont nous avons parlé dans le Volume de Septembre dernier'; 204-207, [La Petite Grenouille verte]; 207-208, [Les Perroquets]; 208, [Le Navire volant]; 209, [Le Buisson d'épines fleuries]; 209-210, [Kadour]; 210-215, [Le Prince Périnet ou l'origine des pagodes].
Pour la première mention de ce titre, voir 1776.ix.198-199.

> ?Le chevalier de Mailly, *Nouveau Recueil de contes de fées*, 1731 (Jones, p.44, où il est également question d'une édition introuvable de 1718 et où l'on indique les six titres donnés par la *BUR*).

[216] Tables. Approbation. [*216*]: le 14 octobre 1776. Crébillon.

1776.xi.

[5]. PREMIÈRE CLASSE. ROMANS GRECS, LATINS, ESPAGNOLS, ITALIENS, ANGLOIS, ALLEMANDS.

[5]-13 Avant-propos. [*5*]-*13*: sur la littérature romanesque allemande. Le morceau qui suit est attribué à Melchior Pfintzing.
14-26 Aventures périlleuses du louable, preux, et très-renommé héros, et chevalier Tewrdannck, Nuremberg, 1517, in-folio, avec 118 figures gravées en bois par Hans-Schaewflin, quoiqu'on les ait attribuées à Albert Durer. 14-25; *25-26*.

> Maximilien 1er, empereur d'Allemagne, revu et publié par Melchior Pfinzing, *Die Geferlichkeiten und eins Teils der Geschichten der loblichen streitbaren und hochberümbten Helds und Ritters Herr Teurdanks*, 1517 (BM, Bürger).

27. SECONDE CLASSE. ROMANS DE CHEVALERIE.

27-60 Histoire des merveilleux faits du preux et vaillant chevalier Artus de Bretagne. *27-30*: article par M. le Comte de Tressan. Editions de 1502, 1543, 1584, la dernière ayant servi de source pour l'extrait; 30-60.

> *Le Petit Artus de Bretagne*. Mss quatorzième-seizième siècle. Editions: 1493, 1496, 1502, 1509, 1514, s.d., 1523, 1535, 1543, s.d., 1556, s.d., s.d., 1584 (Arsenal) (Woledge, no.116). Jacoubet (1932), pp.27-31, confirme que le comte de Tressan a rédigé cet article d'après l'édition de 1584. Tressan a repris ce texte dans son *Corps d'extraits de romans de chevalerie*, 1782, i.184-217 (MMF 83.27).

61. TROISIÈME CLASSE. ROMANS HISTORIQUES.

61-76 Amours de Properce. *61*: Gillet de Moivres, *Les Amours de Properce* n'est une source 'ni abondante ni agréable'; 61-76. (Comprend, en vers, pp.68, Commencement de la première elégie du premier livre; 68-69, Imitation de la seconde elégie du premier livre; 70, Elégie sixième du livre premier; 72, Elégies onzième et douzième du premier livre; 72-73, Elégie dix-huitième du livre premier livre; 73-74, Imitation de la douzième elégie du second livre; 75, Fin de l'Elégie treizième du second livre; 75-76, Elégie vingt-troisième du livre troisième.)

Cet article et le suivant se rattachent, tout en puisant chez d'autres auteurs, à la série des *Exilés de la cour d'Auguste*, inspirée par le roman de madame de Villedieu. Voir 1776.vii.I.119-148, 1776.viii.69-105 et 1776.x.I.97-164.

Gillet de Moivre, *La Vie et les amours de Properce, chevalier romain, et la traduction en prose et en vers françois de ce qu'il y a de plus intéressant dans ses poësies*, 1744 (Jones, p.84).

77-116 Amours d'Horace. *77-78*: tiré en partie de Solignac, *Amours d'Horace*, 1728; *78-116*. (Comprend, pp.83-84, Traduction de l'ode neuvième du second livre; 86-87, Traduction de l'ode huitième du second livre, Ulla si juris; 91-92, Traduction de l'ode première du quatrième livre; 94, Ode trente-une du livre premier. Parcus deorum; 95-96, Ode neuvième du second livre. Rectius vives; 97-98, Extrait de l'ode onzième, livre premier. Integer vitæ; 98, De l'ode vingt-neuvième, livre premier. Quid dedicatum; 99, De l'ode seconde, du second livre. Nullus argento color est. De l'ode dix-septième, du livre second. Non ebur neque aureum; 100, De l'ode troisième, du livre troisième. Justum et tenacem; 101, De l'ode neuvième, du livre quatrième. Consulque non unius anni; 102, Extrait de la première satyre du premier livre; 103, De la Satyre seconde, livre premier; 103-104, Les Deux Rats, fable tirée de la satyre sixiéme du livre deuxième; 105-110, Satyre septième, du livre second. Dialogue entre Horace et son esclave Davus.)

Voir le renvoi qui suit l'article précédent.

Pierre-Joseph de La Pimpie Solignac, *Les Amours d'Horace*, 1728 (BN).

117. QUATRIÈME CLASSE. ROMANS D'AMOUR.

117-214 La Jeune Alcidiane, (suite de Polexandre) par madame de Gomez, 3 vol. in-12, Paris, 1733. 117-214.

Pour le *Polexandre* de Gomberville, voir 1776.viii.106-261.

Madeleine-Angélique Poisson, dame Gabriel de Gomez, *La Jeune Alcidiane*, 1733 (Jones, p.51).

[214] Errata. [*214*].
[[215] Approbation. [*215*]: le 31 octobre 1776. Crebillon.]

1776.xii.

[5] (3). CINQUIÈME CLASSE. ROMANS DE SPIRITUALITÉ, DE MORALE ET DE POLITIQUE.

[5]-69 (3-68) [Séthos]. [*5*]-*8*: vie et œuvres de l'abbé Terrasson; *9-12*, Séthos, histoire ou vie tirée des monumens anecdotes de l'ancienne Egypte, traduite d'un manuscrit grec, par M. l'abbé Terrasson. Paris 1731. 3 vol. in-12; 12-69.

Abbé Jean Terrasson, *Sethos, histoire ou vie tirée des monumens anecdotes de l'ancienne Egypte, traduite d'un manuscrit grec*, 1731 (Jones, p.47; MMF 67.R68).

70 (69). SIXIÈME CLASSE. ROMANS SATYRIQUES, COMIQUES ET BOURGEOIS.

70-84 (69-83) Histoire prodigieuse et lamentable de Jean Fauste, grand et horrible enchanteur, avec sa mort épouvantable, etc. *70-72*; *72-84*.

L'Histoire prodigieuse et lamentable du docteur Faust avec sa mort lamentable, 1598. Editions au dix-huitième siècle: 1712, 1744, 1798 (Henning, i.133).

85 (84). SEPTIÈME CLASSE. NOUVELLES ET CONTES.

85-193 (84-194) [Les Journées amusantes]. *85-95*: vie et œuvres de madame de Gomez; *96-105*: présentation des *Cent Nouvelles nouvelles*; *105-106*: présentation des *Journées amusantes*; 106-133, Histoire de la princesse de Ponthieu; 134-154, Histoire de Jean de Calais; 154-168, Histoire d'Etelred, roi d'Angleterre, et de la belle Ételvige; *168*; 169-188, Histoire de Sébastien Souza, et d'Elvire de Zuarès; *189-193*: notes sur quelques autres nouvelles des *Journées amusantes*.
Pour encore un récit tiré des *Journées amusantes*, voir 1777.i.II.121-147. Sur *La Princesse de Ponthieu*, voir aussi 1778.vii.I.199-201.

> Madeleine-Angélique Poisson, dame Gabriel de Gomez, *Les Journées amusantes*, 1722-1731 (Jones, p.34; MMF 54.R28). L'autre recueil de nouvelles par madame de Gomez dont il est question ici, *Les Cent Nouvelles nouvelles*, a paru entre 1732 et 1739 (Jones, p.48). Poirier, p.14, signale à l'Arsenal (ms 6600) le manuscrit des pp.85-106 de cet article.

194 (195). HUITIÈME CLASSE. ROMANS MERVEILLEUX.

194-248 (195-247) Boca, ou la vertu récompensée. 194-240: le texte comprend, pp.213-237, Histoire de la princesse Abdelazis; *240-248*: par madame Le Marchand. Madame Husson a publié ce conte sous son nom en 1756.
Pour d'autres contes de fées publiés avec *Boca*, voir 1777.i.II.174-212.

> François Duché de Vancy, madame Le Marchand, *Boca* . . ., dans Marthe-Marguerite Le Valois de Vilette de Murçay, comtesse de Caylus et d'autres, *Nouveaux Contes des fées*, 1735 (Jones, p.54). Pour la réédition de 1756, voir MMF 56.R36.

248 Errata. *248*.
[249]-[250] (248-249) Tables. [*249*]-[*250*]. [Approbation. [*249*]: le 30 novembre 1776. Crebillon.]

1777.i.I.

[5]. PREMIÈRE CLASSE. ROMANS GRECS, LATINS, ESPAGNOLS, ITALIENS, ANGLAIS, ALLEMANDS, FLAMANDS, ETC.

[5]-25 [Histoire intéressante de Buevin, fils du comte de Haustoen, en Angleterre, et de Susianne, fille du roi d'Arménie]. [*5*]-7: deux ouvrages en flamand, l'un de 1552, l'autre de 1556; 7-18: discussion de l'*Histoire intéressante du Buevin*, avec, pp.12-16, une *Romance* en vers; 19-21: l'autre ouvrage, dont on ne donne pas le titre, concerne Malégus le négromancien (Maugis d'Aigremont); 21-25: la langue et la littérature celtiques, y compris Ossian (pp.24-25).
Voir aussi 1783.iv.II.3-80, où l'on reprend la discussion de la littérature hollandaise. Cf. 1784. vi.3-173, où un article est consacré à Gui d'Hantone, fils de Beuves.

> Le principal texte dont il est question ici semble être le volume qui a pour titre: *Een schoone hystorie van Buenijn des Graven sone van Austoen*, 1552 (Arsenal). Sur les différentes versions françaises de *Bueve de Hanstone* (douzième-treizième siècles), voir Bossuat, nos 270-292, 6068. Cf. Gautier, no.1003. L'ouvrage de 1556 serait *Die Schoone Hystorie von Malegus*, publiée à Anvers (Arsenal).

26. SECONDE CLASSE. ROMANS DE CHEVALERIE.

26-68 Clériadus et Méliadice. *26*; 26-68.

> *Cleriadus et Meliadice*. Mss quinzième siècle. Éditions: 1495, [1506], 1514, s.d., 1529 (Arsenal) (Woledge, no.42; DeJongh, no.37).

69. TROISIÈME CLASSE. ROMANS HISTORIQUES.

69-72 [Introduction aux romans sur l'histoire de France]. *69-72*: 'nous avons éprouvé l'année dernière, en rendant compte du livre des Galanteries des Rois de France, auquel nous avons joint une petite notice des Romans relatifs à notre Histoire, que le public liroit avec plaisir & intérêt un extrait plus suivi & plus détaillé de tous ces Romans' (pp.70-71).

Pour le premier article sur les romans de l'histoire de France, voir 1776.ii.72-192.

72-78 Euménie et Gondamir, histoire françoise du temps où commença la monarchie. Paris, 1776, 1 vol. in-12. *72-74*: par M. Mailhol; 74-78.

> Gabriel Mailhol, *Euménie et Gondamir, histoire françoise du tems où commença la monarchie*, 1766 (MMF 66.34).

78-125 Anecdotes de la cour de France sous le règne de Childéric, première et deuxième partie. Paris 1736, in-12. *78*: attribution douteuse à Antoine Hamilton; 78-86; 86-92: le roman étant inachevé, le rédacteur offre une suite fondée sur les anciens historiens; 92-106: règne de Clovis; 106-124: règne de Clotaire premier tiré de Jean Bouchet, 1517; *125*. Pour les *Anecdotes de la cour de Childeric*, voir aussi 1776.ii.76 et 1779.ix.175-214.

> Marguerite de Lussan, *Anecdotes de la cour de Childeric, roi de France*, 1736 (Jones, p.59; MMF 82.R78). L'ouvrage de Jean Bouchet dont il est question serait *L'Histoire et cronique de Clotaire, premier de ce nom*, 1517 (Bn).

126. QUATRIÈME CLASSE. ROMANS D'AMOUR.

126-228 Ibrahim, ou l'Illustre Bassa. 126-227; *228*: note sur un épisode intercalé, l'histoire du Marquis François, qui sera donné parmi les nouvelles du volume suivant.

Pour les *Aventures du marquis françois*, voir 1777.i.II.89-120.

> Madeleine de Scudéry, *Ibrahim ou l'illustre Bassa*, 1641 (Lever, p.228).

228 Approbation. *228*: le 31 décembre 1776. Crebillon.

1777.i.II

[5]. CINQUIÈME CLASSE. ROMANS DE SPIRITUALITÉ, DE MORALE ET DE POLITIQUE.

[5]-51 Histoire des faits, gestes, triomphes et prouesses du chevalier Guérin, auparavant nommé Mesquin, fils de Millon de Bourgogne, roi d'Albanie, lequel en son temps eut plusieurs grandes aventures, tant en allant aux arbres du soleil et de la lune, qu'au milieu des montagnes d'Italie, où il trouva la belle Sibille en vie, et fut transporté par les diables en purgatoire; traduite de l'italien en françois, par Jean de Cuchermois, en accomplissant le saint voyage de Jérusalem. Paris 1490, in-quarto. [5]-*8*: première édition italienne, Padoue 1473. Ancien manuscrit attribué à André Patria. Version française remaniée dans la *Bibliothèque bleue* de la veuve Oudot; 8-51.

> Anon., trad. Jehan de Cuchermoys, *L'Hystoire des faits et prouesses du vaillant chevalier Guerin [...]*, s.d. (Arsenal, Bn). DeJongh, no.32, donne la date de 1490, citant la *BUR*. Arsenal et BM ont également une édition de Lyon, 1530, ainsi que diverses versions du texte italien, y compris *In questo libro vulgarmente setratta alcuna ystoria breve de re Karlo imperatore*, Padua, 1473 (BM, à Guerino, called Il Meschino. La *Bibliografia dei romanzi*, pp.275-281, 359, donne les éditions suivantes: 1473, 1475, s.d., 1477, 1480, 1480, 1482, 1482, 1483, 1498, 1503, 1512, 1518, 1520, 1522, 1555. L'édition française faite à Troyes par la veuve Oudot que possède l'Arsenal date de 1628.

52. SIXIÈME CLASSE. ROMANS COMIQUES, SATYRIQUES ET AMUSANS.

52-88 Histoire galante et enjouée, interrompue par des entretiens d'esprit, de civilité, d'amitié et de passe-temps. Paris 1673, 1 volume in-12. *52-53*: 'Nous sommes obligés de convenir que nous n'avons suivi que le cadre, & presque que le titre de ce petit Roman' (p.52); 53-61; 61-88, Les Amoureux de Quimpercorentin, histoire tragi-comique.

Pour la suite, voir 1777.iii.49-213 et 1777.iv.II.157-226.

> L'article prend comme point de départ *Aristandre ou histoire interrompüe*, 1664, par François Hédelin,

abbé d'Aubignac (Lever, p.72, qui indique une réédition en 1673 sous le titre: *Histoire galante et enjouée, interrompüe par des Entretiens de civilité, d'amitié et de passetemps*). Mais en fait on ne retient que l'idée du récit impromptu que plusieurs narrateurs doivent poursuivre. La société d'amis (chez madame la Présidente de St Marcel) que met en scène l'article ainsi que le récit des *Amoureux de Quimpercorentin* ne se retrouvent pas chez Aubignac, et nous n'en avons pas trouvé le modèle. Il s'agit très probablement d'un ouvrage manuscrit, dû peut-être à Paulmy, fait de souvenirs divers (par exemple, les pp.80-83, empruntées à la *Reine de Golconde* (MMF 61.6) de Stanislas-Jean, marquis de Boufflers). Voir aussi Poirier, pp.59-60.

89. SEPTIÈME CLASSE. CONTES ET NOUVELLES.

89-120 Aventures du marquis françois, ou le feint astrologue; episode tiré du roman d'Ibrahim, ou l'illustre Bassa, par M. de Scudéri. 89-120; *120*.
Pour *Ibrahim ou l'illustre Bassa*, voir 1777.i.I.126-228.

121-147 La Force du sang. *121-122*: récit de Cervantès, adapté par madame de Gomez et signalé déjà dans le volume de décembre; 122-147.
Il est question de cette nouvelle dans l'article consacré aux *Journées amusantes* de madame de Gomez 1776.xii.193.

> Le récit occupe la dix-septième journée (t.vi) des *Journées amusantes*, 1722-1731, de Madeleine-Angélique Poisson, madame de Gomez (Jones, p.34; MMF 54.R28).

148-173 Bilibamba et Kiambu, histoire chinoise. *148-149*: tirée des *Voyages d'Inigo de Biervillas*, 1736; 149-173.

> Innigo de Biervillas, trad. l'abbé Saunier de Beaumont, *Voyage d'Innigo de Biervillas, Portugais, à la côte de Malabar, Goa, Batavia et autres lieux des Indes orientales*, 1736 (Bn). *L'Histoire de la princesse Bilibamba Chinoise et de Kiambu son amant* se trouve t.ii.38-115.

174. HUITIÈME CLASSE. ROMANS MERVEILLEUX, CONTES DE FÉES, ET VOYAGES IMAGINAIRES.

174-212 [Contes de fées]. *174-176*: notes sur *Le Phénix* (de madame Dreuillet) et sur *Les Amours de Lisandre et de Carline* (par un inconnu), parus en 1735 avec *Boca* (voir l'avant-dernier volume).
Pour *Boca*, par madame Le Marchand, voir 1776.xii.194-248.

> Marthe-Marguerite Le Valois de Vilette de Murçay, comtesse de Caylus et d'autres, *Nouveaux Contes des fées*, 1735 (Jones, p.54). Ce recueil comprend *Le Phénix* (pp.1-40), *Lisandre et Carline* (41-90) et *Boca* (91-284).

176-178: Trois Nouveaux Contes de fées, 1735, de madame Lentot (mademoiselle Caillaut).

> Catherine Cailleau, dame de Lintot, *Trois Nouveaux Contes de fées*, 1735 (Jones, p.55; MMF 85.R4).

178-181: Madame de Villeneuve, *Contes marins*, 1740-1741. Cette dame ne serait pas l'auteur du *Loup galeux et la Jeune Vieille*, 1744, qu'on lui attribue.

> Gabrielle-Suzanne Barbot, madame de Villeneuve, *La Jeune Américaine et les contes marins*, 1740-1741 (Jones, p.75; MMF 65.R63). *Le Loup galleux et La Jeune Vieille, contes, par madame de V****, 1744, sont attribués par Barbier à Anne-Claude-Philippe de Tubières-Grimoard de Pestels de Levis, comte de Caylus (Jones, p.84; MMF 85.R4, t.xxxi, 86.R19).

181-186: Tecserion, Lionette et Coquerico, Glacé et Etincelante, Couleur de Rose, La Princesse Camion, par mademoiselle de Lubert; *186*; 186-196, Histoire de Léonille; 196-213, Histoire de Catherine de Bragance, reine d'Angleterre.

> Mademoiselle de Lubert, *Tecserion*, 1737. *La Princesse Lionnette et le prince Coquerico, conte*, 1743. *Le Prince Glacé et la princesse Etincelante, conte*, 1743. *La Princesse Couleur de rose et le prince Celadon, conte*, 1743. *La Princesse Camion, conte de fées*, 1743 (Jones, p.63, 82; MMF 85.R4, t.xxxiii). *Léonille, nouvelle*, du même auteur, a paru en 1755 (MMF 55.28), et comprend, pp.186 et suivantes, l'*Histoire de Catherine de Bragance*.

213-214 Errata. Tables. *213-214*.
[[214] Approbation. [*214*]: le 14 janvier 1777. Crébillon.]

1777.ii.

[5]. PREMIÈRE CLASSE. ROMANS GRECS, LATINS, ESPAGNOLS, ITALIENS, ALLEMANDS, ET EN LANGUES DES PAYS DU NORD.

[5]-44 [Histoire d'Odin]. [5]-7: suite de la discussion de la littérature romanesque des pays du nord commencé dans l'avant-dernier volume. Comme sources des romans scandinaves on nomme Thormode Thorféus, Vérélius, Saxon le Grammairien, Pétréius, Wormius; 7-44, Histoire d'Odin, conquérant, législateur, enfin, Dieu des anciens Scandinaves (comprend, pp.35-42, Haramaal, c'est-à-dire, discours sublime d'Odin, traduit de l'ancienne langue islandoise [d'après la version latine de Résélius]).
Pour la suite de cette discussion des littératures scandinaves, voir 1777.iv.I.5-39.

> Le rédacteur de cet article se serait inspiré du texte de Saxo Grammaticus, *Danorum regum heroumque historiæ* (treizième siècle; éditions à partir de 1514), tout en ajoutant sa version du *Havamal*, qui avait déjà été traduit par Paul-Henri Mallet dans ses *Monuments de la mythologie et de la poésie des Celtes et particulièrement des anciens Scandinaves*, 1756 (Bn). On consultera à ce propos l'étude de Van Tieghem (1924), qui passe en revue également (pp.77-90) les autres sources de la mythologie scandinave connues au dix-huitième siècle. Van Tieghem attribue l'article au comte de Tressan, mais c'est plutôt le marquis de Paulmy qui reprend ce texte dans son *Choix de petits romans de différens genres*, 1786, i.257-299 (MMF 86.56).

45. SECONDE CLASSE. ROMANS DE CHEVALERIE.

45-86 [Erec et Enide]. *45-48*: les romans de la Table ronde en vers, surtout ceux de Chrétien de Troyes; *49*, Aventures du chevalier Erec, et de la belle Enide, roman en vers, composé par Chrétien de Troyes, au douzième siècle, conservé en manuscrit dans le cabinet de M. de Sainte-Palaie; *49-84*; *84-86*, Lay d'armes et d'amour, composé en l'honneur du prince Erec et de la belle Enide.

> Chrétien de Troyes, *Erec et Enide*, vers 1170. Pour une comparaison de l'extrait fait par La Curne de Sainte-Palaye pour sa propre collection et du texte que Le Grand d'Aussy en tire pour la *BUR*, voir Gossman, pp.327-328, note 2. Selon Wilson, p.297, l'article a été rédigé par Legrand d'Aussy et revu par Paulmy.

87-115 Fabliaux. *87*: manuscrits communiqués par M. de Sainte-Palaie. 'La scene de ces fictions est placée à la Cour du Roi Artus, & les héros sont des Chevaliers de la Table Ronde'; 87-98, [Le Chevalier à l'épée]; 98-112, [La Mule sans frein]; 112-114, [Le Court Mantel (Le Manteau mal taillé)]; *115*.
Pour d'autres extraits de manuscrits fournis par La Curne de Sainte-Palaye, voir 1777.iv.I.67-120, 1777.v.36-59, 1777.vii.I.70-86, 1777.vii.I.183-216 et 1777.viii.62-115.

> Sur ces trois fabliaux, voir Bossuat, nos 2047, 2108-2112, et 2512-2515. Ni Gossman ni Wilson ne donnent des renseignements précis sur la rédaction de cet article. On trouve, en 1779, une discussion de ces titres dans le recueil de Legrand d'Aussy, *Fabliaux ou contes du XIIe et du XIIIe siècle*, i.13-82 (MMF 79.20), mais le texte est différent de celui de la *BUR*.

116. TROISIÈME CLASSE. ROMANS HISTORIQUES.

116-150 [Suite des romans sur l'histoire de France]. *116-118*: sources du récit de Chilpéric et de Sigebert dans Grenailles, *Amours historiques des princes*, 1642, dans *Mérovée, fils de France*, 1678, dans Sauval et Vanel, *Galanteries des rois de France*, dans mademoiselle de la Rocheguillen, *Histoire des favorites* et dans Monvel, *Frédégonde et Brunehaut*. 'Nous allons donner un extrait de tous ces Romans, en distinguant ce qui est fondé sur l'histoire de ce qui ne l'est pas' (p.118); 118-138, Amours de Chilpéric, de Mérovée son fils, de Frédegonde et de Brunehaut.

> François de Grenaille, *L'Amour infidèle ou Chilpéric, mary de Frédégonde*, dans *Les Amours historiques des princes*, 1642, pp.773-889 (Lever, p.61). Anne de La Roche-Guilhem, *Frédégonde, sous Chilpéric,*

roi de France, dans *Histoire des favorites, contenant ce qui s'est passé de plus remarquable sous plusieurs règnes*, 1697, pp.323-345 (Lever, pp.201-202; Jones, p.7). Jacques-Marie Boutet de Monvel, *Frédégonde et Brunehaut, roman historique*, 1775 (MMF 75.20). Pour Vanel (Sauval), *Intrigues galantes de la cour de France*, 1698, et Anon., *Mérovée, fils de France*, 1678, voir 1776.ii.72-192.

138-150 [Nantilde. Bathilde]. *138-139*; 139-144: amours de Dagobert et de Nantilde d'après mademoiselle de la Rocheguillen, *Histoire des favorites*; 145-149: sainte Bathilde, d'après M. d'Arnaud, *Epreuves du sentiment*; 149-150: les rois fainéants.

Anne de La Roche-Guilhem, *Nantille, sous Dagobert, roi de France*, dans *Histoire des favorites [...]*, 1697, pp.346 et suivantes (Lever, pp.201-202; Jones, p.7). François-Thomas-Marie de Baculard d'Arnaud, *Bathilde ou l'héroïsme de l'amour, anecdote historique*, 1767 (MMF 67.14, 70.21, qui signalent qu'il s'agit de la sixième nouvelle de la série des *Epreuves du sentiment*).

151. QUATRIÈME CLASSE. ROMANS D'AMOUR.

151-225 Flores y Blanca-Flor en Alcala, 1512, in quarto, c'est-à-dire, Histoire amoureuse de Flores et de Blanche-Fleur, traduite de l'espagnol par Jacques Vincent, Paris, 1554, in-douze. *151-152*; 152-223; *223-225*: on signale un manuscrit de Sainte-Palaye à propos de cet ouvrage, ainsi que la traduction de madame de Richebourg. Extrait attribué à Tressan.

Anon., *La Historia de los dos enamorados Flores y Blancaflor*, 1512. Trad. Jacques Vincent Du Crest d'Arnaud, *L'Histoire amoureuse de Flores et Blanchefleur s'amye*, 1554 (Bn; DeJongh, no.175). Trad. madame Le Givre de Richebourg, *Avantures de Flores et de Blanche-Fleur*, 1735 (Jones, p.55). Le comte de Tressan a repris cet extrait dans son *Corps d'extraits de romans de chevalerie*, 1782, i.218-292 (MMF 82.37). Voir Jacoubet (1932), pp.40-50.

[226] Approbation. [*226*]: le 31 janvier 1777. Crébillon.

1777.iii.

[5]. CINQUIÈME CLASSE. ROMANS DE SPIRITUALITÉ, DE MORALE ET DE POLITIQUE.

[5]-48 Nouvelles morales, en suite de celles de Michel Cervantes, traduites de l'espagnol de dom Diégo d'Agréda, par Jean Baudouin, Paris, 1621. [*5*]-7; 7-14, La Malheureuse Occasion, sixième nouvelle morale, (de Diégo d'Agréda); 15-21, La Résistance récompensée, septième nouvelle morale, (de Diégo d'Agréda); 22-29, La Correspondance honorable, neuvième nouvelle (de Diégo d'Agréda); 30-37, Charles et Laure, onzième nouvelle (de Diégo d'Agréda); 38-48, La Fausse Duègne, douzième et dernière nouvelle (de Diégo d'Agréda).

Diego Agreda y Vargas, *Novelas morales*, 1620. Trad. Jean Baudoin, *Nouvelles morales, en suite de celles de Cervantes*, 1621 (Lever, p.327).

49. SIXIÈME CLASSE. ROMANS COMIQUES ET SATYRIQUES.

49-138 Conclusion de l'Histoire interrompue des Amoureux de Quimpercorentin, dont le commencement se trouve dans le volume du 15 Janvier dernier. 49-68: le jeune Vertbois termine le roman impromptu entrepris par une société d'amis chez la présidente de St Marcel.
Pour le début de l'*Histoire interrompue*, voir 1777.i.II.52-88. La suite de la réunion chez la Présidente occupe tout le volume pour mars 1778. Pour la fin, voir 1777.iv.II.157-226.
68-71: M. de Vertbois a choisi des causes intéressantes dans celles notées par le père du Président et il les présente à la compagnie; 71-103, Faits de causes intéressantes, sans être célèbres. Première Cause. Les Enfans confondus; 78-83, Seconde Cause. Le Billet de lotterie; 84-88, Troisième Cause. Le Legs fait par erreur; 89-103, Quatrième Cause. Le Fils cru frère.

Nous n'avons pu identifier la source des *Causes intéressantes*, qui pourraient représenter un texte inédit. Le titre donné à ces morceaux rappelle le recueil très connu à l'époque de F.-A. de Garsault (fondé sur celui de Gayot de Pitaval), *Faits des causes célèbres et intéressantes*, 1757 (Bn).

103-104: M. de Vertbois choisit ensuite des récits dans les mémoires manuscrits du Chevalier; 104-116, Première Aventure de garnison. Histoire de messieurs et de mesdames de Chazillac; 117-125, Seconde Aventure. Les Epreuves; 126-136, Troisième Aventure. Le Testament. Histoire du chevalier de Chanteuil et de mademoiselle de Brésy.

> La source de ces récits nous est inconnue. S'agit-il de morceaux inédits? Le sujet du *Testament* est remanié ultérieurement dans une nouvelle version (voir 1784.vii.II.179-191).

137-138: la Présidente se propose de lire un extrait d'un roman du dix-septième siècle.

> L'ouvrage choisi par la Présidente est *Alcidalis et Zélide*. Ce récit fait l'objet de l'article suivant (sous la rubrique des *Contes et nouvelles*), où le cadre de la réunion chez madame de St Marcel est maintenu.

139. SEPTIÈME CLASSE. CONTES ET NOUVELLES.

139-158 Extrait d'Alcidalis et de Zélide, roman commencé par M. Voiture, et achevé par le sieur Desbarres. 139-158; 158-160: discours sur Voiture, par madame la Présidente.

> Vincent Voiture, *Histoire d'Alcidalis et de Zélide*, dans *Nouvelles Œuvres de monsieur de Voiture*, 1658 (Lever, p.190). Antoine Des Barres, *Conclusion de l'Histoire d'Alcidalis et de Zélide*, 1668 (Lever, p.115).

161-163: l'Abbé offre à la compagnie des contes de son grand-oncle, qui sont lus par M. de Vertbois; 163-202, Extrait des Contes de l'abbé de Bois-Robert.

> Ce sont de toutes petites anecdotes d'un paragraphe en moyenne, donnés comme un supplément à Antoine Le Métel, sieur d'Ouville, *Les Contes aux heures perdues du sieur d'Ouville*, 1643 (Bn). Réédités 1732 (Bn). Manuscrit inédit? Le dernier récit (pp.194-201) est plus long que les autres et raconte l'histoire de saint Julien le Pauvre.

202: l'amie de la Présidente offre le texte suivant; 203-212, Histoire de la sultane Aïssé, écrite par elle-même en turc, traduite en grec vulgaire, par une juive de Constantinople, et en françois par madame de F. . . . femme du consul de France, à S. . .

> Nous n'avons pu trouver ce texte ailleurs. La belle Géorgienne, Aïssé, passe du harem au faîte du pouvoir. Aucun rapport avec les lettres connues de mademoiselle Aïssé.

212-213: la Demoiselle présentera des contes de fées.

> Voir la rubrique suivante.

213. HUITIÈME CLASSE. CONTES DE FÉES, ROMANS MERVEILLEUX.

213 *213*: 'Les Bornes du Volume nous obligent à renvoyer au second Volume d'Avril, les Contes annoncés.'
Pour l'article ainsi prévu, voir 1777.iv.II.157-185.
213-215 Errata. Tables. Approbation. *215*: le 28 février 1777. Crébillon.

1777.iv.I.

[*3*]-[*4*] Avis. [*3*]-[*4*]: cet avis sur l'établissment d'un Bureau se répète au début de chaque volume jusqu'à la fin de 1777.

[5]. PREMIÈRE CLASSE. ROMANS GRECS, LATINS, ESPAGNOLS, ITALIENS, ANGLOIS, ALLEMANDS, ET DES PAYS DU NORD.

[5]-39 [Anciens Romans poétiques écrits en langue norwégienne ou islandois]. [*5*]-7: sources de la littérature scandinave; 7-11, [Jomswilkinga Saga]; 11, [Biarka Saga]; 11-13, [Frothon]; 13-22, [Regnara Lodbrog Saga (avec, pp.18-22, une ode de Regner)]; 22-26, [Knitlinga-Saga (avec, pp.24-26, Ode d'Harald-le-Vaillant)]; 26-28, [Hervarar Saga.

Olaf-Saga]; 28-29: Wormius; 29-36, [Charles et Inguegerde (extrait de Mallet, Histoire de Danemarck, 1763)]; 36-37, [Hadding et Hunding]; 37-39, [Haquin]; *39*: pour l'histoire d'Algerte, voir le morceau suivant.
Pour le début de cette discussion des littératures scandinaves, voir 1777.ii.7-44.

> Pour une discussion détaillée des textes exploités ici, voir Van Tieghem (1924), pp.169-170, où il est particulièrement question des deux 'odes' reproduites par la *BUR*. Le rédacteur de l'article pourrait être le marquis de Paulmy (voir 1777.ii.7-44). Le comte de Tressan est auteur d'une version fantaisiste de *Regner Lodbrog* (voir 1784.vii.II.43-84).

40-66 Ildegerte, reine de Norwége, nouvelle historique, par M. le Noble. Tome VI de ses œuvres. Paris, 1718. 40-66.
Voir aussi 1778.iii.104.

> Eustache Le Noble, baron de Tennelière, *Ildegerte, reyne de Norwège ou l'amour magnanime*, 1694 (Lever, p.228). Dans *Les Œuvres de Mʳ Le Noble*, 1718, t.vi (Jones, pp.29-30).

67. SECONDE CLASSE. ROMANS DE CHEVALERIE.

67-94 [Histoire du chevalier à la charette]. *67-68*: roman en vers par Chrétien de Troies et continué par Géoffroy de Ligny, d'après un manuscrit de M. de Sainte-Palaye; 68-120.
Pour d'autres extraits de manuscrits fournis par La Curne de Sainte-Palaye, voir 1777.ii.45-115, 1777.v.36-59, 1777.vii.I.70-86, 1777.vii.I.183-216 et 1777.viii.62-115.

> Chrétien de Troyes (et Godefroi de Lagny), *Le Chevalier à la charrette (Lancelot)*, vers 1180. Voir Bossuat, nos 1750-1800, 6343-6351, 7455-7461. Pour une comparaison de l'extrait fait par La Curne de Sainte-Palaye pour sa propre collection et du texte que Le Grand d'Aussy en tire pour la *BUR*, voir Gossman (1968), pp.327-328, note 2.

94-120 [Le Chevalier au lion]. *94-95*: par Chrétien de Troyes; 95-120.

> Chrétien de Troyes, *Le Chevalier au lion (Yvain)*, vers 1180. Voir Bossuat, nos 1801-1831, 6350-6351, 7462-7468. Sur l'extrait fait pour sa propre collection par La Curne de Sainte-Palaye, voir Gossman (1968), pp.327-328, note 2.

121. TROISIÈME CLASSE. ROMANS HISTORIQUES.

121-167 [Suite des romans sur l'histoire de France]. *121*; 121-137: Charles Martel, d'après le poème de Sainte-Garde, *Childebrand*, 1666 (*Les Sarrasins chassés de France*, 1667; *Charles Martel*, 1668); 137-142: Pépin et Berthe, avec présentation des deux morceaux suivants: *Berthe au grand pied* et *Cléomades*.

> Jacques Carel De Sainte Garde, *Charles Martel ou les Sarrazins chassez de France*, 1668 (Bn).

142-167 Extrait du roman de Berthe au grand pied, écrit en vers, au treizième siécle par Adenès, surnommé le Roi. 142-167; *167*.

> Adenés Li Rois, *Le Roumans de Berte aux grans piés*, treizième siècle. Voir Bossuat, nos 254-263, 6059-6062, 7156. Gautier, no.958. L'article aurait été fait (pp.141-142) d'après un manuscrit de la bibliothèque de Paulmy (sans doute Arsenal ms 3142).

168. QUATRIÈME CLASSE. ROMANS D'AMOUR.

168-225 Histoire et chronique du vaillant chevalier Cléomadès, et de la belle Clarémonde. *168-169*: on a préféré au manuscrit une édition du début du seizième siècle. 'M. le Comte de Tressan a bien voulu encore prêter à cet Extrait les graces de son style; dans quelques endroits celles de son imagination' (p.169); 169-225.
Pour une nouvelle version, voir 1785.ii.3-64.

> Adenés Li Rois, *Li Roumans de Cleomades*, treizième siècle. Voir Bossuat, nos 1095-1098, 6217-6218. Le *Recueil d'anciens poésies françaises* (ms 3142) à l'Arsenal, cité à propos de *Berthe aux grands pieds* (article précédent), comprend aussi le texte de *Cléomadès*. La version en prose est de Philippe Camus et date d'avant 1469. Mss quinzième siècle. Editions: [1480], 1484, 1488 (Arsenal), [1493], s.d., s.d., s.d., s.d., 1590 (Woledge, no.117). Sur la version de madame Le Givre de Richebourg, en 1733, voir 1785.ii.3-64. Le comte de Tressan a repris cet extrait dans son *Corps d'extraits de romans de chevalerie*, 1782, i.293-345 (MMF 82.37). Voir Jacoubet (1932), pp.32-39.

[226] Approbation. [*226*]: le 31 mars 1777. Crébillon.

1777.iv.II.

[5]. CINQUIÈME CLASSE. ROMANS DE SPIRITUALITÉ, DE MORALE
ET DE POLITIQUE.

[*5*]-52 Histoires et fictions philosophiques et morales, tirées de l'allemand et de l'anglois, et puisées, la plupart, dans le Choix littéraire, imprimé à Copenhague, 12 volumes in-octavo, 1755 et années suivantes. [*5*]-*6*; 6-14, La Princesse Parizade, conte moral, traduit de l'anglois; 14-25, Le Philosophe sans étude et sans prétention, histoire philosophique, traduite de l'anglois; 26-34, Histoire du roi Séged, conte moral, tiré du Rambler, ouvrage périodique anglois; 34-52, Les Trois Poëtes fabulistes. Aventure morale, critique et littéraire; traduite de l'allemand, de divers auteurs (comprend, pp.35-36, La Mouche et le cousin; 36-37, Jupiter et la brebis; 37, Le Loup sensible, et le berger; 37-38, Le Phénix; 38, Les Chiens; 38-39, Le Pélican; 39, La Statue de bronze; 40, L'Enfant et le serpent; 40-41, Le Cerf et le renard; 41, Les Furies; 42, Le Jeune et le Vieux Cerf; 42-43, Les Moineaux et les hirondelles; 43, Le Cerf et le taureau; 44, Les Anes; 44-45, Le Serpent d'eau; 45, La Corneille et le mouton; 45-46, Le Lion et le loup; 46-47, La Fable et les voleurs; 47-48, Le Bon Mari et la bonne femme; 48-49, Le Bel Esprit modeste et pacifique; 49-50, Le Frondeur; 51, Le Parfait Conseiller).
Pour une nouvelle version de l'*Histoire du roi Séged*, voir 1783.x.I.181-198.

Jacob Vernes, *Le Choix littéraire*, 1755-1760. L'exemplaire de l'Arsenal (8° B.L. 34923) porte sur les pages de garde des cinq premiers volumes reliés des annotations sur les morceaux susceptibles d'être donnés dans la *BUR*. *La Princesse Parizade* se trouve t.xxiv.197-204. *Le Philosophe sans étude* (extrait d'Oliver Goldsmith, *Citizen of the World*, 1762, mais déjà dans le *British Magazine*, 1760) porte le titre du *Vrai philosophe* au t.xxiv.41-51. L'*Histoire de Séged* (sous le titre *Il n'est point de jour sans chagrin*) est au t.ii.93-108. Ce dernier conte, extrait du *Rambler* (nos 204-205, 29 février et 3 mars 1752) de Samuel Johnson, se retrouve souvent au dix-huitième siècle (voir MMF 70.9, 76.9, 84.12, 88.50) et a été donné une seconde fois par la *BUR* (voir ci-dessus). *Les Trois Poètes fabulistes* ne font pas partie du *Choix littéraire*, et nous n'en avons pas identifié la source précise. Le cadre de l'extrait est un dîner à Leipsic chez le libraire Gléditsch, réunissant Hagedorn, Gellert et Rabener, qui se racontent des fables (Hagedorn, pp.35-40; Gellert, pp.40-47; Rabener, pp.47-52). Nous n'avons pas reconnu ces morceaux chez les auteurs cités. Ce sont pour la plupart (pp.36-45) des résumés de fables de Gotthold Ephraim Lessing (1759), dont un recueil a été traduit en 1764 par Pierre-Thomas Antelmy (MMF 64.33). L'article de la *BUR* serait-il de l'abbé Jean-Marie-Louis Coupé, qui reprend le texte des *Trois Poètes fabulistes* dans ses *Variétés littéraires* […] *Traductions*, 1787, pp.369-384?

53. SIXIÈME CLASSE. ROMANS COMIQUES ET SATYRIQUES.

53-84 Le Lingot, histoire tirée en partie d'un ouvrage françois, intitulé la Pistole, partie d'un ouvrage anglois, intitulé Chrysal, ou la Guinée. *53-55*: l'ouvrage français est de l'abbé Tallemant; 55-84.
Voir aussi 1787.ix.102-127.

Samuel Isarn, sieur de Grozé, *La Pistole parlante ou la métamorphose du louis d'or*, 1660 (Lever, pp.345-346). Charles Johnston, *Chrysal or the Adventures of a Guinea*, 1760-1765. Trad. Joseph-Pierre Frenais, *Chrisal ou les aventures d'une guinée, histoire angloise*, 1767. *Supplément à Chrysal ou les nouvelles aventures d'une guinée*, 1769 (MMF 67.35, 69.40).

85. SEPTIÈME CLASSE. CONTES ET NOUVELLES.

85-156 Nouvelles et aventures choisies, de différens genres. Amsterdam, 1738, deux volumes in-12. *85*: la première nouvelle date de 1678; 86-100, Alfrède, reine d'A[n]gleterre, nouvelle historique; 101-128, Histoire de Cléomélie, nouvelle dans le genre intéressant, traduite de l'anglois de mademoiselle Elise Haywood; 129-144, Méhemet-Aly, nouvelle traduite de l'arabe; 144-156, Le Mousquetaire à genoux. Nouvelle françoise, tout-à fait bourgeoise (Apothicaire de qualité, 1678).

Nous n'avons pu retrouver le titre donné par le rédacteur en tête de son article. Les *Avantures choisies, interessantes et nouvelles*, 1738, données par Jones, pp.64-65 (d'après l'exemplaire de l'Arsenal) ne comprennent pas les mêmes morceaux que ceux qui sont résumés par la *BUR*, bien que Jones renvoie à cet article. (Le ms 4849 à l'Arsenal concerne également l'ouvrage cité par Jones.) Abbé Antoine Torche, *Alfrède, reyne d'Angleterre, nouvelle historique*, 1678 (Lever, p.33). Eliza Haywood, *Cleomelia or the Generous Mistress*, 1727. Trad. Pierre-Joseph Fiquet Dubocage, dans *Mélange de différentes pièces de vers et de prose*, 1751 (MMF 51.29). *Méhmet Ali* paraît dans les *Amusemens des dames ou recueil d'histoires galantes des meilleurs auteurs de ce siècle*, 1740-1763 (Jones, p.71). C'est le premier récit du t.viii, qui porte le millésime 1763 (mais cette date pourrait être une erreur pour 1743 ou le volume pourrait être une réédition). Malgré ce qu'en disent MMF 52.8 et Godenne (1970), p.279, il ne s'agit pas du *Salned et Garaldi* de La Motte. Jean Donneau de Visé, *L'Apoticaire de qualité*, dans *Les Diversitez galantes*, 1664, pp.1-77 (Lever, pp.139-140, qui signale, p.67, une édition à part en 1670 ainsi que le titre *Le Mousquetaire à genoux* en 1709).

157. HUITIÈME CLASSE. CONTES DE FÉES, ROMANS MERVEILLEUX.

157-226 [Contes de fées. Proverbes dramatiques]. 157: la Demoiselle présente des contes de fées qu'elle a entendus dans son enfance.

Conclusion de la série de récits présentée dans le cadre d'une réunion d'amis chez la Présidente de St Marcel. Voir 1777.i.II.52-88 et 1777.iii.49-213.

157-165, Rosanie, premier conte; *165*: adapté de Caylus, *Fééries nouvelles*, 1741; 165-173, Tourlou et Rirette, ou le palais des idées, second conte; 173-185, Histoire du roi Mirquilan, troisième conte (extrait, selon une note, p.173, de madame de Villeneuve, *Les Belles solitaires*, 1745).

Anne-Claude-Philippe de Tubières-Grimoard de Pestels de Levis, comte de Caylus, *Rozanie* et *Tourlou et Rirette*, dans *Féeries nouvelles*, 1741, p.128-152 et 216-248 (Jones, p.76; MMF 85.R4, 86.R19). Gabrielle-Suzanne Barbot, dame de Villeneuve, *Les Belles solitaires*, 1745 (Jones, p.90), où *Mirquilan* paraît sous le titre *Histoire du roi Santon* (iii.44-89).

185-190: discussions, et présentation des 'proverbes dramatiques' organisés par M. de Vertbois. On donne la liste des personnages et un résumé de l'action des scènes que la compagnie devait jouer; 190-193, Le Malheureux imaginaire, premier proverbe dramatique; 193-197, L'Avare fastueux, second proverbe dramatique; 197-199, Le Chasseur affamé, troisième proverbe dramatique; 200-202, Le Faux Voyageur, quatrième proverbe dramatique; 203-205, Le Chien perdu, cinquième proverbe dramatique; 206-208, Le Gentilhomme campagnard, sixième proverbe dramatique; 209-211, Le Mari non connu, septième proverbe dramatique; 211-212, Le Propriétaire, huitième proverbe dramatique; 212-213, Les Parens, faux sourds, neuvième proverbe dramatique; 213-215, L'Amant dégoûté, dixième proverbe dramatique; 215-216, L'Heureux Confident, onzième proverbe dramatique; 216-217, L'Acteur important, douzième proverbe dramatique; 218-219, L'Acteur universel, treizième proverbe dramatique; 219-221, Les Petits Métiers, quator-zième proverbe dramatique; 222-225, La Noce à la Courtille, quinzième proverbe dramatique (avec, pp.223-225, en vers, Ronde pour servir de divertissement à la fin du proverbe, après la panse la danse).

Nous n'avons pas trouvé ailleurs ces 'canevas' de petites comédies. Jean-François de Bastide a publié un 'proverbe dramatique' dans le *Mercure de France* en février 1775 (*Le Fourbe de société*), et ces textes représentent peut-être d'autres tentatives dans le genre qui peuvent lui être attribuées. Nous avons cherché ces titres (ainsi que les dictons qu'ils représentent) parmi les *Proverbes dramatiques* de Louis Carrogis, dit Carmontelle et dans le *Recueil général des proverbes dramatiques*, 1785 (Bn), mais sans succès.

225-226: conclusion du cadre chez madame de St Marcel.

227-228 Tables. Approbation. *228*: le 14 avril 1777. Crébillon.

1777.v.

[5]. PREMIÈRE CLASSE. ROMANS GRECS, LATINS, ESPAGNOLS, ITALIENS, ANGLOIS, ALLEMANDS, ET DES PAYS DU NORD.

[5]-35 [Littérature romanesque polonaise et russe]. [*5*]-*7*: romans 'en langue Escalvone, & dans les différens dialectes de cet idiôme' (p.6). 'S'il y a quelques Romans modernes, c'est tout au plus en Polonois, ou en Russe, & nous ne sommes point en était d'en rendre compte, tant parce que nous n'avons pas les originaux, que parce que nous ne trouvons point de Traducteurs assez habiles' (p.6); 7-11: Poppiel, roi de Pologne (mangé par des rats selon la légende); 11-20: Venda (d'après un roman français de 1706 et une tragédie de M. de Linant); 20-24: Piast; 24-28: épisodes de l'ancienne histoire russe; 28-35: deux tragédies russes (Soumarokoff, *Sinave et Trouvore*; Chéraskow, *Plamène*); 34-35: *Le Faux Démétrius*, roman français.

Anon., *Venda, reine de Pologne ou l'histoire galante et curieuse de ce qui s'est passé de plus memorable en ce temps-là*, 1705 (Jones, p.10, qui signale une réédition dans les *Amusemens des dames*, 1740-1741). La tragédie dont il est question à propos de cette héroïne est *Vanda, reine de Pologne*, 1751, de Michel Linant (Bn). Les deux pièces de théâtre russes sont d'Aleksander Petrovitch Soumarokov et de Mikhail Matviééevitch Kheraskov. Nous n'avons pas retrouvé de roman portant le titre *Le Faux Démétrius*, mais un des récits donnés par Jean-Baptiste de Rocolès, dans ses *Imposteurs insignes*, 1683 (Lever, p.231) s'intitule *Le Faux Demetrius, grand duc de Moskovie* (pp.359-372). Cf.1782. vii.I.51-116.

36. SECONDE CLASSE. ROMANS DE CHEVALERIE.

36-59 Continuation des contes et fabliaux tirés des manuscrits de M. de Sainte-Palaie, et qui sont relatifs à la chevalerie de la Table Ronde. Histoire du brave Frégus et de la belle Galienne. 36-59.
Pour d'autres extraits de manuscrits fournis par La Curne de Sainte-Palaye, voir 1777.ii.45-115, 1777.iv.I.67-94, 1777.vii.I.70-86, 1777.vii.I.183-216 et 1777.viii.62-115.

Guillaume Le Clerc, *Le Roman des aventures de Fergus*, treizième siècle (Bossuat, nos 2056-2063, 6419-6420).

60. TROISIÈME CLASSE. ROMANS HISTORIQUES.

60-215 Histoire des nobles et vaillans chevaliers, Valentin et Orson, fils de l'empereur de Grèce, et neveux au très-chrétien roi de France, Pépin, contenant 74 chapitres, lesquels parlent de plusieurs et diverses matières très-plaisantes et récréatives. Lyon, 1495, in-folio; et 1590, in-octavo; et depuis à Troyes, chez Oudot, in-quarto. *60-62*: 'Nous n'en connoissons aucuns Manuscrits' (pp.60-62); 62-215.

Valentin et Orson. Editions: 1489, 1495, 1505, [1515], [1511-1525], 1526, [vers 1530], 1539, [1540], s.d., 1579, 1590, 1596, s.d., s.d., (Woledge, no.188). L'Arsenal possède un édition de Troyes, 1723.

215. QUATRIÈME CLASSE. ROMANS D'AMOUR.

215 *215*: l'article appartenant à cette classe est remis au premier volume de juillet.
216 Errata. Approbation. *216*: le 30 avril 1777. Ameilhon.

1777.vi.

[5]. CINQUIÈME CLASSE. ROMANS DE SPIRITUALITÉ, DE MORALE
ET DE POLITIQUE.

[5]-99 [Abdeker]. [*5*]-7: par M. le Camus. L'extrait a été fait d'après un manuscrit
préparé par le Camus en vue d'une nouvelle édition; 7-99, Abdeker ou le médecin arabe;
histoire dans laquelle on trouve plusieurs observations importantes sur l'art de conserver
la beauté et la santé des dames. Constantinople, l'an de l'égire 1180.
Voir aussi 1778.i.I.193.

> Antoine Le Camus, *Abdeker ou l'art de conserver la beauté*, 1754 (MMF 54.22, qui signalent une
> édition augmentée en 1790-1791). Les dernières pages de l'article concernent un autre ouvrage
> du même auteur, *La Médecine de l'esprit*, 1753 (Bn).

100. SIXIÈME CLASSE. ROMANS COMIQUES ET SATYRIQUES.

100-150 Les Facétieuses Journées, contenant cent agréables nouvelles, la plupart adve-
nues de notre temps, les autres choisies des plus excellens auteurs étrangers, par G.C.D.T.
c'est-à-dire, Gabriel Chappuis de Tours. Paris, 1584, un volume in-octavo. *100-104*; 105-
111, Cinq Histoires tirées des Journées facétieuses de Gabriel Chappuis. Première
Histoire. Quatrième Nouvelle de la première journée; 111-117, Seconde Histoire, tirée
de la seconde journée; 117-125, Troisième Histoire tirée de la cinquième journée; 125-
129, Quatrième Histoire tirée de la huitième journée; 130-137, Cinquième Histoire, tirée
de la neuvième journée; 137-149, Historiettes et facéties, tirées des troisième, quatrième,
sixième, septième et dixième journées.

> Gabriel Chappuys, *Facetieuses Journées, contenant cent certaines et agreables nouvelles [...]*, 1584 (DeJongh,
> no.274).

151. SEPTIÈME CLASSE. CONTES ET NOUVELLES.

151-206 Novelliero italiano (c'est-à-dire) le Nouvelliste italien, ou choix des meilleures
nouvelles romanesques, tragiques, comiques, ou historiques, écrites en italien, et citées
par l'Académie de la Crusca. Venise, 1754, 4 volumes in-octavo. *151-164*: notes sur ce
recueil, sur les *Cent nouvelles antiques* et sur le *Décaméron* de Boccace; 164-174, Histoire de
madame Britolle Caraccioli, sixième nouvelle de la seconde journée du Décameron de
Boccace; 174-183, L'Heureux Pélerin. Septième nouvelle de la troisième journée du
Décaméron de Boccace; 184-193, Histoire de Gillette de Narbonne, neuvième nouvelle
de la troisième journée du Décaméron de Boccace; 193-199, Les Damnés de Ravennes,
huitième nouvelle de la cinquième journée du Décaméron de Boccace; 199-206, Tite et
Egésipe, ou le triomphe de l'amitié, huitième nouvelle de la dixième journée du Décameron de Boccace.
Pour d'autres extraits du *Novelliero italiano*, voir 1777.ix.82-161, 1778.iv.I.83-177 et
1778.ix.179-211.

> La source de cet article et des autres indiqués ci-dessus est un recueil en quatre volumes *Del
> Novelliero italiano*, publié chez Giambatista Pasquali à Venise en 1754 (Bn). Les nouvelles de
> Boccace sont prises dans le premier tome. Sur d'autres versions au dix-huitième siècle de Giovanni
> Boccaccio, *Il Decamerone*, 1354, voir MMF 57.R11 et 79.12.

206. HUITIÈME CLASSE. CONTES DE FÉES, ROMANS MERVEILLEUX.

206-227 [Le Pentameron]. *206-209*; 209-227, Il Pentamerone del cavalier Giovan Battista
Basile, overo lo Cunto de li cunte trattenemiento di li peccerille di Gian Alesio Abbatutis.
Napoli, 1674, in-8°.
Pour la suite de cet article, voir 1777.ix.162-211.

Giambattista Basile, *Lo Cunto de li cunti*, 1635. *Il Pentamerone [...] overo lo Cunto de li cunti*, 1674 (Bn).

227-[228] Tables. Approbation. [*228*]: le 31 mai 1777. Ameilhon.

1777.vii.I.[4]

[5]. PREMIÈRE CLASSE. ROMANS GRECS ET LATINS, ESPAGNOLS, ITALIENS, ETC. ET ÉCRITS EN LANGUES ORIENTALES.

[5]-36 Discours préliminaire. [*5*]-*36*: présentation de la littérature romanesque arabe. Brefs résumés des *Sept Dormans* (pp.21-24) et de l'histoire de Haï, fils de Jokdan (pp.30-33). Annonce de la collaboration de Cardonne.

37-69 Histoire des princes Rébia et Mara, chefs de la tribu arabe des Bénikais, des princes leurs enfans, et principalement du brave Zeir; traduction abrégée d'un manuscrit arabe, en prose mêlée de vers, de la Bibliothèque de M.L.M.D.P. par M. Cardonne, interprète du Roi pour les langues orientales. *37-39; 39-69.*

> Un *Catalogue des manuscrits et imprimés arabes, turcs et persans de la bibliothèque de monseigneur le marquis de Paulmy [...]*, 1780 (Arsenal ms 5280) indique ce texte (no.6052), avec la mention: 'Il a été traduit dans la Bibliothèque des romans'. Le catalogue imprimé des manuscrits de l'Arsenal précise que tous les textes donnés dans le répertoire de 1780 on été transférés à la Bn. Aujourd'hui, c'est le ms Arabe 3822 du Département des manuscrits orientaux.

70. SECONDE CLASSE. ROMANS DE CHEVALERIE.

70-122 Suite des histoires, fabliaux, ou contes tirés des manuscrits de M. de Sainte-Palaye, et relatifs à la chevalerie de la Table Ronde. 70-86, Fabliau, ou conte de l'Atre périlloux, c'est-à-dire, du Manoir périlleux; 87-122, Histoire des quatre frères chevaliers de la Table ronde.

Pour d'autres extraits de manuscrits fournis par La Curne de Sainte-Palaye, voir 1777.ii.45-115, 1777.iv.I.67-94, 1777.v.36-59, 1777.vii.I.183-216 et 1777.viii.62-115. Sur l'*Histoire des quatre frères*, voir aussi 1778.viii.209.

> Sur le premier des deux textes, voir Bossuat, nos 2029-2035: 'Oublié dès la fin du moyen âge, l'*Atre périlleux* a été répandu au dix-huitième siècle par une version abrégée publiée dans la *Bibliothèque universelle des romans* [...]' (i.189). Le second morceau provient de la troisième partie du *Lancelot* (voir Woledge, no.96, p.71 et 1775.x.I.62-117). Selon Wilson, p.297, l'article de la *BUR* a été rédigé par Legrand d'Aussy et revu par Paulmy.

123. TROISIÈME CLASSE. ROMANS HISTORIQUES.

123-163 [Charlemagne]. *123*; *123-130*: Charlemagne, d'après les historiens; *130-133*: présentation du morceau suivant.

133-163 Extrait de la Chronique des prouesses et faits d'armes de Charlemagne, attribuée à l'archevêque Turpin, imprimée à Paris, 1505 et 1527, in-4°, et 1583 in-8°. *133-163.*

Pour la suite des romans consacrés à Charlemagne, voir 1777.viii.116-181 et 1777.x.I.114-182. Pour la *Chronique*, voir aussi 1777.xi.39-67.

> Pseudo-Turpin, *Chronique*. Version de Nicolas de Senlis. Ms treizième siècle. Edition: 1527 (Arsenal) (Woledge, no.126).

163-182 [Faits de Charles-le-Grand]. *163-164*: manuscrit dans dans le même volume que *Berthe au grand pied* à la bibliothèque de Paulmy; 164-182; *182*: la *Grande Chronique des faits et gestes de Charlemagne* remise à plus tard.

Pour la suite de ce manuscrit, voir 1777.viii.116-138. Pour les *Faits et gestes de Charlemagne*, voir 1777.x.I.114-182.

---

4. Les pp.25-48 manquent dans Bn Y²8174 (1777.v.) et se retrouvent deux volumes plus loin dans Bn Y²8176 (1777.vii.i).

Le manuscrit en question semble être Arsenal ms 3142, où l'on trouve *Berthe*, et plus loin *La Chanson de geste de Guitechin de Sassoigne*, qui est le modèle de cet article. Gautier (no.2550) cite la version de la *BUR* dans sa discussion de *La Chanson des Saisnes* de Jean Bodel d'Arras. Voir aussi Bossuat, nos 839-848, 6187, 7260.

183. QUATRIÈME CLASSE. ROMANS D'AMOUR.

183-216 [Cligès]. *183*: tiré des manuscrits de M. de Sainte-Palaie; *184-216*, Extrait du roman du prince Alexandre, fils d'Alexandre, empereur de Constantinople, de la belle Sordamours, et de Clygès leur fils, écrit en vers au douzième siècle, par Chrétien de Troyes, qui dit avoir tiré cette histoire d'un manuscrit de la bibliothèque de S. Pierre de Beauvais; *216*.
Pour d'autres extraits de manuscrits fournis par La Curne de Sainte-Palaye, voir Seconde Classe, ci-dessus.

> Chrétien de Troyes, *Cligès*, vers 1176. Voir Bossuat, nos 1777-1789, 6340-6342, 7452-7454.

216 Approbation. *216*: le 30 juin 1777.Ameilhon.

1777.vii.II.

[5]. CINQUIÈME CLASSE. ROMANS DE SPIRITUALITÉ, DE MORALE ET DE POLITIQUE.

[5]-250 Histoire admirable du Juif errant, lequel, depuis l'an 33 jusqu'à l'heure présente, ne fait que marcher; contenant sa tribu, sa punition, les aventures admirables qu'il a eues en tous les endroits du monde, et l'histoire et les merveilles de son temps, etc. Rouen, 1751, in-12. *[5]-7*: 'Nous donnons ici la date de la dernière édition de ce Roman, qui fait partie de la Bibliothèque Bleue' (pp.5-6); *7-13*; *14-249*, Mémoires du Juif errant; *249-250*: 'Il ne nous reste plus qu'à demander excuse à nos Lecteurs de leur avoir donné, au lieu d'un extrait de la petite brochure bleue du Juif-errant [...] un volume entier, contenant 17 voyages autour du monde' (p.249).
Pour des notes supplémentaires sur le *Juif errant*, voir 1777.ix.211-212.

> Dans le *Manuel des châteaux*, 1779, on peut lire: 'Il ne faut point chercher d'original à cet Extrait [...]' (p.120). Le marquis de Paulmy, auteur du morceau, ne doit quasiment rien à l'*Histoire admirable du Juif errant*, 1751 (MMF 51.4), qui n'a que 47 pages. Le texte de Paulmy a été repris dans son *Choix de petits romans*, 1786, i.1-256 (MMF 86.56), avec des modifications dont fait état Poirier (pp.62-63).

250 Errata. *250*.
[251]-[252] Tables. Approbation. *[252]*: le 14 juillet 1777. Ameilhon.

1777.viii.

[5]. PREMIÈRE CLASSE. ROMANS GRECS ET LATINS, ESPAGNOLS, ITALIENS, ETC. ET ÉCRITS EN LANGUES ORIENTALES.

[5]-11 [Littérature romanesque turque]. *[5]-11*: traductions fournies par Cardonne.
12-61 Les Aventures du prince Abdulselam et de la princesse Chelnissa. *12-60*; *60-61*: comparaison avec *Pierre de Provence* et avec le conte de Badour dans les *Mille et une nuits*.

> Un *Catalogue des manuscrits et imprimés arabes, turcs et persans de la bibliothèque de monseigneur le marquis de Paulmy [...]*, 1780 (Arsenal ms 5280) indique ce titre (no.6054C). Le texte turc est à la suite d'une traduction faite par Cardonne à Constantinople en 1741, et une note du *Catalogue* ajoute: 'Ce Roman turc se trouve extrait dans la Bibliothèque des romans, d'après une seconde traduction du même auteur'. Le catalogue imprimé des manuscrits de l'Arsenal précise que tous les textes

donnés dans le répertoire de 1780 ont été transférés à la Bn. En effet, on y retrouve le manuscrit de Cardonne au Fonds des traductions 92bis (article 713 du catalogue des manuscrits turcs). Il s'agirait d'un épisode du *Gulistan* de Sa'di.

62. SECONDE CLASSE. ROMANS DE CHEVALERIE.

62-115 Suite des histoires, fabliaux, ou contes tirés des manuscrits de M. de Sainte-Palaye, et relatifs à la chevalerie de la Table Ronde. Histoire de Claris et de Laris, roman de chevalerie, de féerie et d'amour. *62*; 62-115.
Pour d'autres extraits de manuscrits fournis par La Curne de Sainte-Palaye, voir 1777.ii.45-115, 1777.iv.I.67-94, 1777.v.36-59, 1777.vii.I.70-86 et 183-216.

Li Romans de Claris et Laris, treizième siècle. Voir Bossuat, nos 1304-1305.

116. TROISIÈME CLASSE. ROMANS HISTORIQUES.

116-138 [Suite des romans sur Charlemagne]. *116-117*; 117-122, [Voyage de Charlemagne dans la Terre Sainte]; *122*: histoire de Fier-à-bras renvoyée aux romans de chevalerie; 122-128, [Suite de l'expédition en Saxe]; *129*; 129-138: poème de Louis le Laboureur.
Pour les autres articles consacrés aux romans sur Charlemagne, voir 1777.vii.I.123-182 et 1777.x.I.114-182.

Pour le *Voyage de Charlemagne à Jérusalem et à Constantinople*, voir 1777.x.I.134-156. L'histoire de *Fierabras* est donnée dans l'article consacré à Roland (1778.xi.39-67). Pour l'*Expédition en Saxe*, voir 1777.vii.I.163-182 et la *Chanson des Saisnes*. Il est question également de *Charlemagne, poëme héroïque*, 1664, 1666 (Bn), par Louis Le Laboureur.

139-157 Histoire des premières expéditions de Charlemagne, pendant sa jeunesse, et avant son règne, composée pour l'instruction de Louis-le-Débonnaire, par Angilbert surnommé Homère, auteur contemporain, Amsterdam 1741, 1 vol. in 8°. *139-140*: par M. Dufresne de Francheville; 140-157.

Joseph Du Fresne de Francheville, *Histoire des premières expéditions de Charlemagne, pendant sa jeunesse et avant son regne, composée pour l'instruction de Louis le Debonnaire*, 1742 (Jones, p.79).

157-181 [Deux anecdotes]. *157-160*: anecdote historique; *161-162*: seconde anecdote historique que l'on transformera en 'nouvelle historique'; 162-181, [Eginhard et Imma].

182. QUATRIÈME CLASSE. ROMANS D'AMOUR.

182-215 Histoire des amours d'Euriale et de Lucrèce, composée et écrite en latin en 1444, par Æneas Sylvius Piccolomini, depuis pape sous le nom de Pie II, imprimée en italien en 1477, à Vienne en Autriche, où l'ouvrage fut composé trente-trois ans auparavant; plusieurs fois encore en latin, sans date ni lieu d'impression, in-folio et in-quarto, comprise, toujours dans cette langue, dans le grand recueil des œuvres de ce pape, dont la dernière et meilleure édition est de 1700, in-folio; traduite en vers françois par messire Antirus, chapelain de la Sainte-Chapelle des ducs de Bourgogne, Lyon, 1500, in-quarto; en prose françoise, par Jean Millet, Paris, 1551, in-octavo; en espagnol, Séville, 1530; et enfin encore en prose françoise plus moderne par le sieur de Louvencourt, Leyde, 1706, in-12. *182-186*; 186-214; *214-215*.

Æneas Silvius Piccolomini, pape Pie II, *De duobus amantibus, sive Euryalus et Lucretia*, 1472 (Bn). Trad. Anthitus Faure, *Sensuyt l'istoire de eurial et lucresse*, vers 1490 (DeJongh, no.30), [1492], [1493], s.d., s.d. (Woledge, no.15). Trad. Octavien de Saint-Gelais, *L'Ystoire de Eurialus et Lucresse* [en vers], 1493 (Bn). Trad. Anon., *Histoire delectable et recreative de deux parfaicts amans estans en la cite de Sene*, 1537 (DeJongh, no.117). Trad. Jean Millet, *Histoire d'Æneas Sylvius touchant les amours d'Eurialus et de Lucrece*, 1551 (DeJongh, no.161, qui cite cet article de la *BUR*). La version de François de Louvencourt, sieur de Vaucelles, a paru en 1598 sous le titre *Les Amans de Siennes ou les femmes font mieux l'amour que les vefves et les filles* (Bn). Une *Histoire d'Euriale et de Lucrèce* paraît dans *Variétés ou divers écrits*, 1744, pp.132-250 (DLC).

[216] Approbation. [*216*]: le 31 juillet 1777. Ameilhon.

1777.ix.

[5]. CINQUIÈME CLASSE. ROMANS DE SPIRITUALITÉ, DE MORALE
ET DE POLITIQUE. SIXIÈME CLASSE. ROMANS SATYRIQUES ET COMIQUES.

[5]-6 [*5*]-*6*: 'Nous confondons [...] ces deux Classes dans le Volume que nous commençons [...]'.

6-81 Voyage de Nicolas Klimius dans le monde souterrain, contenant une nouvelle théorie de la terre, l'histoire de divers pays, et d'une monarchie inconnue jusques à présent. Ouvrage traduit du latin de M. Abelin, par M. de Mauvillon. Seconde édition, Copenhague et Leipsick, 1753. *6-7*: par le baron de Holberg; 7-81 (avec, en vers, p.53, Chanson de Klimius, traduite du danois, sur un air allemand, et, pp.54-55, Romance de la serinette); *81*.

> Ludvig, baron de Holberg, *Nicolai Klimii iter subterraneum*, 1741. Trad. Eléazar de Mauvillon, *Voyage de Nicolas Klimius*, 1741 (MMF 53.R21).

82. SEPTIÈME CLASSE. NOUVELLES HISTORIQUES ET CONTES.

82-161 Suite du Novelliéro italiano. *82-83*; 83-90: nouvelles de Franco Sacchetti; *91*: Jean de Florence, *Il Pecorone*; 91-160: nouvelles du Pecorone (dont une seule, pp.94-99, est précédée d'un titre: Premiere nouvelle de la premiere journée); *160-161*.

Pour d'autres extraits du *Novelliero italiano*, voir 1777.vi.151-206, 1778.iv.I.83-177 et 1778.ix.179-211.

> Sur ce recueil, voir 1777.vi.151-206. Les nouvelles de Franco Sacchetti, *Trecento Novelle*, vers 1390, se trouvent dans le t.i; celles de Giovanni Fiorentino, *Pecorone*, vers 1378, dans le t.ii.

162. HUITIÈME CLASSE. CONTES DE FÉES, ET ROMANS MERVEILLEUX.

162-211 Suite de l'extrait du Pentamerone, overo lo Cunto delle cunte di Gian Alessio Abbatutis. *162*; 162-180, Pervonte, ou les dons des fées, troisième conte de la première journée; 180-195, L'Assassinat sucré, quatrième conte de la troisieme journée du Pentamérone; 195-211, Roselle, neuvième conte de la quatrième journée du Pentamerone; *211*. Sur cet ouvrage, voir 1777.vi.206-227.

211-213 (212-213) [Notes supplémentaires sur le Juif errant]. *211-213*. Pour ce texte, voir 1777.vii.II.5-250.

213 Errata. *213*.

[214]-[215] Tables. Approbation. [*215*]: le 31 août 1777. Ameilhon.

1777.x.I.

[5]. PREMIÈRE CLASSE. ROMANS GRECS ET LATINS, ESPAGNOLS, ITALIENS, ETC. ET ÉCRITS EN LANGUES ORIENTALES.

[5]-6 [Littérature romanesque persane]. [*5*]-*6*.

7-56 Extrait du roman d'Alexandre-le-Grand, d'après un manuscrit persan de la bibliothèque de M.L.M.D.P. traduit en françois par M. Cardonne, interprète du Roi pour les langues orientales, lecteur et professeur royal en turc et en persan, etc. *7-8*; 8-52; *52-56*: discussion des romans et contes persans et des *Mille et un jours*, 1710, de Pétis de la Croix et de Lesage.

Pour les *Mille et un jours*, voir 76.vii.II.111-112.

> Le manuscrit en question semble être l'*Iskender namè*, donné dans le *Catalogue des manuscrits et imprimés arabes, turcs et persans de la bibliothèque de monseigneur le marquis de Paulmy [...]*, 1780 (Arsenal

ms 5280) au numéro 3910A. Le catalogue imprimé des manuscrits de l'Arsenal précise que tous les textes donnés dans le répertoire de 1780 ont été transférés à la Bn. Le catalogue des manuscrits persans de la Bn donne en effet une version de l'*Iskender namè* de Nizami, en provenance de l'Arsenal, à la cote Supplément 583 (article 1282).

57. SECONDE CLASSE. ROMANS DE CHEVALERIE.

57-58 [Fin des romans de la Table Ronde]. *57-58*: on passera ensuite aux romans du temps de Charlemagne.

59-113 Extrait de l'histoire de Giglan, fils de messire Gauvain, qui fut roi de Galles; et de Geoffroy de Mayence, son compagnon, tous deux chevaliers de la Table Ronde; nouvellement translatée du langage espagnol en françois, Lyon, chez Claude Nouri, dit le Prince, in quarto, gottique, sans date. (Debure prétend qu'il a été imprimé en 1530.) *59-60*: par Claude Platin; 60-91, Giglan; *91*; 91-109, Geoffroy de Mayence; *109-113*: discussion, suivie d'un résumé, pp.110-113, des romans arthuriens dont il a été question jusqu'ici.

> Claude Platin, *L'Hystoire de Giglan, filz de messire Gauvain, qui fut roy de Galles*. 1530 (Bn; DeJongh, no.41). Voir aussi Woledge, p.61, et Kirsop.

114. TROISIÈME CLASSE. ROMANS HISTORIQUES.

114-119 Fin des romans en vers et en prose, relatifs à l'histoire de Charlemagne. *114-119*: présentation des manuscrits qui seront l'objet des extraits suivants.

119-134 Extrait d'un manuscrit contenant les faits et gestes de Charlemagne, en vers alexandrins, par Girard d'Amiens. 119-134.

> Girart d'Amiens, *Charlemagne*, vers 1300. Voir Bossuat, nos 1146-1149, 7637, 7828-7831, et Gautier, no.1040.

134-156 Extrait d'un second manuscrit, contenant les faits et gestes de Charlemagne, et particulièrement les préliminaires de son expédition de la Terre Sainte. 134-156.

> *Voyage de Charlemagne à Jérusalem et à Constantinople* (Gautier, no.2620). Gautier cite également les pp.113 [sic] à 156 de cet article dans le cadre de sa discussion de *Simon de Pouille* (no.2586). Voir aussi Bossuat, nos 626-645, 6118, 7189-7192, sous le titre *Pèlerinage de Charlemagne* (douzième siècle).

156-172 Extrait du roman intitulé Philoména, écrit en langage du bas-Languedoc; et depuis traduit en latin, par un moine de l'Abbaye de la Grasse, située à cinq lieues de Carcassonne, et à six et demie de Narbonne. *156*; 156-169; *169-170*; 170-172, Récit d'un miracle arrivé dans l'église de l'Abbaye de Notre-Dame de la Grasse, peu après sa fondation [texte en deux colonnes, en bas-languedocien et en français].

> *Roman de Philomena*, vers 1325 (Brunel, no.163). Le rédacteur de l'article fait son commentaire sur ce texte aux pp.115-117.

172-177, [Nochès de invierno]; 177-182, [Reali di Francia].

> Antonio de Esclava, *Parte primera del libro intitulado Noches de invierno*, 1609 (Palau y Dulcet). Andrea da Barberino, *Reali di Francia*, 1491 (Bibliografia dei romanzi, pp.1-4).

183. QUATRIÈME CLASSE. ROMANS D'AMOUR.

183 *183*: en attendant de résumer *Clélie* de mademoiselle de Scudéry, on offre des récits orientaux.

Pour *Clélie*, voir 1777.x.II.5-214.

184-216 Histoire de la sultane de Perse et des visirs, contes turcs, composés en langue turque par Chec-Zadé, et traduits en françois (par M. Galland.) Paris, 1707, un volume in-12. *184-185*: l'extrait a été fait d'après un manuscrit complet, tandis que Galland n'a traduit que la moitié de l'ouvrage; 186-191, Histoire du tailleur et de sa femme, contée par le troisième visir, pour prouver combien on doit se méfier des femmes; 191-197, Histoire du sultan Agschid, tendant à prouver qu'un roi est heureux d'avoir un visir ou un ministre prudent et adroit, pour démêler la vérité; 197-201, Histoire du roi, du sophi, et du barbier, contée par le dixième visir; 201-206, Histoire racontée par la reine Can-

Zadé pour prouver que les conseils des visirs sont quelquefois bien dangereux; 206-212, Histoire de Kébal, racontée par le douzième visir, pour prouver que quand le ciel veut sauver un innocent, il fait toujours quelque miracle pour l'empêcher de succomber; 212-216, Histoire du roi Togrulbey et de ses enfans, contée par la sultane Canzadé, et qui prouve qu'il ne faut pas toujours prendre les oracles dans le sens que leurs termes présentent d'abord à l'esprit.

Pour la suite de l'ouvrage, voir 1778.i.II.196-210. Trois de ces récits sont reproduits textuellement une seconde fois dans la *BUR*: *Histoire du tailleur*, 1787.i.II.18-25; *Histoire du roi*, 1787.ii.187-191; et *Histoire de Kébal*, 1786.xi.94-100.

> Ahmed Misri, dit Chaikh Zadeh, trad. Antoine Galland, *Histoire de la sultane de Perse et des visirs*, 1707 (Bn). Le manuscrit ancien fonds turc 392 à la Bn a appartenu à Galland, mais nous n'avons pas identifié, parmi une dizaine d'autres, celui qui a été utilisé ici.

216 Approbation. *216*: le 30 septembre 1777. Ameilhon.

1777.x.II.

[5]. QUATRIÈME CLASSE. ROMANS D'AMOUR.

[5]-214 Clélie, histoire romaine, dédiée à mademoiselle de Longueville, (par mademoiselle de Scudéry, sous le nom de M. de Scudéry son frère); Paris, 1656-1660, 10 vol. in-8°. *[5]-11*: rééditions en 1660 et 1731; 11-183 (avec, pp.63-66, Histoire d'Artémidore; 66-67, Histoire de Césonie; 80-83, Histoire d'Herminius et de Valérie; 89-91, Histoire de Thémiste, et de la princesse Lindamire; 103-107, Maximes soutenues par Térame; 115-120, Histoire d'Hortence, et de la princesse Elismonde; 131-135, Imitation de plusieurs odes d'Anacréon sur la vieillesse [en vers]; 140-144, Histoire d'Hésiode; 162-166, Histoire de Lisimène, princesse des Léontins; 170-172, Histoire de Cloranisbe et de Lisonice; 206-207: personnalités contemporaines représentées dans le roman; 208-214: opéra de Métastase, *Le Triomphe de Clélie*.

> Madeleine de Scudéry, *Clélie, histoire romaine, dédiée à Mlle de Longueville, par Mr. de Scudéry*, 1654-1660 (Lever, p.106). Pietro Metastasio, *Il Trionfo di Clelia, dramma per musica*, 1762 (National Union Catalogue).

215-216 Tables. Approbation. *216*: le 14 octobre 1777. Ameilhon.

1777.xi.

[5]. PREMIÈRE CLASSE. ROMANS GRECS ET LATINS, ESPAGNOLS, ITALIENS, ETC. ET ÉCRITS EN LANGUES ORIENTALES.

[5]-8 *[5]-8*: 'Nous n'observerons plus qu'un point, c'est de n'extraire dorénavant dans cette Classe de Romans étrangers, que ceux qui n'auront jamais été traduits en François, renvoyant ceux qui l'ont été parmi les Romans François [...]' (p.7).

9. SECONDE CLASSE. ROMANS DE CHEVALERIE.

9-10 [Romans de chevalerie du temps de Charlemagne]. *9-10*: on se propose de rassembler d'abord tout ce qu'on a écrit sur Roland, pour faire 'un ouvrage neuf, quoique composé d'anciens matériaux' (p.10).

10-239 Histoire de Roland, neveu de Charlemagne, composée d'après les poëtes et les romanciers françois, espagnols et italiens.

> Cet article de synthèse est à attribuer non pas à Tressan (Poirier, pp.80-81), mais à Paulmy (voir Tressan, *Œuvres*, 1788, iv.10-11).

10-11; 11-27: d'après Antonio de Eslava; *27-28*: le roman s'intitule *Los Amores de Milon d'Anglante converta y el nacimento de Roldan y sus ninerias*. Les mêmes faits se trouvent dans le cinquième livre des *Reali di Francia*, et, sous une forme extravagante, dans l'*Orlandino* de Théophile Folengo.

> Nous n'avons pas trouvé le titre *Los Amores de Milon d'Anglante* attribué à Antonio de Esclava (Gautier, ii.342, le cite mais sans doute d'après la *BUR*), mais Paulmy se fonde peut-être sur les *Noches de invierno* de cet auteur (voir 1777.x.I.172-177), où le chapitre 8 raconte *El nacimiento de Roldan y sus niñerias*. Pour les *Reali di Francia*, voir 1777.x.I.177-182). L'*Orlandino* de Teofilo Folengo date de 1526 (Renda).

28-29: on prendra dans les romans français de chevalerie ce qu'ils contiennent sur Roland, quitte à y consacrer ailleurs des articles détaillés; 29-36: Les Quatre Fils Aymon (à comparer avec le *Rinaldo innamorato* de Torquato Tasso et avec *La Conquête du très-puissant empire de Trébizonde*).

Pour *Les Quatre Fils Aymon* et *La Conquête du très puissant empire de Trébizonde*, voir 1778.vii.I.60-102 et 161-171. Pour *Renaud l'amoureux*, voir 1778.vii.II.5-90 et 1788.ii.3-164.

37-39: Histoire du très-preux et très-vaillant chevalier Guérin de Montglave, que complète l'histoire de Galien Restauré, fils d'Olivier.

Pour ces deux romans, voir 1778.x.II.3-114.

39-67: Roland et Fierabras d'après le second livre de la *Chronique* de l'archevêque Turpin. Pour la *Chronique* du pseudo-Turpin, voir 1777.vii.I.123-133. Cf. 1777.viii.122, où l'on annonce pour plus tard l'histoire de Fierabras.

67-113: Morgant le Géant (à comparer avec le *Morgante magiore*, 1494, de Pulci); *113-114*: sur Pulci et ses frères.

> Le rédacteur de l'article fait la remarque que les éditions françaises sont 'plus modernes que les premières du *Morgante magiore*' (p.110). A l'Arsenal on trouve des volumes de la Bibliothèque bleue portant le titre *Histoire de Morgant le géant*, 1618, 1650, à côté de diverses éditions de *Morgante maggiore* de Luigi Pulci, dont la première est de 1531. L'ouvrage de Pulci a été publié en 1481 (*Bibliografia dei romanzi*, p.220) ou 1482 (Renda).

114-117: sur le *Roland amoureux* de Matthieu-Marie Boyardo, sur la suite de Nicolas d'Agostini, 1532, et sur les révisions de François Berni (Bernia), 1542, et de Louis Dominichi. Traductions françaises par Vincent du Crest, 1574, par Ros[s]et, 1619, et par le Sage, 1717; 118-235: Roland selon Boyardo; 235-239: la suite d'Agostini.

Pour la suite et fin de l'*Histoire de Roland*, voir 1777.xii.5-215.

> Matteo Maria Boiardo, *Orlando innamorato*, 1476-1494. Trad. Jacques Vincent du Crest d'Arnaud, *Le Premier [-Troisième] Livre de Roland l'amoureux*, 1549-1550 (DeJongh, no.156). Trad. François de Rosset, *Roland l'amoureux*, 1619 (Lever, p.373). Trad. Alain-René Lesage, *Nouvelle Traduction de Roland l'amoureux*, 1717 (MMF 69.R17). Le texte que le comte de Tressan publie en 1780 sous le titre *Extrait de Roland l'amoureux de Matheo Maria Boyardo* (MMF 80.13) n'est pas celui de la *BUR*. La suite de Nicolo degli Agostini a paru en 1506 et 1527 (*Bibliografia dei romanzi*, pp.75-80); le texte 'corrigé' de Francesco Berni est de 1542 (*Bibliografia dei romanzi*, pp.92-95); et celui de Lodovico Dominichi de 1545 (*Bibliografia dei romanzi*, pp.95-98).

[240] Approbation. [*240*]: le 31 octobre 1777. Ameilhon.

1777.xii.

[5]. SECONDE CLASSE. SUITE DES ROMANS DE CHEVALERIE.

[5]-215 Fin de l'Histoire de Roland, tirée des poëtes et romanciers françois, espagnols, italiens, etc.

Pour le début de cet article, voir 1777.xi.9-239.

[5]-9: présentation de l'*Orlando furioso* de l'Arioste et de la traduction française par Mirabeau, 1741; 9-150; *150-151*: tragédies et un opéra qui s'inspirent de l'Arioste.

Lodovico Ariosto, *Orlando furioso*, 1516-1532. Trad. Jean-Baptiste de Mirabaud, *Roland furieux*, 1741 (MMF 58.R5). Sur les traductions précédentes, voir pp.174-181, ci-dessous. Le texte que le comte de Tressan publie en 1780 sous le titre *Roland furieux, poème héroïque de l'Arioste, nouvelle traduction* (MMF 80.8) n'est pas celui de la *BUR*. Pour d'autres versions en prose, à partir de 1775, voir MMF 75.12, 76.11 et 87.22.

151-152: les suites de l'*Orlando furioso*, et d'abord les cinq chants publiés par Louis Grotta; 152-167; *167*: parfois attribués à l'Arioste.

Les textes supplémentaires des *Cinque Canti* ont été publiés posthumement en 1545 d'après des manuscrits qu'on considère aujourd'hui comme authentiques (voir Brand, p.171).

167-168: La Mort de Roger, 1552, par Pescatore de Ravenne, traduite par Gabriel Chapuis; 168-174; *174*: la *Vendetta di Ruggiero*, 1557, par Pescatore.

Giovambattista Pescatore, *Morte di Ruggiero*, 1546 (Bibliografia dei romanzi, p.257-258). Trad. Gabriel Chappuys, Suite de *Rolland le furieux ou la mort de Roger*, 1582 (DeJongh, no.264). Giovambattista Pescatore, *La Vendetta di Ruggiero*, 1556 (Bibliografia dei romanzi, pp.258-259).

174-175: la troisième suite, de Sigismond-Paolucci-Filogenio, est restée introuvable, mais on a celle qu'a donnée François de Rosset dans sa traduction de l'Arioste; 175-180; *181*: d'autres traductions françaises par Guillaume Landre, Jean des Gouttes, Jacques Vincent, Jean Martin et Jean Boissière (toutes entre 1540 et 1580).

Sigismondo Pauluccio, *Continuazione di Orlando furioso*, 1543 (Bibliografia dei romanzi, p.187). François de Rosset, *La Suitte de Roland le furieux, nouvellement composée en françois par F. de Rosset*, 1615 (Lever, p.142). Lodovico Ariosto, trad. Jean Martin, *Roland furieux*, 1543 (DeJongh, no.132). Jean Martin, publ. par Jean Des Gouttes, *Roland furieux, traduict en prose française*, 1554, 1571 (Bn). Jean de Boessières, *L'Arioste françoes*, 1580, 1608 (Bn). Cf. les traductions de Jean Fournier, 1555 (Bn), et de Gabriel Chappuys, 1576 (DeJongh, no.233). Guillaume Landré est auteur d'une version de *Primaléon de Grèce*, 1550 (Bn), 1577 (DeJongh, no.236), et Jacques Vincent du Crest d'Arnaud a traduit Boiardo en 1549-1550 (voir 1777. xi.114-239), mais nous n'avons pas trouvé de traduction d'Arioste qui leur soit attribuée.

181: continuation en vers par Nicolas Espinosa à la suite de la traduction espagnole de Jérôme de Urrea; 181-186.

Jeronymo de Urrca, *Orlando furioso traducido en romance castellano*, 1549 (Palau y Dulcet). Nicolas de Espinosa, *La Segunda Parte de Orlando con el verdadero sucesso de la famosa batalla de Roncesvalles*, 1555 (Palau y Dulcet).

186: Vincent Brusantino, *Angelica innamorata*, 1553, 186-188.

Vincenzo Brusantino, *Angelica innamorata*, 1550 (Bibliografia dei romanzi, p.196), 1553 (Bn).

188: après les suites de l'Arioste, d'autres poèmes qui concerne Roland, et d'abord *Le Prime Imprese del conte Orlando in ottava rima*, par Louis Dolce; 188-205; *205*: ce texte devrait précéder ceux de Boyardo et de l'Arioste.

Lodovico Dolce, *Le Prime Imprese del conte Orlando*, 1572 (Bibliografia dei romanzi, p.57; Renda).

205-206: 'quelques Poëmes qui ne méritent pas que nous nous y arrêtions en aucune maniere, mais qui, enfin, regardent Roland' (pp.205-206); *206: Libro del l'innamoramento del re Carlo*, 1556; *206-207: Falconeta*, dans la Bibliothèque bleue; *207-208: Antafor de Barosia*, 1518; *208-209*: l'*Orlandino*, l'*Astolfeida* et les *Chants de Marfise*, par Arétin.

Anon., *Innamoramento di Carlo Magno*, 1481 (Bibliografia dei romanzi, p.19). Anon., *Falconeto*, 1511 (Bibliografia dei romanzi, p.62). Anon., *Antafor de Barosia*, 1519 (Bibliografia dei romanzi, p.67). Pietro Bacci, dit Aretino, *Orlandino*, 1540 (Bibliografia dei romanzi, p.189). *Astolfeida*, s.d. (Bibliografia dei romanzi, p.266). *Marfisa*, s.d. (Bibliografia dei romanzi, pp.260-262).

209-212: remarques sur 'la fameuse Chanson de Roland' qu'attestent les historiens. 'Sans recourir à la supposition d'un Manuscrit, dans lequel cette Chanson se trouveroit transcrite dans son langage original, imaginons plutôt quels pouvoient en être le sens & le goût' (p.211); 212-215, Chanson de Roland [en vers].
Voir aussi 1779 iii.198-199.

Texte fantaisiste de Paulmy, reproduit et commenté avec sévérité par Gautier, ii.682-684.

[216] Approbation [*216*]: le 30 novembre 1777. Ameilhon.

1778.i.I.

1-4 Avis important. *1-4*: notice (sur une nouvelle édition et sur la réorganisation des classes) qui se répète jusqu'au mois de mai 1778. Voir notre Introduction, pp.13 et 22. [5]-70 Suite des romans relatifs à l'histoire de France. [*5*]-*10*: manuscrit du début du quinzième siècle; 10-47, [Roman de Hugues-Capet]; 47-48, 48-70, Notes historiques sur le Roman de Hugues-Capet.

> Le catalogue des manuscrits de l'Arsenal (iii.266) indique que la Chanson de Hugues Capet qui se trouve dans le recueil 3145 (186 B.F.) est la seule copie connue de ce texte. Voir Gautier, no.1775, à l'article sur Huon Capet. Selon Wilson p.297, l'article a été rédigé par Legrand d'Aussy et revu par Paulmy.

71. QUATRIÈME CLASSE.

71-73 Romans françois d'amour, et de toute autre classe, rangés par ordre alphabétique. *71-73*: 'L'embarras où nous nous sommes trouvés plusieurs fois sur le choix des Romans que nous avons à extraire, nous détermine à changer quelque chose à l'ordre que nous avons suivi jusqu'à présent […]' (p.71). En adoptant l'ordre alphabétique, on pourra consacrer de brèves notices aux ouvrages qui ne méritent pas un résumé. 'Ainsi, désormais nos volumes seront alternativement consacrés, l'un au Dictionnaire des Romans François, l'autre aux Romans étrangers, & à ceux de Chevalerie & historiques, dont nous avons entamé la suite' (p.73).

> En adoptant cette formule les rédacteurs de la *BUR* semblent s'inspirer de la *Bibliothèque des romans* de Lenglet-Dufresnoy, 1734. Le classement alphabétique (avant la fin des titres commençant par un A) est abandonné en août 1780.

73 Abailard. Amours d'Abailard, voyez Abeilard, ou Abélard, car on écrit plus communément ce nom ainsi. *73*.

73-98 Abbassaï, histoire orientale, trois petites parties, en un vol. in-12, 1753. *73-75*: par mademoiselle Fauque; 75-98.

> Marianne-Agnès Falques, *Abbassaï, histoire orientale*, 1753 (MMF 53.14).

98-99 L'abbaye ou le chateau de Barfort, imité de l'anglois, 2 part. en 1 vol. in-12. Paris, 1769. *98-99*: par M. Frenais.

> Suzannah Gunning, *Barford Abbey*, 1768. Trad. Joseph-Pierre Frenais, *L'Abbaye ou le château de Barford*, 1769 (MMF 69.38).

100-102 L'Abbé en belle humeur, nouvelle galante. Cologne, 1705-1709 et 1734, petit in-12. *100*; 100-102.

> René Macé, *L'Abbé en belle humeur, nouvelle galante*, 1700 (Lever, p.21; Jones, p.2). Jones cite des rééditions de 1705, de 1709 et de 1734, entre autres.

103 L'Abbé à sa toilette. Cologne, 1707, in-12. *103*.

> René Macé, *L'Abbé à sa toilette, nouvelle galante*, 1707 (Jones, p.13).

104-193 Abdalla. Les Aventures d'Abdalla, fils d'Hanif, envoyé par le sultan des Indes à la découverte de l'Isle de Borico, où est la fontaine merveilleuse dont l'eau fait rajeunir; traduites en françois sur le manuscrit arabe trouvé à Batavia, par M. de Sandisson. Première édition, la Haye, 1713, 2 vol. in-12. Seconde, Paris, 1723, aussi 2 vol. Troisième, Paris, 1745, toujours 2 vol. Quatrième édition, la Haye, Paris, 1773, également 2 vol. *104-106*; 107-166; *166-167*: nouvelle conclusion, différente de celle ajoutée en 1773; 167-192.

> Abbé Jean-Paul Bignon, *Les Avantures d'Abdalla, fils d'Hanif, envoyé par le sultan des Indes à la découverte de l'île de Borico, où est la fontaine merveilleuse dont l'eau fait rajeunir, avec la relation du voyage de Rouschen,*

dame persane, 1712-1714 (Jones, p.20, qui indique des rééditions de 1713, 1723, 1745 et 1773). Pour la version augmentée en 1773 par Louis-Daniel Colson, voir MMF 73.12.

193 Abdeker (ou le médecin arabe), ou l'art de conserver la beauté des dames. Constantinople, l'an de l'Hégire 1180; (Paris) 1754, 1756, 2 petits volumes in-12. *193*: on renvoie au mois de juin dernier.
Pour un résumé de cet ouvrage, voir 1777.vi.5-99.

194-221 Abeilard, (histoire des amours d'Abeilard et d'Héloïse) par M. M. ... F. ... Dubois. La Haye, 1695, 1697, 1700, 1703, 1705, 1709, 1711 et 1722, in-12. *194-195*; 195-213; *213-217*: d'autres versions de l'histoire d'Abeilard; 218-219, Portrait d'Abeilard, tiré de la première lettre d'Héloïse à Abeilard, de la traduction de M. de Beauchamps [en vers]; 220-221, Vers tirés de l'Epître d'Héloïse à Abeilard, imités de la traduction angloise de Pope, par M. Colardeau [en vers].

> Jacques Alluis (ou N. F. Dubois), *Les Amours d'Abailard et d'Héloyse*, 1676 (Lever, p.45). Lever cite également des éditions de 1695 et 1697. La version des lettres d'Héloïse mise en vers par Pierre-François Godart de Beauchamps est de 1714; l'épître de Charles-Pierre Colardeau est de 1758.

221-237 [Lettres glantes et amoureuses. Lettres d'amour d'une religieuse portugaise. Lettres de Bélise à Cléante.] *221-222*: 'Nous avons dit qu'à la suite des dernières éditions des amours d'*Abeilard*, par M. *Dubois*, on trouvoit, toujours joints, trois Recueils de Lettres [...]' (p.221); *222*: Lettres galantes et amoureuses, tirées des meilleurs auteurs du siècle passé; *222-224*: Lettres d'amour d'une religieuse portugaise [par le chevalier de Camilli, publié par Guilleraques]; *224-226*: Lettres de Bélise à Cléante; 227-237, Extrait de la troisième [-soixante-sixième] lettre.

> Gabriel de La Vergne, vicomte de Guilleragues, *Lettres portugaises traduites en françois*, 1669 (Lever, pp.250-251; MMF 60.R25). Anon., *Recueil de lettres galantes et amoureuses [...]*, 1699 (Lever, p.361). Comprend le *Recueil de lettres galantes de Cléante et Bélise* et les *Lettres galantes et amoureuses, tirées des meilleurs auteurs* (ainsi que les *Lettres d'amour d'une religieuse portugaise*).

[238] Approbation. [*238*]: le 31 décembre 1777. Ameilhon.

1778.i.II.

[7]. PREMIÈRE CLASSE. ROMANS ÉTRANGERS DE TOUS GENRES ET EN TOUTES LANGUES.

[7]-86 Historia de los Vandos, de los Zegris y Abencerrages, cavalleros moros de Granada; de las civiles guerras que vuo en ella, y batallas que se dieron entre christianos y moros, hasta que el rey don Fernando quinto gano esse reyno, traducido dell aravigo de Aben Amin, natural de Granada, por Genes Peres del Hita, en Alcala, 1604, Barcelona, 1612, Valentia, 1613 et 1623, Madrid, 1631 et 1655, et en Paris, 1660, in-octavo et in-douze. (C'est-à-dire) Histoire des factions des Zégris et des Abencerrages, chevaliers maures de Grenade, des guerres civiles qu'ils excitèrent dans ce royaume, et des combats particuliers qui se donnèrent entre les chrétiens et les maures, jusqu'à ce que le roi don Ferdinand v soumit ce royaume, écrite en arabe par Aben Amin, natif de Grenade, et traduite en castillan par Genes Peres de Hita. *7-11*; 11-86.

> Ginés Perez de Hita, *Historia de los Vandos [...]*, 1595 (Bn). Trad. *L'Histoire des guerres civiles de Grenade*, 1608. Trad. Anne de La Roche-Guilhem, *Histoire des guerres civiles de Grenade*, 1683 (Lever, pp.202-203). Des *romances* en vers imitent, dans cet article, la technique de l'auteur espagnol, qui en donne dans son texte. Voir à ce propos Cazenave, pp.620-621, ainsi que pour une discussion de l'influence du roman 'hipano-mauresque' en France. Sur les articles de la *BUR* qui se rattachent à cette tradition, voir notre Introduction, pp.29-30.

87-140 Emily, or the history of a natural daughter in two volumes. London, 1756. Emily ou histoire d'une fille naturelle. Londres, 1756, 2 volumes in-8. *87*: 'abrégé de la traduction entière que nous en avons fait faire par M.L.C.D. déjà connu avantageusement par d'autres ouvrages'; 87-140.

> Anon., *Emily or the History of a Natural Daughter*, 1756 (Block). Nous n'avons pas identifié 'M.L.C.D.', à moins que ce ne soit une erreur pour Monsieur LeGrand D'Aussy.

141-195 Extrait de l'histoire des amours de Cosroès, ou Kosrou, roi de Perse, et de la belle Chirin, roman persan, du fameux poëte et romancier de cette nation, Abdur-Rahman-Dgiamy, traduit en françois par M. Cardonne, interprête du Roi, et professeur de turc et de persan au Collége royal. *141-142; 142-152*: notes historiques; 152-195, Roman de Cosroès et de Chirin.

> Le *Catalogue des manuscrits et imprimés arabes, turcs et persans de la bibliothèque de monseigneur le marquis de Paulmy [...]*, 1780 (Arsenal ms 5280) donne une version de ce récit (no.3914), avec la mention: 'ce Roman en vers a été traduit dans la Bibliothèque des romans'. Le catalogue imprimé des manuscrits de l'Arsenal précise que tous les textes donnés dans le répertoire de 1780 ont été transférés à la Bn. C'est aujourd'hui le ms Suppl. turc 353 du Département des manuscrits orientaux, où il porte encore à la première feuille l'ancienne cote 3914. Il s'agit d'une version turque de *Khosrau et Chirin*, par Scheïkhi.

196-210 Suite des Contes turcs, ou de l'Histoire de la sultane de Perse et des quarante visirs. Continuation de l'article quatrième de notre volume du premier octobre dernier. *196*: contes que Galland a omis mais que Cardonne a pu traduire; 197-199, Le Mari pondeur, premier conte turc; 199-201, Le Sultan amoureux et trompé, deuxième conte turc; 201-210, Le Pacha veuf consolé, troisième conte turc.
Pour le début de cet article et des détails sur l'*Histoire de la sultane de Perse*, voir 1777.x.I.184-216.
211-[214] Errata. Tables. Approbation. [*214*]: le 14 janvier 1778. Ameilhon.

1778.ii.

[7]. SECONDE CLASSE. ROMANS DE CHEVALERIE.

[7]-179 Histoire de la fleur des batailles, Doolin de Mayence, imprimée à Paris par Antoine Vérard, 1501, in-folio gothique, encore à Paris, 1549, in-quarto, Lyon, 1604, in-quarto, et en plusieurs autres endroits, in-quarto, sans date. Roman du preux et vaillant chevalier Ogier-le-Danois, duc de Danemarck, l'un des douze pairs de France, lequel, avec l'aide du roi Charlemagne, chassa les payens hors de Rome et remit le pape en son siége, etc. ... fut couronné roi d'Angleterre et conquit Jérusalem, etc ... imprimé à Paris chez Vérard, in-folio, sans date, Lyon, 1525, in-quarto, et en plusieurs autres endroits, in-quarto, de différentes dates, ou sans date. Histoire du preux Meurvin, fils d'Ogier-le-Danois, lequel, par ses prouesses, conquit Jérusalem, Babylone et plusieurs autres royaumes sur les infidèles, imprimée à Paris chez Bonfons, in-quarto, sans date, aussi à Paris, 1539, in-quarto, et 1540, in-octavo. [7]-12: par 'M.L.C.D.T.'.

> Le principal rédacteur de cet article est le comte de Tressan. Mais celui-ci, en donnant *La Fleur des batailles* dans son *Corps d'extraits de romans de chevalerie*, 1782, ii.1-160 (MMF 82.37) insiste (pp.1-2) sur les différences qu'il y a entre son manuscrit qu'il reproduit et le texte paru dans la *BUR*. Voir Jacoubet (1932), pp.51-64.

12-70 [Doolin de Mayence] (avec, en vers, pp.28-29, Chanson; 57-58, Première Chanson de Doolin; 60-61, Seconde Chanson de Doolin).

> Anon., *Doolin de Mayence*, 1501 (DeJongh, no.49). Voir aussi Gautier, no.1225 et Bossuat, nos 321-323. L'exemplaire de l'Arsenal est de Rouen, s.d.

71-167 Ogier-le-Danois. 71-167.

> Anon., *Ogier le Danois*, [1498] (Woledge, no.109; DeJongh, no.34). Voir aussi Gautier, no.2035. L'Arsenal a trois éditions: s.d., 1525 et 1583.

168-179 Histoire de Meurvin. *168-169*; 169-179.

Anon., *Histoire du preux Meurvin fils de Oger le Dannoys*, 1540 (DeJongh, no.123). Voir aussi Gautier, p.151. L'Arsenal a trois éditions: 1540, s.d. et 1613.

180. TROISIÈME CLASSE.

180-215 Suite des romans historiques relatifs à l'histoire de France. 180-204: anecdotes des règnes de Hugues-Capet à Louis-le-Gros, d'après Sauval, *Galanteries des rois de France; 204-206*: règne de Louis-le-Jeune et l'*Héritière de Guyenne*, 1691, 1692, par Larrey; *206-207*: Lussan, *Anecdotes de la cour de Philippe-Auguste; 207-213*: carrière de mademoiselle de Lussan; *213-214: Alix de France*, 1687; *214-215*: La Vieuville (Vignacour), *Adelle de Ponthieu*, 1722, 1723, 1725, 1728 et dans la *Bibliothèque de campagne*, et la *Comtesse de Vergi*, 1722. Pour le premier article dans la série des romans historiques relatifs à l'histoire de France, voir 1776.ii.72-192.

Pour *Alix de France*, voir 1778.vii.I.172-199. Pour les autres romans cités, voir 1776.ii.72, 103-104, 106. En signalant *L'Héritière de Guienne*, le rédacteur de l'article renvoie, p.205, aux *Amours d'Henri II, roi d'Angleterre* (1776.x.I.14-47) pour de plus amples détails sur la reine Eléonore.

[216] Approbation. [*216*]: le 31 janvier 1778. Ameilhon.

1778.iii.

[7]. QUATRIÈME CLASSE. SUITE DES ROMANS FRANÇOIS PAR ORDRE ALPHABÉTIQUE.

[7]-11 Le Nouvel Abeilard, ou lettres d'un singe au docteur Abadolf; traduit de l'allemand, deux parties en un volume, imprimé aux Indes, et se trouve à Paris, 1763. [7]-*8*: par Thorel de Campigneulles; 8-10; *11*.

Charles-Claude Florent de Thorel de Campigneulles, *Le Nouvel Abailard ou lettres d'un singe au docteur Abadolfs*, 1763 (MMF 63.42).

12-39 Aben-Muslu, ou les vrais amis, histoire turque, qui renferme les intrigues du sérail, sous les règnes d'Ibrahim et de Mahomet IV, les motifs de la guerre de Candie, et le siége de cette ville; Paris, 1737, deux petits volumes in-douze, réimprimés dans la Bibliothèque de campagne, dont ils forment le tome quatrième, Paris, 1738. *12*: auteur inconnu; 12-39.

Anon., *Aben Muslu ou les vrais amis, histoire turque, qui renferme un detail interessant des intrigues du sérail sous le règne d'Ibrahim*, 1737 (Jones, p.61). Jones, p.65, indique une *Bibliothèque de campagne* de 1738, mais il n'a pu trouver le t.iv.

40-79 Mémoires de M. d'Ablincour et de mademoiselle de Saint-Simon, Amsterdam, Lyon, et Paris chez Dufour, 1769, un volume in-douze de 270 pages. *40*: auteur inconnu; 40-79.

Anon., *Mémoires de monsieur d'Ablincourt et de mademoiselle de Saint-Simon*, 1769 (MMF 69.9).

80-182 Abramulé, ou histoire du détrônement de Mahomet IV, empereur des Turcs, nouvelle historique par M. le Noble, Paris, 1696, Amsterdam, 1697, et dans les Œuvres de le Noble, tome 6, Paris, 1716. *80-81*: il sera question non seulement d'*Abramulé*, mais aussi d'autres ouvrages de le Noble; *81-85*: vie de le Noble; 85-88: *Zulima*, 1695. Voir aussi 1783.v.13-18 pour une seconde brève présentation de la vie d'Eustache Le Noble.

Eustache Le Noble, baron de Tennelière, *Zulima ou l'amour pur, seconde nouvelle historique*, 1694 (Lever, p.429, qui signale une réédition en 1696). Jones, pp.29-30, donne une édition des *Œuvres* de Le Noble en 1718, avec rééditions en 1726 et 1727. *Zulima* paraît dans le t.i.

88-91: *Milord Courtenai*, 1696.

Eustache Le Noble, baron de Tennelière, *Mylord Courtenay ou histoire secrète des premières amours d'Elizabeth d'Angleterre*, 1697 (Lever, p.312). Dans *Œuvres*, 1718, t.i (Jones, p.29).

91-92: L'École du monde.

> Eustache Le Noble, baron de Tennelière, *L'Ecole du monde*, 1694-1695, 1709 (Bn). Dans *Œuvres*, 1718, t.i-iv (Jones, p.29).

93-94: ouvrages historiques; 94-104: *Abramulé*.

> Eustache Le Noble, baron de Tennelière, *Abra-Mulé ou l'histoire du déthronement de Mahomet IV, troisième nouvelle historique*, 1696 (Lever, p.21, qui donne une réédition de 1697). Dans *Œuvres*, 1718, t.vi (Jones, p.29).

104: Ildegerte, reine de Norwege, 1695, dont il est question dans le premier volume d'avril 1777.
Voir 1777.iv.I.40-66.

104-105: ouvrages politiques et satyriques, avec des lettres, des fables et des dialogues; *107-111*: *Epicaris ou l'histoire secrète de la conjuration de Pison contre Néron; 112-113*: les mêmes thèmes traités par du Castres d'Auvigny dans les *Anecdotes galantes et tragiques de la cour de Néron*, 1735.

> Eustache Le Noble, baron de Tennelière, *Epicaris, suite des Histoires secrètes des plus fameuses conspirations*, 1698 (Lever, p.152, qui indique une réédition la même année). Dans *Œuvres*, 1718, t.xii (Jones, p.30). Jean Du Castre d'Auvigny, *Anecdotes galantes et tragiques de la cour de Néron*, 1735 (Jones, p.54).

113-114: *Histoire secrète de la conjuration des Pazzi contre les Médicis.*
Pour ce titre, voir 1783.v.13-64.

114-115: Les Promenades; 115-127, La Mère mari, aventure tirée de la vingt-deuxième promenade de M. le Noble.

> Eustache Le Noble, baron de Tennelière, *Les Promenades de M^r Le Noble* [promenades I-XII], 1705 (Jones, p.10), suivies de la *Promenade de Titonville* [XIII-XVIII], 1705 (Jones, p.10) et de la *Carte de l'isle du mariage* [XIX-XXIV], 1705 (Jones, p.10), faisant 24 promenades en tout. Dans *Œuvres*, 1718, t.xii-xiv (Jones, p.29), où la vingt-deuxième promenade, *La Mère mari, premiere avanture de cour* se trouve t.xiii.410-436.

127: fables et contes, en vers; 127-128, Le Paysan et son cochon; 128-129, Le Lièvre et les grenouilles; *129-130*: traductions d'Horace et de Perse; *130: Aventures provinciales ou le voyage de Falaise.*

> Eustache Le Noble, baron de Tennelière, *Les Avantures provinciales. Le Voyage de Falaize, nouvelle divertissante*, 1697 (Lever, p.422). Texte repris en 1788 dans le t.xxix des *Voyages imaginaires* (MMF 87.R16). Dans *Œuvres*, 1718, t.xiv-xv (Jones, p.30), où se trouvent également les ouvrages en vers dont il est question ci-dessus.

130-131: L'Avare généreux (comprenant le *Mort marié* et le *Faux Rapt*). *La Fausse Comtesse d'Isemberg.*

> Eustache Le Noble, baron de Tennelière, *Avantures galantes de Mr. Le Noble*, ?1704 (Jones, pp.9, 18, qui n'a vu qu'une édition de 1710). *L'Avare généreux* (pp.1-156) sert de cadre au *Mort marié* [Jones donne par erreur *La Mort mariée*] (pp.49-65), et au *Faux Rapt* (pp.108-120). L'autre récit mentionné ci-dessus a paru avec le titre *Les Avantures provinciales. La Fausse Comtesse d'Isamberg, seconde nouvelle divertissante* en 1697 (Lever, p.162). Dans *Œuvres*, 1718, t.xv (Jones, p.30).

131-137: textes divers compris dans les *Œuvres* ou attribués à Le Noble; *137-138: Le Diable borgne. Le Diable bossu. Le Voyage de Chaudrai.*

> Eustache Le Noble, baron de Tennelière, *Dialogue entre le diable boiteux et le diable borgne*, 1708 (Jones, p.11). Jean-Chrysostome Bruslé de Montpleinchamp, *Le Diable bossu*, 1708 (Jones, p.13). Pour le *Voyage de Chaudrai*, voir plus loin, pp.172-182.

138: Les Nouvelles africaines (mais le rédacteur de l'article ne connaît que l'ouvrage de ce titre par madame de Villedieu); 138-149.
Voir aussi 1776. iii.134-159.

> Le résumé est tiré des *Nouvelles afriquaines*, 1673, attribuées à Marie-Catherine-Hortense Desjardins, madame de Villedieu (Lever, p.318) et reprises dans le t.vi des *Œuvres* de celle-ci en 1702 et 1720-1721 (Jones, p.5). Les *Nouvelles africaines* d'Eustache Le Noble datent de 1707 et ont été rééditées dans l'édition de 1710 des *Avantures galantes de Mr. Le Noble* (Jones, pp.12, 18).

149-150: Les Mémoires de mademoiselle Delfosses ou le chevalier Baltazar, 1696, et l'*Histoire de la dragonne, contenant les actions militaires et les aventures de Geneviève Prémoi, sous le nom du chevalier Baltazar*, 1703: 150-152; *152.*

> Eustache Le Noble, baron de Tennelière (ou François Le Tellier De Bellefons), *Mémoires de la vie de Melle Delfosses ou le chevalier Baltazard*, 1695 (Lever, p.265). Anon., *Histoire de la dragonne, contenant les actions militaires et les avantures de Geneviève Prémoy, sous le nom du chevalier Baltazar*, 1703 (Jones, p.7, qui ajoute une note sur l'attribution à Eustache Le Noble).

153-155: le *Gage touché*, 1698, 1712, et son cadre; 155-160, La Fausse Opinion, historiette; 160-171, L'Illustre Porteur d'eau, nouvelle galante; 171-172: conte de fées; *172-174: Le Voyage de Chaudray*, à la suite des *Gages touchés*, et son cadre; 174-182, Les Fiançailles, historiette; *182.*

> Eustache Le Noble, baron de Tennelière, *Le Gage touché, histoire galante et comique*, 1696-1698 (Lever, p.170, qui cite les éditions de 1712, de 1722 et de 1773; MMF 61.R37). *La Fausse Opinion* est le onzième 'gage' de la première journée; *L'Illustre Porteur*, le quatrième de la deuxième journée; le conte de fées, le huitième de la deuxième journée. *Le Voyage de Chaudray* (neuvième 'gage' de la deuxième journée) comprend plusieurs histoires, dont *Les Fiançailles.*

182-201 L'Abusé en cour (le Roman de). *182 183:* attribué au roi René d'Anjou; *183-193:* vie du roi René; 193-200; *200-201.*

> ?Charles de Rochefort, *L'Abuzé en court.* Mss.quinzième-seizième siècles. Editions: [1480] (De-Jongh, no.12), [1484], s.d., 1484 (Arsenal), [1500], [1527], [1529], s.d. (Woledge, no.2).

201-204 Académie des dames. *201-204:* par Nicolas Chorier.

> Nicolas Chorier, *Aloisiæ Sigeæ Toletanæ Satyra sotadica*, vers 1658. Trad. Nicolas, *Aloysia ou entretiens académiques*, 1680 (MMF 82.R30, qui indiquent des rééditions avec le titre *Académie des dames* et renvoient à une autre traduction au 75.R28).

204-205 L'Académie militaire ou les héros subalternes. Paris, 1745, deux petits volumes in-12 en six petites parties. Seconde édition augmentée avec de jolies gravures. Paris, 1777, deux volumes in-12 en quatre parties. *204-205.*

> Claude Godard d'Aucour, *L'Académie militaire ou les héros subalternes*, 1740 (Jones, pp.73, 88, qui n'a pas vu d'édition avant 1745). Pour la version de 1777, voir MMF 77.40.

206-210 Acajou et Zirphile, conte, imprimé à Minutie (Paris) 1744, in-4°., figures dessinées et gravées par Boucher. *206-210:* par Duclos d'après les estampes de Boucher préparées pour le *Faunillane* de Tessin.

> Charles Pinot Duclos, *Acajou et Zirphile, conte*, 1744 (Jones, p.84; MMF 61.R19).

211-213 Idée du conte de Faunillane, ou l'infante jaune, imprimé à Badinopolis, 1741. 211-213.

> Carl Gustaf, comte de Tessin, *Faunillane ou l'infante jaune, conte*, 1741 (Jones, pp.78, 83, qui n'a pas vu d'édition avant 1743; MMF 67.R69).

213-214 Avis. *213-214:* les abonnés qui se plaignent de ne pas recevoir leurs numéros de la *BUR* feraient bien d'enquêter d'abord auprès de leurs domestiques.
215-[216] (214-[215]) Tables. Approbation. *[216]:* le 28 février 1778. Ameilhon.

1778.iv.I.

[7]. PREMIÈRE CLASSE ROMANS GRECS, LATINS, ETC. ITALIENS, ANGLAIS, ESPAGNOLS, ETC ET ORIENTAUX.

[7]-37 Amours de Meignoun et de Leila, traduits des manuscrits arabes, turcs et persans, conservés à la Bibliothèque du Roi, par M. Cardonne, interprête du Roi pour les langues orientales, professeur au Collége royal, etc. [7]-9; 9-37.

> Le *Catalogue des manuscrits et imprimés arabes, turcs et persans de la bibliothèque de monseigneur le marquis de Paulmy [...]*, 1780 (Arsenal ms 5280) donne une version de ce récit (no.605A), avec la mention:

'ce Roman ou Poeme en vers Persan a été traduit et se trouve dans la Bibliothèque des Romans'. A la Bn on retrouve *Le Roman des amours de Leïla et de Medjnoun par Djami* au Supplément persan 572 (article 1722 du catalogue des manuscrits persans), avec l'annotation que c'est un exemplaire ayant appartenu à Cardonne.

38-82 The Family Pictures, c'est-à-dire, les Portraits de famille, roman anglois, composé ou extrait de plusieurs autres écrits en cette langue, dont la plupart n'ont point encore été traduits en françois. *38-39*: on se servira du cadre du roman cité pour commenter d'autres ouvrages anglais, dont la plupart ne valent pas la peine d'être traduits; 39-44: cadre où M. Horvard et M. Sindal discutent des portraits de divers parents de Horvard; 44-53, Premier Portrait [discussions des romans de Richardson et de *Grandisson* et particulier]; 53-57, Deuxième Portrait, tiré d'un roman anglois imprimé en 1756, et qui a pour titre *the two Friend*, les deux Amis; 57-69, Troisième Portrait, tiré d'un roman anglois imprimé en 1757, intitulé *the variable Woman*; 70-73, Quatrième Portrait, tiré d'une épitaphe qui se trouve dans les Œuvres de Waller, poëte anglois; 73-74, Cinquième Portrait, tiré d'une autre épitaphe que l'on trouve dans les Œuvres de Pope; 74-82, Sixième Portrait, tiré d'un manuscrit qui peut être traduit de l'anglois.

L'article ne semble devoir que son titre au roman par lettres de Suzannah Gunning, *Family Pictures, a Novel containing Curious and Interesting Memoirs of Several Persons of Fashion in W–re*, 1764 (Arsenal; Block). Nous n'avons pu identifier les romans cités dans le deuxième et le troisième 'portrait': ni Block ni *The Monthly Catalogues from the London Magazine* ne donnent *The Two Friends* et *The Variable Woman*. D'après l'extrait de ce dernier ouvrage, il s'agirait de la comtesse de Pembrock à six différentes époques de sa vie. Dans le dernier 'portrait' on raconte une anecdote, où M. Parnell fait publier des lettres de madame Speke sous la forme d'un roman épistolaire, pour mettre à l'épreuve les jugements littéraires d'une société d'amis. Dans l'anecdote, le recueil porte le titre de *Lettres de mistriss Fanny Butler*, et dans une note, p.81, on attire l'attention sur le roman de madame Riccoboni, publié en 1757 (MMF 57.12).

83-177 Suite du Novelliero italiano, dont les premiers extraits se trouvent dans nos volumes de juin et de septembre de l'année dernière. *83*; *84*: les nouvelles de Massuccio de Salerne écrites vers 1470 et publiées à partir 1484; 85-91 [Première Nouvelle du premier livre]; 91-94: du deuxième au quatrième livre; 95-98, Trente-deuxième Nouvelle de Massuccio, et seconde de la quatrième partie; 98-101, Quarante-troisième Nouvelle, treizème de la quatrième partie; 101-103, Quarante-sixième Nouvelle de Massuccio. Seizieme du dernier livre; *103-104*: nouvelles de Sabadino delli Arienti, publiées en 1483; 104-105, quatrième Nouvelle de Sabadino; 105-107, Septième Nouvelle de Sabadino; 107-109, Nouvelle quatorzième de Sabadino; *109*; 110-113, Cinquante-neuvième Nouvelle de Sabadino; 113-118, Soixantième Nouvelle de Sabadino; *118-129*: œuvres d'Agnolo Firenzuola; *130-131*: Luigi da Porta et différentes versions de *Roméo et Juliette*: 131-154, Les Effets de la haine, ou les époux malheureux [publiés par Feutry dans le *Mercure* en 1752 et en volume en 1753]; *155-158*: œuvres du Molza; *158-160*: Jean Brevio; *160-161*: Marc Cadémosto; *161-162*: Jérôme Parabosco; 162-174: nouvelles de Parabosco; *175-177*: autres œuvres de Parabosco.

Pour d'autres extraits du *Novelliero italiano*, voir 1777.vi.151-206, 1777.ix.82-161 et 1778.ix.179-211.

Sur ce recueil, voir 1777.vi.151-206. Les nouvelles de Masuccio Salernitano (*Novellino*, 1475), de Sabadino degli Arienti (*Le Porettane*, 1485), d'Agnolo Firenzuola (*I Ragionamenti d'amore*, 1548), de Luigi Da Porto (*Historia novellamente ritrovata di due nobili amanti*, 1530), de Francesco Maria Molza (*Novelle*, 1549), de Giovanni Brevio (*Rime e prose volgari*, 1545), de Marco Cademosto ou Cadamosto (*Sonetti e altre rime [...] con alcune novelle*, 1544) et de Girolamo Parabosco (*I Diporti*, 1550) se trouvent dans le t.iv du *Novelliero*.

Les Effets de la haine d'Aimé-Ambroise-Joseph Feutry ont paru dans le *Mercure* dans le premier volume de juin 1752, pp.8-29, sous le titre des *Amours infortunés de Juliette et de Romeo, nouvelle tirée du théâtre anglois*. (Une note de la *BUR*, p.152, signale le fait que Feutry s'inspire de Shakespeare dans ses dialogues.) Cette nouvelle est reprise en 1753 sous le même titre dans une compilation, *Lectures sérieuses et amusantes*, iv.102-140 (MMF 53.13), et publiée par Feutry la même année, avec le titre *Les Effets de la haine ou les époux malheureux*, dans son *Choix d'histoires tirées de Bandel [...]*, ii.1-36 (MMF 53.16).

178-207 Los Contos e historias de proveyto e exemplo, primeira, secunda e terceira parte, por Gonçalo Fernandes Trancoso. Lisboa 1585, 1 volume in 4°. Contes et histoires profitables et exemplaires, en trois parties, par Gonsalve Fernandès Trancoso. Lisbonne, 1585, un volume in-4°. *178-179*: autres éditions en 1594 et 1608; 179-185, L'Heureux Quiproquo, dixieme nouvelle de la seconde partie de Trancoso; 185-194, Le Soupçon mal fondé, huitieme nouvelle de la quatrième partie de Trancoso; 194-207, La Famille réunie, quatrieme nouvelle de la troisième partie de Trancoso.

> Gonçalo Fernandes Trancoso, *Contes e histórias de proveito e exemplo*, 1575 (Moisés, p.105), 1585 (Bn), 1608, 1613 (BM). Trad. François de Rosset, *Histoires graves et sententieuses*, 1620 (Lever, p.221).

207-226 [Histoire du roi dom Sébastien]. *207-208*: 'En examinant les Romanciers Portugais, dont le nouvelliste *Trancoso* qui nous a fourni les trois Nouvelles que l'on vient de lire, est le meilleur, nous avons eu occasion de jeter les yeux sur l'histoire du Roi de Portugal *Dom Sébastien* [...]' (p.207). Détails historiques d'après dom Diego Barbosa Machado, *Memorias para à historia o governo del Rey Dom Sébastiano*, 1736-1751 et version romanesque d'après une nouvelle historique française, *Dom Sébastien*; 208-222: récit historique; 222-226: récit romanesque.

> Diogo Barbosa Machado, *Memorias para a historia de Portugal, que comprehendem o governo del rey D. Sebastião*, 1736-1751 (Bn). Anon., *Dom Sébastien, roy de Portugal, nouvelle historique*, 1679 (Lever, p.144, qui donne une réédition de 1680).

226-227 Avis. *226-227*: même texte qu'à la fin du volume précédent.
[228] Approbation. [*228*]: le 31 mars 1778. Ameilhon.

1778.iv.II.

[7]. SECONDE CLASSE. ROMANS DE CHEVALERIE.

[7]-163 Suite de l'histoire de Charlemagne. Histoire de Huon de Bordeaux. [7]-*8*: récit de la Bibliothèque bleue, dont on ne connaît pas de manuscrit. L'article est de Tressan; 9-120; *120-122*: les suites; 122-163.
Pour le début de la série d'articles sur les romans de chevalerie au temps de Charlemagne, voir 1777.xi.9-239.

> *Huon de Bordeaux*. M.s. perdu. Editions: 1513 (DeJongh, no.62), 1516, s.d., s.d., [1540], s.d., 1545., 1566, s.d. (Arsenal), s.d., 1586 (Arsenal) (Woledge, no.80). L'Arsenal a également des éditions appartenant à la Bibliothèque bleue de Troyes et datées de 1634 et de 1726. Voir Gautier, no. 1795, et Jacoubet (1932), pp.76-81. Le comte de Tressan a repris ce texte dans son *Corps d'extraits de romans de chevalerie*, 1782, ii.161-314 (MMF 82.37).

164. TROISIÈME CLASSE.

164-226 Suite des romans historiques relatifs à l'histoire de France. [Adélaïde de Champagne]. *164-165*: auteur inconnu, 1680; 165-199; *200-226*, Notes historiques.
Voir aussi 1778.v.126, où l'on attribue l'ouvrage au 'sieur d'Artigues de Vaumorière'.

> Pierre d'Ortigue, sieur de Vaumorière, *Adélaïde de Champagne*, 1680 (Lever, p.23).

227-[228] Tables. Approbation. [*228*]: le 14 avril 1778. Ameilhon.

1778.v.

[7]. QUATRIÈME CLASSE. SUITE DES ROMANS FRANÇOIS PAR ORDRE ALPHABÉTIQUE.

[7]-26 L'Académie galante, recueil d'historiettes, imprimé, pour la première fois, en

1682, à Paris, 1 volume; à Amsterdam en 1708, en 2 petits volumes; au même endroit en 1711; en 1740 à Paris, et qui se trouve encore dans le tome 4 de la Bibliothèque de campagne, édition de 1749. Ce livre offre un petit cadre fort agréable, et dont il seroit aisé de tirer aujourd'hui meilleur parti que n'a fait l'auteur, quel qu'il soit, qui a écrit il y a près de cent ans. 7-26; *26*. Selon une note, p.7, cet article devait précéder celui consacré à *Acajou*, mais n'a pas pu, à cause de sa longueur, être inséré avant.
Pour *Acajou et Zirphile*, voir 1778.iii.206-210.

Anon., *Académie galante*, 1682-1684 (Lever, p.22).

27-41 Accouchée (Recueil général des Caquets de l') en huit journées, sans lieu d'impression, 1624, in-12. *27-28*; *28-41*.

Anon., *Recueil général des caquets de l'accouchée*, [1622] (Lever, p.364, qui note que les huit parties ont d'abord été publiées séparément et qui indique des rééditions de 1623, de 1624, de 1625, et sans date).

41-50 Achille, prince de Numidie, (les Aventures d') Cologne, chez Pierre Marteau, 1682, 1 volume in-12. *41*; 42-44; *44-50*.

Anon., *Abrégé des avantures d'Achiles, prince de Numidie*, 1682 (Lever, p.22).

51-53 Achille, prince de Tours, (ses Aventures avec Zaïde, princesse d'Afrique) Paris, 1724, 1 vol.in-12. *51*: Lafosse; 51-53; *53*.

De Lafosse, *Les Avantures d'Achille, prince de Tours, et de Zayde, princesse d'Affrique*, 1724 (Jones, p.37).

54-113 Actions héroïques de la comtesse de Montfort, duchesse de Bretagne, nouvelle historique, Paris, 1697, 1 vol.in-12. *54-55*: auteur inconnu; 56-94; *95-113*, Notes historiques et généalogiques sur les familles dont il est parlé dans le roman précédent.

Pierre Gissey, *Les Actions héroïques de la comtesse de Montfort, duchesse de Bretagne, nouvelle historique*, 1697 (Lever, p.23).

114-125 Adam, (Vie d') avec des réflexions, traduite de l'italien de Lorédano par le chevalier de Mailly, Paris, 1695; et Bruxelles, 1711, in-12. *114-118*: première édition italienne, 1640; 118-125, Traits et réflexions tirés de la vie d'Adam par Jean-François Lorédano.

Giovanni Francesco Loredano, *L'Adamo*, 1640. Trad. le chevalier de Mailly, *La Vie d'Adam*, 1695 (Bn).

125 L'Adamite, ou le Jésuite insensible, Cologne, 1682. *125*: 'Cette mauvaise brochure'.

Anon., *L'Adamite ou le Jésuite insensible, nouvelle doctrine*, 1682 (Lever, p.23).

125 *125*: 'Il y a un grand nombre de Romans qui portent le titre d'*Adélaïde*; nous allons les parcourir tous [...]'.
126 Adélaïde de Champagne. *126*: dans le dernier volume on a parlé d'un auteur inconnu, mais l'ouvrage est à attribuer au sieur d'Artigues de Vaumorière.
Voir 1778.iv.II.165-226.
126-146 Adélaïde, reine de Hongrie, nouvelle historique, faisant partie des dernières Œuvres de mademoiselle de la Roche-Guilhen. Amsterdam, 1707 et 1711, in-12. *126-127*; 127-142; *142-146*: notes sur les autres morceaux publiés dans les *Dernières Œuvres (Elizabeth d'Angoulême, Agrippine, Thémir et Hiéron)*.

Anne de La Roche-Guilhem, *Dernieres Œuvres de mademoiselle La Roche-Guilhen contenant plusieurs histoires galantes*, 1707 (Jones, p.12, qui donne aussi une édition de 1708). *Adeleide, reine de Hongrie* est le second récit dans ce recueil. Les autres sont: *Histoire d'Elizabeth d'Angoulesme, reine d'Angleterre, comtesse de La Marche; Agripine, histoire romaine; Themir ou Tamerlan, empereur des Tartares; Hieron, roi de Syracuse*.

146-171 Adélaide de Messine, nouvelle historique, galante et tragique. Paris, 1722, et Amsterdam, 1733, trois petites parties avec figures. *146*: auteur inconnu; 146-171.

Louis Belin de La Faye, *Adelaide de Messine, nouvelle historique, galante et tragique*, 1722 (Jones, p.34, qui donne aussi des rééditions de 1733 et de 1742).

172-173 Adélaïde, ou l'amour et le repentir, anecdote volée. Amsterdam et Paris, 1769, 1 vol. in-octavo, avec une mauvaise gravure de feu M. Étienne Fessard. *172-173*; 173.

Savin, *Adélaïde ou l'amour et le repentir, anecdote volée par M.D.M.*, 1769 (MMF 69.60).

174-179 Adélaïde, (Mémoires d') Paris, 1764, 2 petites parties. *174-175*; 175-179.

Anon., *Adélaïde*, 1764 (MMF 64.1, qui notent que le titre de départ – ainsi que des rééditions de 1764 et 1765 – portent le titre de *Mémoires d'Adélaïde*).

179-183 Adélaïde ou le triomphe de l'amour et de la vertu. Londres et Paris, chez Merlin, libraire, rue de la Harpe, 1772, 1 vol. in-12. *179*; 179-183.

Anon., *Adélaïde ou le triomphe de l'amour et de la vertu*, 1772 (MMF 72.1).

183-186 [Lettres d'Adélaïde de Dammartin, comtesse de Sancerre]. *183-186*: discussion du roman de madame Riccoboni, 1767.

Marie-Jeanne Laboras de Mézières, madame Riccoboni, *Lettres d'Adélaïde de Dammartin, comtesse de Sancerre à monsieur le comte de Nancé, son ami*, 1767 (MMF 67.44).

187-224 Adélaïde de Bourgogne, Paris, 1680, 1 volume in-12. *187*: même sujet qu'*Adélaïde, reine de Lombardie*, 'qui forme la 95ᵉ & la 96ᵉ Nouvelle de Madame *de Gomez*'; 187-209; *209-224*: histoire d'Adélaïde de Bourgogne après la conclusion du roman.

Anon., *Histoire d'Adelaïs de Bourgogne*, 1685 (Lever, p.189). Texte différent, mais la même héroïne dans *Adelaïde, reine de Lombardie*, dans Madeleine-Angélique Poisson, dame Gabriel de Gomez, *Les Cent Nouvelles nouvelles*, 1732-1739, xxxiv.1-214. (Jones, p.48).

224-225 Adélaïde de Vitsbury, ou la pieuse pensionnaire, Avignon, 1734, réimprimé à Paris en 1757, 1 volume in-12. *224-225*: notes sur d'autres romans de Marin.

Le père Michel-Ange Marin, *Adélaïde de Witsbury ou la pieuse pensionnaire*, 1750 (Jones, p.106; MMF 57.R34).

226-227 Avis. *226-227*: réduction du prix des premiers volumes.

227 Approbation. *227*: le 30 avril 1778. Ameilhon.

1778.vi.

3-4 Avis concernant la Bibliothèque universelle des romans. 3-4: même avis qu'à la fin du volume précédent. Se répète jusqu'en septembre 1778.

[5]. PREMIÈRE CLASSE. ROMANS ÉTRANGERS.

[5]-58 [Les Amours de Joseph, fils de Jacob, et de la princesse Zélicka]. *[5]-7*: un texte primitif en arabe a été traduit en persan dans le poème de Dgiami, mais Cardonne a fait sa version d'après la traduction turque de Hamedi; 7-58.

Le *Catalogue des manuscrits turcs* de la Bn donne aux nos ancien fonds 359-362 divers manuscrits du *Roman des amours de Yousouf et de Zoulaïkha* traduit ou imité d'après la version perse de Djami par Hand ibn ak Shems ed-Din, dit Hamdi.

59-103 Contes et fables indiennes de Bidpaï et de Lokman écrites originairement en indien et en arabe, et traduites en turc par Ali-Tchelebi-Ben-Saleh; mises en françois en partie, par feu M. Galland, continuées et achevées par M. Cardonne, secrétaire-interprête du Roi, etc. Paris, 1778, 3 vol. in-12. *59-62*; 62-103.

Ali Tchelebi ibn Salih, *Houmayoun namé*. Trad. Antoine Galland et Denis-Dominique Cardonne, *Contes et fables indiennes de Bidpaï et de Lokman [...]*, 1778 (MMF 78.8, qui indiquent que les deux premiers tomes, de Galland, ont paru en 1724). Dans le *Catalogue des manuscrits et imprimés arabes, turcs et persans de la bibliothèque de monseigneur le marquis de Paulmy [...]*, 1780 (Arsenal ms 5280), au no.6377, sous le titre *Humaioun namé*, on lit: 'La moitié de ce livre avoit été traduite par feu M. Galland auteur de la traduction des Mille et une nuits: M. Cardonne vient de traduire le reste de cet important ouvrage et a fait en même tems réimprimer ce que M. Galland en avoit traduit'.

104-225 Hau-Kiou-Choaan, histoire chinoise, traduite de l'anglois; Lyon, 1766, 4 petits volumes in-12, avec figures copiées d'après des desseins chinois. *104-107*: livre anglais paru en 1761, dont le *Journal encyclopédique* a rendu compte en février 1762. Traduction française par Eidous; 107-167; *168-212*, Notes; *212-225*: théâtre et poésie des Chinois.

> *Hau Kiou Chouan or the Pleasing History*, 1761 (version anglaise d'un ouvrage chinois écrit entre 1277 et 1348). Trad. Marc-Antoine Eidous, *Hau Kiou Choaan, histoire chinoise, traduite de l'anglois*, 1766 (MMF 66.4). Pour l'article cité, voir *Journal encyclopédique*, 1762.ii.I.99-109.

[226]-[227] Tables. Approbation. [*227*]: le 31 mai 1778. Ameilhon.

1778.vii.I.

[5]. SECONDE CLASSE. ROMANS DE CHEVALERIE.

[5]-59 Histoire de Maugis d'Aigremont et de Vivian son frère, fils de Beuves, fils de Doolin de Mayence; des quatre fils du duc Aymon de Dordogne, également fils de Doolin de Mayence; et particulièrement de Renaud de Montauban, l'aîné, et le plus illustre de ces quatre frères, avec les prouesses et vaillances du redouté Mabrian, roi de Jérusalem, fils du roi Yvon, lequel étoit fils de Renaud de Montauban: le tout tiré de plusieurs anciens et précieux manuscrits, tant en vers qu'en prose, et des romans imprimés en prose, de Maugis, des quatre fils Aymon, et de Mabrian. [*5*]-7: on tentera de faire une synthèse de tous les ouvrages consacrés à ces héros; 7-59, [Maugis d'Aigremont].

> *Maugis d'Aigremont*. Mss du quinzième siècle, à la suite de *Renaut de Montauban* (Woledge, nos 139-140). Editions: 1518, 1527 (DeJongh, no.86), s.d., 1538 (Arsenal), 1551, s.d., s.d., 1584 (Arsenal) (Woledge, no.142). Gautier, nos 1973-1986, ne cite pas l'article de la *BUR*.

60-102 Histoire des quatre fils Aymon. *60*; 60-102.

Voir aussi 1777.xi.29-36.

> *Renaut de Montauban (Les Quatre Fils Aymon)*. Mss quinzième siècle. Editions: [1482-85] (DeJongh, no.11), [1485], 1493, 1495, 1497, 1499, 1499, 1506, 1506, 1508, 1521, 1526, [1530], 1531, s.d., 1539, 1539, [1550], s.d., 1561, s.d., 1573, 1579, 1583 (Arsenal), [1590], s.d., s.d., (Woledge, nos 139-141). Voir Gautier, no.2131. Arsenal possède également une *Histoire des quatre fils Aymon*, Troyes, Oudot, s.d., ainsi que la version publiée en 1783 par Jean Castilhon (MMF 83.20).

102-161 Chronique du vaillant et redouté Mabrian, fils d'Yvon, roi de Jérusalem, lequel étoit fils de Renaud de Montauban. 102-160; *160-161*: par Gui Bounay (ou Bouvain) et Jean-le-Cœur.

> Guy Bounay et Jean Le Cueur, *Mabrian*. Editions: 1525 (DeJongh, no.82), 1530 (Arsenal), s.d., s.d., s.d., s.d., s.d., 1549, s.d., [1570], 1581 (Arsenal), s.d., s.d. (Woledge, no.143). Voir Gautier, no.2131.

161-171 La Conquête du très-puissant empire de Trébisonde et de la spacieuse Asie, en laquelle sont comprises plusieurs batailles, tant par mer que par terre, ensemble maintes triomphantes entrées de villes et princes d'icelles, décorées d'utiles et poëtiques descriptions de pays, avec plusieurs contes d'amour jusques ici non vus, et harangues très-éloquentes. Paris, Jean Trepenel, sans date, petit in-4°. *161*; 161-170; *170-171*; *171*: on renvoie au volume suivant cinq poèmes italiens sur les *Fils Aymon* et sur *Renaud de Montauban*.

Pour une première mention de *La Conquête de Trébisonde*, voir 1777.xi.29-36. Pour les versions italiennes de *Renaud de Montauban*, voir 1778.vii.II.5-216.

> *La Conqueste de Trebisonde*. Editions: 1517, s.d., s.d. (DeJongh, no.60, donne la date 1511-1512), s.d., 1583 (Arsenal) (Woledge, no.144). C'est la seconde des éditions sans date qui est citée dans le titre de l'article. Voir Gautier, no.2131.

172. [TROISIÈME CLASSE. ROMANS HISTORIQUES.]

172-199 [Alix de France]. *172-173*: auteur inconnu, 1686; 174-199 (avec, pp.188-190, La Ressemblance, (histoire épisodique)).

Voir aussi 1778.ii.213-214.

Anon., *Alix de France, nouvelle historique*, 1687 (Lever, p.34).

199-238 [Edèle de Ponthieu]. *199-201*: par le chevalier de la Vieuville de Vignacourt. Même sujet que la nouvelle de madame de Gomez donnée en décembre 1776; 201-219; *219*: deux récits intercalés; 219-226, [Histoire de l'empereur grec Manuel Comnène et de Bélézinde]; 226-238, [Histoire d'Alphonse, roi de Portugal, de Gusman et de Moraizele]. Pour la version de madame de Gomez, voir 1776.xii.106-133.

Adrien de La Vieuville d'Orville, comte de Vignancourt, *Edele de Ponthieu, nouvelle historique*, 1723 (Jones, p.35).

[239] Approbation. [*238*]: le 30 juin 1778. Ameilhon.

1778.vii.II.

[5]. [SECONDE CLASSE. ROMANS DE CHEVALERIE].

[5]-216 [Poèmes italiens sur Renaud et Richardet]. [*5*]: 'Nous avons, dans notre précédent Volume annoncé l'Extrait, ou du moins la Notice de différens Poëmes Italiens, dont les Héros sont *Renaud* ou *Richardet* son frère […]'
Pour un premier article sur *Renaud de Montauban*, voir 1778. vii.I.5-171. Cette suite est annoncée, p.171.
[5]-91 [Renaud l'amoureux]. [*5*]-*8*: traduction par M. de la Ronce, 1620 et 1724. Le *Rinaldo* de Torquato Tasso publié en 1562; 8-90 (avec, pp.23-25, Histoire des amours de Francard; 37-40, Histoire de Florinde; 53-54, Histoire de Clitie; 55-63, Histoire du palais de la Courtoisie); *91*.
Pour une seconde version de cet ouvrage, où l'original est attribué à Bernardo Tasso, père de Torquato Tasso, voir 1788.ii.3-164.

Torquato Tasso, *Rinaldo*, 1562. Trad. de La Ronce, *Le Renaud amoureux*, [1619], 1624, 1724 (Bn, BM). Une nouvelle version a été publiée sous le titre de *Renaud* en 1784 par Jean-Etienne Menu de Chomorceau (MMF 84.62). L'attribution au père du Tasse qu'on trouve dans l'article de 1788 cité ci-dessus ne semble pas avoir été suivie ailleurs. Ici, pp.6-7, on se contente d'insister sur la précocité d'une jeune auteur de 18 ans.

91; *92*: *Rinaldo furioso*, 1542, par François Tromba de Gualdo; 93-94.

Francesco Tromba, *Rinaldo furioso*, 1530-1531 (Bibliografia dei romanzi, p.236).

94-95: *Le Roman de Passamont. Le Livre de Fortunato*, 1583. *Rubione d'Anferne*, manuscrit de Jacques de Calvacanti écrit entre 1455 et 1521.

Giovannandrea Narcisso, *Il Passamonte*, 1506 (Bibliografia dei romanzi, pp.244-246). *Il Fortunato*, 1508 (Bibliografia dei romanzi, pp.246-248). Nous n'avons pu identifier le manuscrit dont il est question ici.

95-96: *Constantin le Sauvage*, 1535, par Jean-Baptiste Cortèse.

Giovanni Battista Cortese, *Il Selvaggio*, 1535 (Bibliografia dei romanzi, p.251).

96-97: *Histoire des amours de Leandre*, s.d., 1563, s.d., avec traduction française par le sieur de Nervèze en 1608.

Durante da Gualdo, *Libro chiamato Leandra*, 1508. Trad. Antoine de Nervèze, *Les Advantures guerrières et amoureuses de Léandre*, 1608 (Lever, p.26).

97: *Rinaldo appassionato*, 1538, 1628; 98-105.

Ettore Baldovinetti, *Rinaldo appassionato*, 1538, 1612 (Bn), 1628 (Arsenal).

105-106: *Dama Rovenza del Martello*, 1566, 1571; 106-115.

Libro chiamato dama Rouenza dal Martello, 1541 (Bibliografia dei romanzi, pp.242-243).

115: *Richardet amoureux* par Jean-Pierre Civeri, 1595.

Giovanni Pietro Civeri, *Ricciardetto innamorato*, 1595 (Bibliografia dei romanzi, p.253).

115-119: Richardet, 1738, par Forteguerri, traduit par Dumouriés, 1764 et 1766; 120-132,Chants premier et second du poëme italien, formant le chant premier du poëme françois de M. Dumouriés; 132-152, Chant second de la traduction françoise, composé des troisième et quatrième du poëme italien; 152-158, Chant troisième de la traduction françoise, composé des cinquième et sixième chants du poëme italien (avec, pp.153-154, Histoire de Filomène); 158-178, Chant quatrième de la traduction françoise, composé des septième, huitième et neuvième chants du poëme italien; *178*; 179-190, Chant cinquième de la traduction françoise, composé des dixième, onzième et douzième chants du poëme italien; 190-196, Chant sixième de la traduction françoise, composé des treizième, quatorzième et quinzième chants du poëme italien; 197-200, Chant septième de la traduction françoise, composé des seizième et dix-septième chants du poëme italien; 200-204, Chant huitième de la traduction françoise, composé des dix-huitième et dix-neuvième du poëme italien; 204-206, Chant neuvième de la traduction françoise, composé des vingtième, vingt-unième et vingt-deuxième chants du poëme italien; 206-210, Chant dixième de la traduction françoise, composé des vingt-troisième, vingt-quatrième et vingt-cinquième chants du poëme italien; 210-213, Chant onzième de la traduction françoise, composé des vingt-sixième, vingt-septième et vingt-huitième chants du poëme italien; 213-214, Chant douzième et dernier de la traduction française, composé des vingt-neuvième et trentième chants du poëme italien; 214-216.

Nicolò Forteguerri, *Ricciardetto*, 1738 (Bibliografia dei romanzi, pp.252-253). Trad. Anne-François Duperrier-Dumouriez, *Richardet*, 1764 (Bn).

216 Approbation *216*: le 14 juillet 1778. Ameilhon.

1778.viii.

[5]. QUATRIÈME CLASSE. SUITE DES ROMANS FRANÇOIS, PAR ORDRE ALPHABÉTIQUE.

[5] [*5*]: 'Nous continuons à suivre le Dictionnaire des Romans François.'
6-9 Adelson et Salvini, anecdote angloise, par M. d'Arnaud, Paris, 1772, brochure in-octavo de 120 pages. *6*; 6-8; *8-9*.

François-Thomas-Marie de Baculard d'Arnaud, *Adelson et Salvini, anecdote anglaise*, 1772 (MMF 72.10, qui indiquent que c'est la quatrième nouvelle du t.ii des *Epreuves du sentiment*).

9-10 Histoire du prince Adonistus, par madame la marquise de L***, tirée des manuscrits de madame la comtesse de Verrue, la Haye, 1738. *9*; 9-10; *10*: par la marquise de Lambert? par madame de Lassai?

La marquise de Lassay, *Histoire du prince Adonistus par madame la marquise de L*** tirée des manuscrits de madame la comtesse de Veruë*, 1738 (Jones, p.67; MMF 55.R45).

11-13 Les Admirables Faits d'armes d'Alceste, servant l'infidelle Lidie, par le sieur Desescuteaux, Saumur, 1613, in-12. *11-12*; 12-13.

Nicolas Des Escuteaux, *Les Admirables Faits d'armes d'Alcestes, servant l'infidèle Lydie*, 1613 (Lever, p.25).

14-21 Adrienne, ou les aventures de la marquise de N. N., traduites de l'italien, par M.D.L.G., Milan et Paris, 1768, 2 parties en 1 volume in-12 d'environ 450 pages. *14-15*: la *Cantatricè per disgrazia*, 1762, par l'abbé Chiari de Brescia, traduite par M. de la Grange; 15-21; *21*.
Voir aussi 1778.xi.160.

Pietro Chiari, *La Cantatrice per disgrazia*, 1762. Trad. Nicolas La Grange, *Adriene ou les aventures de la marquise de N. N., traduites de l'italien par M.D.L.G.*, 1768 (MMF 68.21, qui citent une nouvelle version (99.58) en 1799).

22-27 Adventureuses Fortunes d'Ipsilis et d'Alixée, Paris, 1617. *22*: par Desescuteaux; 22-27.

> Nicolas Des Escuteaux, *Les Avantureuses Fortunes d'Ipsilis et Alixée*, 1602 (Lever, p.86, qui indique une *Suite* en 1605 et une *Fin* en 1623).

28-30 Le Roman des Æles, ou Elles, manuscrits in-folio et in quarto. *28*: erreur de Lenglet Dufrenoy, car *roman* ici ne veut dire qu'en langue *romane*; 28-30; *30*: Raoul de Houdan.

> Raoul de Houdenc, *Le Roman des ailes*, début treizième siècle. Voir Bossuat, nos 2684-2687, 6533.

31-57 Ælius-Séjanus, histoire romaine recueillie de divers auteurs, avec l'Histoire des prospérités malheureuses d'une femme catanoise, et des Remarques d'état sur la vie de M. de Villeroy par P. Mathieu, Paris, 1618, et Rouen, 1642, 1 vol.in-12. *31-33*; 33-36, Ælius Séjanus; *37*; 37-43, Histoire des prospérités malheureuses d'une femme catanoise; 43-48, Remarques d'état sur la vie de M. de Villeroy; *48-49; 49-57*: vie et œuvres de Pierre Mathieu.

> Pierre Matthieu, *Histoire d'Ælius Sejanus*, 1617. *Histoire des prospéritez malheureuses d'une femme cathénoise, grande séneschalle de Naples*, 1617. *Remarques d'état de M. de Villeroy*, 1635 (Lever, pp.189-190, qui signale le fait que l'*Histoire des prospéritez malheureuses [...]* est adaptée de Boccace).

57-66 Histoire d'Agathe de Saint-Bohaire, Amsterdam et Lille, 1769, 2 parties, chacune de 300 pages. *57-58*: auteur inconnu; 58-66.

> Joseph-Pierre Frenais, *Histoire d'Agathe de St. Bohaire*, 1769 (MMF 69.35).

66-68 Agathe et Isidore, par madame Benoît, Amsterdam, Paris, 1768, 2 volumes in-12, chacun de 300 pages. *66-67*; 67-68.

> Françoise-Albine Puzin de La Martinière, madame Benoist, *Agathe et Isidore*, 1768 (MMF 68.13).

69 Agathe et Lucie, par M. J. P. le Camus, évêque de Belley. Paris, 1622, 1 volume in-12. *69*: erreur de Lenglet Dufresnoy, car il s'agit d'une lettre pieuse dont le titre correct est *Agathe à Lucie*. Article sur Camus dans le second volume de janvier 1776. Pour l'article cité, voir 1776.i.II.5-17, suivi de 1776.iii.5-80.

> Jean-Pierre Camus, *Agathe à Lucie, lettre pieuse*, 1622 (Bn).

70 Agathonphile, ou les martyrs siciliens, Agathon, Philargiripe, Triphine, et leurs asociés, histoire dévote, où se découvre l'art de bien aimer, pour antidote aux deshonnêtes affections. *70*: 1621, 1627, 1638. Source du morceau suivant.

> Jean-Pierre Camus, *Agathonphile ou les martyrs siciliens Agathon, Philargiryppe, Triphyne, et leurs associez*, 1621 (Lever, p.29, qui indique des rééditions de 1623, de 1638 et de 1641; Descrains, no.036).

70-71 Agathon et Triphine, histoire sicilienne par M. Cusson, Nancy, 1712, 1 vol. in-12. *70-71*.

> Jean-Baptiste Cusson, *Les Pieux Delassemens de l'esprit. Agathon et Tryphine, histoire sicilienne*, 1711 (Jones, pp.19, 21, qui indique une réédition de 1712).

72-128 Histoire d'Agathon ou tableau philosophique des mœurs de la Grèce imité de l'allemand de M. Wieland, Lauzanne et Paris, 1768, 4 parties, en 2 vol. in-12. *72-74*; 74-128; *128*: original allemand en 1766 et traduction en 1768.

> Christoph Martin Wieland, *Geschichte des Agathon*, 1766. Trad. Joseph-Pierre Frenais, *Histoire d'Agathon ou tableau philosophique des mœurs de la Grèce*, 1768 (MMF 68.57).

129-146 Histoire d'un jeune Grec, conte moral, traduit de l'allemand de M. Wiéland, par l'auteur de la traduction des Instructions d'un père à ses filles, en deux parties, Leyde, Peker, 1777 et 1778, in-douze. *129*: on se servira de cette traduction pour la suite du morceau précédent; 129-146; *146*.

> Christoph Martin Wieland, *Geschichte des Agathon*, 1766. Trad. François Bernard, *Histoire d'un jeune Grec, conte moral traduit de l'allemand de Mr Wielland*, 1777 (MMF 77.62). *Les Instructions d'un père à ses filles*, 1775 (Bn), ont été traduites de l'anglais de John Gregory par François Bernard.

147-149 La Princesse Agathonice, ou les différens caracteres de l'amour; histoire du temps, Paris, 1693, un petit volume in-douze. *147*: auteur inconnu; 147-149.

Anon., *La Princesse Agathonice ou les différents caractères de l'amour, histoire du temps*, [1693] (Lever, pp.352-353).

150-159 Agénor et Zulmé, Nancy et Paris, 1768, trois parties en un petit volume, in-douze. *150*: auteur inconnu; 150-159: comprend, pp.153-154, Histoire d'Osiris; 157-158, Histoire d'Alcaste.

Anon., *Agénor et Zulmé*, 1768 (MMF 68.1).

160-170 Agiatis, reine de Sparte, ou les guerres civiles des Lacédémoniens, sous les rois Agis et Léonidas, Paris, 1685, 2 vol. in-12. *160-161*: le sieur de Vaumorière; 161-170.

Pierre d'Ortigue, sieur de Vaumorière, *Agiatis, reyne de Sparte ou les guerres civiles des Lacédémoniens sous les rois Agis et Léonidas*, 1685 (Lever, p.29).

171-204 Aglaure, ou la fée de la forêt, conte. *171*: ouvrage manuscrit; 171-204: comprend, pp.181-202, l'Histoire du prince de l'isle verte.

Nous n'avons pas trouvé ailleurs ce texte, qui semble paraître ici pour la première fois. Le narrateur rencontre dans un bois la belle fée Aglaure, qui l'emmène dans son palais et lui conseille d'inspirer de la jalousie à une belle dédaigneuse, s'il veut s'en faire aimer.

204 Agnès de Bourgogne, nouvelle historique, Paris, 1680, 1 vol. in-12. *205*: titre donné par Lenglet Dufresnoy, mais dont le rédacteur n'a trouvé aucun exemplaire. Serait-ce une erreur pour *Adélaïde de Bourgogne*, résumé au mois de mai dernier?
Pour *Adélaïde de Bourgogne*, voir 1778.v.187-224.

Michel Archard Rousseau, sieur de la Valette, *Agnès, princesse de Bourgogne, nouvelle*, 1683 (Lever, p.30).

206 Agnès de Castro, nouvelle portugaise, Paris, 1688, et Amsterdam, 1710, 1 vol. in-12. *206*: le rédacteur n'en connaît pas d'exemplaire, mais renvoie à la tragédie de la Motte et au roman de Desfontaines, *Histoire de don Juan de Portugal et d'Inès de Castro*.

Jean-Baptiste de Brilhac, *Agnès de Castro, nouvelle portugaise*, 1688 (Lever, p.29). L'*Inès de Castro* d'Antoine Houdar de La Motte est de 1723 (Bn). Pierre-François Guyot Desfontaines a publié son *Histoire de D. Juan de Portugal [...]* en 1724 (Jones, p.36).

207 Agnès de Saint-Amour, ou la fervente novice, par le père Michel-Ange Marin, religieux minime, imprimé vers 1750, en 2 vol. in-12. *207*: sur Marin voir le mois de mai dernier.
Pour l'article sur Marin dont il est question ici, voir 1778.v.224-225.

Le père Michel-Ange Marin, *Agnez de Saint Amour ou la fervente novice*, 1761 (MMF 61.11).

208 Agnès Sorel, nouvelle historique. *208*: 'C'est ainsi que pourroit être intitulée une refonte de différens articles de l'*Histoire des Favorites*, de Mademoiselle de *la Rocheguilhem*, des *Galanteries des Rois de France*, de *la France Galante*, des *Mémoires du règne de Charles VII*, &c. dans lequels il est traité d'*Agnès Sorel*'.
Voir aussi 1778.x.II.115-237, où les éditeurs offrent en fait la compilation sur la vie d'Agnès Sorel qui est esquissée ici.

Sur les différentes sources proposées pour cette nouvelle qui reste à écrire, voir 1778.x.II.115-237.

209 Histoire du chevalier Agravain. *209*: roman manuscrit exploité au mois de juillet 1777.
Voir 1777.vii.I.87-122, où Agravain, frère de Gauvain, figure dans l'*Histoire des quatre frères, chevaliers de la Table ronde*.

210 Les Agrémens et les chagrins du mariage, nouvelle galante, 6 parties, en 3 volumes, Paris, 1692, 1693, et 1694. *210*.

Jacques Dubois de Chastenay, *Les Agréemens et les chagrins du mariage, nouvelle galante*, 1692 (Lever, p.31, qui cite des rééditions en 1693 et 1694).

211 Agrippine, histoire romaine. *211*: dans les *Dernières Œuvres*, 1707, de mademoiselle de la Rocheguilhem, qui se serait inspirée en partie de Ferrante Pallavicino, *Le Duè Agrippinè*, 1642.

Pour les *Dernières Œuvres* d'Anne de La Roche-Guilhem, où *Agripine, histoire romaine* est le deuxième récit, voir 1778. v.126-146. *Le Due Aggrippine* de Ferrante Pallavicino date effectivement de 1642 (Bn).

212 Histoire de Mathilde d'Aguilar par mademoiselle de Scudéry, Paris, 1667, idem, 1702, 1 vol. in-12. *212*: ouvrage qui paraît dans un recueil, *les Jeux*, et dont on rendra compte dans un autre volume.
Pour *Les Jeux de Mathilde d'Aguilar*, voir 1778.x.I.170-213.
[213] Approbation. [*213*]: le 31 juillet 1778. Ameilhon.

1778.ix.

[5]. PREMIÈRE CLASSE. ROMANS ÉTRANGERS NON ENCORE TRADUITS.

[5]-68 Mémoires de la vie et des aventures de Tsonnonthouan, chef de la nation indienne occidentale des Têtes rondes, tirées des papiers originaux avec cette épigraphe traduite de deux vers d'Homère: Dis-moi, Muse, quel est celui qui a parcouru tant de climats, et qui a connu le génie d'un si grand nombre d'hommes. Londres, 1763, 2 volumes in-12. [*5*]-7; 7-14, Chapitre Premier. Naissance de Tsonnonthouan. Réflexions remarquables sur la forme de sa tête et sur son caractère; 15-19, Chapitre 2. De l'éducation de Tsonnonthouan, et de ses premiers voyages; 19-26, Chapitre 3. Beau Combat de Tsonnonthouan contre un ours. Il sauve la vie à la belle Schatératsi. Sa dispute avec l'Anglois Diggory-Bunce; 26-29, Chapitre 4. Festin et indigestion de Tsonnonthouan. Les sentimens sont partagés sur le traitement de sa maladie; 30-36, Chapitre 5. Mariage de Tsonnonthouan. Soupçon mal fondé que l'on conçut le lendemain contre l'honneur de sa femme. Le mari la justifie avec générosité. Il prend un nouveau Manitou, ce qui occasionne une guerre entre les Indiens et les Quakers anglois; 36-37, Chapitre 6. Naissance du fils de Tsonnonthouan; 37-42, Chapitre 7. Chasse de Tsonnonthouan, tempête, succès malheureux d'une tentative hardie; 42-44, Chapitre 8. Tsonnonthouan a le sort d'Icarc; 44-46, Chapitre 9, premier du tome second. Tsonnonthouan est guéri de sa blessure, grande question de savoir à qui il a obligation de sa guérison; 48-52, Chapitre 10. Première Lettre de Tsonnonthouan au sieur B***, chirurgien anglois; 53-54, Chapitre 11. Dissertation épisodique sur le génie et la pauvreté des langues sauvages; 55-58, Chapitre 12. Seconde Lettre de Tsonnonthouan. Son voyage chez les Stuikards; 58-59, Chapitre 13. Continuation de la lettre précédente. Comment finit la maladie de la mère du grand chef des Stuikards; 60-62, Chapitre 14. Suites importantes de la confiance que Tsonnonthouan prit dans la robe noire; 63-67, Chapitre 15 et dernier. Dernière Lettre de Tsonnonthouan à Benjamin B***; *67-68*.

> Anon., *Memoirs of the Life and Adventures of Tsonnonthouan, a King of the Indian Nation called Roundheads*, 1763. Trad. *Mémoires, vie et aventures de Tsonnonthouan, roi d'une nation indienne appellée les Têtes Rondes et traduite librement de l'anglais*, 1787 (MMF 87.15, qui affirment à tort que la *BUR* attribue l'ouvrage à Sterne, car on cite *Tristram Shandy* seulement comme modèle de ce nouvel ouvrage anonyme).

69-83 Der Goldene Spiegèl, c'est-à-dire, Le Miroir d'or, ou les rois de Scheschian, histoire véritable, traduite du schéschianois, Leipsig, 1772, 2 volumes in-12. *69-70*: par M. Wiéland. Résumé d'après le *Journal littéraire de Berlin*, dernier volume de 1772; 70-77; *77-83*: notes sur Wieland.

> Christoph Martin Wieland, *Der Goldene Spiegel oder die Könige von Scheschian*, 1772. Trad. *Le Miroir d'or ou les rois du Chéchian, histoire véritable traduite de l'allemand*, 1773 (MMF 73.37).

84-106 Les Abdérites, histoire vraisemblable, par M. Wiéland, Dresde, 1774. *84*; 84-106.

> Christoph Martin Wieland, *Geschichte der Abderiten*, 1781. D'abord dans le *Teutscher Merkur*, 1774-1780 (Hadley, p.88). Version française dans le *Journal littéraire* (Berlin), 1774, xii.219-254, xiv.3-4, et 1775, xv.28-53 (Steinberger, no.13).

106-116 Mémoires de mademoiselle de Sternheim, publiés par M. Wiéland, en allemand, vers 1771, traduits de l'allemand en françois par madame de L. F. demeurante en Hollande en 1772, imprimés à la Haye en 1773, 2 vol. in-12. 106-107: écrit par madame de la Roche et édité par M. Wiéland; 107-116.

Voir aussi le morceau suivant et, pour une version plus complète, 1781.iii.86-120.

> Maria Sophie Gutermann, Frau von La Roche, *Geschichte des Fräuleins von Sternheim*, 1771. Trad. Marie-Elisabeth Bouée, madame de La Fite, *Mémoires de mademoiselle de Sternheim, publiés par Mr. Wieland et traduits de l'allemand par madame ****, 1773 (MMF 73.26).

116-121 [Histoire de mademoiselle de Bleinheim]. *116*: ce récit se trouve à la fin du second volume de la traduction de l'*Histoire de mademoiselle de Sternheim*; 116-121; *121*.

> Maria Sophie Gutermann, Frau von La Roche, *Petite Anecdote allemande*, dans *Les Caprices de l'amour et de l'amitié*, 1772 (MMF 72.24). Ce conte, rédigé en français par madame de La Roche, occupe les soixante dernières pages du t.ii de la traduction des *Mémoires de mademoiselle de Sternheim* faite par madame de La Fite (voir article précédent).

122-175 Les Aventures merveilleuses de dom Sylvio de Rosalva, ou le nouveau Dom Quichotte, par l'auteur d'Agathon (M. Wiéland) traduites en françois sous le premier titre, Dresde et Paris, 1769, 2 vol. in-12; et sous le second, Bouillon, 1770, 4 parties, en un grand volume in-8°. *122-123*: l'auteur de la première traduction est inconnu, mais la seconde est de madame Dussieux; *124-175*.

Voir aussi le morceau suivant et, pour une nouvelle version, 1785.i.II.3-31.

> Christoph Martin Wieland, *Der Sieg der Natur über die Schwärmerey order die Abenteuer des Don Sylvio von Rosalva*, 1764. Trad. Konrad Sal. Walther, *Les Aventures merveilleuses de don Sylvio de Rosalva*, 1769 (MMF 69.70). Trad. par Louis d'Ussieux (ou madame d'Ussieux), *Le Nouveau Don Quichotte, imité de l'allemand de M. Wieland, par madame d'Ussieux*, 1770 (MMF 70.79).

176-178 Histoire du prince Biribinker, conte épisodique du nouveau Dom Quichotte. *176-178*.

> Ce récit se trouve au début du sixième livre de *Don Sylvio von Rosalva* (voir article précédent) et a été publié à part sous le titre de *Geschichte des Biribinker* en 1769 (Hadley, p.37). Il occupe les chapitres i et ii de la quatrième partie dans la traduction française de 1770 (MMF 70.79).

179-211 Suite de l'extrait du Novelliéro italiano. *179-184*: suite des articles donnés en juin et septembre 1777 et en avril 1778. *Hécatommithi*, 1565, par Jean-Baptiste Giraldi, traduit par Gabriel Chapuis, 1584; 184-202: cinq nouvelles prises dans le *Novvelliero*, avec d'autres par le même auteur; 202-211: résumé de la tragédie d'*Orbèque*, par Giraldi.

Pour d'autres extraits du Novelliero italiano, voir 1777.vi.151-206, 1777.ix.82-161 et 1778.iv.I.83-177.

> Sur ce recueil, voir 1777.vi.151-206. Les nouvelles de Giambattista Giraldi, *Hecatommithi*, 1565, paraissent dans le t.iii. Trad. Gabriel Chappuys, *Cent Excellentes Nouvelles de J. B. Giraldi contenant plusieurs beaux exemples et histoires*, 1583, 1584 (DeJongh, no.269). La tragédie *Orbecche* a été adapté par Giraldi de la seconde nouvelle du second livre de son recueil.

212-[214] Tables. Approbation. [*214*]: le 31 août 1778. Ameilhon.

1778.x.I.

[3]. TROISIÈME CLASSE.

[3]-19 Romans historiques relatifs à l'histoire de France. [*3*]-*4*: la classe des romans de chevalerie et l'extrait de *Guérin de Monglaive* renvoyés au second volume d'octobre; *4-5*: on donnera à la place les *Anecdotes de la cour de Philippe-Auguste* par mademoiselle Lussan; *5-18*: précis historique de ce règne; *18-19*.

Pour *Guérin de Monglave*, voir 1778.x.II.3-114.

19-169 Extrait des Anecdotes de la cour de Philippe-Auguste, par mademoiselle de Lussan, 6 vol. in-12, Paris, 1733, pour les trois premiers volumes, 1738 pour les trois

derniers. 19-76; *77-83*: notes sur la Comtesse de Vergy du chevalier de Vignacourt, et sur d'autres ouvrages traitant de ce cette héroïne; 84-141; *142-169*, Notes historiques et généalogiques sur les principaux personnages et les principales familles dont il est question dans les anecdotes de Philippe-Auguste; *169*.
Pour d'autres références aux *Anecdotes de la cour de Philippe-Auguste*, voir 1776.ii.106 et 1778.ii.206-207.

> Marguerite de Lussan, *Anecdotes de la cour de Philippe-Auguste*, 1733. *Suite des anecdotes de la cour de Philippe-Auguste*, 1738 (Jones, p.51; MMF 82.R79).

170. [QUATRIÈME CLASSE. SUITE DES ROMANS FRANÇOIS, PAR ORDRE ALPHABÉTIQUE].

170-213 Les Jeux de Mathilde d'Aguilar, histoire espagnole et françoise, véritable et galante, par Mlle de Scudéry. A Villefranche, chez François Fidel, à la Sincérité. 1704. Trois parties en un gros volume in-8°. 170-175: cadre; *175-177*: les *Anecdotes d'Alphonse, onzième du nom*, par madame de Villeneuve, ne seraient qu'une réédition de ce roman de mademoiselle de Scudéry; 177-203; *203*: quelques sonnets de Pétrarque dans une traduction plus moderne que celle de mademoiselle de Scudéry; 204, Imitation du sonnet trente-huitième, dans lequel Pétrarque se plaint des parures qui rendent sa maîtresse plus belle, et de son miroir qui la rend si fière, qu'elle rebute son amour, et n'aime qu'elle-même; 205-206, Autre Imitation du sonnet deux cent-unième dans certaines éditions, et environ le quarantième dans d'autres, commençant par Real natura, etc.; 207, Imitation du cent-quatre-vingt-neuvième sonnet, dans lequel Pétrarque parle d'une fête qu'il donna sur la rivière de Sorgue à Laure, et à douze autres dames; 208, Autre Imitation du soixante-sixième sonnet, Erano i capei d'oro, dans lequel Pétrarque fait le portrait de Laure, telle qu'elle étoit la première fois qu'il la vit [...]; 209, Réduction en un seul sonnet de trois sonnets de Pétrarque, dont le premier commence par O bella man, sur un gant de la belle Laure qu'il avoit dérobé, et qu'elle le força de rendre; 210-211, Imitation du cent-quatre-vingt-sixième sonnet Liete pensose, sur une absence de Laure, que l'on croyoit être l'effet de la jalousie de son mari [...]; 212, Réduction de deux sonnets de Pétrarque sur le portrait de Laure, fait par Simon de Sienne; 213, Réduction de quatre sonnets de Pétrarque, sur l'affliction et les larmes de Laure.
Voir aussi 1778.viii.212.

> Madeleine de Scudéry, *Mathilde*, 1667 (Lever, p.261). *Les Jeux de Mathilde d'Aguilar*, 1704 (Bn).
> Adapt. Gabrielle-Suzanne Barbot de Villeneuve, *Anecdotes de la cour d'Alphonse, onzième du nom, roi de Castille*, 1756 (MMF 56.29).

[214] Approbation. [*214*]: le 30 septembre 1778. Ameilhon.

1778.x.II.

[3]. DEUXIÈME CLASSE. ROMANS DE CHEVALERIE.

[3]-114 Extrait de la présente [pour plaisante] histoire du très-preux et vaillant Guérin de Monglave, lequel fit en son temps plusieurs nobles et illustres faits en armes, et aussi parle des terribles et merveilleux faits de Robastre et Perdrigon, pour secourir ledit Guerin et ses enfans. Avec un bref sommaire des nobles prouesses et vaillances de Gallien Restauré, fils du noble Olivier le marquis, et de la belle Jacqueline, fille du roi Hugon, qui fut empereur de Constantinople, par M.L.C.D.T. [*3*]*-4*: *Guerin*, Paris, s.d., in-4° et *Gallien*, Paris, 1500, in-folio; 4-89: Guerin; 90-114: Gallien.

> *Garin (Guérin) de Montglane*. Ms fin quinzième siècle (Arsenal). Editions: s.d. (DeJongh, no.52), 1518, 1518, s.d., [1550], s.d. (Arsenal), 1585 (Woledge, nos 64, 65). *Galien restauré*. Ms quinzième siècle. Editions: 1500 (de Jongh, no.45), s.d., 1507, s.d., 1521, s.d., 1525 (Arsenal), ?1527, [1530], s.d., [1540], s.d., [vers 1550], 1550, s.d., s.d., 1575, 1586, 1589 (Woledge, no.63). Voir Gautier,

nos 1565, 1662, 1726, 2232, et Jacoubet (1932), pp.65-75. Le comte de Tressan, auteur de l'article, a repris ce morceau dans son *Corps d'extraits, de romans de chevalerie*, 1782, ii.315-453. (MMF 82.37).

115. [QUATRIÈME CLASSE. SUITE DES ROMANS FRANÇOIS, PAR ORDRE ALPHABÉTIQUE].

115-237 Histoire d'Agnès Sorel, tirée des meilleurs ouvrages historiques concernant le règne de Charles VII, et de plusieurs ouvrages romanesques et poétiques, tels que l'Histoire des favorites, par mademoiselle de la Roche-Guilhem, les Intrigues de la cour de France dans tous les temps de la monarchie, les Amours des rois de France par Sauval, les Anecdotes de la cour de Charles VII, par madame Durand, le poëme de la Pucelle, par Chapelain, etc. *115-116*: 'Les matériaux pour un roman historique d'*Agnès Sorel*, sont très-abondans; cependant il nous en manque encore [...] Nous allons rassembler tout ce que l'on a su ou supposé sur ce sujet, & en former un canevas suivi, d'après lequel il sera aisé de faire un Roman plus étendu de la vie & des amours d'*Agnès Sorel*' (p.115); 116-206; *206-237*, Notes historiques et généalogiques sur les personnages et les familles dont il est parlé dans les histoires et romans d'Agnès Sorel.
Voir aussi 1778.viii.208, où l'on annonce cette compilation.

> Anne de La Roche-Guilhem, *Agnès Soreau, sous Charles VII, roi de France*, dans *Histoire des favorites, contenant ce qui s'est passé de plus remarquable sous plusieurs règnes*, 1697, pp.91-144 (Lever, pp.201-202; Jones, p.7). Pour les *Intrigues galantes de la cour de France*, 1694, de Claude Vanel ou Henri Sauval, voir 1776.ii.72-192. Lever, p.236, indique une réédition de cet ouvrage en 1694 qui porte le titre *Galanteries des rois de France depuis le commencement de la monarchie jusques à présent* (d'où sans doute le titre *Amours des rois de France* cité en tête de l'article). Pour les *Mémoires secrets de la cour de Charles VII*, 1700, de Catherine Bédacier, née Durand, voir 1776.ii.114. L'épopée de Jean Chapelain, *La Pucelle*, date de 1656 (Bn).

238-[239] Tables. Approbation. [*239*]: le 14 octobre 1778. Ameilhon.

1778.xi.

[3]. PREMIÈRE CLASSE. ROMANS ÉTRANGERS QUI N'ONT JAMAIS ÉTÉ TRADUITS EN FRANÇOIS.

[*3*]-57. Les Amours d'Hourchid et de Ferahchad, extrait d'un roman turc en vers traduit par M. Cardonne, secrétaire-interprète du roi, professeur en langue turque et persane au Collége royal, censeur royal, et inspecteur de la librairie. [*3*]-*4*: le manuscrit sur lequel Cardonne a travaillé date de 1400; 4-57.

> Nous n'avons pas réussi à identifier ce manuscrit avec précision, mais il s'agit peut-être de l'Ancien fonds turc 377, *Recueil de contes turcs par un anonyme*, qui date de vers 1400 (Bn).

58-127 Los Siete Libros de la Diana de Jorge de Montemajor. Con la segunda parte d'Alonzo Perez. E la Diana ennamorada tercera parte por Gaspard Gil Polo. *58-62*: La *Diane* imprimée en 1560. Suite d'Alphonse Perez, 1564, avec celles de Jérôme Texeda et de Gaspard Gil Polo en 1574. Traductions françaises par Nicole Colin, 1578, Gabriel Chapuis, Pavillon, Remy, Vitray. Versions abrégées par madame de Xaintonge (fin du siècle dernier et 1735) et par le Vayer de Marsilly, 1735; 62-114 (avec, pp.71-82, Histoire de Silvanie; 84-93, Histoire de Félismène; 95-98, Histoire de Bélise; 101-105, Histoire d'Abencerrage); 115-126: suite d'Alonzo Perez; *126*: on ne résumera pas la suite de Gaspard Gil Polo, mais on donnera quelques vers de madame de Xaintonge; 127, Chanson du berger Délicio. Autre.
Pour un récit intercalé emprunté à la traduction de la *Diane* par Pavillon, voir 1786.i.II.163-192.

> Jorge de Montemayor, *Los Siete Libros de la Diana*, 1559. Contin. Alonso Perez, *Segunda Parte de la Diana*, 1568. Gaspar Gil Polo, *Los Cinco Libros de la Diana enamorada*, 1564 (Palau y Dulcet). Hieronymo de Texedo, *La Diana de Montemayor, [...] tercera parte*, 1627 (Palau y Dulcet). Trad. Nico-

las Colin, *Les Sept Livres de la Diane de Georges de Montemayor*, 1578 (DeJongh, no.243). Trad. des suites par Gabriel Chappuys, 1592 (BM). Trad. Simon-Georges Pavillon, *Los Siete Libros de la Diana de George de Montemayor, où sous le nom de bergers et bergères sont compris les amours des plus signalez d'Espagne*, 1603 (Lever, p.135). Trad. Antoine Vitray, *La Diane de Georges de Monte-Mayor nouvellement traduite en françois*, 1623 (Lever, p.136). Trad. Abraham Ravaud (pseud. Abraham Remy), *La Diane de Monte-Maior divisée en 3 parties, nouvelle et dernière traduction*, 1624 (Lever, p.135). Adapt. Louise-Geneviève Gillot, dame de Saintonge, *La Diane de Montemayor mise en nouveau langage*, 1699 (Lever, pp.135-136). Réédition 1733 (Bn). Trad. Le Vayer de Marsilly, *Le Roman espagnol ou nouvelle traduction de la Diane*, 1735 (Bn).

128-155 Inkle et Iarico, histoire américaine, tirée en partie de l'anglois et en partie de l'allemand. *128-129*: récit paru dans le *Spectateur anglois* de Steele et Addisson, et traduit en allemand par Gellert. Conclusions par Bodmer et par Gessner (sur ce dernier voir *Journal étranger*, décembre 1761); 129-155.

L'anecdote d'Inkle et de Yarico est rapportée dans la onzième feuille du *Spectator*, parue le 13 mars 1711 et attribuée à Richard Steele. La *BUR* signale (p.128) que deux versions françaises de l'adaptation en vers par Christian Furchtegott Gellert avaient été publiés par Claude-François-Félix Boulenger de Rivery, dans *Fables et contes*, 1754 (Bn) et par Michel-Jean Sedaine, dans *Pièces fugitives*, 1752 (Bn). Une traduction de la suite allemande de Salomon Gessner se trouve dans le *Journal étranger*, 1761. xii.87-98, sous le titre d'*Inckel et Yariko*. Ce texte est repris par Michael Huber dans son *Choix de poésies allemandes*, 1766, i.335-343 (Bn), où la traduction est attribuée à 'M. Rivière, secrétaire d'Ambassade de S.A.S. l'Electeur de Saxe'. Le rédacteur de l'article de la *BUR* précise: 'C'est d'après ce canevas que nous avons arrangé cette histoire; loin de l'avoir extraite, nous l'avons étendue dans quelques parties' (p.129). Ce morceau, selon Monglond, aurait été réédité en 1790 (MMF 90.39).

156-215 Romans italiens modernes. *156-160*: l'abbé Chiari; *160*, La Cantatrice per disgracia, c'est-à-dire, la Chanteuse par accident. Parme, 1763, 2 parties: voir le mois d'août dernier.
Pour la traduction française de ce roman, sous le titre *Adrienne ou les aventures de la marquise de N. N.*, voir 1778.viii.14-21.
161-172, La Filosofessa italiana, c'est-à-dire, la Philosophe italienne ou les aventures de la marquise de B. . . ., Parme, 1765, 4 parties.

Pietro Chiari, *La Filosofessa italiana o sia le avventure della marchesa NN*, 1753 (Renda).

172-186, La Viaggiatrice, c'est-à-dire, la Voyageuse, ou aventures de mademoiselle E. B., écrites par elle-même en plusieurs lettres. Venise, 1761, 3 parties.

Pietro Chiari, *La Viaggiatrice, o sia le avventure di madamigella E.B.*, 1761 (Branca).

186-206, L'Uomo d'un altro mondo, c'est-à-dire, l'Homme d'un autre monde. Venise; 1768. 1 vol.

Pietro Chiari, *L'Uomo d'un altro mondo, o sia memorie d'un solitario senza nome*, 1760 (Branca).

207-215: notice sur M. Piazza à venir. Notes sur le théâtre de Chiari.
[216] Faute à corriger au commencement du second volume d'octobre. Approbation.
[*216*]: le 31 octobre 1778. Ameilhon.

1778.xii.

[3]. SECONDE CLASSE. ROMANS DE CHEVALERIE.

[3]-50 Suite de ceux du temps de Charlemagne. [*3*]-*4*: on rendra compte de *Milès et Amys* (et de *Girard de Blaves*, fils d'Amys), ainsi que de *Jourdain de Blaves* (fils de Girard); 4-25: Milès et Amys; 25-50: Girard de Blaves.

Milles et Amys (Ami et Amile). Mss quatorzième-quinzième siècles. Editions: [1502], 1507, 1531, 1553, s.d., s.d., s.d., s.d., s.d., s.d. (Woledge, nos 10-14). Arsenal a une édition de 1631 appartenant à la Bibliothèque bleue de Troyes. Voir Gautier, no.756.

51-91 Les Faits et prouesses du noble et vaillant chevalier Jourdain de Blaves, fils de Girard de Blaves, lequel conquêta plusieurs royaumes barbares; les peines qu'il eut à obtenir l'amour de la belle Driabelle, fille au fort roi Richard de Gardes. Paris, in-4°. sans date et petit in-fol. 1520. 51-91; *91*.

> *Jourdain de Blaies*. Ms 1456. Editions: 1520, 1520, s.d., s.d. (Arsenal), s.d., s.d. (Woledge, no.94). Voir Gautier, no.1860.

92. TROISIÈME CLASSE.

92-146 Romans historiques relatifs à l'histoire de France. *92-94*: en l'absence d'un roman sur les amours de Thibaut de Champagne et de Blanche de Castille, le rédacteur se propose de combler cette lacune 'en rassemblant des Anecdotes dispersées dans différens Auteurs, & y mêlant quelques chansons imitées de celles du Roi de Navarre & de ses contemporains' (p.92); 94-146, Blanche et Thibaut, anecdote historique.

> Compilation rédigée par le rédacteur de la *BUR*. Poirier, p.45, commente la technique employée.

147-161 Choix de quelques chansons de Thibaud, comte de Champagne, puis roi de Navarre. *147-149*: édition de Lévêque de Laravalliere; 150-151, Traduction libre de la chanson premiere; 151-152, Imitation de la chanson douzieme de l'imprimé, treizieme dans le manuscrit; 153, Pensée tirée de la chanson vingt-neuvieme de l'imprimé; 153-154, Traduction libre de la plus grande partie de la même chanson vingt-neuvième de l'imprimé, vingt-sixeme du manuscrit; 154-155, Chanson trente-troisieme de l'imprimé, cinquante-neuvieme du manuscrit; 156-157, Chanson soixantieme de l'imprimé, cinquante-deuxieme du manuscrit; 158-159, Cinquante-unieme chanson de l'imprimé, quarante-deuxieme du manuscrit [...]; 159-161, Chanson quarantieme de l'imprimé, trente-quatrieme du manuscrit [...].

> L'édition de Pierre-Alexandre Levesque de La Ravallière a pour titre: *Les Poésies du roy de Navarre*, 1762 (Bn). Le rédacteur de l'article annonce, p.93, que les vers reproduits proviennent d''un précieux manuscrit qui contient, premiérement, plus de soixante Chansons du Roi de Navarre, dont la plupart ont été imprimées dans leur ancien langage, par les soins de feu M. Lévêque de la Ravallière; & secondement, un nombre considérable d'autres Chansons qui n'ont jamais été imprimées [...]' Il s'agit du manuscrit no.5198, parfois appelé *Le Chansonnier de l'Arsenal*, qui est la version K de l'édition critique des poèmes du roi de Navarre préparée par Wallensköld.

162-191 Choix des chansons composées par des contemporains et amis de Thibaud de Champagne, roi de Navarre, qui se trouvent à la suite de celles de ce prince, dans un manuscrit contenant environ cinq cens chansons, avec leurs airs notés. *162*; 162, Traduction libre de la premiere chanson du Châtelain de Couci; 163-164, Lay de départie de Raoul de Couci allant à la Croisade, adressé à sa dame; *164*; *165-166*, Chanson de Thierry de Soissons; 166-168; *168-169*, Chanson du vidame de Chartres; 169-171; *171-175*: Gaces Brûlés et le comte de Bretagne; 176-177, Jeu-parti du comte de Bretagne; *178*: Thibaud de Blazon et Robert de Marberolles; 178, Epitaphe de l'Amour, par Robert de Marberolles; *179*, La Promenade de Thibaud de Blazon; *179*; 180-182: proverbes; *182-187*: Colin Muset; 187-189, Chanson de Colin Muset, dans laquelle il décrit la maniere dont il vivoit lorsqu'il étoit ménestrel ambulant; 190-191, Ronde à danser, imitée de Colin Muset.

Sur le manuscrit qui est exploité ici, voir notre notice précédente.

192-208 [Précis historique sur les règnes de saint Louis, de Philippe-le-Hardi et de Philippe-le-Bel]. 192-208.

208-212 [Poèmes du duc de Brabant]. 208: 'Pour remplir le peu de pages qui nous restent, nous allons traduire ou imiter deux Chansons du Duc de Brabant'; *208*, Premiere Chanson du duc de Brabant; 208-209; 209-212, Seconde Chanson du duc de Brabant [...].

Voir aussi 1779.i.I.201-204.

[213]-[214] Tables. Approbation. [*214*]: le 30 novembre 1778. Ameilhon.

1779.i.I.

[i]-vi Epitre à celle à qui je dois ce volume. *[i]-vi.*

vii-xii Avant-propos. *vii-xii*: Le 'Propriétaire du Privilège de cet Ouvrage' [c'est-à-dire Jean-François de Bastide] s'explique sur la retraite de 'l'homme de qualité qui inspira cette entreprise littéraire' [c'est-à-dire le marquis de Paulmy] et sur la suite de la collection. Le morceau qui occupe tout le volume aurait été envoyé par une dame (d'où l'*Epître* qui précède l'avant-propos). Voir notre Introduction, pp.7-8.

[1]-200 Ah! que de choses! [1]-200: comprend des morceaux en vers et, pp.16-20, Il n'était plus temps; 29-42, L'Amant et le mari; 90-100, L'Amour généreux; 119-140, Ah! que c'est bien fait!; 159-184, La Séduction, drame lyri-comique.

> Il s'agit d'une correspondance entre le chevalier de Sansei, le comte de Derval et madame de Monville, qui sert de cadre à des anecdotes, des récits de voyage et un texte dramatique. Poirier, p.59, attribue l'ouvrage à Jean-François de Bastide lui-même.

201-204 A Messieurs les rédacteurs de la Bibliothèque universelle des romans *201-204*: lettre envoyée de Cambrai, où une dame aurait composé un air pour accompagner une chanson qui se trouve à la page 209 du volume de décembre. La musique est reproduite aux pp.203-204.

Pour la Seconde Chanson du duc de Brabant, voir 1778.xii.209-212.

204 Approbation. *204*: le 30 décembre 1778. De Sancy.

1779.i.II.

[3]. PREMIÈRE CLASSE. ROMANS ÉTRANGERS.

[3]-46 Lindamire, histoire indienne, tirée de l'espagnol. *[3]-4*: roman paru en 1638, traduit ou imité par le sieur Baudouin; 4-45; *45-46*. 'Par M. de la Dixmerie' (p.46).

> Anon., trad. Jean Baudoin, *Lindamire, histoire indienne, traduite de l'espagnol*, 1638 (Lever, p.251, qui considère l'ouvrage comme une traduction authentique, mais ne donne pas d'indication sur l'original espagnol).

47. SECONDE CLASSE. ROMANS DE CHEVALERIE.

47-49 *47-49*: l'auteur du morceau se souvient d'avoir lu ce roman à la Bibliothèque du Vatican 45 ans auparavant.

50-142 Histoire merveilleuse et mémorable des prouesses et des amours de dom Ursino le Navarin et de dona Inez d'Oviédo, traduite de l'espagnol. 50-142; *142*: la suite dans le prochain volume. 'Par M. le Comte de Tress [*sic*]' (p.142).

Pour la suite, voir 1779.ii.3-106.

> Le comte de Tressan reprend ce texte dans son *Corps d'extraits de romans de chevalerie*, 1782, iii.1-189 (MMF 82.37). D'après les remarques placées à la tête du morceau dans cette réédition, ce roman doit plus à l'imagination de Tressan qu'au texte hypothétique qui aurait servi de modèle. 'Je ne peux certifier que l'original d'Ursin le Navarin existe en entier, tel qu'il devroit être pour m'avoir mis en état de faire cet Extrait' (iii.1-2). Voir Jacoubet (1982), p.2, note 1.

143. TROISIEME CLASSE. ROMANS HISTORIQUES, RELATIFS À L'HISTOIRE DE FRANCE.

143-203 Histoire amoureuse et tragique des princesses de Bourgogne. 2 vol. in-12. La Haye, 1720. *143-144*: par mademoiselle de la Force?; *144-146*: précis historique; 147-203; *203*. 'Par M. l'Abbé C***' (p.203). Pour une première mention de ce roman, voir 1776.ii.109.

L'abbé Claude-Joseph Chéron de Boismorand, *Histoire amoureuse et tragique des princesses de Bourgogne*, 1720 (Jones, p.32).

204. QUATRIEME CLASSE. ROMANS D'AMOUR.

204-218 Agathide. Cologne, 1580. 1 vol.12. 204-218.

> Ce texte paraît être de Barthélemy Imbert, qui le reprend, sous le titre des *Ruses innocentes, conte*, dans sa *Lecture du matin ou nouvelles historiettes en prose*, 1782, pp.149-164 (MMF 82.23; cf.85.27). Nous n'avons pu identifier l'ouvrage de 1580 cité en tête de l'article, que DeJongh ne retient pas et qui pourrait bien n'être qu'une supercherie.

219-[220] Tables. Approbation. [*220*]: le 15 janvier 1779. De Sancy.

1779.ii.

Au verso de la page de titre: Errata pour le volume précédent.

[3]. SECONDE CLASSE. ROMANS DE CHEVALERIE.

'Les morceaux qui forment ce volume, ne permettant pas, par leur longueur, de commencer par la première Classe, on est obligé de passer tout de suite à la seconde' (p.3, note).

[3]-106 Suite de l'histoire merveilleuse et mémorable des prouesses et des amours de don Ursino le Navarrin, et de dona Inès d'Oviedo, traduite de l'espagnol, par M. le Comte de Tress. . . . [3]-105; *106*.

Sur cet ouvrage, voir 1779.i.II.47-142.

107. TROISIEME CLASSE.

107-116 Romans historiques, relatifs à l'histoire de France. 107-111: les trois princesses de Bourgogne d'après les *Intrigues galantes de la cour de France*, 1694; *111-116*: détails historiques sur Louis le Hutin.

Pour l'*Histoire amoureuse et tragique des princesses de Bourgogne*, voir 1779.i.II.143-203. Pour les *Intrigues galantes de la cour de France*, voir 1776.ii.72-192.

116-136 Histoire merveilleuse d'un enfant supposé fils de Louis le Hutin, et qui occasionna le premier effet de la loi salique, pour la succession à la couronne dans la France occidentale, traduite du latin, par l'auteur de l'extrait. *116-119*: anecdote rapportée dans les *Vindiciae Hispanicae* de Chiflet, 1646; *119-130*; *130-136*: notes sur Chiflet. L'exemplaire de la Bn (Y² 8202) porte une note manuscrite: 'par M. l'abbé C***' (p.136).

> Jean-Jacques Chiflet, *Vindiciae hispanicae*, 1645, 1647 (Bn). Nous n'avons pu reconnaître le passage en question.

137. QUATRIEME CLASSE. ROMANS D'AMOUR.

137-215 [Aglaé ou Nabotine]. *137-140*: 'Conte manuscrit de feu M. Coypel que nous avons reçu de ses héritiers' (p.138); *140-152*, Éloge de M. Coypel; 153-190, Aglaé ou Nabotine. Conte manuscrit; *191-209*, Lettres manuscrites de mademoiselle *** à M.Coypel; *209-215*, Lettre de madame le Marchand à M. Coypel.

> Ce récit, par Charles-Antoine Coypel, paraît dans la *BUR* pour la première fois et a été repris dans le t.xxxv du *Cabinet des fées* en 1786 (MMF 85.R4).

216 Table. Approbation. *216*: le 30 janvier 1779. De Sancy.

1779.iii.

Au verso de la page de titre: Errata pour le volume précédent.

[3]. PREMIÈRE CLASSE. ROMANS ÉTRANGERS.

[3]-38 Mémoires du chevalier Hasard, traduits de l'anglois sur l'original manuscrit, Cologne, 1603, 1 volume in-12. [3]-38. 'Par M. Imbert' (p.38).

> Anon., *Mémoires du chevalier Hasard, traduits de l'anglois sur l'original manuscrit*, 1703 (Jones, p.8, qui n'a pas identifié d'original anglais). La date donnée par la *BUR* semble être une simple erreur (1603 pour 1703), plutôt que la supercherie qu'y voit Poirier (p.63).

39-59 Le Solitaire anglois, ou aventures merveilleuses de Philippe Quarll. Traduit de l'anglois, 1 volume in-12. Paris 1728. 39-59; *59*: imitation de *Robinson Crusoé*. 'Par M. Mayer' (p.59).

> Peter Longueville, *The Hermit or the Unparallelled Sufferings and Surprising Adventures of Mr Philip Quarll*, 1727. Trad. *Le Solitaire anglois ou aventures merveilleuses de Philippe Quarll*, 1727. Repris dans le t.iv des *Voyages imaginaires* en 1787 (MMF 87.R16).

60. SECONDE CLASSE. ROMANS DE CHEVALERIE.

60-148 Les Désespérés. Traduit de l'italien de Jean-Ambroise Marini, orné de figures en taille-douce, 2 volumes in-12. 1733. *60-63*: d'après une traduction française de 1732; *64-148*. 'Par M. de Sivry' (p.148).

> Giovanni Ambrogio Marini, *Le Gare dei disperati*, 1644. Trad. Jean Serré de Rieux, *Les Désespérés*, 1731, 1732 (MMF 88.R92).

149. TROISIEME CLASSE. ROMANS RELATIFS À L'HISTOIRE DE FRANCE.

149-186 [Aventures d'Isabelle de France]. *149*: 'stérilité de Romans historiques' pour les règnes de Philippe-le-Long et de Charles-le-Bel; *149-155*: précis historique; *156-158*: anecdotes sur Charles-le-Bel, d'après les Mémoires de Belleforest; 158-186, Aventures d'Isabelle de France, fille de Philippe-le-Bel, et femme d'Edouard II, roi d'Angleterre. 'Par M. l'abbé C***' (p.186).

> Cette compilation historique semble avoir été écrite pour la *BUR*. L'on cite comme sources les *Mémoires sur l'ancienne chevalerie*, 1759, 1781 (Bn), de Jean-Baptiste de La Curne de Sainte-Palaye, ainsi que les *Chroniques*, 1369-1400, de Jean Froissart.

187. QUATRIEME CLASSE. ROMANS D'AMOUR.

187-188 L'Abenaki. *187-188*: on renonce à résumer ce 'morceau sublime' et renvoie au texte même. Le rédacteur de l'article, un 'Homme de Qualité', veut rester anonyme, mais espère que l'auteur du conte en question, 'si digne d'avoir un ami', devinera son nom (p.188).

> Jean-François, marquis de Saint-Lambert, *Aventures d'un jeune officier anglais chez les sauvages Abénakis*, 1765 (MMF 65.47 et 69.58, qui indiquent une première publication dans la *Gazette littéraire de l'Europe* en février 1765, pp.230-233, ainsi que le titre *L'Abénaki* que le morceau porte dans ses très nombreuses rééditions.).

189-226 (224) Extrait du Roman de la rose, précédé d'une dissertation sur l'état de la littérature françoise, sous les règnes de Louis VI, Louis VII, Philippe-Auguste, Louis VIII, saint-Louis, Philippe le Hardi, et Philippe le Bel. *189-190*: par 'M. le Comte de Tress ***' (p.189); *191-208*, A la marquise de M *** ma fille [introduction à la littérature médiévale, comprenant (pp.198-199) la reconstitution hypothétique d'une strophe de la *Chanson de Roland*, d'après les observations du marquis Du Viviers Lansac]; 209-220, Extrait très-abrégé, du commencement du Roman de la rose, et des 4150 premiers vers qui nous sont restés de Guillaume de Loris; *220-223*: suite de Jehan de Meung; *223-26*.

Guillaume de Loris et Jean de Meung, *Roman de la rose*, treizième siècle. Voir Bossuat, nos 2806-2851, 6551-6558, 7718-7727. Sur la *Chanson de Roland*, voir aussi 1777.xii.209-215.

227-216 [pour 228] Table. Approbation [*228*]: le 30 janvier 1779. De Sancy.

1779.iv.I.

[3]. SECONDE CLASSE. ROMANS DE CHEVALERIE.

[3]-90 Histoire de Bliombéris, chevalier de la Table ronde. [*3*]-*4*]: 'Nous croyions avoir épuisé, il y a dix-huit mois, les Romans de la Table Ronde. Un bienfait nous désabuse. Nous revenons, pour un moment, sur nos pas: il est doux de rétrograder à ce prix'; 4-90.

> Nouvelle moyenâgeuse par Jean-Pierre Claris de Florian, que celui-ci reprend dans ses *Six Nouvelles*, 1784, pp.7-86 (MMF 84.24).

91. TROISIEME CLASSE. ROMANS HISTORIQUES.

91-124 Anecdotes de la cour et du regne d'Edouard II, roi d'Angleterre. Par madame la marquise de Tencin, et madame Elie de Beaumont. Paris, chez Pissot, 1776. 1 vol. in-12. *91-96*; 96-124. 'Par M. Mayer' (p.124).

> Claudine-Alexandrine Guérin, marquis de Tencin et Anne-Louise Dumesnil-Molin, madame Elie de Beaumont, *Anecdotes de la cour et du règne d'Edouard II, roi d'Angleterre*, 1776 (MMF 76.48).

125. QUATRIEME CLASSE. ROMANS D'AMOUR.

125-145 Les Amours de la belle Du Luc, où est démontrée la vengeance d'amour envers ceux qui médisent de l'honneur des dames. Paris, 1598. *125-127*: par Jean Prévôt; 127-143; 143-145. 'Par M. l'Abbé C***' (p.145).

> Jean Prévost, sieur de Gontier, *Les Amours de la belle Du Luc où est demonstree la vengeance de l'amour envers ceux qui medisent de l'honneur des dames*, 1598 (DeJongh, no.323).

146-220 Histoire des amours de Gertrude, dame de Château-Brillant, et de Roger, comte de Montfort, Cologne, 1609. 1 vol. in-12. *146*: 'Ce Livre est rare, il va devenir précieux. Le nom de l'Auteur de l'Extrait expliquera notre pensée'; 146-219; *219-220*. 'Par Madame Riccoboni' (p.200).

> Ce texte, rédigé pour la *BUR* par Marie-Jeanne Laboras de Mézières, madame Riccoboni, a été réédité en 1780 sous le titre *Les Amours de Roger et de Gertrude* (MMF 80.28) et repris dans le recueil *Histoire de Christine, reine de Suabe [...]*, 1783, ii.64-148 (MMF 83.49).

220 Approbation. *220*: le 1ᵉʳ mars 1779. De Sancy.

1779.iv.II.

[3]. PREMIÈRE CLASSE. ROMANS ÉTRANGERS.

[3]-20 Histoire d'Aurélio et Isabelle, en laquelle est disputé qui baille plus d'occasion d'aimer, l'homme à la femme ou la femme à l'homme? [*3*]-*5*: d'après une réédition en italien et en français de 1574; 5-19; *19-20*: à la fin du même volume se trouve la *Déiphire* de Léon-Baptiste Albert. 'Par M. Imbert' (p.20).
Pour *La Déiphire* de Leon Battista Alberti, voir 1785.x.II. 123-149.

> Juan de Flores, *Los Amores de Grisel y Mirabella*, s.d. (quinzième siècle). Trad. en italien, *Historia de Isabella e Aurelio*, 1521 (Palau y Dulcet). Trad. *Le Jugemen damour auquel est racomptee lhystoire de Isabel fille du roy dEscoces tranlatee de espaignol en francoys nouuellement*, 1527 (DeJongh, no.85, qui donne d'autres versions aux nos 99, 140, 184, 203). Le volume dont rend compte la *BUR* semble

être *L'Histoire d'Aurelio et Isabelle en italien et françoys [...] plus la Deiphire de M. Léon-Baptiste Albert*, 1574 (Bn). Barthélemy Imbert a publié cet extrait en 1782 dans sa *Lecture du matin*, pp.207-218 (MMF 82.23) sous le titre *Le Procès jugé, conte*. Dans l'avertissement (pp.iii-iv) il indique une source italienne non spécifiée.

21-66 L'Arcadie de la comtesse de Pembrock, dédiée à madame Diane de Chateau-Morard, veuve du marquis d'Urfé (auteur de l'Astrée). Traduite de l'anglois, 3 volumes in-8. fig. Paris 1725. *21-24*: commencé par la comtesse de Pembrock et continué par milord Sidney; 24-57; *57*; 57-65: épisodes; *65-66*. 'Par M. Mayer' (p.66).

> Philip Sidney, *The Countesse of Pembrokes Arcadia*, 1591. Trad. Anon., *L'Arcadie de la comtesse de Pembrok*, 1625 (Lever, pp.67-68). La date de 1725 donnée par la *BUR* serait une simple erreur pour 1625.

67. TROISIEME CLASSE. ROMANS HISTORIQUES.

67-100 Histoire de la prophetesse flamande, tirée d'un manuscrit de Jean Croissant, clerc (secrétaire d'Etat) de Philippe le Bel. *67-76*: sur Jean Croissant; *76-85*, Anecdotes de Philippe le Bel; 86-100, Histoire d'une jeune prophétesse flamande. 'Par M. l'Abbé C***' (p.100).

> Une béguine de Flandres, Béatrix, tombe amoureuse du comte de Valois, mais se croyant dédaignée, elle entreprend de se venger en empoisonnant le comte. Le morceau se donne pour un extrait de manuscrit historique, dépeignant les mœurs plutôt que les luttes politiques.

101. QUATRIEME CLASSE. ROMANS D'AMOUR.

101-153 Le Roman d'Albanie et de Sicile, par le sieur du Bail, gentilhomme. Paris 1626, 1 vol. in-18. *101-102*; 102-153.

> Louis Moreau, sieur Du Bail, *Le Roman d'Albanie et de Sycile*, 1626 (Lever, p.374).

154-238 Les Aventures de Calliope, par M. le Brun. A Paris, chez Henri Holtz, 1720, 1 volume in-12. *154-158*: l'article aurait été envoyé à la rédaction anonymement, avec une note selon laquelle le récit serait autobiographique et les lettres authentiques; 159-170, Les Amours de Stratonice et de Polacire; 171-238, Lettres de Calliope à Dorante, avant qu'elle fût mariée.

> Antoine-Louis Lebrun, *Les Avantures de Calliope*, 1720 (Jones, p.32). Les *Amours de Stratonice et de Polacire* sont un épisode du roman qui se trouve pp.124-138. Les *Lettres de Calliope à Dorante* commencent p.287.

239 Approbation. *239*: le 17 avril 1779. De Sancy.

1779.v.

[3]. PREMIÉRE CLASSE. ROMANS ÉTRANGERS.

[3]-46 La Crétidée du cavalier Jean-Baptiste Manzini. Paris, 1643. [3]-46.

> Giovanni-Battista Manzini, *Il Cretideo*, 1642. Trad. Jean Baudoin, *Le Crétidée du Manzini*, 1643 (Lever, p.126).

47-112 Histoire de dom Luzman. *47-50*: Histoire des amours extrêmes d'un chevalier de Séville, dit Luzman, à l'endroit d'une belle damoiselle, appelée Arboléa [...], 1587, traduite de l'espagnol de Hierosme de Contreras par Gabriel Chappuys; 50-58; 58-61, Luzman chez l'hermite Aristeo; 61-66, Luzman à Venise; 66-71, Luzman dans la grotte de Porcie; 71-81, Luzman et l'écho, ou aventure désastreuse de Saluzio; 81-84, Départ de Luzman pour l'Espagne. Sa captivité; 84-91, Retour de Luzman en Italie, ce qui lui arrive à Rome; 91-97, Luzman dans la chaumière d'un berger, à Sienne; 97-108, Aventure de Luzman près de Recanatti; 108-112, Luzman de retour en Espagne; son entrevue avec Arboléa; sa retraite; sa mort. Une note, pp.48-49, est signée 'Par M. l'Abbé C. . . .'. A la page 84, il y a la signature 'Par M. de Sivry' et la note: 'M. de Sivry, n'ayant pu, pour cause de maladie, finir l'Extrait de ce Roman, ce qui va suivre est d'une autre main'. A la fin de l'article, p.112, on lit: 'Par M. Mayer'.

> Geronymo de Contreras, *Selva de aventuras*, 1565 (Palau y Dulcet). Trad. Gabriel Chappuys, *Les Estranges Aventures, contenans l'histoire merveilleuse des amours extresmes d'vn chevalier de Sévile dit Luzman, à l'endroit d'une belle damoiselle appellee Arbolea*, 1580 (DeJongh, no.251), 1580, 1598 (Palau y Dulcet). Charles-Joseph de Mayer reprend les pp.84-112 de cet extrait sous le titre des *Amours extrêmes* dans les *Romans de monsieur de Mayer*, 1790, ii.3-36 (MMF 90.49): 'Il existe un Roman sous le titre des *Amours extrêmes*; ce Roman avoit été analysé par M. ; & comme il produisit peu d'intérêt, M. de Mayer fut prié d'y ajouter quelques fictions qui rentrassent dans le plan de l'Ouvrage, & c'est cette création que nous donnons ici' (ii.1).

113. SECONDE CLASSE. ROMANS DE CHEVALERIE.

113-146 Morgus, ou la tour sans huis. Extrait d'un ancien manuscrit rare. *113*: 'Des recherches non interrompues nous font découvrir encore des trésors dans les monumens de la première Chevalerie'; 113-146. 'Par M. de Sivry' (p.146).

> Texte vraisemblablement original par Louis Poinsinet de Sivry, que nous n'avons pas retrouvé ailleurs. Châtré et humilié à la cour d'Artus, le chevalier Morgus s'empare de la belle Carly (qu'aime le jeune Fragel) et l'enferme dans le sinistre château de la Tour sans huis . . .

147. TROISIEME CLASSE. ANECDOTES HISTORIQUES, RELATIVES A L'HISTOIRE DE FRANCE.

147-178 Première Branche des Valois. *147-149*: notice historique; 149-161, Histoire de Jeanne de Divion; 162-177, Amour d'Edouard III pour la comtesse de Salisbury; *177-178*.

> Ces deux récits paraissent être des anecdotes rédigées pour la *BUR*. Dans le premier Jeanne de Divion devient criminelle par amour pour Robert d'Artois, mais, repoussée, elle tente de se suicider. Dans le second, Amélie de Banneret, amoureuse du Roi mais épouse du comte de Salisbury, prend la direction des armées au siège de la ville de Salisbury, pendant que son mari est prisonnier des Ecossais.

179. QUATRIEME CLASSE. ROMANS D'AMOUR.

179-212 *179-180*: 'Un Amateur d'anecdotes nous en a communiqué deux, qu'il a tirées, dit-il, d'un manuscrit que l'on trouve dans la Bibliothèque d'un très-grand Seigneur [...] Nous serons toujours flattés de recevoir de pareils présens' (p.179); 180-193, Le Génie de la vengeance, anecdote; 193-212, Anecdote. 'Par M. Imbert' (p.212). Voir aussi 1779.viii.3-5.

> Dans le premier morceau (que nous n'avons pas identifié), madame de Mérigny, voulant se venger du chevalier de Restan et de madame de Larroy quand celui-ci épouse celle-là, les fait coucher une nuit, sans le savoir, avec d'autres partenaires. La seconde anecdote est tirée de la quatrième nouvelle de la première soirée des *Cene* d'Anton Francesco Grazzini (voir 1779.viii.3-90). Poirier (1977), p.26, se trompe en l'assimilant au *Malentendu, anecdote*, qui se trouve dans Barthélemy Imbert, *Lecture du matin ou nouvelles historiettes en prose*, 1782, pp.165-176 (MMF 82.23).

[213 Approbation. *213*: le 30 avril 1779. De Sancy.]

1779.vi.

[3]. SECONDE CLASSE. ROMANS DE CHEVALERIE.

[3]-132 Amadis de Gaule, traduction libre, par M. le comte de Tress**. Paris, chez Pissot, 2 vol. in-12, 1779. *[3]-7*: la version de Tressan est différente de celle de Nicolas d'Herberai, 1540, et de celle de mademoiselle de Lubert; 7-132. 'Par M. Mayer' (p.132).

> Louis-Elisabeth de Lavergne, comte de Tressan, *Traduction libre d'Amadis de Gaule*, 1779 (MMF 79.33). L'article de la *BUR* est un abrégé de ce livre rédigé par Charles-Joseph de Mayer. L'*Amadis* de Tressan a été préparé à l'origine pour la *BUR*, mais ce texte a été la cause immédiate de la

brouille qui a amené le marquis de Paulmy à abandonner la collection (voir, par exemple, Poirier, p.14). Nicolas d'Herberay, seigneur des Essarts a publié entre 1540 et 1548 (DeJongh nos 124, 126, 129, 131, 134, 137, 141, 149) sa version des romans espagnols de Garci-Ordoñez de Montalvo et de Juan Diaz. Selon Jacoubet (1932), pp.81-113, Tressan aurait suivi le modèle d'Herberay de plus près que dans ses autres adaptations. Mademoiselle de Lubert a publié en 1751 *Les Hauts Faits d'Esplandian, suite d'Amadis des Gaules* (MMF 51.34).

133. QUATRIÈME CLASSE. ROMANS D'AMOUR.

133-188 Amours du comte de Dunois. Paris, 1691. *133-135*: par Henriette-Julie de Castelnau, comtesse de Murat; 135-176; *177-188*, Notes des Amours du comte de Dunois. 'Par M. l'Abbé C**' (p.188).

> Marie-Catherine-Hortense Desjardins, dame de Villedieu, *Le Comte de Dunois*, 1671 (Lever, p.112). L'attribution à madame de Murat semble être erronée.

189-214 Amours de Guillaume de Saint-Vallier, troubadour. *189-192*: sur les troubadours; 192-214. 'Par M. Mayer' (p.214).

> Récit qui paraît avoir été rédigé pour la *BUR* par Charles-Joseph de Mayer et que nous n'avons pas retrouvé ailleurs. Le troubadour, Guillaume de Saint-Vallier, chante ses amours avec la marquise de Polignac, la comtesse de Roussillon, Adélaïde de Roquemartine, Elise de Montfort, entre autres, mais finit sa vie aigre et désabusé, ayant subi un châtiment 'dont la décence nous empêche de parler' (p.214).

215 [Avis]. *215*: 'Messieurs les Souscripteurs sont priés de faire renouveller leur Abonnement [...]'
215-[216] Tables. Approbation. [*216*]: le 30 mai 1779. De Sancy.

1779.vii.I.

[3]. PREMIÈRE CLASSE. ROMANS ÉTRANGERS.

[3]-62 Mémoires de Fanny Wilkes, traduits de l'allemand. Léipsick, 1766. [*3*]-*5*: par Hermes; 6-62; *62*. 'Par M. Friedel, Professeur de Langue Allemande de Messieurs les Pages du Roi' (p.62).

> Johann Timotheus Hermes, *Geschichte der Miß Fanny Wilkes, so gut als aus dem Englischen übersetzt*, 1766 (Hadley, p.28). Dans une note, p.5, et une remarque, p.62, les éditeurs de la *BUR* signalent que l'extrait a été rédigé par un Allemand et qu'on l'a reproduit malgré ses défauts.

63. ROMANS ÉTRANGERS.

63-86 La Prison d'amour, laquelle traite de l'amour de Lériano et de Lauréole, et de plusieurs choses singulières à la louange des dames. *63-64*: vieille traduction française de 1526; 64-86.

> Diego de San Pedro, *Cárcel de amor*, 1492 (Palau y Dulcet). Trad. *Prison d'amour, laquelle traicte de l'amour de Leriano et Laureole*, 1526 (DeJongh, no.83).

87. QUATRIÈME CLASSE. ROMANS D'AMOUR.

87-126 L'Amant ressuscité de la mort d'amour. Lyon, 1538. *87-88*: par Théodose Valentinian Françoys; 88-124; *124-126*. 'Par M. l'Abbé C**' (p.126).

> Theodore Valentinian (pseud.), *Histoire de l'amant resuscité de la mort d'amour*, 1555 (DeJongh, no.179). Harris, attribuant l'ouvrage à Nicolas Denisot, donne des éditions de 1555, de 1557 et de 1558, et, ayant étudié les différences entre les textes connus et la version résumée par l'abbé C**, accepte l'authenticité de l'édition de 1538 citée par la *BUR*. Dans les *Mélanges tirés d'une grande bibliothèque*, xviii.379, du marquis de Paulmy, on lit: 'On prétend qu'il y a une première édition de cet Ouvrage de 1538; je ne la connois pas'.

127. ROMANS D'AMOUR.

127-182 Annales de Champagne, ou suite des surprenantes rencontres et des lamentables aventures de la forêt des Ardennes, par Gombaud-le-Sénonois. *127-129*: 'Ce Manuscrit, annoncé comme la suite d'un Ouvrage précédent, paroît avoir été écrit au commencement du règne de Philippe-le-Bel' (p.127); 129-182, Rencontre dans la forêt des Ardennes. 'Par Madame Riccoboni' (p.182).

> Ce texte est considéré communément comme une supercherie. Il a paru ultérieurement, sous le titre d'*Histoire d'Enguerrand*, dans le recueil *Histoire de Christine, reine de Suabe [...]*, 1783, ii.1-63 (MMF 83.49), par Marie-Jeanne Laboras de Mézières, madame Riccoboni.

183. ROMANS D'AMOUR.

183-227 Azeline et Elenor. Manuscrit ancien, rajeuni. 183-227. 'Par M. Imbert' (p.227).

> Ce texte est repris dans Barthélemy Imbert, *Lecture du matin ou nouvelles historiettes en prose*, 1782, pp.95-130 (MMF 82.23; cf.85.27), sous le titre *Les Amans persécutés*, sans qu'il soit question d'une source ancienne.

[228] Approbation. [*228*] le 31 juin 1779. De Sancy.

1779.vii.II

[3]. PREMIÈRE CLASSE. ROMANS ÉTRANGERS.

[3]-60 La Théséïde, du célèbre Jean Bocace, gentilhomme florentin. Roman héroïque. [*3*]-*4*; 5-19, La Thébaïde ou première partie de la Théséïde de Bocace; *19-20*; 21-60, Seconde partie de la Théséïde de Bocace, ou les amours d'Arcite et de Palémon pour l'Amazone Emilie, après la prise de Thèbes par Thésée; *60*.

> Giovanni Boccaccio, *Il Teseida, poema in dodici libri*, écrit 1339-1340 (Renda). Trad. *Théseyde de Jean Bocace, contenant les belles, chastes et honnestes amours des deux jeunes chevaliers thébains, Arcite et Palémon*, 1597 (DeJongh no.307).

61. TROISIÈME CLASSE. ROMANS HISTORIQUES.

61-116 Amours d'Éléonore d'Acquitaine, reine de France, et ensuite d'Angleterre, de Guillaume, comte de Ponthieu, et de Henri, duc de Normandie, manuscrit. 61-89; *89-90*: sur la suite de la vie d'Éléonore, voir le premier volume de juillet 1778 et le premier volume d'octobre 1778; *91-116*, Observations et notes historiques sur le règne de Louis VII. 'Par M. Mayer' (p.116).
Les renvois concernent *Alix de France*, 1778.vii.I.172-199 et *Anecdotes de la cour de Philippe-Auguste*, 1778.x.I.19-169.

> Semble être un morceau rédigé pour la *BUR* par Charles-Joseph de Mayer, qui le reprend en 1790 dans les *Romans de monsieur de Mayer*, i.137-169 (MMF 90.49).

117. QUATRIÈME CLASSE. ROMANS D'AMOUR.

117-154 Arnalte et Lucenda ou l'amant maltraité de sa mie. Paris, 1546. *117-118*: traduit du castillan par Nicolas de Herberay; 119-153; *153-154*. 'Par M. l'Abbé C**' (p.154).

> Diego de Fernandez de San Pedro, *Tractado de amores de Arnalte e Lucenda*, 1491 (Palau y Dulcet). Trad. Nicolas de Herberay, *Amant mal traicté de s'amye*, 1539 (DeJongh, no.120).

155. QUATRIÈME CLASSE. ROMANS D'AMOUR.

155-200 Les Amours d'Armide. Par P. Joulet, écuyer, sieur de Chatillon. Paris, 1608. *155-156*; 156-200. 'Par M. Mayer' (p.200)

> Pierre Joulet, sieur de Chastillon, *Amours d'Armide*, 1596 (DeJongh, no.301), 1608 (Bn). La BUR emprunte des vers à l'opéra *Armide*, 1686, de Philippe Quinault (voir note, pp.165-166). Ce texte est repris par Charles-Joseph de Mayer dans les *Romans de monsieur de Mayer*, 1790, ii.39-82 (MMF 90.49), avec la note suivante: 'La Roman connu sous le même nom & qui est de Joulet de Chatillon, n'est pas le même que celui-ci. M. de Mayer n'a puisé que dans le Poême immortel du Tasse'.

201 Avis. *201*: 'Nous avons souvent excédé les bornes de notre Volume; nous ne prétendons pas nous en faire un mérite: mais il est si difficile de *tomber* toujours juste à la dernière page de la neuvième feuille [...] que nous oserons désormais rendre les Volumes plus ou moins longs, suivant l'exigence des matières.'

[202]-[204] Tables. Approbation. [*204*]: le 14 juillet 1779. De Sancy.

1779.viii.

[3]. PREMIÈRE CLASSE. ROMANS ÉTRANGERS.

[3]-90 Les Nouvelles d'Antoine-François Grazzini, dit le Lasca, l'un des fondateurs et membre des deux célèbres académies de Florence. [*3*]-*5*: renvoi au volume d'avril, où l'on trouve une anecdote déjà tirée de François Grazzini; 6-16, Première Soirée; 17-34, Deuxième Soirée. Première Nouvelle; 34-45, Seconde Nouvelle; 45-58, Troisième Nouvelle; 58-76: résumés de deux nouvelles; 77-85, Septième Nouvelle; 85-90, Dixième Nouvelle. 'Par M. Imbert' (p.90.)

Pour la suite, voir 1779.ix.3-60.

> Anton Francesco Grazzini, dit il Lasca, *Le Cene*, 1540-1556. Trad. Jean-Baptiste Lefebvre de Villebrune, *Les Nouvelles d'Antoine-François Grazzini, dit le Lasca, l'un des fondateurs et membre des deux célèbres académies de Florence*, 1776 (MMF 76.28). L'anecdote à laquelle on renvoie (pp.3-4, 16) au mois d'avril serait plutôt celle donnée par Imbert à la fin du volume de mai (voir 1779.v193-212).

91. SECONDE CLASSE. ROMANS DE CHEVALERIE.

91-160 Histoire du noble et vaillant chevalier Pierre de Provence, et aussi de la belle Maguelone, fille du roi de Naples, d'après une très-ancienne édition tirée de la Bibliothèque du roi. *91-92*: 'Le goût très-vif et très-naturel que le Public a pour les Ecrits de l'Homme-de-Qualité à qui nous devons ce nouveau présent, nous autorise, sans doute, à différer de donner la suite des Amadis, pour lui offrir un morceau charmant qui ne peut être placé que dans cette Classe'; *92-98*, Discours préliminaire, comme qui diroit une préface; 99-160. 'Par M. le Comte de Tress**' (p.160).

Pour l'extrait fait par Charles-Joseph de Mayer d'après l'*Amadis de Gaule* du comte de Tressan, voir 1779.vi.3-142.

> *Pierre de Provence et la belle Maguelonne*. Mss quinzième siècle. Editions: vers 1480 [?1477-1479] (DeJongh, no.1), 1485 (Arsenal, Bn), vers 1487 (Bn), 1489, s.d., s.d., s.d., [?1480], s.d., s.d., 1490 (Arsenal), 1490 (Arsenal), s.d., 1492 (Bn), s.d. (Bn), s.d. (Bn). s.d., 1497 (Bn), 1504, 1516, 1524, s.d., 1560, s.d., s.d., s.d., s.d., s.d. (Woledge, nos 121-122). Jacoubet (1932), pp.131-138, discute de l'édition que Tressan aurait utilisée. Le comte de Tressan reprend ce texte en 1782, sous le titre *Pierre de Provence et la belle Maguelonne, fille du roi de Naples*, dans son *Corps d'extraits de romans de chevalerie*, i.382-442 (MMF 82.37)

161. QUATRIÈME CLASSE. ROMANS D'AMOUR.

161-202 Les Amours rivaux, ou l'homme du monde éclairé par les arts. *161-163*: ouvrage paru il y a cinq ans, sous un autre titre. Par feu M. Blondel et un 'Homme-de-Lettres'; 163-202; *202*: 'Cet Ouvrage, [...] composé en partie, & totalement écrit par un des Coopérateurs de la Bibliothèque des Romans se trouve au Bureau dudit Ouvrage [...]'.

Pour la suite, voir 1779.x.I.209-224 et 1782.vi.143-160.

> Jacques-François de Blondel et Jean-François de Bastide, *L'Homme du monde éclairé par les arts*, 1774 (MMF 74.13, qui renvoient par erreur à *BUR* 1782.iv.I.128-168 au lieu de 1779.x.I.209-224).

203-[204] Table. Approbation. [*204*]: le 31 juillet 1779. De Sancy.

1779.ix.

[3]. PREMIÈRE CLASSE. ROMANS ÉTRANGERS.

[3]-60 Suite des Nouvelles d'Antoine-François Grazzini, dit le Lasca. [3]-30, Troisième Soirée. Cinquième Nouvelle; 31-60, X^c. et dernière nouvelle. 'Par M. Imbert' (p.60). Pour le début de cet article, voir 1779.viii.3-90.

61. TROISIEME CLASSE. ROMANS HISTORIQUES.

61-106 Amours de Chatelard et de Marie Stuart, reine de France et d'Ecosse. 61-106. 'Par M. Mayer' (p.106).

> Ce récit, qui paraît avoir été rédigé pour la *BUR* par Charles-Joseph de Mayer, a été repris dans le recueil *Les Amours du chevalier Bayard [...]*, 1787, ii.329-386 (MMF 87.57).

107. QUATRIÈME CLASSE. ROMANS D'AMOUR

107-154 L'Ame toujours impassible dans toutes les positions de la vie; fors en une seule qui est la grande. Paris, chez Jean Morel, 1558. *107-109*: Jean Morel serait auteur et imprimeur de ce roman; 109-154.

> DeJongh, no.193, donne ce titre, citant Barbier et *BUR*. Nous n'en avons pas trouvé de trace ailleurs. A la cour de Marguerite de Navarre, le héros du récit, Philippin – indifférent à tout – fait désespérer Florine, qui l'aime, jusqu'à ce que la passion triomphe.

155-170 Anecdote sur Marguerite de Foix, comtesse de Chateau-Briand. *155-156*: anecdote rapportée par Varillas, *Vie de François premier*, et exploitée par un romancier dont il sera question à la fin de l'article; 156-163; *163-165*: recherches de M. Hévin; *166-170*: remarques historiques.

> Antoine Varillas, *Histoire de François 1er*, 1684 (Bn). Pierre Hévin, *Réfutation de la prétendue histoire du comte et de la comtesse de Chateaubriand*, 1756 (Bn).

171-174 La Comtesse de Château-Briand, ou les effets de la jalousie. Paris, 1724. *171-174*: comparaison de ce roman avec les *Intrigues amoureuses de François I*, par Lesconvel. 'Par M. l'Abbé C**' (p.174).
Voir aussi 1776.ii.141.

> Pierre de Lesconvel, *La Comtesse de Château-Briant ou les effets de la jalousie*, 1695 (Lever, p.114, qui signale une réédition la même année avec le titre *Intrigues amoureuses de François premier ou histoire tragique de Mme la comtesse de Château-Briand*). L'ouvrage de 1724 que la *BUR* y compare n'est qu'une réédition du roman de Lesconvel (Bn).

175. TROISIEME CLASSE. ROMANS HISTORIQUES.

175-214 Anecdotes de la cour de Childéric, roi de France. *175-177*: roman publié en 1736. 'Il n'a point été achevé; nous essaierons, à cet égard, de lui donner ce qui lui manque' (p.175); 177-214.
Sur cet ouvrage de Marguerite de Lussan, voir 1776.ii.76 et 1777.i.I.78-125.
215-237 Aventures de Berecynthe, épisode du roman des Anecdotes de la cour de Childeric. 215-237. 'Par M. de Sivry' (p.237).
Voir le renvoi précédent.
238-239 Table. Approbation. *239*: le 31 août 1779. De Sancy.

1779.x.I.

[3]. PREMIÈRE CLASSE. ROMANS ÉTRANGERS.

[3]-136 Le Caloandre fidele, de Giovanni-Ambrosio Marini. *[3]-12*: versions françaises en 1668, par Scudéry, et en 1740; *13-15*, Première Epoque, contenant les deux générations. Personnages; *15-19*, Seconde Époque. Personnages; *19-20*; 21-136, Le Caloandre fidele. 'Par M. de Sivry' (p.136).

> Giovanni Ambrogio Marini, *Il Calloandro sconosciuto (Calloandro fedele)*, 1652. Trad. Georges de Scudéry, *Le Calloandre fidelle, traduit de l'italien*, 1668 (Lever, p.95). Trad. Anne-Claude-Philippe de Tubières-Grimoard de Pestels de Levis, comte de Caylus, *Le Caloandre fidèle*, 1740 (MMF 88.R92).

137. QUATRIÈME CLASSE. ROMANS D'AMOUR.

137-208 Aloïse de Livarot. *137-138*: manuscrit daté de janvier 1628 par 'un Auteur qui ne prisoit pas assez ses Productions pour les faire imprimer'; 138-208. 'Par Madame Riccoboni' (p.208).

> Ce texte est considéré communément comme une supercherie. Il a paru à part en 1780 sous le titre *Histoire d'Aloïse de Livarot* (MMF 80.29) et en 1783 dans le recueil *Histoire de Christine, reine de Suabe [...]*, i.129-211 (MMF 83.49), par Marie-Jeanne Laboras de Mézières, madame Riccoboni.

209-224 Suite des Amours rivaux, ou l'homme du monde éclairé par les arts. *209-210*: voir l'avant-dernier volume; 211-213, Les Deux Maisons. Maison de Mlle. Guimard; 214-224, Maison de Mlle. d'Hervieux [ce second texte n'a pas paru dans l'édition originale de l'ouvrage]; 224: renvoi à mai 1776, p.90, pour une description de la maison d'Aspasie.
Sur cet ouvrage, voir 1779.viii.161-202, ainsi que 1782.vi.143-160. Voir aussi 1776.v.90, pour *Les Amours d'Aspasie de Milet*, d'après madame de Villeneuve.
225-[226] Table. Approbation. [*226*]: le 30 septembre 1779. De Sancy.

1779.x.II.

[3]. PREMIÈRE CLASSE. ROMANS ÉTRANGERS.

[3]-82 Les Freres jumeaux, nouvelle historique tirée de l'espagnol *[3]-4*: traduction supposée, par Millon de la Valle, 1730; 4-82.

> Milon de Lavalle, *Les Freres jumeaux, nouvelle historique, tirée de l'espagnol*, 1730 (Jones, pp.43-44, qui cite Bourland sur les épisodes tirés de modèles espagnols).

83. SUITE DE LA PREMIÈRE CLASSE. ROMANS ÉTRANGERS.

83-116 Relation de la decouverte du tombeau de l'enchanteresse Orcavelle, avec l'histoire tragique de ses amours; traduits de l'espagnol de Jules Iniguo de Médrane, par de Castera. Paris, 1730. *83-87*; 88-113; *113-116*. 'Par M. Mayer' (p.116).

> ? Julio Iniguez de Medrano. Trad. Louis-Adrien Duperron de Castéra, *Relation de la découverte du tombeau de l'enchanteresse Orcavelle, avec l'histoire tragique de ses amours*, 1729, 1730 (Bn). Selon la préface de Duperron de Castéra, ce texte 'n'a jamais été imprimé; j'en ai trouvé le manuscrit de la main de Médrane même dans l'illustre Abbaye de Chatillon' (p.iii). Supercherie?

117. TROISIÈME CLASSE. ROMANS HISTORIQUES.

117-140 Anecdotes sur Ghristine [pour Christine] de Pisan, ses romans et ses principaux ouvrages. *117-118*; *119-140*, Christine de Pisan.

141-159 Le Chemin de long-étude, roman. *141*: imprimé au seizième siècle; 141-159; *159*.

Christine de Pisan, *Le Chemin de long estude*, écrit 1403 (Pinet). Adapt. en prose par Jean Chapperon, 1549 (Bn, Pinet).

160-165 La Cité des dames. *160*; 160-165.

Christine de Pisan, *Le Tresor de la cité des dames* (*Le Livre des trois vertus*), écrit en 1405. Éditions: 1497, 1503, 1536 (Pinet).

166-173 *166-167*, [J]eux a vendre ou jeux d'amour; *168*, Livre de la vision de Christine; *169-173*, Épitres sur le Roman de la rose. 'Par M. l'Abbé C**' (p.173).

L'œuvre poétique de Christine de Pisan comprend 70 'jeux à vendre' ou 'bouts rimés' (Pinet, pp.215-216). *L'Avision Christine*, écrite en 1405. *Épîtres sur le Roman de la Rose*, écrites 1402 (Pinet).

174-189 Alburcide, nouvelle arabe. Paris, 1736. *174*: 'Ce Roman [...] n'a d'Arabe que le titre'. Par un auteur anonyme; 175-189. 'Par M. Mayer' (p.189).

Anon., *Histoire d'Alburcide, nouvelle arabe*, 1736 (Jones, p.58).

189 *189*: 'Ce Volume ne contient que huit feuilles au lieu de neuf, parce que les deux derniers excèdent de trente-six pages les bornes ordinaires'.

190-191 Table. Approbation. *191*: le 14 octobre 1779. De Sancy.

1779.xi.

[3]. PREMIÈRE CLASSE. ROMANS LATINS MODERNES.

[3]-5 *[3]-5*: 'Nous allons donner une Notice de quelques Romans Latins, trop peu intéressans pour soutenir une analyse exacte, mais où l'on trouvera des traits ingénieux, énergiques & sublimes [...]' (p.3).

6-12 Le Génie du siecle, par Pierre Firmian. Paris, 1643, in-octavo. *6*; 7-12.

Le père Zacharie de Lisieux (Petrus Firmianus), *Sæculi genius*, 1653 (Bn).

13-20 L'Amant inepte. *13*: *Amatus fornacius, sive Amator ineptus*, 1633; 14-19; *19-20*.

Amatus Fornacius (pseud.), *Amatus Fornacius Amator ineptus*, 1633 (Bn).

21-36 L'Amitié triomphante de l'amour. Lyon, 1647. *21-22*: André Pinto Ramirez Ulysipponensis, *Philallelia*; 23-35; *35-36*. 'Par M. l'Abbé C**' (p.36).

Le père Andrés Pinto Ramirez, *Philallelia, pro fide amicorum reciproca exemplar mirum*, 1647 (Bn).

37. TROISIÈME CLASSE. ROMANS HISTORIQUES.

37-56 La Comtesse de Salisbury, ou l'ordre de la jarretière, nouvelle historique. Paris, 1682. *37-38*: par le sieur d'Argences; 38-56; *56*: sur cette héroïne voir le mois de mai. 'Par M. l'Abbé C**' (p.56).

Pour l'article auquel on renvoie, voir 1779.v.162-177.

D'Argences, *La Comtesse de Salisbury ou l'ordre de la jarretière, nouvelle historique*, 1682 (Lever, p.115).

57. QUATRIÈME CLASSE. ROMANS D'AMOUR.

57-114 Annales galantes de Grece, par madame de Villedieu. Paris, chez Barbin, 1697, 2 vol. in-16, qui forment en tout 400 pages. *57-58*; 59-114 (avec, pp.93-103, Histoire d'Isicrate). 'Par M. de Sivry' (p.114).

Marie-Catherine-Hortense Desjardins, dame de Villedieu, *Annales galantes de Grèce*, 1687 (Lever, p.65).

115. SUITE DE LA QUATRIÈME CLASSE. ROMANS D'AMOUR.

115-175 Aventures d'Ulysse, dans l'isle d'Ææa. *115-116*: par M. Mamin, 1752; 117-175. 'Par M. de Sivry' (p.175).

Mamin, *Aventures d'Ulysse dans l'isle d'Ææa*, 1752 (MMF 52.31).

176. ROMANS D'AMOUR.

176-192 L'Amour logicien, ou logique des amans. Paris, 1668. *176-177*: par François de Calliere; 177-186; *186-192*: anecdote sur une grammaire 'militaire' préparée pour le second fils d'Henri iv. 'Par M. l'Abbé C***' (p.192).

> François de Callières, *La Logique des amans ou l'amour logicien*, 1668 (Lever, p.639, qui écarte ce titre en tant que traité de galanterie).

192 *192*: 'Pour ne pas couper de morceaux intéressans & longs, ce Volume n'aura encore que huit feuilles: mais le suivant en contiendra neuf'.
192 Approbation. *192*: le 30 octobre 1779. De Sancy.

1779.xii.

[3]. [PREMIÈRE CLASSE. ROMANS LATINS MODERNES.]

[*3*]-50 Le Gygès françois. (Gygès gallus.) Par P. Firmian. [*3*]-*6*]: Paul Firmian, traduit par le père Antoine; 7-10; 11-14, Les Sang-sues; 14-18, Requête des sciences et des lettres, au Roi; 18-19, Fausse Dévote; 19-21, Palais de la pudeur; 21-23, Félicité déplorable; 23-24, Pierre de touche des juges; 24-28, Le Mari doré; 28-30, Fortune aveugle; 30-31, Les Bacchanales; 31-33, L'Océan de la cour; 33-34, Le Vieillard amoureux; 34-36, La Chasse aux princes; 36-38, Funérailles de la vertu; 38-41, Ecole d'amour; 41-42, Retraite de Gygès; *42-44*: rapprochement avec le *Diable boiteux* de Lesage; 44-49, Idée du Diable boiteux de Le Sage; *49-50*. 'Par M. l'Abbé C**' (p.50).
Pour la suite de l'article, voir 1780.ii.3-22.

> Le père Zacharie de Lisieux (Petrus Firmianus), *Gyges gallus*, 1658. Trad. le père Antoine de Paris, *Le Gyges gallus de P. Firmian*, 1663 (Lever, p.178). Alain-René Lesage, *Le Diable boiteux*, 1707 (Jones, p.12; MMF 51.R34).

51. SECONDE CLASSE. ROMANS DE CHEVALERIE.

51-178 Partinuples. Libro del esforzado cavallero conde Partinuples, que fue emperador de Constantinopla. Le Livre du déterminé chevalier le comte Partinuples, qui fut empereur de Constantinople, imprimé à Alcala de Henares, 1513 4°. 1547, Idem, et d'autres fois. *51-53*: première édition 1488. Auteur inconnu; *53-59*, Précis sur la romance catalane; *59-67*, Productions de la romance catalane; *67-83*, Notice de quelques poëtes catalans; 84-178, Histoire du chevalier Partinuples. 'Par M. Couchu' (p.178).

> *Partinubles, conde de Bles*, fin quinzième siècle, 1513 (Palau y Dulcet). *La Chronica del muye forçado cavallero el conde Partinuples [...]*, 1547 (BM). Voir Poirier, pp.26-27, sur l'histoire des versions castillanes et catalanes, ainsi que sur le manuscrit français qui appartenait à Paulmy mais qui ne semble pas avoir été utilisé par Couchu.

179. QUATRIÈME CLASSE. ROMANS D'AMOUR.

179-224 Amanzolide, nouvelle, qui contient les aventures secrètes de Mehemed Riza-Beg, ambassadeur du sophi de Perse à la cour de Louis-le-Grand en 1715. Paris, in-12, 1716. *179*; 180-212; *212*; *213-224*: notes historiques sur l'ambassade de Mehemed-Riza-Beg, avec, pp.215-223, Audience donnée par Louis xiv, à Versailles, à l'ambassadeur de Perse. 'Par M. Mayer' (p.224).

> D'Hostelfort, *Amanzolide, nouvelle historique et galante, qui contient les avantures secretes de Mehemed-Riza-Beg, ambassadeur du sophi de Perse, à la cour de Louis-le-Grand, en 1715*, 1716 (Jones, p.27).

225 Avis. *225*: 'Messieurs les Souscripteurs qui désirent renouveller leur Abonnement, sont priés de ne pas négliger d'envoyer au Bureau, afin que l'on puisse déterminer le tirage.'
[226]-[227] Tables. Approbation. [*227*]: 30 novembre 1779. De Sancy.

1780.i.I.

[3]. PREMIÈRE CLASSE. ROMANS ÉTRANGERS.

[3]-11 [Episode d'Endymion]. [*3*]-*4*: morceau tiré du huitième chant de la *Secchia rapita* d'Alexandre Tassoni; 4-11.

> Texte tiré du *Conservateur*, 1757.iii.93-105. *La Secchia rapita*, 1622, d'Alessandro Tassoni, a été traduit par de Cedors en 1758, sous le titre *Le Seau enlevé, poeme héroï-satiro-comique, nouvellement traduit de l'italien de Tassoni*, 1758 (MMF 58.21).

12-18 Amores Guiscardi et Gismundæ. Amours de Guiscard et de Gismonde, poëme latin, par Philippe Beroalde, bibliothécaire du Vatican, sous le pontificat de Léon X. *12-13*; 13-18, Regrets de Gismonde à la vue du cœur de son amant.

> Texte tiré du *Conservateur*, 1757.iv.101-105. Filippo Beroaldo l'ancien a fait une traduction en vers latins, *Carmen de duobus amantibus*, s.d. (Bn), de l'ouvrage de Leonardo Bruni, dit Aretino, *De duobus amantibus tractatulus Guiscardo videlicet et Sigismunda*, [?1498] (Bn).

19. SECONDE CLASSE. ROMANS DE CHEVALERIE.

19-134 Histoire fabuleuse du preux chevalier Alector, fils du Macrobe Franc-Gal et de la Royne Priscaraxe; traduite en françois d'un fragment divers trouvé non entier, mais interrompu et sans forme de principe. Imprimé à Lyon par Pierre Fradin en 1560, in-8°. avec un sphinx en vignette. *19-25*: par Barthélemi Aneau (Annulus); 26-134, Alector, ou le coq. 'Par M. Couchu' (p.134).

> Barthélemy Aneau, *Alector, histoire fabuleuse traduicte en françois d'un fragment divers, trouvé non entier, mais entrerompu et sans forme de principe*, 1560 (DeJongh, no.204).

135. TROISIÈME CLASSE. ROMANS HISTORIQUES.

135-136 Anecdotes sur le connétable Anne de Mo[n]tmorency, le duc Claude d'Aumale, et le cardinal Georges d'Armagnac. *135-136*: article annoncé en septembre dernier.
Voir 1779.ix.172-173, où l'on se propose de parler des romans concernant ces trois grands hommes.
137-152 Anne de Montmorency, connétable de France. Nouvelle historique. Paris, 1697. *137-143*: par Lesconvel; 144-152; *152*.

> Pierre de Lesconvel, *Anne de Montmorency, connétable de France, nouvelle historique*, 1697 (Lever, p.66).

153-198 Amours attribués a Claude d'Aumale, a Georges d'Armagnac, et même a Gaspard de Coligny; tirés de la seconde partie du Journal amoureux. *153*: par madame de Villedieu; 154-187; *188-198*, Notes historiques et critiques. 'Par M. l'Abbé C**' (p.198).

> Marie-Catherine-Hortense Desjardins, dame de Villedieu, *Le Journal amoureux*, 1669 (Lever, pp.240-241).

199. QUATRIÈME CLASSE. ROMANS D'AMOUR.

199-225 Axiamir, ou le roman chinois. *199-200*: publié en 1675; 201-225, Aventures d'Oxilée, racontées par elle-même.

> Anon., *Xylanire*, 1660-1662 (Lever, p.425, qui signale une réédition en 1675 sous le titre *Axiamire ou le roman chinois*).

[226] Table. Approbation. [*226*]: le 30 décembre 1779. De Sancy.

1780.i.II.

[3]. PREMIÈRE CLASSE. ROMANS ÉTRANGERS.

[3]-64 L'Enfer, poëme du Dante. [*3*]-*8*: 'Traduction dont on offre, pour la premiere fois, des Essais au Public'; 9-54; *54-64*: discussion comprenant, pp.55-57, Le Choix du sujet; 57, Le Plan; 58-59, De l'Enfer; 59-60, Du Purgatoire; 60-62, De l'exécution de l'Enfer et du coloris; 62-63, Coloris du Purgatoire; 63-64, Coloris du Paradis.

> Dante Alighieri, *Inferno* (*Divina Commedia*, 1265-1321). Trad. Antoine, comte de Rivarol, *L'Enfer, poème du Dante, traduction nouvelle*, 1783 (MMF 83.24). L'article de la *BUR*, qui se compose de passages cités intégralement et reliés par un commentaire, semble avoir été fait d'après le manuscrit: 'Nos Lecteurs nous sauront gré, peut-être, des morceaux que nous allons tirer d'une Traduction du Poëme de l'Enfer, qui n'a point encore paru' (p.4). Le Breton, pp.357-358, dans sa discussion de la date de la première édition de l'ouvrage de Rivarol (le millésime 1783 serait une erreur pour 1785), ne fait pas mention des extraits publiés par la *BUR*. Sur d'autres traductions de l'Enfer, voir MMF 76.22.

65. SECONDE CLASSE. ROMANS DE CHEVALERIE.

65-226 Extrait de l'histoire et plaisante chronique de petit Jehan de Saintré, d'après la comparaison de l'original avec l'édition donnée par Morel, en 1724. *65-70*; 71-224, Histoire et plaisante chronique de petit Jehan de Saintré et de la dame des belles-Cousines; *224-226*. 'Par M. le Comte de Tress**' (p.225).

> Antoine de La Sale, *Le Petit Jehan de Saintré*. Mss quinzième-seizième siècles. Editions: s.d. (Bn), 1518 (Arsenal, Bn), 1520, 1523, 1553 (Arsenal, Bn) (Woledge, no.16). L'éditeur Morel a publié en 1724, avec une préface de Thomas-Simon Gueulette *L'Histoire et plaisante chronique du petit Jehan de Saintré* (Bn). Le comte de Tressan a publié ce morceau sous le titre d'*Histoire du petit Jehan de Saintré* en 1780 (MMF 80.32) et l'a repris dans son *Corps d'extraits de romans de chevalerie*, 1782, iii.190-345 (MMF 82.37). Voir aussi Jacoubet (1932), pp.114-130.

227-[228] Table. Approbation. [*228*]: le 30 janvier 1780. De Sancy.

1780.ii.

[3]. PREMIERE CLASSE. ROMANS ÉTRANGERS.

[3]-22 Supplément au Gygès françois. [*3*]-*6*: Pierre Firmian est le pseudonyme du père Zacharie de Lisieux. Traduction de *Gyges gallus* par Antoine de Paris; 7-10, Dernières Paroles d'un magistrat mourant à son fils; 11-13, Apparence trompeuse; 13-18, Leçons de conduite à un jeune homme qui veut se produire à la cour; 18-19, L'Homme-femme; 19-20, La Jeune vieille; 20-21, La Malade sans maladie; 21-22. 'Par M. l'Abbé C**' (p.22).
Pour d'autres détails sur cet ouvrage, voir 1779.xii.3-50.

23. TROISIÈME CLASSE. ROMANS HISTORIQUES.

23-72 Memoires d'un Americain. Les descriptions et les notices que cet ouvrage renferme nous ont paru exiger qu'il fût rangé dans cette classe. *23-26*; 27-63, Mémoires d'un Américain; 64-72: extraits de la description de l'isle de Saint-Domingue. 'Cet Article nous a été envoyé par M. de la Croix' (p.72).

> Jacques-Vincent Delacroix, *Mémoires d'un Américain, avec une description de la Prusse et de l'isle de Saint Domingue*, 1771 (MMF 71.24).

73. SUITE DE LA TROISIÈME CLASSE. ROMANS HISTORIQUES.

73-118 Allegeance, que fournit la lecture aux ames émues de feu ardent; ou réminiscence encore douce de l'âge cuisant. Anecdote du règne de Henri ii. *73-76*: vieux manuscrit que le rédacteur aurait vu en Suisse; 77-106; *107-118*, Notes historiques et critiques. 'Par M. l'Abbé C**' (p.118).

> Texte qui paraît avoir été écrit pour la *BUR*. Madame de Brissac favorise auprès d'Henri ii le mariage de François de Montmorency, fils du Connétable, et de Diane de France, fille illégitime du Roi; mais la mère de celle-ci, madame de Valentinois, préfère la marier à Horace Farnèse.

119. QUATRIÈME CLASSE. ROMANS D'AMOUR.

119-188 Ariane. Deux vol. in-8°., par Desmaretz. Paris, 1632. 119-182; *183-188*, Observations sur Ariane. 'Par M. Mayer' (p.188).

> Jean Desmarets de Saint-Sorlin, *Ariane*, 1632 (Lever, p.70).

189-[190] Table. Approbation. [*190*]: le 6 février 1780. De Sancy.

1780.iii.

[3]. PREMIÈRE CLASSE. ROMANS ÉTRANGERS.

[*3*]-16 Larisse, histoire grecque, traduite du latin de Théophile Viaut. [*3*]-*4*; 4-16.

> Théophile de Viau, *Larissa*, dans *Œuvres du sieur Théophile*, 1621 (Lever, pp.245-246, qui indique la version française de Bussy-Rabutin, publiée en 1715, ainsi que celles parues en 1739, 1758 et 1786; MMF 85.R2). La source exploitée par la *BUR* semble être *Larisse, histoire grecque, traduite du latin de Théophile Viaut*, dans le *Conservateur*, 1758.i.214-227. C'est un des récits donnés sous une forme modifiée par Honoré-Gabriel de Riqueti, comte de Mirabeau, dans son *Recueil de contes*, 1780, i.72-81 (MMF 80.21).

17. TROISIÈME CLASSE. ROMANS HISTORIQUES.

17-34 Comment le comte de Foix fut fort soudainement averti de ce qui étoit advenu à la journée de Juberoth, et ce par secrète manière; au propos de laquelle est rapportée une histoire touchant un esprit familier nommé Orthon, servant le seigneur de Corasse en semblable matière. *17*: 'C'est encore ici une fiction, sans doute'; *18*: dix-septième chapitre du livre troisième de la *Chronique* de Froissard; 18-34.

> Jean Froissart, *Chroniques*, écrites entre 1369 et 1400. Dans l'édition de Mirot il s'agit du sixième chapitre du livre iii. Le texte de la *BUR* est pris dans le *Conservateur*, 1757.iv.146-161.

35. SUITE DE LA TROISIÈME CLASSE. ROMANS HISTORIQUES.

35-88 Adhémar, ou les torts de l'opinion. Tiré d'un manuscrit. 35-87; *87-88*. 'Par M. Mayer' (p.88).

> Texte de Charles-Joseph de Mayer, que celui-ci a repris dans son recueil *Les Amours du chevalier Bayard [...]*, 1787, ii.193-262 (MMF 87.57).

89. QUATRIÈME CLASSE. ROMANS D'AMOUR.

89-201 Aventures de la Germanie. *89*: roman italien imprimé à Florence en 1522; 90-201, Histoire de Christine de Suabe, et de Sigefroid, comte de Sugger. 'Par Madame Riccoboni' (p.201).

> Malgré les précisions sur le texte soi-disant original que donne le *BUR*, ce morceau est considéré communément comme une supercherie. Il a été repris en 1783 dans le recueil *Histoire de Christine, reine de Suabe [...]*, i.1-128, de Marie-Jeanne Laboras de Mézières, madame Riccoboni (MMF 83.49).

[209]-[203] Table. Approbation. [*203*]: le 29 février 1780. De Sancy.

1780.iv.I.

[3]-6 Avis très-important. [*3*]-*6*: le 'Propriétaire de la Bibliothéque des Romans' annonce que le rabais déjà annoncé sur les premiers volumes ne s'appliquera pas à ceux parus depuis juillet 1779. Il demande à 'MM. les Gens-de-Lettres' de lui adresser des extraits et s'engage à envoyer sa réponse ainsi que le prix de l'article dans les trois jours qui suivront. Cet avis se répète de volume en volume jusqu'au mois de juin 1780.

Voir 1778.v.226-227 pour l'annonce de la réduction du prix des premiers volumes.

[7]. PREMIÈRE CLASSE. ROMANS ÉTRANGERS.

[7]-110 Histoire de Tancrède et d'Erminie, princesse d'Antioche. [7]-*8*: épisode tiré de la *Jérusalem délivrée* du Tasse. 'On a voulu seulement donner la suite & l'ensemble d'une histoire à ce charmant Episode, qui se trouve fondu & morcelé dans un grand Poëme' (p.8); 9-109; *109-110*.

> Torquato Tasso, dit le Tasse, *La Gerusalemme liberata*, 1581. Trad. Blaise de Vigenère, *La Hierusalem*, 1695 (DeJongh, no.297). Trad. Jean Baudoin, *Hierusalem des livrée*, 1626 (Lever, p.185). Trad. Jean-Baptiste de Mirabaud, *Jérusalem délivrée*, 1724 (MMF 52.R47). Trad. Charles-François Lebrun, duc de Plaisance, *Jérusalem délivrée, poëme du Tasse, nouvelle traduction*, 1774 (MMF 74.28). Il s'agit sans doute de ces deux dernières versions, quand le rédacteur de l'article affirme que, des traductions parues jusque-là, 'l'une est foible & sans Poësie: l'autre, plus poëtique, n'a pas d'onction' (p.8).

111. TROISIÈME CLASSE. ROMANS HISTORIQUES.

111-201 Aventures de Nicias et d'Antiope, ou les céramiques, roman héroïque. *111-113*: 'Les Romans héroïques, tenant nécessairement à l'Histoire, entreront désormais dans cette troisième Classe' (note, p.11). Ouvrage publié à Londres, chez Jean Nourse, 1760; 113-182; *183*, Supplément aux Céramiques; 184-188, Discours d'Iphytus à son fils Agasthène; *189*, Conseils pernicieux de Phœdria à Nicias, et punition tragique et terrible de Phœdria; 189-201.

> Jean-Louis Galtier, dit Galtier de Saint-Symphorien, *Les Céramiques ou les aventures de Nicias et d'Antiope par monsieur de S' S.*, 1760 (MMF 60.15).

202-203 Table. Approbation. *203*: le 31 mars 1780. De Sancy.

1780.iv.II.

[7]. PREMIÈRE CLASSE. ROMANS ÉTRANGERS.

[7]-50 Le Triomphe de l'amour ou l'origine du mai, poeme champêtre, traduit de l'allemand de M. Filtz. [7]-*9*; 10-50.

> Malgré la notice de la *BUR* ('Il y a dans l'Allemagne plusieurs Ecrivains qui portent le nom de Filtz', p.7), nous n'avons pu identifier cet auteur, que Gœdeke, par exemple, ne mentionne pas. Selon la *BUR*, 'Filtz' n'est 'pas encore beaucoup connu'; mais 'il paroît par une de ses Pièces intitulée *Le Berger désabusé* qu'il est né dans une petite Ville située sur le Rhin' (p.8). Johann Peter Uz, en revanche, a publié en 1753 son *Sieg des Liebesgottes*, mais le texte ne semble pas correspondre avec celui de la *BUR*. (Le poème d'Uz a été traduit dans le *Journal étranger*, 1754.vii.21-45 et viii.109-136.) Dans le morceau attribué à 'Filtz', le berger Lycidas aime la belle bergère Sylvinde, mais celle-ci jouit d'une vie sereine auprès de ses vertueux parents, Sylvandre et Néreïs. . .

51. TROISIÈME CLASSE. ROMANS HISTORIQUES.

51-134 Astérie ou Tamerlan. *51-52*: par mademoiselle de la Roche-Guilhem, 1667; *52-61*; 61-122; *123-134*, Notes historiques.

> Anne de La Roche-Guilhem, *Astérie ou Tamerlan*, 1675 (Lever, pp.77-78).

135. SUITE DE LA TROISIÈME CLASSE. ROMANS HISTORIQUES.

135-182 Le Chevalier Bayard. Mansucrit. *135-136*; 136-177; *178-182*, Notes historiques.

> Texte de Charles-Joseph de Mayer, qui a été repris en 1787 dans *Les Amours du chevalier Bayard avec madame de Randan et autres romans*, 1787, i.1-58 (MMF 87.57).

183. QUATRIÈME CLASSE. ROMANS D'AMOUR.

183-213 Les Amours de Myrtil. Constantinople, 1761. *183*; 183-213 (avec, pp.200-204, Le Retour d'Aglante, pastorale en vers).

> Claude-Louis-Michel de Sacy, *Les Amours de Mirtil*, 1761 (MMF 61.19).

214-215 Table. Approbation. *215*: le 15 avril 1780. De Sancy.

1780.v.

[7]. PREMIÈRE CLASSE. ROMANS ÉTRANGERS.

[7]-112 Las Hazanas y los amores del buen Gazul, cavallero moro de Granada, segun la coronica y los papeles que trataron las cosas de Granada, etc. Por el bachiller Pedro de Moncayo. Les Exploits et les amours du bon Gazoul, chevalier maure grenadin, selon la Chronique et les écrits qui ont traité de choses relatives à l'histoire de Grenade. Seville, 1599, in-8°. [7]-*11*: sujet traité par Perez de la Hita et Pedro de Moncayo; 11-112, Histoire de Gazoul.

> Pedro de Moncaya, *Las Hazañas y los amores del buen Gazul*, 1599 (Palau y Dulcet, qui cite Pascal de Gayangos mais n'a pas vu l'ouvrage en question). Moncaya est auteur de *Flor de varios romances*, 1589, source de la plupart des ballades reproduites par Ginés Perez de Hita, dans son *Historia de los Vandos*, 1595. Pour ce dernier ouvrage, voir 1778.i.II. 7-112.

113. TROISIÈME CLASSE. ROMANS HISTORIQUES.

113-132 Les Histoires tragiques de notre tems composé par François Rosset. Rouen chez Amiot, libraire. *113-116*; 117-132, Histoire de Michel Vaumorin, ou le bon fils.

> François de Rosset, *Les Histoires tragiques de nostre temps*, 1614 (Lever, pp.223-225, qui note que la première édition est introuvable et signale diverses rééditions augmentées). Dans une note, p.115, la *BUR* rappelle qu'on trouve dans ce recueil l'histoire de l'assassinat de la marquise de Ganges (voir aussi 1784.ix.161-181). Charles-Joseph de Mayer reprend l'*Histoire de Michel Vaumorin* dans les *Romans de monsieur de Mayer*, i.3-22 (MMF 90.49).

133. SUITE DE LA TROISIÈME CLASSE.

133-182 Lettres vénitiennes. *133-134*: cette histoire, publiée 'il y a quelque années' ne serait que trop vraie selon un 'Gentilhomme Italien'; 135-182.

> Jean-François de Bastide, *Le Dépit et le voyage, poëme, avec des notes, suivi des Lettres vénitiennes*, 1771 (MMF 71.17).

183. CINQUIÈME CLASSE. ROMANS MYTHOLOGIQUES.

183-225 Amours de Glauque, ou la vengeance de Vénus. *183-185*: annonce d'une nouvelle classe de romans. 'Nous avons appris qu'il existoit une chaîne de Romans mythologiques, traités par un Homme de Lettres familiarisé avec toutes les fictions des Anciens [...]. Nous avons su qu'il se disposoit à les faire imprimer' (p.184); 185-225.

> Texte donné pour manuscrit, qui semble être inspiré par les livres xiii-xiv des *Métamorphoses* d'Ovide. Nous n'avons pas trouvé ailleurs ce morceau et n'en connaissons pas l'auteur. Pour la suite de ces récits, voir 1780.vi.189-214, 1780.xii.184-201, 1781.i.I.171-201, 1781.ii.185-216, 1781.iii.140-191 et 1781.iv.II.173-209. Cf. 1780.vii.II.155-199, 1780.viii.183-212 et 1780.ix.149-216, où les extraits de romans mythologiques sont de Charles-Joseph de Mayer.

226-227 Table. Approbation. *227*: le 30 avril 1780. De Sancy.

1780.vi.

[7]. PREMIÈRE CLASSE. ROMANS ÉTRANGERS.

[7]-36 Léonor et Eugenie, histoire anglaise, extraite et traduite de Chaucer. [7]-*8*: *Œuvres*, 1561; 9-36.

> Nous n'avons pas trouvé chez Geoffrey Chaucer le récit qui aurait pu inspirer ce texte. Retiré dans ses terres, Valden (en réalité Léonor, fils du jaloux Penker) retrouve dans la misère sa bien-aimée Eugénie, fille du gouverneur Wilson que le roi Edouard d'Ecosse a fait exécuter … Divers scènes 'poétiques', comme une chasse au cerf, Eugénie au bain, un orage dans la forêt, font penser à un modèle en vers.

37. SECONDE CLASSE. ROMANS DE CHEVALERIE.

37-76 La Belle Rosemonde, ou le preux chevalier Andro. *37-39*: Jeanne Flore, *Contes amoureux*; 39-76. 'C'est à M. de Sauvigny, dont le zèle & les talens sont si connus, qu'on doit la découverte de ce Morceau précieux' (p.37).

> Jeanne Flore, *Comptes amoureux*, avant 1540, 1541 (DeJongh, no.121). Il s'agit du premier récit qui a pour titre: *De Pyralius qui feit ediffier le Chasteau ialoux*. Publié par Louis-Edme Billardon de Sauvigny, dans *Parnasse des dames*, 1773.ii.155-187.

77. TROISIÈME CLASSE. ROMANS HISTORIQUES.

77-174 Zelaskim, histoire américaine. 77: par M. B***, 1765; 78-150; *151-152*, Apologie des romans, par l'auteur du roman de Zélaskim. Avertissement; 153-173, Apologie des romans; *173-174*, Réflexions.

> François Béliard, *Zélaskim, histoire américaine, ou les avantures de la marquise de P***, avec un discours pour la défense des romans*, 1765 (MMF 65.14).

175. SUITE DE LA TROISIÈME CLASSE. ROMANS HISTORIQUES.

175-188 Le Monument Caraïbe, manuscrit. 175-188.

> Texte donné pour manuscrit que nous n'avons pas retrouvé ailleurs en français. Matabecbé, guerrier de la nation américaine des Oyachikas, ayant juré par son dieu protecteur de tremper ses mains dans le sang pour venger l'honneur de sa tribu, se voit obligé de tuer sa sœur et se suicide de désespoir.

189. CINQUIÈME CLASSE. ROMANS MYTHOLOGIQUES.

189-214 Les Amours de Phaëton. 189-214.

> Texte donné pour manuscrit, qui semble être inspiré par les livres i-ii des *Métamorphoses* d'Ovide. Voir aussi 1780. v.183-185.

215-[*216*] Table. Avis. Approbation. *215*: 'Messieurs les Souscripteurs sont priés de renouveller leur Abonnement, si leur intention est de continuer'; [*216*]: le 31 mai 1780. De Sancy.

1780.vii.I.

Au verso de la page de titre on répète l'avis qui se trouve à la fin du volume précédent (1780.vi.215).

[3]. PREMIÈRE CLASSE. ROMANS ÉTRANGERS.

[3]-24 L'Amitié qui triomphe de l'amour et de l'amour-propre, nouvelle florentine,

traduite de l'italien de Lorédan. [*3*]-*4*: Loredano est auteur des *Bizarrie academiche*, des *Dubbii amorosi*, de la *Vita del Marino* et de celle d'*Alessandro Terzo*; 5-24.

> Nous n'avons pas reconnu ce récit parmi les titres de Giovanni Francesco Loredano que cite la *BUR*. Passionné de poésie. Ergaste décide de donner la main de sa fille, Nérine, à celui des prétendants qui aura le plus de talent. Elpin sacrifie son amour pour Nérine à l'amitié qu'il porte à Laurenti quand celui-ci lui demande d'écrire une poème pour lui . . .

25. TROISIÈME CLASSE. ROMANS HISTORIQUES.

25-74 Conradin. Manuscrit. 25-74.

> Texte de Charles-Joseph de Mayer, qui se retrouve en 1790, sous le titre *Conradin, roman historique*, dans les *Romans de monsieur de Mayer*, i.173-231 (MMF 90.49).

75. TROISIÈME CLASSE. ROMANS HÉROIQUES.

75-202 Berenger, comte de la Marck. *75-76*: par Bonnet, 1645; 77-117, Histoire du corsaire Hugolin, racontée par lui-même. Episode préparatoire du roman de Berenger; 118-122, Continuation de l'Histoire d'Hugolin, racontée jusqu'ici par lui-même; ou conversion et pénitence d'Hugolin, dont un grand d'Antioche fait le récit à la princesse Constance, pour son amusement; 123-155, Histoire de Théodore, comprenant celle de Nitandre, roi de Scythie; d'Amirante sa femme; de Semiramne sa maîtresse; d'Indathyrse, prince de Scythie; & d'Amalthée, sœur d'Indathyrse: second episode préparatoire du roman de Berenger; 156-174, Histoire de Noradin, prince d'Alep et comte d'Edesse, qui comprend celle d'Haley, sultan de Damas; de la princesse Arsacie, prétendante au trône d'Antioche; de Mirmiran, frére de Noradin; de Doristan, chevalier françois, etc. Episode du roman de Berenger; 175-183, Histoire du comte Meleagre, père de Scipion et de Renaud. Episode du roman de Berenger; 184-202, Histoire de Constance, princesse d'Antioche, qui comprend celle du faux Renaud ou vrai Berenger, comte de la Marck; celle du faux Berenger, comte de la Marck, ou vrai Renaud; et celle des amours de Scipion, d'Odoarde, d'Indathyrse et d'Amalthée.

> Pierre Bonnet, *Bérenger comte de La Marck*, 1645 (Lever, p.91).

203-[*204*] Table. Approbation. [*204*]: le 30 juin 1780. De Sancy.

1780.vii.II.

Au verso de la page de titre on répète l'avis du volume précédent.

[3]. SECONDE CLASSE. ROMANS DE CHEVALERIE.

[*3*]-154 Les Apparences trompeuses, extrait de l'histoire du très-noble et chevaleureux prince Gerard, comte de Nevers et de Rhétel; et de la très-vertueuse, sage et belle princesse Euriant de Dammartin sa mie. [*3*]-*6*: d'après une réédition de 1725. L'auteur de l'article porte un 'nom adoré de nos Lecteur'; 7-154, Histoire de Gerard, comte de Nevers; *154*.

> *Gérard de Nevers*. Mss quinzième siècle. Editions: 1520 (DeJongh, no.73), 1526 (Arsenal), 1586 (Woledge, no.66). Le comte de Tressan a rédigé son article d'après l'édition faite par Thomas-Simon Gueulette de Gibert de Montreuil, *Histoire de très-noble et chevalereux prince Gerard*, s.d. (Bn). Son texte a été publié à part en 1780, sous le titre *Le Prince Gerard, comte de Nevers [...]* (MMF 80.33) et il se retrouve également dans les *Corps d'extraits de romans de chevalerie*, 1782, iii.346-494 (MMF 82.37). Voir aussi Jacoubet (1932), pp.139-15.

155. CINQUIÈME CLASSE. ROMANS MYTHOLOGIQUES.

155-199 Les Amours des déesses, par le sieur de la Serre. Paris, 1626, un vol. in-12. fig. 155-156; 157-174, Les Amours de Diane et d'Hippolyte; 175-199, Les Amours de l'Aurore et de Céphale.

Voir aussi 1780.viii.183-212 et 1780.ix.149-215.

> Jean Puget de La Serre, *Les Amours des déesses, de Diane et Hypolite, de l'Aurore et Céphale, de la Lune et Endymion, de Vénus et Adonis, avec les amours de Narcisse*, 1627 (Lever, p.56). L'extrait est de Charles-Joseph de Mayer, et les deux textes se retrouvent en 1790 dans les *Romans de monsieur de Mayer*, ii.243-260 et 297-318 (MMF 90.49). Une note, p.155, précise que 'cet Extrait, vivement écrit, est d'une autre main que celle à qui nous devons les premiers Extraits de ce genre, insérés dans les Volumes précédens'. Voir 1780.v.183-225 et 1780.vi.189-214.

200-201 Table. Approbation. 201: le 14 juillet 1780. De Sancy.

1780.viii.

[3]. PREMIÈRE CLASSE. ROMANS ÉTRANGERS.

[3]-18 Aventure merveilleuse de Jean de Passaw, gentilhomme bavarois. [*3*]-*5*: d'après un manuscrit latin par un moine allemand; 5-18.

> Nous n'avons pas retrouvé la source de cette anecdote. Le rédacteur de l'article fait mention d'un *Traité des blasphêmes* resté manuscrit, et affirme que les événements racontés sont donnés comme historiques dans une édition des *Métamorphoses* d'Ovide publiée à Genève en 1619 par Pierre de la Rovierre. Le texte donné par la *BUR* semble suivre les normes des courtes narrations de la fin du dix-huitième siècle (on l'appelle même un 'Conte moral', p.4), et exploite des effets d'épouvante (un fantôme, une morte ressuscitée). Le chambellan Jean de Passaw, ayant épousé Yolande de Muchen-Mitten (nièce de l'évêque de Ratisbonne), doit éviter de blasphémer s'il ne veut pas perdre ce qu'il aime le mieux au monde. Quand il s'oublie une première fois, Yolande meurt, mais revient à la vie grâce au repentir de son mari ...

19. TROISIÈME CLASSE. ROMANS HISTORIQUES.

19-58 Les Vengeances, ou amour d'Alphonse Seguin et de Joséphine de Chiavera, tiré d'un ancien manuscrit provençal. *19-22*: 'Nous n'oserions affirmer qu'il n'y a point de fiction dans ce Roman [...]' (p.19); 23-58.

> Texte de Charles-Joseph de Mayer, qui se retrouve en 1790 dans les *Romans de monsieur de Mayer*, ii.125-168 (MMF 90.49).

59. QUATRIÈME CLASSE. ROMANS D'AMOUR.

59-96 Aventure singulière de Jean de Tournemont, et de Claudine des Cazolles, extrait d'un vieux manuscrit. 59-96.

> Texte vraisemblablement original que nous n'avons pas retrouvé ailleurs. Sous le règne de Philippe le Hardi, Jérôme Tardif, tuteur de Jean de Tournemont, et dame Alix, gouvernante de Claudine des Cazolles, cherchent à séparer les amoureux en racontant à chacun que l'autre est mort. Claudine apprend, cependant, le secret du complot et part pour rejoindre Jean à Rome.

97. QUATRIÈME CLASSE. ROMANS D'AMOUR.

97-182 Le Paysan parvenu. *97-100*: on offrira un résumé accompagné de citations. Sur Marivaux, voir le second tome d'octobre 1775; 101-182: comprend (pp.177-182) un résumé de deux suites.
Pour l'article consacré à Marivaux auquel on renvoie le lecteur, voir 1775.x.II.24-133.

> Pierre Carlet de Chamblain de Marivaux, *Le Paysan parvenu ou les mémoires de M****, 1734-1736 (Jones, p.53; MMF 56.R44). Les deux suites dont on rend compte sont celle qui a paru pour la première fois dans l'édition de 1756 et celle qu'on connaît d'après une traduction allemande de 1753 (voir Deloffre (1969), pp.xxvii-xxxi).

183. CINQUIÈME CLASSE. ROMANS MYTHOLOGIQUES.

183-212 Suite des Amours des déesses. Les Amours de la Lune et d'Endymion. 183-212. Voir aussi 1780.vii.II.155-199 et 1780.ix.149-215.

Sur *Les Amours des déesses* de Jean Puget de La Serre, voir 1780.vii.II.155-199. L'extrait est sans doute de Charles-Joseph de Mayer, mais, à la différence de ceux auxquels on revoie ci-dessus, il ne figure pas dans les *Romans de monsieur de Mayer*, 1790 (MMF 90.49).

213-215 Errata. Table. Approbation. *215*: le 31 juillet 1780. De Sancy.

1780.ix.

[3]. PREMIÈRE CLASSE. ROMANS ÉTRANGERS.

[3]-20 Le Songe de Cupidon, imitation du poëme d'Ausone, qui commence par ces mots: Aëris in campis, etc. Aus. Idyll. VI. Extrait d'un manuscrit. [*3*]-7: le traducteur a rejeté l'ancien titre: *Cupidon crucifié (Cupido cruci affixus)*; 7-20.

Ausone (Decimus Magnus Ausonius), *Cupido cruci affixus*, dans *Edyllia*, ive siècle. Bn indique des éditions du texte latin dans le *Satyricon* de Pétrone en 1654 et 1669, ainsi que dans *Pervigilium Veneris*, 1712.

21. TROISIÈME CLASSE. ROMANS HISTORIQUES.

21-102 La Prazimene. *21*: le sieur Le Maire est auteur ou traducteur du texte, qui est attribué à Giblet, écrivain italien; 22-102.

Le Maire, *La Prazimène*, 1638 (Lever, p.350, qui fait remarquer que c'est l'original français qui a été traduit en italien par Giovanni Francesco Loredano en 1654-1656, sous le pseudonyme d'Henri Giblet).

103. SUITE DE LA TROISIÈME CLASSE. ROMANS HISTORIQUES.

103-148 Blanche Capello. Manuscrit. *103-110*: les faits historiques; 111-148.

Les éditeurs de la *BUR* affirment ultérieurement (1788.iii.4) qu'ils ont 'extrait' *Blanche Capello* des *Skizzen* d'August Gottlieb Meissner 1778-1788, 1796, où *Bianca Capello, halb Dialog, halb Erzählung* figure dans le premier tome (1778), avec des suites dans le troisième (1780), le quatrième (1783) et le cinquième (1784) (Fürst, pp.163-164). Le texte de la *BUR*, cependant, ne semble rien devoir au récit dialogué de Meissner, et les diverses réflexions que le rédacteur attribue à l'auteur de l'original ne se trouvent pas dans le texte allemand. L'ouvrage de Meissner a été traduit deux fois en français en 1790, par Rauquil Lieutaud (MMF 90.50) et par Jean-Pierre-Louis de la Roche Du Maine, marquis de Luchet (MMF 90.51). L'article est de Charles-Joseph de Mayer et se retrouve en 1790 dans les *Romans de monsieur de Mayer*, ii.85-122 (MMF 90.49).

149. CINQUIÈME CLASSE. ROMANS MYTHOLOGIQUES.

149-216 Suite des Amours des déesses. *149-151*, Amours de Vénus et d'Adonis; 151-177; 178-214, Amours de Narcisse; *214-221*.
Voir aussi 1780.vii.II.155-199 et 1780.viii.183-212.

Sur *Les Amours des déesses* de Jean Puget de La Serre, voir 1780.vii.II.155-199. L'article est de Charles-Joseph de Mayer et les deux récits se retrouvent en 1790 dans les *Romans de monsieur de Mayer*, ii.263-293 et 321-364 (MMF 90.49).

[216] Table. Approbation. [*216*]: le 31 août 1780. De Sancy.

1780.x.I.

[3]. TROISIEME CLASSE. ROMANS HÉROÏQUES.

[3]-195 Cassandre. Par le Sr. de Coste de la Calprenede. Paris, 1644, 1645, 1650, 1654, 1667 et 1731, 10 vol. in-12.
[*3*]-27: une 'réduction de la Cassandre' en 1752. Sur la Calprenède, voir le premier volume de juillet 1776. Défense des romans et discussion des romans héroïques en

particulier; 28-37, Cassandre; 38-87, Histoire de l'étranger; 87-154, Suite de l'Histoire d'Oroondate; 155-193, Histoire de Statira.
Voir la continuation au volume suivant. Pour l'article sur La Calprenède, voir 1776.vii.I.149-214.
[196] Table Approbation. [*196*]: le 31 [*sic*] septembre 1780. De Sancy.

1780.x.II.

[3]. TROISIEME CLASSE. ROMANS HÉROÏQUES.

[3]-102 [pour 202] Suite de Cassandre. 3-46, Histoire de Lisimachus; 47-98, Histoire de Talestris; 99-113, Histoire de Bérénice; 114-128, Histoire de Cassandre; 129-164, Histoire de Roxane; 164-102 [pour 202], Histoire de Démétrius et d'Hermione.
Voir la continuation au volume suivant.
[203] Table. Approbation. [*203*]: le 31 [*sic*] septembre 1780. De Sancy.

1780.xi.

3. TROISIÈME CLASSE. ROMANS HÉROÏQUES.

[3]-199 Seconde Suite de Cassandre. [3]-20; 20-37, Suite de l'Histoire de Berenice; 38-105, Histoire d'Artaxerce, sous le nom du grand Arzace; 106-116, Suite de l'Histoire de Berenice; 116-199, Suite de l'Histoire de Roxane.
Voir aussi les deux volumes précédents.

> Gautier de Coste, sieur de La Calprenède, *Cassandre*, 1642-1645 (Lever, pp.98-99). Adapt. Alexandre-Nicolas de La Rochefoucauld, marquis de Surgères, *Cassandre, roman*, 1752 (MMF 52.24). L'*Histoire de deux enfans* (*Le Bien et le mal*), pp.59-61, a été refaite d'après Baltasar Gracian, *El Criticón*, selon une note, p.59 (voir 1781.iii.121-139).

[200] Table. Approbation. [*200*]: le 31 [*sic*] septembre 1783. De Sancy.

1780.xii.

[3]. PREMIÈRE CLASSE. ROMANS ÉTRANGERS.

[3]-64 L'Etourdie, ou histoire de miss Betsy Tatless. Traduite de l'anglois. [3]-64.

> Eliza Haywood, *The History of Miss Betsy Thoughtless*, 1751. Trad. le chevalier de Fleuriau, *L'Étourdie ou histoire de mis Betsi Tatless*, 1754 (MMF 54.17).

65. SECONDE CLASSE. ROMANS DE CHEVALERIE.

65-131 Chronique de Pepin, second fils du grand empereur Charlemagne; et de Gisele, fille de Didier, roi de Lombardie. Paris, 1522, – sans nom d'imprimeur. *65-66*: le sieur Loret aurait traduit un manuscrit attribué à l'archevêque Turpin; 66-129; *129-131*: sur la Chronique de Turpin voir le premier volume de juillet 1777.
Pour la *Chronique* du pseudo-Turpin, voir 1777.vii.I.123-163.

> Nous n'avons pu retrouver le texte de 1522, attribué à Loret. DeJongh (no.78) le cite, mais seulement d'après la *BUR*. Dans une note (pp.65-66) les éditeurs affirment avoir reçu d'un anonyme un résumé de ce même ouvrage qu'ils n'ont pu utiliser.

132. QUATRIÈME CLASSE. ROMANS D'AMOUR.

132-183 L'Orphise de Chrysante. *132-134*: par Charles Sorel; 134-153; 154-159, Suite de l'Orphise de Chrysante; 160-171, Histoire de Sinderame; 171-183, Suite de l'Histoire de Sinderame.

> Charles Sorel, sieur de Souvigny et des Isles, *L'Orphize de Chrysante*, 1626 (Lever, pp.336-337).

184. CINQUIÈME CLASSE. ROMANS MYTHOLOGIQUES.

184-201 Amours de Caunus et de Biblis. 184-201.

> Texte donné pour manuscrit, qui semble être inspiré par le livre ix des *Métamorphoses* d'Ovide. Voir aussi 1780. v.183-185.

[*202*] Table. Approbation. [*202*]: le 30 novembre 1780. De Sancy.

1781.i.I.

[3]. PREMIERE CLASSE. ROMANS ÉTRANGERS.

[*3*]-20 Complainte d'Orphée à son retour des enfers. Traduction d'une eglogue latine de Jean II. [*3*]-4: par Jean d'Everard, dit Jean Second; 4-15; *15-20*.

> Jan Everaërtz, dit Jean Second, *Orpheus ecloga* (*Silvarum liber*), ds *Opera*, 1541 (Bn).

21. TROISIÈME CLASSE. ROMANS HISTORIQUES.

21-71 Cassibelan. 21-71.

> L'article n'offre aucun renseignement sur l'origine de ce morceau, mais la table de 1789 le donne pour une 'nouvelle tirée du Cymbeline de Shakespeare'. En effet, c'est une version de la pièce anglaise, où les noms des personnages ont été modifiés: Cassibelan pour Cymbeline, Amélie pour Imogen, Mélius pour Posthumus, Castan pour Cloten. Les dialogues, néanmoins, sont largement inspirés par la traduction publiée par Pierre-Prime-Félicien le Tourneur en 1778. L'on adapte également les chansons du deuxième et du quatrième acte. Nous n'avons pas trouvé cette nouvelle ailleurs et ne savons pas si elle avait déjà paru.[5]

72. QUATRIÈME CLASSE. ROMANS D'AMOUR.

72-170 La Vie de Marianne. *72-73*; 73-151; *151-153*: la suite par madame Riccoboni; 153-169; *169-170*

> Pierre Carlet de Chamblain de Marivaux, *La Vie de Marianne*, 1731-1745 (Jones, p.46; MMF 55.R54). La suite de madame Riccoboni a paru pour la première fois dans *Le Monde comme il est* de Jean-François de Bastide en 1761 (iii.166-218). Voir aussi Poirier, pp.72, 89-91.

171. CINQUIÈME CLASSE. ROMANS MYTHOLOGIQUES.

171-201 Aventures de Métra, fille d'Érésicton; ou la piété filiale. 171-201.

> Texte donné pour manuscrit, qui semble être inspiré par le livre viii des *Métamorphoses* d'Ovide. Voir aussi 1780.v.183-185.

[*202*] Table. Approbation. [*202*]: 30 novembre 1781. De Sancy.

1781.i.I.

[3]. PREMIERE CLASSE. ROMANS ÉTRANGERS.

[*3*]-86 Vie de la comtesse de ***. Par Gellert. [*3*]-5: 'traduit cette année ... sous le titre de la Comtesse de Suède' (p.3); 5-84; *84-86*: notes sur les œuvres de Gellert.

> Christian Furchtegott Gellert, *Leben der schwedischen Gräfin von G****, 1747-1748. Trad. Elisabeth Guénard, madame Brossin de Méré, *La Comtesse de Suède*, 1779 (MMF 79.17; cf.54.15).

---

5. Le professeur Vivienne G. Mylne a eu l'amabilité de comparer pour nous le texte de la *BUR* et celui de Le Tourneur.

87. SECONDE CLASSE. ROMANS DE CHEVALERIE.

87-127 Olivier de Castille, et Artus d'Algarbe. 87-126; *126-127*: éditions s.d. et 1482; par Philippe Camus.

> Philippe Camus, *Olivier de Castille et Artus d'Algarbe.* Mss quinzième siècle. Editions: s.d., 1482 (DeJongh, no.17), [1494], s.d., [1520], 1546, 1587, s.d. (Woledge, no.118).

128. TROISIÈME CLASSE. ROMANS HISTORIQUES.

128-175 Philippe premier, et Jeanne de Castille. Manuscrit. 128-175.

> Texte de Charles-Joseph de Mayer, qui le reprend dans son recueil *Les Amours du Chevalier Bayard* [...], 1787, ii.263-328 (MMF 87.57).

176. QUATRIÈME CLASSE. ROMANS D'AMOUR.

176-201 Lettres africaines, ou histoire de Phedima et d'Abensar. Par M. Butini, Paris 1771. 176-177: l'auteur d'un roman publié 'il y a neuf ou dix ans' le recommande aux éditeurs de la *BUR*; 177-201.

> Jean-François Butini, *Lettres africaines*, 1771 (MMF 71.21).

[202] Table. Approbation. [*202*]: 10 janvier 1781. De Sancy.

1781.ii.

[3]. PREMIERE CLASSE. ROMANS ÉTRANGERS.

[3]-87 L'Enlèvement de Proserpine. Traduction françoise d'un poëme latin de Claudien. [*3*]-*9*; 9-32, Premier Chant; 32-63, Chant second; 63-87, Chant troisième.

> Claudien (Claudius Claudianus), *De Raptu Proserpinae*, quatrième siècle. La traduction semble être nouvelle (voir note 1, pp.3-4).

88. SECONDE CLASSE. ROMANS DE CHEVALERIE.

88-107 Histoire de Baudouin, comte de Flandres. *88-89*: première édition 1474, avec réédition 1478; 89-107; *107*.

> *Baudouin de Flandres.* Mss quatorzième-quinzième siècles. Editions: 1478 (DeJongh, no.7). 1484, 1485, 1491, 1498, 1510, 1509, 1520, s.d., s.d., s.d. (Woledge, no.20).

108. QUATRIÈME CLASSE. ROMANS D'AMOUR.

108-152 Le Roman d'un jour. Extrait d'un manuscrit. *108-109*: un 'Poëme' plus qu'un 'Roman'; 109-144; 145-152, Le Lendemain, ou suite immédiate du Roman d'un jour.

> Textes qui se donnent pour inédits et que nous n'avons pas trouvés ailleurs. Aucun rapport avec *Serpille et Lilla ou le roman d'un jour* d'Anne-Gabriel Meusnier de Querlon (MMF 61.14). Le jour de la Saint-Jean à Paris, Lindor tombe amoureux d'Eulalie et finit par recevoir d'elle 'le gage d'amour sans fin'. Quelques vers sont cités au cours de la narration, qui débute dans le style d'une épopée comique en prose.

153. QUATRIÈME CLASSE. ROMANS D'AMOUR.

153-184 Ernestine. 153-154: se trouve dans les *Œuvres* de madame Riccoboni; 154-184.

> Marie-Jeanne Laboras de Mézieres, madame Riccoboni, *Ernestine*, dans *Recueil de pièces détachées*, 1765 (MMF 65.40). Pour les éditions des *Œuvres* de madame Riccoboni, voir MMF 57.12.

185. CINQUIÈME CLASSE. ROMANS MYTHOLOGIQUES.

185-216 Atalante et Méléagre, ou la vengeance de Diane, roman héroïque et d'amour. Extrait d'un roman manuscrit, faisant partie de la bibliothèque d'un amateur. 185-216.

> Texte donné pour manuscrit, qui semble être inspiré par le livre viii des *Métamophoses* d'Ovide. Voir aussi 1780.v.183-185.

Le volume se termine sans Table ni Approbation.

1781.iii.

[3]. PREMIÈRE CLASSE. ROMANS ÉTRANGERS.

[3]-85 Voyage d'une jolie femme, traduit de l'anglois. *[3]-4*: traduction manuscrite due à une femme de qualité; 4-85.

> Frances Moore Brooke, *The Excursion*, 1777. Une traduction par Henri Rieu avait déjà paru en 1778 (MMF 78.17). Poirier, p.63, a tort de ne pas croire à l'existence d'un original anglais. Sur l'identité de la 'femme de qualité' et les autres articles à lui attribuer, voir notre Introduction, p.19.

86. SUITE DE LA PREMIÈRE CLASSE.

86-120 Mémoires de mademoiselle Sternheim, par madame de la Roche, 1773. *86-87*: version moins abrégée que celle donnée en septembre 1778; 88-120.
Sur cet ouvrage, voir 1778.ix.106-116.

121. SECONDE SUITE DE LA PREMIÈRE CLASSE.

121-139 Allégories traduites de l'espagnol. *121-123*: on promet pour le volume suivant une version du Criticon faite par 'M. le Duc de ***, né Espagnol', mais se borne ici à offrir deux extraits de l'ancienne traduction française. Le sujet du premier morceau a déjà été traité dans l'extrait de *Cassandre*; 124-134, Premiere Allégorie. La Fortune; 135-139, Seconde Allégorie. La Vertu.
Voir aussi 1780.xi.59-61 et 1781.v.3-180.

> Le P. Baltasar Gracian, *El Criticón*, 1651-1657 (Palau y Dulcet). Trad. par G. de Maunory, *L'Homme détrompé*, 1696, 1725 (Bn), où l'on trouve *L'Apologue de la Fortune* (ii.5), et *La Vérité en travail d'enfant* (iii.3). Sur l'identité de 'M. le duc de ***', voir notre Introduction, p.19.

140. CINQUIEME CLASSE. ROMANS MYTHOLOGIQUES.

140-191 Téarc, ou les contes scythiques, romans dont le fonds est dû à Ovide, et l'accessoire au romancier, contenant trois récits imités de cet auteur; savoir, les Avantures de Leucothoée et de Clytie, celles d'Hermaphrodite et de Salmacis, et celles de Pyrame et de Thisbé. 140-191.

> La source de ce texte semble être le livre iv des *Métamophoses* d'Ovide, mais les récits sont arrangés à la façon du rédacteur inconnu. Voir aussi 1780.v.183-185.

191-[192] Approbation. Tables. *[191]*: le 29 mars 1781. De Sancy.

1781.iv.I.

[3]. PREMIERE CLASSE. ROMANS ETRANGERS.

[3]-131 ([3]-147) Tom Jones, ou l'enfant trouvé. *[3]-6*: Fielding, trad. La Place; 6-131.

> Henry Fielding, *History of Tom Jones*, 1749. Trad. par Piere-Antoine de La Place, *Histoire de Tom Jones*, 1750 (MMF 51.R21). Voir Poirier, pp.40, 83-89.

132 (148). SECONDE CLASSE. ROMANS DE CHEVALERIE.

132-156 (148-175) Le Chevalier Paris et la belle Vienne. 132-156; 156: première édition 1481.

> Pierre de La Seppède, *Paris et Vienne*. Mss quinzième siècle. Editions: 1487 (DeJongh, no.26),

[1498], s.d., s.d., 1520, 1527, [1530], [1540], s.d., 1544, s.d., s.d. (Arsenal), 1596 (Arsenal) (Woledge, no.120).

157 (176). TROISIEME CLASSE. ROMANS HISTORIQUES.

157-167 (176-188) San Pietro et Vanina. Manuscrit. 157-167.

> Texte de Charles-Joseph de Mayer, qui le reprend dans les *Romans de monsieur de Mayer*. 1790, i.91-103 (MMF 90.49).

168 (189). QUATRIEME CLASSE. ROMANS D'AMOUR.

168-216 (189-243) La Repentir des amans. *168-169*: La Trentaine de Cythère rééditée en 1764 sous le titre du *Repentir des amans*; 169-216.

> Jean-François de Bastide, *Le Repentir des amants*, 1764 (MMF 64.16). La première version, *La Trentaine de Cithère*, est de 1753 (MMF 53.5).

216 ([244]) Table. Approbation. *216*: 29 mars 1781. De Sancy.

1781.iv.II.

[3]. TROISIEME CLASSE. ROMANS HISTORIQUES.

[3]-30 ([3]-34) La Catanoise, ou histoire secrette des mouvemnens arrivés au royaume de Naples, sous les rois Charles et Robert, et sous la reine Jeanne premiere du nom: ce qui comprend les particularités les plus intéressantes de l'histoire napolitaine, pendant la premiere moitié du quatorzieme siecle. [*3*]-*5*: ouvrage attribué à Lenglet du Fresnoy, 1731; 5-17, Partie historique du roman de la Catanoise; 18-30, Partie romanesque de l'histoire de la Catanoise. Episode des amours de Saladin et d'Abdalla.

> Nicolas Lenglet Dufresnoy, *La Catanoise*, 1731 (Jones, p.45).

31 (35). QUATRIEME CLASSE. ROMANS D'AMOUR.

31-172 (35-194) Laure et Felino, manuscrit. *31*: manuscrit déposé dans une bibliothèque en 1713; rapprochement avec la Nouvelle Héloïse de Jean-Jacques Rousseau; 31-172.

> Texte de Charles-Joseph de Mayer, publié sous ce titre avec d'autres extraits de la *BUR* en 1784, pp.1-152 (MMF 84.42).

173 (195). CINQUIEME CLASSE. ROMANS MYTHOLOGIQUES.

173-209 (195-235) Amours d'Hercule et de Déjanire. 173-109.

> Texte qui semble s'inspirer assez librement du livre ix des *Métamorphoses* d'Ovide. Voir aussi 1780.v. 183-185.

[210] ([236-237]) Table. Approbation. [*201*]: 29 mars 1781. De Sancy.

1781.v.

[3]. PREMIERE CLASSE. ROMANS ETRANGERS.

[3]-180 (3-200) Le Criticon, traduit de l'espagnol par M. le duc de V***. [*3*]-*9*: Balthazar Gracian; traduction par Maunoy [*sic*] sous le titre de l'Homme détrompé, 1709; 10-53, Premiere Partie. L'Enfance et la jeunesse; 53-109, Seconde Partie. L'Age viril; 110-180, Troisieme Partie. La Vieillesse et la décrépitude.

Pour des détails sur ce texte et la traduction française par G. de Maunory, voir 1781.iii.121-139.

180 (200) [Annonce]. *180*: 'L'intérêt du morceau que l'on vient de lire fera passer sur la

briéveté du Volume, dont le public sera dédommagé par le suivant, qui sera plus fort.'
Approbation. *180*: 29 mars 1781. De Sancy.

1781.vi.

Au verso de la page de titre: 'Les personnes qui voudront se procurer la continuation de cet Ouvrage sont priés de vouloir bien faire renouveller leur abonnement […]'

[3]. PREMIERE CLASSE. ROMANS ETRANGERS.

[3]-98 La Fille romanesque, traduit de l'anglois par madame la comtesse de ***. [*3*]-*4*: 'Nous devons cette traduction à la même plume qui a traduit le *Voyage d'une jolie femme* inséré dans notre Volume de Mars' (p.3). Une première version de cet ouvrage publiée en 1773; 4-98.
Pour le *Voyage d'une jolie femme*, voir 1781.iii.3-85.

> Charlotte Ramsay, Mrs Lennox, *The Female Quixote*, 1752. Trad. Isaac-Mathieu Crommelin, *Donquichotte femelle*, 1773 (MMF 73.29).

99. TROISIEME CLASSE. ROMANS HISTORIQUES.

99-152 Le Duc de Montmouth, nouvelle historique. Manuscrit. 99-132.

> Texte de Charles-Joseph de Mayer, repris dans son recueil, *Les Amours de chevalier Bayard […]*, 1787, i.59-116 (MMF 87.57).

133. QUATRIEME CLASSE. ROMANS D'AMOUR.

133-210 (133-211) Le Dépit et le voyage. *133*: ouvrage en vers paru 'il y a environ douze ans'; 133-201: texte en prose et en vers; *202-210*: notes.

> Jean-François de Bastide, *Le Dépit et le voyage*, 1771 (MMF 71.17). Ce volume comprend le poème, ainsi qu'un récit en prose: *Lettres vénitiennes*.

[211]-[212] ([213]-[214]) Table. Approbation. [*212*]: le 29 mars 1781. De Sancy.

1781.vii.I.

[3]. PREMIERE CLASSE. ROMANS ETRANGERS.

[3]-63 Camma, histoire galate [*sic*, pour galante], traitée en forme de roman. (Le fond en est tiré du traité grec de Plutarque, intitulé: les Vertueux Faits des femmes). [*3*]-*5*; 5-54; *54*: présentation du morceau suivant, qui serait 'moins une Tragédie qu'un Roman dramatique'; 55-63, Précis de la tragédie de Camma, de Th. Corneille.

> Plutarque, *De mulierum virtutibus*. Trad. 1538, 1610 (Bn). La tragédie *Camma* de Thomas Corneille est de 1690 (Bn). Ce thème est évoqué brièvement dans le *Conservateur*, 1757.i.161-163.

64. [SIXIEME CLASSE. ROMANS COMIQUES].

64, note: 'Nous avons supprimé il y a long-tems la classe des Romans comiques, comme étant très-rares; nous ne devons pas cependant priver nos Lecteurs des Romans de ce genre. Nous les donnerons, quand nous pourrons en rencontrer, sans qu'ils fassent classe.' 64-202 La Vraie Histoire comique de Francion, composée par Nicolas Moulinet, sieur du Parc, gentilhomme lorrain, amplifiee, &c. Rouen, 1641, in-8° gros vol. de 110 pag. *64-66*: Sorel, Du Parc, Du Souhait; 66-172; 172-201, Suite des 1ʳᵉˢ aventures; *201-202*.

> Charles Sorel, sieur de Souvigny et des Isles, *Histoire comique de Francion*, 1623. La version 'amplifiée', en xii livres, a paru d'abord en 1633, avec rééditions en 1641 et 1685 (Lever, p.187-188).

[203]-[204] Table. Approbation. [*204*]: le 16 juin 1781. De Sancy.

1781.vii.II.

[3]. PREMIERE CLASSE. ROMANS ETRANGERS.

[3]-66 Angériano l'aventureux, poëte d'Italie, et fils naturel de François de Lorraine, duc de Guise. Imprimé en italien à Padoue en 1568, et en françois à Paris en 1570. [*3*]-*5*: 'il est étonnant que nul Bibliographe ne parle de cet Ouvrage' (p.3); 5-60; *60*; 61-64, Dialogue entre Angériano et Fabrice, sur la beauté et sur la sagesse [en vers]; 64-66, Dialogue entre le poëte Gauric et une statue [en vers].

> De Jongh (no.213) cite la traduction de 1570, mais n'a pu en trouver un exemplaire. Le rédacteur de l'article de la *BUR* affirme que la version française a été dédiée au 'bâtard d'Angoulême' et comporte des gravures de Thomas Leleu. Dans la narration, qui a tout à fait le style d'une nouvelle sensible de la fin du dix-huitième siècle, on commente l'attitude de l'auteur original envers le comportement de son héroïne, en concluant que 'le monde moral a bien changé de face depuis 1570' (pp.44-45). Malgré toutes ces précisions, il peut néanmoins s'agir d'une supercherie. Selon le rédacteur, les deux *Dialogues* sont empruntés à un volume intitulé *Délices des poëtes italiens* (p.60) ou *Deliciae poetarum italorum* (p.48). En effet, on trouve un choix de poèmes d'Angeriano et de Gavric dans Janus Gruter, *Delitiae CC italorum poetarum [...]*, 1608 (Bn). Girolamo Angeriano était un poète napolitain du seizième siècle (1470-1535). Selon le récit de la *BUR*, il était fils de François de Guise et d'une Napolitaine, la 'trop sensible' Hortensia. Elevé par le philosophe Hiéronymo et amoureux de la belle Célie, il aurait préféré le bonheur dans une chaumière du Mont-Cenis à la gloire militaire à la cour de France.

67. TROISIEME CLASSE. ROMANS HISTORIQUES.

67-176 Relation historique et galante de l'invasion de l'Espagne par les Maures. Deux vol. à la Haye, 1649. *67-68*: attribué à Juvenel; 68-176.

> Nicolas Baudot de Juilly (ou S. Brémond), *Relation historique et galante de l'invasion de l'Espagne par les Maures*, 1699 (Lever, pp.368-369). La date de 1649 proposée par la *BUR* est vraisemblablement une erreur pour 1699. Les sources espagnoles citées pp.67-68 sont celles qui sont nommées sur la page de titre du roman: don Rodrigue Ximenez, Jean-Baptiste Pérez, Garcia, Louïsa, Rasis, don Diego de Castilla. Félix de Juvenel est auteur de *Dom Pelage*, 1645 (Lever, pp.143-144). Voir aussi 1782.x.I.136, 1783.iii.3-164.

177. QUATRIEME CLASSE. ROMANS D'AMOUR.

177-200 Almanzaïde, histoire africaine. Paris, in-12, 1766, sans nom d'auteur. 177-200.

> Anne de La Roche-Guilhem, *Almanzaïde, nouvelle*, 1674 (Lever, p.34). *Almanzaïde, histoire africquaine*, 1766 (MMF 66.R44).

[201]-202] Table. Approbation. [*202*]: le 6 juillet 1781. De Sancy.

1781.viii.

[3]. PREMIERE CLASSE. ROMANS ETRANGERS.

[3]-125 La Vida de Lazarillo de Tormes, y de sus fortunas y adversidades, etc. Vie de Lazarille de Tormes, sa bonne fortune et ses adversités, etc. [*3*]-*9*: l'attribution à don Diego Hurtado de Mendoza peu probable; 9-99; 100-125, Seconde Partie de Lazarille.

> Anon., *La Vida de Lazarillo de Tormes*, 1554. Juan de Luna, *Segunda Parte*, 1620. Trad. par l'abbé Jean-Antoine de Charnes, *Lazarillo de Tormes*, 1678. Revu par Georges de Backer, *La Vie et avantures de Lazarille de Tormes*, 1698 (Lever, p.246). Rééditions au dix-huitième siècle: 1756, 1765, 1784, 1787 (MMF 56.R7).

126. QUATRIEME CLASSE. ROMANS D'AMOUR.

126-202 Les Refus. Chez Mérigot jeune, 1772. *126-127*: 'L'Auteur (qui ne pense pas à le faire réimprimer) desire que l'extrait que nous allons en faire tienne lieu de réimpression' (p.126). 127-196; *196-197*; 197-202: Le Regne des hommes [en vers].

> Anon., *Les Refus, par M.D.B.*, 1772 (MMF 72.8). Par Louis Desbiefs? Ou Jean-François de Bastide?

[203] Table. Approbation. [*203*]: le 26 juillet 1781. De Sancy.

1781.ix.

[3]. PREMIERE CLASSE. ROMANS ETRANGERS.

[3]-49 Histoire de Melisthene, roi de Perse, contenant ses aventures galantes, ses combats et ses victoires. Traduction fidele du célebre Zaliouralaik, auteur persan; par feu M. de Sainte-Hyacinthe, connu sous le nom de Mathanasius. A Paris, chez Musier et Chardon, 1723, in-12. [*3*]-*4*: traduction supposé?; 4-49.

> Hyacinthe Cordonnier, dit Thémiseul de Saint-Hyacinthe, *Histoire de Melisthene, roi de Perse*, 1723 (Jones, p.36).

50. TROISIEME CLASSE. ROMANS HISTORIQUES.

50-191 Le Maréchal de Boucicault, nouvelle historique. Par Jean-Baptiste Née de la Rochelle. A Paris, 1714, in-12 *50-59*: détails historiques; 59-140; *141*, Histoire du connétable de Clisson; *141-158*: présentation du morceau suivant (qui est un episode du roman); 159-191, Récit du connétable de Clisson au maréchal de Boucicault; *191*.

> Jean-Baptiste Née de La Rochelle, *Le Maréchal de Boucicault, nouvelle historique*, 1714 (Jones, p.24).

192. QUATRIEME CLASSE. ROMANS D'AMOUR.

192-216 Granicus. *192-193*: par François Brice; 193-216.

> François Brice, *Granicus ou l'isle galante, nouvelle historique*, 1698 (Lever, p.176).

216 Table. Approbation. *216*: le 18 août 1781. de Sancy.

1781.x.I.

[3]. PREMIERE CLASSE. ROMANS ETRANGERS.

[3]-54 L'Amour sans bonheur, ou mémoires d'une dame portugaise. [*3*]-*4*: Chiari, Amore senza fortuna; 4-54.

> Pietro Chiari, *L'Amore senza fortuna ossia memorie d'una dama portoghese*, 1765 (Arsenal). Ce roman ne semble pas avoir été traduit en français au dix-huitième siècle. Sur Chiari, voir aussi 1778.xi. 156-206.

55. PREMIERE CLASSE. ROMANS ETRANGERS.

55-120 Destruction de l'empire des fées. Extrait tiré d'un manuscrit de la bibliotheque d'un amateur. *55-56*: manuscrit original 'qu'un Amateur a bien voulu nous communiquer', tiré d'un texte catalan, *Pozo sin hondo*; 56, Le Puits sans fond, premiere partie du roman manuscrit intitulé: Destruction de l'empire de la féerie, ou des fées; 56-60, Préface du romancier; 60-104; 105-120, Abrégé de l'histoire du prince Guzman et de la princesse Zangora, ou seconde et derniere partie du roman intitulé: Destruction de l'empire des fées.

> Paraît être un texte original, que nous n'avons pu trouver ailleurs. Rien à voir avec *La Tyrannie*

des fées détruite, 1702, de madame d'Auneuil (Jones, p.4; MMF 56.6). Le prince Zangor de Bétique est protégé de l'amour par un bracelet que lui a donné sa mère, mais la fée Gnomis veut que le jeune homme apprenne à connaître 'le plus doux des penchants'...

121. TROISIEME CLASSE. ROMANS HISTORIQUES.

121-180 Les Solitaires de Jersey. Lyon, 1579, 2 vol. in-8°. *121-122*: extrait d'après un exemplaire défectueux du texte qui aurait appartenu à messire le Veneur, mort en 1579. Les rédacteurs n'ont pu trouver d'autre exemplaire pour le compléter; 122-160: les amours de Callière et d'Eléonore; *160-161*; 162-177, Georges de Bussy et Gabrielle d'Hangest; *177-180*: la visite de [Robert] Garnier à Jersey.

> De Jongh (no.247) donne ce texte, mais ne cite que la *BUR* et n'a pu en trouver d'exemplaire. Les détails bibliographiques qui sont donnés et les références au cadre où s'inséreraient les différents récits du recueil n'excluent pas la possibilité d'une supercherie. La première des deux narrations offertes ici semble en particulier se rattacher plutôt aux goûts du dix-huitième siècle par sa sensibilité extrême et par l'emploi des dialogues. Pierre de Callière, réfugié à Jersey, raconte à l'Anglais, Cotel, ses amours malheureuses avec Eléonore, fille du comte de Montgomery, exécuté en 1574. Dans la deuxième histoire, Georges de Bussy et Gabrielle d'Hangest sont tous les deux insensibles à l'amour, et malgré toutes leurs ruses n'arrivent pas à connaître la passion.

181. QUATRIEME CLASSE. ROMANS D'AMOUR.

181-202 La Scéleratesse. *181*: 'il est un nombre presque infini de petites fictions ingénieuses, répandues dans les ouvrages, dans des recueils dont la plupart ne seront jamais réimprimées [...] Nous en répandrons quelques-unes dans la plupart de nos Volumes successifs [...]; 182-202.

> Le texte est de Jean-François de Bastide et avait d'abord paru dans son *Nouveau Spectateur*, 1758.i.385-410. Il a été reproduit, avec le titre: *Le Piège bien caché* dans les *Contes de monsieur de Bastide*, 1763, ii.219-240 (MMF 63.17).

[203] Table. Approbation. [*203*]: le 12 septembre 1781. De Sancy.

1781.x.II.

[3]. PREMIERE CLASSE. ROMANS ETRANGERS.

[3]-71 Il Re pescaivolo. In Palermo. Le Roi pêcheur. A Palerme, in-12, sans privilège, sans date et sans nom d'auteur ni d'imprimeur. [*3*]*12*: 'L'histoire [...] a consacré le nom de Thomas Anello, que les Napolitains appellent *Massanello*, & que nous appellerons Mazaniel' (p.4); 12-71, Manzaniel ou le roi pêcheur.

> Nous n'avons pas retrouvé le volume cité par le rédacteur de cet article, qui raconte la carrière de Tomaso Aniello, dit Masaniello (1620-1647). Malgré la profusion de détails qui sont donnés, ils restent vagues: s'agit-il d'un 'roman' (pp.4, 8) ou de 'romances' (p.8), ou tout simplement d'une supercherie? Pp.9-12, on cite des vers siciliens attribués à Vimenzo Valguarnera que nous n'avons pu identifier. Le *Masaniello* d'August Gottlieb Meissner a été publié en allemand en 1784 et traduit en français en 1789 (MMF 89.88). Dans la version de la *BUR*, le jeune Thomas subit l'influence d'un pêcheur aux idées républicaines et épouse Mariola, fille de celui-ci, avant de soulever la révolte contre le Viceroi de Naples.

72. TROISIEME CLASSE. ROMANS HISTORIQUES.

72-94 Les Guelphes et les Gibelins d'Italie, ou aventures malheureuses de Buondelmonte et D'Onati. Manuscrit. *72-73*: 73-94.

> Texte de Charles-Joseph de Mayer, qui l'a repris en 1790 dans les *Romans de monsieur de Mayer*, i.107-133 (MMF 90.49).

95-119 Histoire de l'incomparable administration de Romieu, grand ministre d'Etat en Provence, lorsqu'elle étoit en souveraineté, où se voient les effets d'une grande sagesse et d'une rare fidélité, ensemble le vrai modele d'un ministre d'Etat, et d'un surintendant des finances. Par le sieur Michel Baudier, du Languedoc, gentilhomme de la maison du Roi, conseiller et historiographe de sa Majesté. A Paris, chez Jean Camusat, rue Saint Jacques, à la Toison d'or, petit in-12. 1635. *95-96*; 96-114, Histoire de l'administration de Romieu, ou le Pélerin, grand ministre d'Etat en Provence; *114-119*: commentaires historiques.

> Michel Baudier, *Histoire de l'incomparable administration de Romieu grand ministre d'estat en Provence [...]*, 1635 (Bn; Lever p.637: biographie). Texte romancé inspiré par la carrière de Romée de Villeneuve, connétable et grand sénéchal de Provence (né vers 1170).

120-150 Fin calomnieuse de l'illustre Jeanne, reine de Jérusalem, de Naples et de Sicile, comtesse de Provence. *120*; 120-150.

> Récit historique qui se rattache au morceau précédent.

151. QUATRIEME CLASSE. ROMANS D'AMOUR.

151-198 Ariston ou le philosophe amoureux. Extrait d'un roman manuscrit. 151-198.

> Texte donné pour original que nous n'avons pas retrouvé ailleurs. L'amour d'Ariston pour la musicienne Phryné est troublé par l'arrivée d'un rival, Cnydus ...

199-202 Extrait des tablettes d'une Coquette. 199-202.

> Texte déjà paru dans Jean-Françoise de Bastide, *Variétés littéraires, galantes, &c.*, 1774, i.122-125 (Bn; Arsenal).

[203]-[204] Table. Approbation. [*204*]: le 6 octobre 1781. De Sancy.

1781.xi.

[3]. PREMIERE CLASSE. ROMANS ETRANGERS.

[3]-40 El Conde Lucanor, compuesto por el excellentissimo principe don Jean Manuel, hijo del infante don Manuel, y nieto del santo rey Ferdinando, etc. Le Comte Lucanor, composé par le très-excellent prince don Jean Manuel, fils de l'infant don Manuel, et petit-fils de saint Ferdinand, roi de Castille et de Léon. Madrid, 1642, in-4° [*3*]-*14*: éditions de 1575, 1642. Œuvres de Jean Manuel et d'Alphonse X; 14-17, Premiere Histoire, tirée du Comte Lucanor; 18-22, Seconde Histoire; 22-26, Troisieme Histoire; 26-30, Quatrieme Histoire; 30-32, Cinquieme Histoire; 32-36, Sixieme Histoire; 36-40, Septieme Histoire.

> Jean Manuel, infant d'Espagne, *El Conde Lucanor*. Terminé vers 1335 (Ward). Première édition, 1575; seconde édition, Madrid, 1642 (Palau y Dulcet).

41. TROISIEME CLASSE. ROMANS HISTORIQUES.

41-104 Soliman II, vieux roman trouvé dans la poussière d'une bibliothèque, dont la premiere page est déchirée, et auquel on donne le titre qui paroît convenir le mieux. 41-102; *102-104*.

> Texte de Charles-Joseph de Mayer, qui l'a repris dans son recueil, *Les Amours du chevalier Bayard [...]*, 1787, i.117-191 (MMF 87.57).

104-112 Suite du même article. [Histoire de Marie-Louise de Gonzague.] *104*: un 'Roman historique' paru 'il y a vingt-cinq ans', dont l'héroïne ne doit pas être confondue avec celle du récit qui précède; 104-112.
Voir aussi 1786.vii.I.180-190.

> Joseph Durey de Sauvoy, marquis Du Terrail, *La Princesse de Gonsague*, 1756 (MMF 56.14).

113. QUATRIEME CLASSE. ROMANS D'AMOUR.

113-166 Les Têtes folles; chez Tillard, libraire, rue Pierre-Sarrazin, 1753. *113-114*; 114-166.

Jean-François de Bastide, *Les Têtes folles*, 1753 (MMF 53.4).

167-189 Histoire de Julie chez Rollin et Bauche, en 1758. 167-189.

> Extrait du *Nouveau Spectateur* de Jean-François de Bastide (1758, i.260-288). L'édition donnée sans nom d'auteur par MMF (58.4), d'après Dufrenoy et Mornet, est vraisemblablement inexistante et aurait ses origines dans cet article de la *BUR*. Rollin et Bauche sont nommés comme éditeurs sur la page de titre du t.i du *Nouveau Spectateur*, en 1758.

190-200 Fragment d'une fiction où l'on a voulu représenter un grand homme, ou du moins un grand écrivain. 1758. 190-200.

> Nous n'avons pas retrouvé l'original de ce texte, qui pourrait bien être de Jean-François de Bastide, vu la provenance du morceau précédent et de celui qui suit. Un Indien élevé par des solitaires, Zima, est misanthrope et misogyne, jusqu'à ce qu'il connaisse l'amour, d'abord dans ses rêves et ensuite en rencontrant Zirbé.

201-214 Fragment imprimé d'une fiction non imprimée. 1744. *201*: 'Cette intrigue dialoguée fut insérée dans des Varietiés, & imprimée en 1774'; 201-214.

> Le morceau se trouve dans Jean-François de Bastide, *Variétés littéraires, galantes, &c.*, 1774. i.23-37 (Bn; Arsenal).

[215] Table. Approbation. [*215*]: le 29 octobre 1781. De Sancy.

1781.xii.

Au verso de la page de titre: 'Messieurs les Souscripteurs à la *Bibliothèque des romans*, dont l'abonnement finit à la fin de Décembre 1781, sont priés de vouloir bien le faire renouveller [...]'

[3]. PREMIERE CLASSE. ROMANS ETRANGERS.

[3]-66 Nourjahad, histoire orientale, traduite de l'anglois, 1769 [*3*]-*4*: d'après la traduction d'une 'femme de qualité, dont les bienfaits multipliés & vivement sentis, nous ont déjà attiré le reproche de tourmenter la reconnaissance du Lecteur, en ne la faisant connaître que par son esprit': 4-86.

> Frances Chamberlaine, Mrs Thomas Sheridan, *Nourjahad*, 1767, Trad. par madame de Sérionne, *Nourjahad, histoire orientale, traduite de l'anglois*, 1769 (MMF 69.62). Une seconde traduction anonyme a paru à Strasbourg en 1781 (MMF 81.31). Sur l'identité de la 'femme de qualité' et les autres articles à lui attribuer, voir notre Introduction, p.19

87. QUATRIEME CLASSE. ROMANS D'AMOUR.

87-225 Les Aventures de Victoire Ponty. Paris 1758. 87-225.

> Jean-François de Bastide, *Les Aventures de Victoire Ponty*, 1758 (MMF 58.7).

[226] Table. Approbation [*226*]: le 23 novembre 1781. De Sancy.

1782.i.I.

[3]. PREMIERE CLASSE. ROMANS ETRANGERS.

[3]-119 La Dorotoa, accion en prosa, par frey Lopez Feliz de Vega Carpio. La Dorotée, composition damatique en prose, par frère Lopé Félix de Véga Carpio, huitième édition. Madrid, Padilla, 1736, 2 vol. in-8°. [*3*]-*27*: présentation du théâtre espagnol et de l'œuvre de Lope de Vega en particulier; 28-118, La Dorotée; *118-119*.

> Lope de Vega Carpio, *La Dorotea, acción en prosa*, 1632, 1675, 1736 (Palau y Dulcet). Récit dialogué, qui provoque chez l'auteur de l'article de la *BUR* la remarque que 'tous les genres ont leurs monstres & leurs intermédiaires' (p.4.)

120. TROISIEME CLASSE. ROMANS HISTORIQUES.

120-165 Amelonde, ou la vestale. Paris, Loyson, 1679, petit in-12. Donné à la Bibliothèque du Roi par l'abbé d'Aubignac. 120-165.

> L'article paraît être de Charles-Joseph de Mayer, qui reprend ce texte, sous le titre de *La Vestale, roman historique*, dans les *Romans de monsieur de Mayer*, 1790, i.235-288 (MMF 90.49). Les allusions à l'*Amelonde*, de François Hédeln, abbé d'Aubignac, publiée chez Loyson en 1669 et 1670 (Lever, p.40), semblent être fantaisistes, car les deux textes ne se ressemblent pas.

166. QUATRIEME CLASSE. ROMANS D'AMOUR.

166-220 Les Portraits. 166; 166-220.

> Extrait du *Nouveau Spectateur* de Jean-François de Bastide (1759, vii.268-334).

220 Table, Approbation. *220*: le 23 décembre 1781. De Sancy.

1782.i.II.

[3]. TROISIEME CLASSE. ROMANS HISTORIQUES.

[3]-60 Le Siége de Saint-Quentin, roman patriotique. Chez Plantin, à Anvers, 1596 [*3*]-*5*; 5-59; *59-60*.

> De Jongh (no.300) cite ce titre d'après la *BUR* et Brunet, mais le considère comme un cas douteux. A en juger par la présentation de l'extrait (pp.3-5), où un 'septuagénaire végétant' trouve cette brochure dans un 'cabinet de livres que m'a laissées mon grand-père par substitution', il s'agit très vraisemblablement d'une supercherie. (Est-on censé identifier le vieillard en question au comte de Tressan, qui a eu soixante-seize ans le 4 novembre 1781?) A peine mariés, Quentin Ledru et Mathurine la Brille sont séparés par le siège de Saint-Quentin en 1557, mais Mathurine se déguise en soldat et meurt aux côtés de son mari en défendant la ville. A la fin du récit (p.59), il est question de la parution récente d'une *Histoire de Saint-Quentin*: serait-ce l'*Histoire des droits anciens et des prérogatives et franchises de la ville de Saint-Quentin*, 1781, de Louis Hordret, sieur de Fléchin (Bn)? Le texte de la *BUR* a été réédité à Saint-Quentin, de l'imprimerie de F. Fouquier-Plomion, en 1810, mais l'exemplaire de la Bn est incomplet.

61-85 Ziska, ou le grand aveugle de Boheme. 61-85.

> Texte de Charles-Joseph de Mayer, repris dans les *Romans de monsieur de Mayer*, 1790, i.57-87 (MMF 90.49).

86. QUATRIEME CLASSE. ROMANS D'AMOUR.

86-157 Histoire. La Passion et la fermeté. 86: récit paru d'abord dans un recueil de contes, ensuite sous une forme rallongée dans un autre recueil; 86-157.

> Ce texte de Jean-François de Bastide a paru avec le seul titre: *Histoire* dans *Le Monde comme il est* en 1761 (iv.273-319) et avec celui de: *L'Origine des libelles contre les femmes* dans les *Contes de monsieur de Bastide*, 1763, iii.199-238 (MMF 63.17).

158-178 Charmus, Elise et Thersandre. 158-178.

> Ce récit a paru d'abord dans le *Conservateur* (1757.vi.199-219) et a été repris ensuite dans le *Nouveau Choix des Mercures* (1763, lxxxvi.93-111) et dans les *Diversités galantes et littéraires*, 1777 (*Journal encyclopédique*, 1778.i.287-297) et 1778 (MMF 78.R3). Il a été donné, sous une forme modifiée, par Honoré-Gabriel de Riqueti, comte de Mirabeau, dans *Recueil de contes*, 1780, ii.38-52 (MMF 80.21).

179-184 Le Phénomene. 1758. 179-184.

> Extrait du *Nouveau Spectateur* de Jean-François de Bastide (1759, iv.82-88). Portrait d'un homme aussi original que le 'risible *Vivien de la Chaponardiere* dans les *Vendanges de Surene*' (p.179). Il s'agit d'un personnage qui figure dans une pièce de ce titre (1695), par Florent Carton sieur d'Ancourt, dit Dancourt (Bn).

184-190 Gauchefort, ou l'Homme gauche. 184-190.

Extrait du *Nouveau Spectateur* de Jean-François de Bastide (1758, ii.355-360).
[191] Table. Approbation. [*191*]: le 12 janvier 1782. De Sancy.

1782.ii.

[3]. PREMIERE CLASSE. ROMANS ETRANGERS.

[3]-51 ([3]-55) Régule, ou la reine de beauté. [*3*]-*4*: par Gabriel Jansénius vers 1600, trad. par Camus 1627; 4-51.

> Jean-Pierre Camus, *Régule, histoire belgique*, 1627 (Lever, p.364, qui n'indique pas d'original latin; Descrains, no.058).[6]

52. (56.) TROISIEME CLASSE. ROMANS HISTORIQUES.

52-65 (56-70) Observations sur les romans historiques relatifs à l'histoire de France. *52-65*: 'En rappellant les vertus des peres, nous voudrions bien enflammer l'émulation des enfans' (p.52). 'Dans les fictions même que nous rapporterons, nous aurons toujours soin de conserver les caracteres de ces Personnages illustres' (p.52).
66-204 (70-223) Les Menus Devis du château de Plassac, en Saintonge. *66-67*: manuscrit de Girard, secrétaire du duc d'Epernon et auteur d'une biographie de celui-ci; *67-143*; *143-145*; *146-204*, Particularités sur la vie du duc d'Epernon.
Voir aussi 1782.iv.I.3-13.

> Ces dialogues, entre le Duc, madame de Chevreuse et le père Caussin, semblent être un texte original, de la plume d'un des collaborateurs de la *BUR*, qui chante les louanges du bon vieux temps. Guillaume Girard est auteur d'une *Histoire de la vie du duc d'Espernon*, 1655. Rééditions en 1730, 1736 (Bn).

205 (224). QUATRIEME CLASSE. ROMANS D'AMOUR.

205-212 (224-230) La Dispute et l'exemple. Imprimé en 17. . . . . *205*; 205-212; *212*.

> Extrait de Jean-François de Bastide, *Variétés littéraires, galantes, &c.*, 1774, i.7-13 (Bn; Arsenal).

[213]-[214] ([231-[232]) Table. Approbation. [214]: le 31 janvier 1782. De Sancy.

1782.iii.

[3]. SECONDE CLASSE. ROMANS DE CHEVALERIE.

[3]-86 ([3]-93) Le Nouvel Amadis, par M. de Wieland. [*3*]-*4*: 'C'est ici un Poëme, non un Roman'; 4-86.

> Christoph Martin Wieland, *Der Neue Amadis, ein comisches Gedicht in 18 Gesängen*, 1771 (Goedeke). Steinberger (no.62) ne cite comme version française que cet article de la *BUR*.

87. (94.) QUATRIEME CLASSE. ROMANS D'AMOUR.

87-222 (94-245) Mémoires de madame de ***. *87-88*: 'composé & imprimé il y a trente ans' en peu d'exemplaires. 'C'est donc ici en quelque sorte une premiere édition' (p.88); 88-222.

> Anon., *Mémoires de madame de ***, 1752 (MMF 52.7). Tous les détails de cette prétendue édition viennent cependant de l'article de la *BUR*. Serait-ce encore un texte de Jean-François de Bastide?

[223] (254-[246]) Table. Approbation. [*223*]: le 22 février 1782. De Sancy.

---

6. Nous tenons à remercier le professeur Josephine Grieder, qui a comparé pour nous les textes en question.

1782.iv.I.

[3]. TROISIEME CLASSE. ROMANS HISTORIQUES.

[3]-15 Supplément aux Menus Devis de Plassac, insérés au volume de février. [*3*]; [*3*]-4; 5-12, Voici la seconde anecdote; *12-13*.
Voir aussi 1782.ii.66-204.

> Nous ne savons pas quelle est la source de ces deux anecdotes historiques. Le rédacteur ajoute: 'De prononcer si tout cela est bien vrai, c'est ce que nous nous garderons bien de faire; mais du moins, *bene trovato* ...' (p.12).

14. QUATRIEME CLASSE. ROMANS D'AMOUR.

14-144 Note préliminaire. 14-17: dialogue entre une jeune dame et un vieillard sur les romans; 17-34, Fanchonette [récit dialogué]; 34-44; fin de la discussion des romans et défense de la bonne humeur d'autrefois.

> Texte original?

45-60 Les Promenades de M. de Clarenville, où l'on trouve une vive peinture des passions des hommes; avec des histoires curieuses et véritables sur chaque sujet. Par M ***. Cologne, 1743. *45-46*, Note préliminaire; 46-51, Promenade au Brabant; 51-60, Promendade en Basse-Normandie; 60.

> Anon., *Promenades de Mr de Clairenville*, 1723 (Jones, p.,35).

61-93 Les Remords inutiles, imprimés en 1759. 61-92; *93*: présentation du morceau suivant.

> Extrait du *Nouveau Spectateur* de Jean-François de Bastide (1759, iii.75-188).

93-100 Relation imprimée il y a vingt-deux ans. 93-100.

> Extrait du *Nouveau Spectateur* de Jean-François de Bastide (1758, i.18-28).

101-127 Mourat et Iglou, ou Indamena; anecdote tirée des Mémoires sur l'Isle de St. Christophe. *101*: 'L'Auteur de cette Anecdote est une femme de qualité, & de très-grande qualité: elle veut garder l'anonyme'; *101-107*, Lettre de madame la comtesse de *** à M. de Mayer, un des coopérateurs de la Bibliotheque des romans: sujet 'puisé dans les Mémoires de l'Isle de St. Christophe; dans l'abbé Raynal, si vous l'aimez mieux' (p.107); *107-108*: 'M. Mayer nous ayant communiqué cette Lettre & le Roman, nous n'avons pas balancé à rendre l'un & l'autre publics' (p.107); 108-127, Mourat et Iglou, ou Indamena. Sur l'auteur de ce morceau, voir notre Introduction, p.19.

> Le morceau pourrait bien être de Charles-Joseph de Mayer, mais il ne l'a pas fait rentrer dans les deux recueils de ses nouvelles publiées ultérieurement (MMF 87.57, 90.49). L'*Histoire philosophique et politique des établissemens et du commerce des Européens dans les deux Indes* par l'abbé Guillaume-Thomas-François Raynal est de 1770 (Bn). Dans le récit de la *BUR*, deux amis, Mourat et Iglou, aimant tous les deux la belle négresse Indaména et ne sachant réconcilier l'amitié et l'amour, tuent leur maîtresse et se suicident ensemble.

126-128 L'Amour précepteur, imprimé sous le titre d'Anecdote, en 1760. 128-168.

> Extrait du *Monde comme il est* de Jean-François de Bastide (1761, iv.141-191). Contrairement à ce qu'en disent MMF (64.3, où le résumé du contenu est tiré de l'article de la *BUR*), ce n'est pas le même ouvrage que *L'Amour précepteur ou le triomphe de l'infortune*, 1764 (Landesbibliothek Gotha).

169-189 Le Criminel vertueux, imprimé en 1761. 169-189.

> Extrait du *Monde comme il est* de Jean-François de Bastide (1761, iii.320-346), où le morceau est signé 'D.'

190-201 Le Lion d'Angelie, histoire amoureuse et tragique, par Pierre Corneille Blesse-bois. Cologne, chez Simon l'Africain, 1676, in-12. 190-201.

Paul-Alexis, dit Pierre-Corneille Blessebois, *Le Lion d'Angélie, historie amoureuse et tragique*, 1676 (Lever, p.251).

[202] Table. Approbation. [*202*]: le 12 mars 1782. De Sancy.

1782.iv.II.

3-6 Avis concernant la Bibliotheque universelle des romans, et auquel l'édition in-4° donne lieu. *3-6*: réactions de 'Messieurs les Journalistes' et conditions d'abonnement.

Sur cette réédition de la *BUR*, voir Introduction, pp.15-16.

[7]. QUATRIÈME CLASSE. ROMANS D'AMOUR.

[7]-154 Les Scruples d'une jolie femme. [*7*]-*15*: correspondance du chevalier de Bl***, qui n'accepte pas que ce texte soit de madame de la Fayette, mais qui ne veut pas croire non plus que c'est un roman; *15-16*: remarques des éditeurs qui affirment avoir reçu le manuscrit d'une 'femme qui pourroit briller, & qui se cache' (p.15); 16-154.
Voir aussi 1782.v.47-206 et 1782.vi.101-106.

Texte sans doute original (et qui semble être donné *in-extenso*) que nous n'avons pas retrouvé ailleurs. Sur l'auteur du morceau, voir notre Introduction, p.19. C'est un roman par lettres dans lequel une jeune veuve, la comtesse de Clairsan, écrivant à la marquise de Marneville, raconte sa vie pour expliquer pourquoi elle hésite à se lier avec le comte d'Ornonval.

155. ROMANS D'AMOUR.

155-189 Hurtado et Miranda, ou les premiers colons espagnols du Paraguay. 155-189.

Texte qui a été repris en 1786 à la suite d'*Alexandriene de Ba****, pp.157-201 (MMF 86.1). Pour ce dernier titre, voir 1787.vi.63-129.

[190]-[191] Table. Approbation. [*191*]: le 18 avril 1782. De Sancy.

1782.v.

[3]. PREMIÈRE CLASSE. ROMANS ÉTRANGERS.

[3]-15 Talafki, conte traduit du persan. [*3*]: 'Nous ne garantissons pas la vérité de la Traduction, encore moins la fidélité du Traducteur'; [*3*]-15.
Voir aussi 1782.x.II.200, où un *Avis* annonce que ce texte est une traduction supposée, parue sous le titre de *Camédris*.

Claire-Marie Mazarelli, marquise de La Vieuville de Saint-Chamond, *Camédris, conte*, 1765 (MMF 65.54). La version de la *BUR* est une adaptation libre, où les noms des personnages ont été changés.[6]

16. ROMANS ÉTRANGERS.

16-38 Sélime et Sélima. Traduit de l'allemand. *16*: par Wieland; 16-38.
Pour d'autres contes de Wieland, voir 1784.xii.3-21 et 1788.x.II.365-382.

Christoph Martin Wieland, *Selim und Selima*, dans *Erzählungen*, 1752. Cette traduction a déjà été donnée par Michael Huber dans son *Choix de poésies allemandes* 1766, i.352-372.[6] Celle de Claude-Joseph Dorat, en 1769, est en vers (Bn; Steinberger, nos 120, 122-124a).

[Dans la réédition Slatkine, la rubrique des 'Romans étrangers' continue:
(39-46) L'Enfant sauvé des eaux, autre morceau très digne d'être conservé; par M. Schmids. (39-46).

6. Nous tenons à remercier le professeur Josephine Grieder, qui a comparé pour nous les textes en question.

Extrait des *Idylles sacrées* (*Poetische Gemälde und Empfindungen aus der heiligen Schrift*, 1759) de Jakob Friedrich Schmidt, données par Michael Huber dans son *Choix de poésies allemandes*, 1766, i.29-35.[6]

Dans Bn Y²8253, on ouvre la classe des 'Romans historiques' à la page 39.]

39. TROISIÈME CLASSE. ROMANS HISTORIQUES.

39-46 Anecdote historique, tirée d'un papier anglois. *39*; 40-46; *49*.

> Texte adapté de deux articles du *Gentleman's Magazine*: *Anecdote of R. Plantagenet, a king's son* (1767.vii.344-346) et *Story of R. Plantagenet authenticated* (1767.viii.408).

47. QUATRIÈME CLASSE. ROMANS D'AMOUR.

47-206 Suite des Scrupules d'une jolie femme. 47-205; *205-206*: 'On a supprimé plus d'un tiers du Manuscrit' (p.205).
Sur cet ouvrage voir aussi 1782.iv.II.7-154 et 1782.vi.101-106.
207-[208] Table. Approbation. [*208*]; le 28 avril 1782. De Sancy.

1782.vi.

Au verso de la page de titre: 'Les personnes qui voudront se procurer la continuation de cet Ouvrage sont priées de vouloir bien faire renouveller leur abonnement [...]'

[5]. PREMIÈRE CLASSE. ROMANS ETRANGERS.

[5]-30 Le Mal et le remede, anecdote traduite de l'anglois, publiée en françois en 1759. [5]-30.

> Extrait du *Monde comme il est* de Jean-François de Bastide (1761, iv.241-273). Nous ne savons pas s'il s'agit d'une traduction authentique.

31. ROMANS ÉTRANGERS.

31-42 Songe. *31*: traduit de l'allemand, imprimé 'il y a vingt-cinq ans'. 'Nous nous rappellons de l'avoir lu dans le *Conservateur*'; 32-42.

> Extrait du *Monde comme il est* de Jean-François de Bastide (1761, iii.291-303), où le morceau est suivi du sigle 'C.'. Nous n'avons pas reconnu ce morceau dans le *Conservateur* (1758-1760), mais le même texte figure, sous le titre: *Les Occupations des hommes, songe*, dans le *Choix de philosophie morale*, i.46-56, publié par Michael Huber en 1771 (Arsenal), où on le donne pour une traduction de l'anglais. Quand l'abbé Jean-Marie-Louis Coupé en offre une nouvelle version dans ses *Variétés littéraires [...] Littérature légère*, 1787, ii.65-74, il choisit le titre: *Songe traduit de je ne sais quelle langue*. Nous n'avons pas identifié la source étrangère.

45. TROISIÈME CLASSE. ROMANS HISTORIQUES.

43-54 Le Monstre moral, imprimé en 1761. Anecdote historique. 43-54.

> Extrait du *Monde comme il est* de Jean-François de Bastide (1760.iii.92-104), où le morceau est suivi du sigle 'D'.

55. QUATRIÈME CLASSE. ROMANS D'AMOUR.

55-100 La Leçon d'amour, ou les dix tableaux. 55-100.

> Texte de Charles-Joseph de Mayer, publié ensuite dans son receuil, *Laure et Felino [...]*, 1784, pp.153-200 (MMF 84.42).

101-106 Portrait de Zirphé. *101*: ce texte, retrouvé dans le manuscrit des *Scrupules d'une jolie femme* serait un portrait de l'auteur; 101-106: sans éléments narratifs.
Pour les *Scrupules d'une jolie femme*, voir 1782.iv.II.7-154 et 1782.v.47-206.

---

6. Nous tenons à remercier le professeur Josephine Grieder, qui a comparé pour nous les textes en question.

107. ROMANS D'AMOUR.

107-142 Le Moyen infaillible. Anecdote. *107-111*: le Mercure du 11 mai dernier a publié un conte avec le titre: *La Réussite infaillible*, qui ne serait qu'un plagiat du *Moyen infaillible* publié par un des collaborateurs de la *BUR* en 1757 et qui a paru ensuite dans le *Nouveau Spectateur* et dans les *Contes* de son auteur; 108-109: bref résumé du nouveau conte; *112-142*, Le Moyen infaillible [texte de 1757].

> Il s'agit d'un récit de Jean-François de Bastide, paru dans le *Mercure de France* du 11 mai 1757, pp.7-34, dans le *Nouveau Spectateur*, en 1759, v.179-216 et dans les *Contes de monsieur de Bastide*, 1763, ii.127-152 (MMF 63.17). L'autre conte dont il est question, *La Réussite infaillible*, a été donné par le *Mercure* en mai 1782, pp.53-60, et a été repris dans les *Soirées amusantes*, 1785, iii.27-38 (MMF 85.27), recueil qui comprend également (ii.227-244) un second conte intitulé *Le Moyen infaillible*, extrait du *Mercure* du 3 novembre 1781, pp.6-17.

143-160 Suite de l'extrait des Amours rivaux, ou l'homme du monde éclairé par les arts. *143-144*; 145-160, Description de Marly; *160*.

Voir aussi 1779.viii.161-202 et 1779.x.I.209-224.

161. ROMANS D'AMOUR.

161-212 Le Mot et la chose. Si forté lepos, austera canentes/Deficit; eloquio victi, re vincimus ipsâ. 1752. A Londres, et se trouve à Paris. *161-163*; 163-212.

> Dominique Campan, *Le Mot et la chose*, 1752 (MMF 52.16).

213-[214] Table. Approbation. [*214*]: le 28 mai 1782. De Sancy.

1782.vii.I.

[3]. PREMIÈRE CLASSE. ROMANS ÉTRANGERS.

[3]-50 Mahomet-le-Gaucher, roi de Grenade. [*3*]-*4*: tiré d'un 'vieux Livre Espagnol fort peu precieux, & probablement fort inconnu', où le récit aurait le titre: *Amor de padre; que todo otro es ayre*; 4-50; *50*.

> Texte vraisemblablement original dont nous ne savons pas l'auteur et que nous n'avons pas retrouvé ailleurs. Quatorzième roi de Grenade Mahomad Aben Azar donne à son fils Ismaël un modèle de fermeté en tuant sa maîtresse, la poétesse Alphaïsouli. On attribue à celle-ci la célèbre ballade 'Fonte frida, fonte frida' (Duran, no.1446), qui est donnée dans le texte à la fois en espagnol et en traduction française (pp.39-40).

51. SECONDE CLASSE. ROMANS HISTORIQUES.

51-116 Histoire du véritable Démétrius, czar de Moscovie: avec des figures en taille-douce: par M. de la Rochelle. Paris, chez Prault, 1727. *51-55* Note préliminaire. 'Nous composons cet extrait d'un Roman historique de la Russie, lorsque les jeunes héritiers de ce vaste Empire arrivent en France' (pp.51-52); 55-112; *112-116*.

> Jean-Baptiste Née de La Rochelle, *Histoire du véritable Demetrius, czar de Moscovie*, 1715-1717 (Jones, p.26, qui donne une réédition de 1727 suivant Delcro).

117. QUATRIÈME CLASSE. ROMANS D'AMOUR.

177-140 Les Deux Extrêmes. 117-140. Note, p.121: 'Quelques-unes de ces lettres furent imprimées & insérées, il y a douze ans, dans des *Variétés* [...] La Collection entiere paroît aujourd'hui pour la première fois.'

> Extrait des *Variétés littéraires, galantes, &c.*, 1774, ii.20-32, de Jean-François de Bastide (Arsenal), où le morceau a le titre: *L'Amant délicat*.

141. ROMANS D'AMOUR.

141-204 Les Bosquets, faisant suite aux Dix Tableaux. 141-204; *204*

Pour les *Dix Tableaux*, voir 1782.vi.55-100.

> Texte de Charles-Joseph de Mayer, publié dans *Laure et Felino [...]*, 1784, 153-200 (MMF 84.42)
> et dans les *Romans de monsieur de Mayer*, 1790, ii.171-239 (MMF 90.49).

204 *204*: 'Messieurs les Souscripteurs sont priés de faire renouveller leur abonnement, si leur intention est de continuer.'
204 Approbation. *204*: le 10 juin 1782 De Sancy.

1782.vii.II

[3]. PREMIÈRE CLASSE. ROMANS ÉTRANGERS.

[3]-40 Le Chevalier Bernard, la fleur d'Espagne et de toute chevalerie. [3]-40; *40*.

> Texte vraisemblablement original, qui reprend sous la forme d'une nouvelle sensible la vie de
> Bernardo del Carpio: sa naissance illégitime, sa victoire à la bataille de Roncevaux, sa querelle
> avec Alphonse le Chaste et le meurtre de son père. L'auteur de l'article ne semble pas exploiter
> directement les ballades traditionnelles consacrées à ce héros, mais il écrit: 'Nous devons avertir
> qu'il n'y a pas une ligne dans ce morceaux qui ne soit tirée de l'Histoire, ou des monumens qui
> la représentent' (p.40). Nous n'avons pas identifié la chanson donnée dans une note, pp.22-23.

41. SECONDE CLASSE. ROMANS HISTORIQUES.

41-81 Athénaïse de Cléry, anecdote picarde. *41-45*: une autre héroïne picarde, après les exemples donnés dans le *Siége de Saint-Quentin*, afin d'inspirer la fierté nationale; 45-79; *79-81*: manuscrit de l'abbé Courtin.
Pour le *Siège de Saint-Quentin*, voir 1782.i.II.3-60.

> Athénaïse de Créquy (ou de Cléry), apprenant la mort de son père Enguerrand et de son
> prétendant Godefroy d'Ailly, part guerroyer contre les armées d'Edouard III d'Angleterre. La
> référence à l'abbé François Courtin (1659-1739) semble être une supercherie. La manuscrit aurait
> été recueilli par un 'Gentilhomme de Picardie, mort à 80 ans' qui rappelle le 'septuagénaire
> végétant' du *Siège de Saint-Quentin*. Le rédacteur ajoute: 'Nous n'examinerons pas ici de quelle
> nature est l'Anecdote que nous venons de rapporter, & nous l'abandonnons absolument au
> jugement de nos Lecteurs' (pp.80-81).

82. ROMANS HISTORIQUES.

82-186 Anecdotes du seizieme siècle ou intrigues de cour politiques et galantes. 4 vol. in-12. Amsterdam, 1741. *82-83*: auteur inconnu; 83-186, Première Anecdote. Amours de Catherine de Bourbon, princesse de Navarre, et sœur de Henri IV, avec Charles de Bourbon, comte de Soissons, son cousin germain.
Pour une seconde *Ancedote du seizième siècle*, voir 1782.xi.125-200.

> Charlotte-Rose de Caumont de La Force, *Anecdotes du seizieme siecle ou intrigues de cour politiques et
> galantes*, 1741 (Jones, pp.75-76).

187. QUATRIÈME CLASSE. ROMANS D'AMOUR.

187-203 La Rencontre singulière, anecdote. 187-203.

> Extrait du *Nouveau Spectateur* de Jean-François de Bastide (1759, vii.6-26).

203-[204] Tables. Approbation. [*204*]: le 30 juin 1782. De Sancy.

1782.viii.

[3]. PREMIÈRE CLASSE. ROMANS ÉTRANGERS.

[3]-228 Lettres. Les Deux Amies. Traduction de l'anglois. *[3]-4*: 'Nous devons la traduction de ces Lettres & le bienfait de cette traduction à la Femme-de-Qualité, qui, depuis un an, nous a enrichis tant de fois ...'; 4-228.

> Anon., *Louisa, a Sentimental Novel*, 1771 (Blondel, pp.528-529). Sur l'identité de la 'Femme-de-Qualité' et les autres articles à lui attribuer, voir notre Introduction, p.19.

228 Approbation. *228*: le 30 juillet 1782. De Sancy.

1782.ix.

[3]. TROISIÈME CLASSE. ROMANS HISTORIQUES.

[2]-102 Guillaume Cabestaing. [3]-102.

> Texte de Charles-Joseph de Mayer, qui l'a repris dans son recueil *Laure et Felino. . .*, 1784, pp.201-278 (MMF 84.42).

103. ROMANS HISTORIQUES.

103-146 Perkin, faux duc d'Yorck, sous Henri VII, roi d'Angleterre. Nouvelle historique; par le sieur la Paix de Lizancourt, Paris, 1732, 1 vol. in-12. *103-106*: 'Depuis plusieurs mois, on ne parle plus que de la Russie & de l'Angleterre ...' (p.103); 107-142; *142-146*, Notes historiques et chronologiques.

> La Paix de Lizancour, *Perkin, faux duc d'York, sous Henri VII, roi d'Angleterre*, 1732 (Jones, p.49 qui donne aussi un version de 1716).

147. QUATRIÈME CLASSE. ROMANS D'AMOUR.

147-162 Le Siege de Calais. *147-148*: texte d'un 'Versificateur sensible' qui a 'rimé, par amusement, les pensées de Madame de Tencin' (p.148); 148-162: en vers.

> Texte inspiré par Claudine-Alexandrine Guérin, marquise de Tencin, *Le Siège de Calais*, 1739 (Jones, p.71; MMF 65.R61).

163. ROMANS D'AMOUR.

163-170 L'Esprit frappé. Anecdote, envoyée de Londres, et imprimée en 1767. *163*: aventure provoquée par la lecture du drame *Eugénie*; 163-170.

> Nous ne connaissons pas la source de ce morceau, où une duchesse anglaise se persuade à tort que, comme l'héroïne de la pièce en question, elle a été vicitime d'un simulacre de cérémonie de mariage. L'*Eugénie* de Pierre-Augustin Caron de Beaumarchais a été jouée en 1767.

171. ROMANS D'AMOUR.

171-189 Le Désepoir honorable; par J.P. Camus, evêque de Belley. Paris, chez P. Billaine, 1631. *171*; 171-189.

> Jean-Pierre Camus, *Le Désespoir honorable*, dans *Variétes historiques*, 1631 (Lever, pp.413-414; Descrains, no.092).

190-191 Table. Approbation. *191*: le 30 août 1782. De Sancy.

1782.x.I.

[3]. PREMIÈRE CLASSE. ROMANS ÉTRANGERS.

[3]-136 Todo lo pierde el amor, y todo lo restaura; historia verdadera del rey D. Rodrigo, et postrero de los Godos. L'Amour perd tout, et l'amour répare tout; histoire véritable de D. Rodrigue, dernier rois des Goths en Espagne. [*3*]-*8*: Valence, 1570, gros in-8°, par un auteur anonyme qui aurait remanié 'la vieille chronique latine de Rodrigue'. La dernière partie de ce volume comprendrait un 'morceau dramatique': *Todo lo pierde el amor* [...] D'autres auteurs ayant traité de ce sujet sont Abulcacin (trad. Michel de Luna), Rogatis et et Agricolletti. Remarques sur les jugements de Voltaire (pp.5-8); 8-101; 102-115, Histoire de Rodrigue; 115-135; 135-136, Histoire de Pelage [inachevée]; *136*: la suite dans l'extrait de Juvenel, *Dom Pelage*, 1646.
Pour la suite, voir 1783.iii.3-164.

> Nous n'avons pu identifier le volume cité à la tête de cet article. Michel de Luna est auteur de la *Verdadera Hystoria del rey don Rodrigo*, 1592-1600 (Palau y Dulcet). (Abulcasim Tarif Abentarique paraît être un pseudonyme et la traduction supposée.) Cf. Bartolomé de Rogatis, *Historia della perdita et riacquisto della Spagna [...]*, 1650, 1660-1689 (Paulau y Dulcet). Francesco Agricoletti, *Il Rodrigo*, 1648 (Palau y Dulcet). En pousuivant l'histoire de Pelage (1783.iii.7), les éditeurs annoncent que le roman de Juvenel, prévu comme source ci-dessus, n'a pas été leur seul modèle.

137. TROISIÈME CLASSE. ROMANS HISTORIQUES.

137-162 Madelaine Voitier. 137-162.

> Texte de Charles-Joseph de Mayer, repris dans les *Romans de monsieur de Mayer*, 1790, i.25-53 (MMF 90.49).

163. QUATRIÈME CLASSE. ROMANS D'AMOUR.

163-213 L'Etourdi corrigé. *163-165*: tiré d'une comédie en cinq actes jouée 'il y a vingt-cinq ans'; 165-213: dialogues de théâtre reliés par des passages de narration.

> Adaptation du *Jeune Homme, comédie, en cinq actes, et en vers, représentée le dix-sept mai 1764 par les Comédiens ordinaires du Roi*, 1766 (Bn), par Jean-François de Bastide.

[214]-[215] Table. Approbation. [*215*]: le 30 septembre 1782. De Sancy.

1782.x.II.

[3]. PREMIÈRE CLASSE. ROMANS ÉTRANGERS.

[3]-36 Extrait de l'anecdote angloise, intitulée: Suites funestes de l'infidélité. [*3*]-*4*; 4-35; *35-36*.

> Texte non identifié. Deux lettres (de lord Loveston et de lord Mildesey) racontent les malheurs de la belle Clary. Malgré certaines ressemblances, ce n'est pas le récit *Clary*, 1767, de François-Thomas-Marie de Baculard d'Arnaud (MMF 67.15).

37. TROISIÈME CLASSE. ROMANS HISTORIQUES.

37-122 Marie Stuart, reine de France et d'Ecosse. Nouvelle, par le sieur de B.G. Paris, chez Barbin, 1675. *37-39*: thème de Marie Stuart déjà évoqué dans la *BUR* en 1779; 39-101; *102-110* Anecdotes sur Marie Stuart, tirées de Buchanan, et d'autres auteurs contemporains, amis ou ennemis: *110-112*, Véritables Causes de la mort de Marie Stuart; *112-122*, Prétextes employés par Elisabeth pour perdre Marie Stuart.
Pour les *Amours de Chatelard et de Marie Stuart*, voir 1779.ix.61-106.

Pierre Le Pesant de Boisguilbert, *Marie Stuart, reyne d'Ecosse, nouvelle historique*, 1675 (Lever, p.260). Il est question aussi dans l'article de George Buchanan, *De Maria Scotorum regina*, trad. *Histoire de Marie royne d'Ecosse*, 1572 (Bn), et de William Camden, *Annales rerum anglicarum et hibernicarum*, trad. par P. de Bellegent, *Annales des choses qui se sont passées en Angleterre [...]*, 1624 (Bn).

123. ROMANS HISTORIQUES.

123-151 Grillo et Lépinglette. Anecdote génoise. 123-150; *150-151*.

Texte non identifié. Deux anecdotes sur la défense de la République gênoise en 1746. Grillo, admiré par sa maîtresse Euphrosine et par son fils, offre sa fortune pour éviter au peuple un nouvel impôt. Un cordonnier, Lépinglette, laisse dormir sa femme Suzanne et va prêcher la liberté à la foule.

152. QUATRIÈME CLASSE. ROMANS D'AMOUR.

152-180 Le Devoir des peres. 175. . . 152-167; *167-168*.

Extrait du *Nouveau Spectateur* de Jean-François de Bastide (1758, i.293-310), qui a été repris dans les *Contes de monsieur de Bastide*, 1763, iii.160-176, sous le titre de l'*Ecole des mères*.

[Autre anecdote, 1759.] 168-172.

'Ce fait fut imprimé & rendu public en 1759' (p.168). Nous n'avons pas retrouvé l'original de ce texte, qui est peut-être de Jean-François de Bastide, vu la provenance du morceau précédent et de celui qui suit. Quand sa mère fait enlever l'actrice Rosalie dont il est amoureux, un jeune homme tente de se suicider aux exhalaisons des tubéreuses (fleurs préférées de sa maîtresse) qu'il a fait mettre dans sa chambre.

[Lettre d'un père à son fils.] *172-173*: extrait du *Mercure* de février 1757, page 30; 173-180, Lettre d'un père à son fils.

Ce texte paraît effectivement dans le *Mercure de France*, février 1757, pp.30-36. En le reprenant dans son *Nouveau Spectateur* (1758, i.319-328), Jean-François de Bastide écrit: 'J'ai le droit d'en disposer'. Ce n'est pas un récit, mais plutôt une lettre de conseils moraux.

181-199 Lettres d'une femme à son mari, a l'armée, en 1761. 181-199.

Extrait du *Monde comme il est* de Jean-François de Bastide (1761, iv.201-219).

[200] Avis. [*200*]: Talafki, donné au mois de mai, est en fait une traduction supposée, parue sous le titre de *Camédris*.
Pour *Talafki*, voir 1782.v.3-15.
[*201*]-[*202*] Table. Approbation. [*202*]: le 14 octobre 1782. De Sancy.

1782.xi.

[3]. PREMIÈRE CLASSE. ROMANS ÉTRANGERS.

[3]-16 Les Dangers de l'habitude. Traduit de l'allemand, imprimé en 1758. [3]-16.

Ce morceau a paru dans le *Journal étranger* en décembre 1756, pp.189-201, où l'on cite comme source 'le magasin littéraire de Londres' de deux ans auparavant. Le texte a été repris par Jean-François de Bastide dans le *Monde comme il est* (1761, iv.95-109), et par le compilateur anonyme des *Hommes comme il y en peu* en 1770 (MMF 70.9) et 1776 (MMF 76.9), ii.138-148. Nous n'avons pu identifier un original allemand.

17. TROISIÈME CLASSE. ROMANS HISTORIQUES.

17-104 Admonitions de messire Georges du Terrail, adressées par lui en forme de leçons chevaleresques à son neveu Pierre, qui fut depuis notre grand chevalier Bayard; ou Parangon de loyauté et d'honneur présenté à notre jeune noblesse. *17-20*, Note préliminaire [manuscrit trouvé dans une maison religieuse de Grenoble]; 20-104; *104*: le manuscrit renferme aussi l'ouvrage qui fera l'objet de l'analyse suivante.

Georges du Terrail raconte son amour pour Caroline et ses démêlés avec Louis xi, avant d'offrir à son neveu ses conseils pour en faire un parfait chevalier. Il s'agit vraisemblablement d'un texte original. Le rédacteur admire les vertus héroïques d'autrefois.

105-124 Les Événemens du château de Marcoussis. 105-124.

Article vraisemblablement original, où l'on évoque les grandes heures du château de Marcoussis (scènes, dialogues, anecdotes).

125. ROMANS HISTORIQUES.

125-200 Histoire de mademoiselle de Guise et du duc de Bellegarde, dans laquelle sont liés les amours de Henri IV et de Gabrielle d'Estrées. Anecdotes du 16ᵉ siècle. 2 vol., 1741, in-12 *125-128*; 128-200.
Pour une première *Anecdote du seizième siècle*, voir 1782.vii.II.83-186.

Jones, p.76, cite le titre *Histoire de mademoiselle de Guise [...]*, 1741, renvoyant à cet article de la *BUR* et à Delcro. Il ajoute, qu'il s'agit peut-être d'une confusion avec Charlotte-Rose de Caumont de La Force, *Anecdotes du seizieme siecle ou intrigues de cour politiques et galantes*, 1741 (Jones, pp.75-76). En effet, ce morceau semble être une suite de l'analyse de ce roman commencée en juillet 1782 (II.82-186).

201-[*202*] Table. Approbation. [*202*]: le 30 octobre 1782. De Sancy.

1782.xii.

[3]. PREMIÈRE CLASSE. ROMANS ETRANGERS.

[*3*]-152 La Garduna de Sevilla, y anzuelo de las bolsas. Par D. Alonzo de Castillo Solorzano. Logrono, 1632, in-8°. Barcelona, 1644, in-8° . Madrid, 1661, id., etc. etc. La Fouine de Séville, et le hameçon des bourses. [*3*]-*25*: notes sur Solorzano et sur le caractère espagnol. Diverses traductions françaises de cet ouvrage (1721, 1723), y compris celle du sieur d'Ouville, 1661, avec réédition en 1731 sous le titre: *Histoire et aventures de dona Ruffine, dite la fameuse courtisane de Séville*; 25-152, La Fouine de Séville.

Don Alonso de Castillo Solorzano, *La Garduña de Sevilla*, 1642 (Palau y Dulcet, qui n'accepte pas une première édition de 1634). Trad. Antoine Le Metel, sieur d'Ouville, *La Fouyne de Séville ou l'hameçon des bourses*, 1661 (Lever, p.168). Trad. Anon., *Histoire et avantures de dona Rufine*, 1723 (Bn). Dans une note, pp.39-43, on traduit une 'vieille Romance du Cid' (reprise 1783.vii.II.145-148), *Flabando* [pour *Fablando*] *estava enzelando, el Cid con la su Ximena* (Duran, no.835), tandis que dans le texte, pp.67-69, on donne une version en vers de la 'vieille Romance du Chevalier Durandart', *Durandarte, Durandarte, buen caballero probado* (Duran, no.385). Voir aussi 1787.i.I.32-44.

153. TROISIÈME CLASSE. ROMANS HISTORIQUES.

153-180 Ezzelin, bras-de-fer, comte de Ravenne. *153-155*: les richesses de l'histoire italienne ont été peu exploitées par les romanciers; 156-179; *180*: pièce de théâtre anglaise sur ce sujet.

Texte vraisemblablement original que nous n'avons pas retrouvé ailleurs. Au treizième siècle, le farouche guerrier Ezzelin abandonne la vie militaire par amour pour la chaste et pure bergère Olympia …

181. QUATRIÈME CLASSE. ROMANS D'AMOUR.

181-192 En 1760. 181-192.

Extrait du *Nouveau Spectateur* de Jean-François de Bastide (1759, vii.288-401).

193. ROMANS D'AMOUR.

193-212 En 1761. 193-199; *199-212*: discussions et vers.

Extrait du *Nouveau Spectateur* de Jean-François de Bastide (1759, vii.53-60, pour le récit et 60-71 pour la suite).

213-[214] Table. Approbation. [*214*]: le 30 novembre 1782. De Sancy.

1783.i.I.

[3]. PREMIÈRE CLASSE. ROMANS ÉTRANGERS.

[3]-106 Montrose et Amélie, anecdote angloise. [*3*]-*4*; 4-106.

> Texte vraisemblablement original, que nous n'avons pas retrouvé ailleurs. Fils du partisan de Charles 1er exécuté en 1650, Edouard Montrose, réfugié en Suisse, aime Amélie, fille du lord Suffolck, qui soutient Cromwel ...

107. SECONDE CLASSE. ROMANS DE CHEVALERIE.

107-148 Le Livre du très-chevalereux comte d'Artois et de sa femme, fille du comte de Boulogne. *107-112*: manuscrit de la Bibliothèque du Roi; 112-142; *142-144*: description du manuscrit; *144-148*, Table des chapitres.

> Cet article a été édité à part la même année sous le titre: *Extrait d'un manuscrit intitulé le Livre du très-chevalereux comte d'Artois [...]*, et attribué à 'M. l'abbé Mercier, abbé de Saint-Léger de Soissons' (MMF 83.37). Voir aussi Woledge, no.44.

149. TROISIEME CLASSE. ROMANS HISTORIQUES.

149-220 Les Deux Déesses, ou la gloire et la vertu, couronnées par l'Amour, roman héroïque; par R. Montagathe. Paris, chez Billaine, 1625, 2 volumes pet. in-8°. *149-153*, Note préliminaire; 153-187, Première Partie. La Gloire; 187-218, Seconde Partie. La Vertu; *219-220*, Notes.

> Montagathe, *Les Deux Déesses*, 1625 (Lever, p.135).

221. QUATRIÈME CLASSE. ROMANS D'AMOUR.

221-239 Marie Read et Anne Bonny, ou les deux flibustières. *221-225*, Note préliminaire [sur les flibustiers, voir Æxmelin et Richer]; 226-239.

> La source du récit semble être moins le t.xxx de l'*Histoire moderne des Chinois, des Japonais, des Indiens[...]*, 1755-1778, d'Adrien Richer (Bn) ou l'*Histoire des aventuriers*, 1686, d'Alexandre Olivier Exquemelin, dit Œxmelin, que *A General History of the Pyrates*, 1724, par Charles Johnson (BM), traduite en français en 1744 (Bn). Ce dernier ouvrage est souvent attribué à Daniel Defoe.

[240] Table. Approbation. [*240*]: le 30 décembre 1782. De Sancy.

1783.i.II.

[3]. SECONDE CLASSE. ROMANS DE CHEVALERIE.

[3]-228 Genevieve de Cornouailles, et le damoisel sans nom, roman de chevalerie. [*3*]-*4*; 4-228.

> Texte original de Charles-Joseph de Mayer, publié en volume en 1783 (MMF 83.36). Aux pp.192-195 de la version de la *BUR*, un passage sur un vieux chevalier qui écrit des romans de chevalerie est à la louange du comte de Tressan, comme l'indique une note. Voir aussi 1784.i.II.47-49.

228 Approbation. *228*: le 16 janvier 1783. De Sancy.

1783.ii.

[3]. PREMIERE CLASSE. ROMANS ÉTRANGERS.

[3]-80 François Carmagnole. [*3*]-*4*: anecdote tirée de l'Histoire du duc Philibert-Emmanuel de Savoie par Monplainchant. 'On la trouve encore dans Pompilius Tottan. Enfin, ouvrez Moréry, & vous verrez que ce n'est pas ici un conte bleu' (p.4); 4-70; *70-80*, Notes historiques.

> Texte sans doute original que nous n'avons pas retrouvé ailleurs. L'abbé Jean-Chrysostome Bruslé de Montpleinchamp, dans son *Histoire d'Emmanuel Philibert, duc de Savoie*, 1693 (Bn) ne consacre qu'une page (la dixième d'une préface non chiffrée) à la carrière de François Bussone, dit Carmagnole (1390-1432). Les autres sources citées semblent être: Pompilio Totti, *Rittrati e elogii di capitani illustri*, 1635 (Bn) et le *Grand Dictionnaire historique*, 1674, de Louis Moréri (Bn). Selon la *BUR*, Léonore, fille d'Ambroise Pétrocari exécuté à Venise en 1395, pousse le jeune berger piémontais, Francisque Carmagnole à embrasser la carrière militaire, afin de venger son père. . .

81. TROISIEME CLASSE. ROMANS HISTORIQUES.

81-128 Asgill, ou les désordres des guerres civiles. 81-124; *124-128*, Fait historique.

> Texte original de Charles-Joseph de Mayer, publié en volume en 1784 (MMF 84.41).

129. QUATRIÈME CLASSE. ROMANS D'AMOUR.

129-208 Histoire d'une Grecque moderne. *129-130*: l'abbé Prévost; 130-208.

> L'abbé Antoine-François Prévost, *Histoire d'une Grecque moderne*, 1740 (Jones, p.74; MMF 83.R69).

208 Table. Approbation. *208*: le 26 janvier 1783. De Sancy.

1783.iii.

[3]. PREMIERE CLASSE. ROMANS ÉTRANGERS.

[3]-164 Reliquias de los valientes en Covadonga, y victorias del infante don Pelayo: famosa y verdadera historia de varios acontecimientos de amor y armas; van juntamente las Coplas de Mingo Revulgo, por el mismo autor, el qual compuao tambien el Dialogo entre el Amor y un cavallero viezo, etc. Le Reste des vaillans dans la grotte de Covadongue, et les victoires de l'infant don Pelage: véritable et fameuse histoire, pleine de divers incidens d'amour et de guerre; suivie des Stances de Mingo Revulgo, par le même auteur, qui fit aussi le Dialogue entre l'Amour et un vieux chevalier. Séville, 1545, in-8°. très-étroit. [*3*]-*9*: versions de dom Pelage (Pinciano, Juvenel); *10-12*: le premier acte de la Célestina par Rodrigue Cota, continué par Montalvan; *13-14*, Eglogue de Mingo Revulgo; 14-25: extraits de Mingo Revulgo; *25*; 26-42, Dialogue entre l'amour et le vieux chevalier; 42-164, Pelage [comprend, pp.77-99, Histoire du Maure Mounouz; 123-150, Histoire de Pelage et de Gaudiose].

> Nous n'avons pu retrouver le volume de 1545 que citent les éditeurs de la *BUR* et qui aurait servi de source à leur article. Ce qui semble être une attribution du titre à Rodrigo de Cota ne paraît pas avoir été suivie ailleurs. Les autres ouvrages dont il est question sont: Félix de Juvenel, *Dom Pelage*, 1645 (Lever, p.143); Alfonso Lopez, *El Palayo de Pincias*, 1605 (Palau y Dulcet); Fernando de Rojas, *Celestina*, 1499 (Pallau y Dulcet); *Coplas de Mingo Revulgo*, 1485 (Palau y Dulcet) d'un auteur inconnu; Rodrigo de Cota, *Dialogo entre el Amor y un caballero viejo*, 1569 (Palau y Dulcet). Cette dernière date rend peu probable celle de 1545 donnée par la *BUR* pour le recueil en question.

165. ROMANS ÉTRANGERS.

165-191 Histoire de Marie Dankelman, tirée des papiers anglois. *165*; 166-191

> Ce texte pourrait être une traduction authentique, mais nous n'en avons pas trouvé l'original. Une mystérieuse étrangère meurt près de Bristol, laissant une lettre où elle raconte à son père comment elle a été séduite par le fils de la baronne de Schub et condamnée pour vol, avant de s'échapper …

192. ROMANS D'AMOUR.

192-203 L'Histoire et les amours de Sapho de Mytilène. Paris, chez Musier, 1724. 192: il ne s'agit pas de *Sapho* (*L'Heureuse inconstance*), 1695, mais plutôt du premier ouvrage d'une jeune homme, 'imprimé il y a cinquante-huit ans'; 193-203; *203*.

> Anon., *L'Histoire et les amours de Sapho de Mytilene*, 1724 (Jones, p.36). L'autre roman cité, également anonyme, est: *Sapho ou l'heureuse inconstance*, 1695 (Lever, p.396).

203-[204] Table. Approbation. [*204*]: le 26 février 1783. De Sancy.

1783.iv.I.

[3]. PREMIERE CLASSE. ROMANS ÉTRANGERS.

[3]-74 La Circé de Giov. Battista Gelli. In-8°. in Venegia [*sic*], 1550. [*3*]-*5*: traduction française, 1681, que les rédacteurs n'ont pu se procurer; 5-69; *69-74*.

> Giovanni Battista Gelli, *La Circe*, 1549 (Bn). Trad. par Denis Sauvage (pseud. Du Parc), 1550 (Bn). Trad. par un anonyme, 1681 (Bn, Blanc).

75. ROMANS ÉTRANGERS

75-105 Le Village désert, poëme traduit de l'anglois de Goldsmith. *75*; 76-105.

> Oliver Goldsmith, *The Deserted Village*, 1770. Trad. *Le Retour du philosophe ou le village abandonné*, 1772 (Bn).

106. TROISIEME CLASSE. ROMANS HISTORIQUES.

106-166 Ababa, maîtresse de Léon l'Isaurien, empereur de Constantinople, et ensuite de Jezid II, calife des Sarrasins. Anecdote byzantine. 106-147; *147-166*, Notes historiques; *166*: l'on se propose de puiser encore des récits dans l'histoire byzantine, qui 'n'est pas suffisamment connue'.

> Texte sans doute original, que nous n'avons pas retrouvé ailleurs. Au 8e siècle, en Asie Mineure, deux Juifs, voulant rétablir leur nation, lancent leur protégé Léon dans une carrière militaire éblouissante qui le mènera au trône, et lui préparent une digne maîtresse en la personne de la belle Ababa …

167. ROMANS HISTORIQUES.

167-182 Histoire secrète de la reine Zarah, ou la duchesse de Malborough démasquée, traduite de l'original anglois. A Oxford, 1711. *167*: 'On l'attribue au Docteur Sacheverell'; 168-182.

> Mary de La Rivière Manley, *The Secret History of Queen Zarah and the Zarazians*, 1705. Trad. *Histoire secrète de la reine Zara […] traduite de l'anglois du docteur H. Sacheverelle*, 1708, 1711, 1712 (Rochedieu, p.204, qui renvoie aussi à cet article de la *BUR*). Bn donne les éditions de 1711 et de 1712 sous Henry Sacheverell.

183. QUATRIÈME CLASSE. ROMANS D'AMOUR.

183-190 Le Fat corrigé. 175. . . . 183-190.

> Extrait de *Nouveau Spectateur* de Jean-François de Bastide (1758, i.247-255).

191-[192] Table. Approbation. [*192*]: le 26 mars 1783. De Sancy.

1783.iv.II.

[3]. PREMIERE CLASSE. ROMANS ÉTRANGERS.

[3]-80 Floris de vierde: en de jonge, en schoone gravinne van Clermont, of Vrouwen zyn niet to betrouwen, etc. Florent quatre: et la jeune et belle comtesse de Clermont, ou l'on ne doit pas se fier aux femmes. A Zutphen, 1719, in-8° [3]-16: notes sur la poésie et le théâtre hollandais, avec renvoi au volume de janvier 1777; 16-78; *78-80*: un autre titre consacré à ce héros, que les éditeurs n'ont pu voir, est *Floris de Vierde. in een tournooy-spol te Corbie, of te Noyon, het jaar 1235, vermoord.*
Voir 1777.i.I.5-25 pour l'article auquel on renvoie.

> Nous n'avons pas trouvé l'original hollandais de ce texte. Une note, pp.66-67, avertit que 'les extraits marqués de guillemets sont en vers dans l'original'. A l'époque des Croisades, Cécile, épouse du comte de Clermont, se croit amoureuse du comte Florent de Hollande, quand elle entend un ménestrel chanter les exploits de celui-ci ...

81. ROMANS ÉTRANGERS.

81-124 Ovidius in Nederlanden, etc. Ovide aux Pays-Bas, poème de M. d'Appelboom, avec cette épigraphe tirée de Vondel: Wat vrouw is zoo hardhartig? Quelle femme est si impitoyable? Amsterdam, 1752, in-8°. *81-91*: détails sur Appelboom; 91-124, Ovide en Hollande.

> Nous n'avons pas trouvé de trace d'Appelboom, que la *BUR* donne pour auteur de poésies et de deux nouvelles historiques: *Liisbet van Watteringen* et *Jacoba van Beyeren* (p.84). Pour le premier de ces récits, voir 1783.ix.3.-62. Dans l'article de la *BUR*, Vénus envoie son fils rendre les Hollandaises plus sensibles à l'amour ...

125. TROISIÈME CLASSE. ROMANS HISTORIQUES.

125-168 Le Maréchal de Vivonne, l'amiral de Ruyter et la signore Cuena; anecdote sicilienne. 125-162; *163-168*, Episode: notes sur le récent désastre de Messine.

> Texte vraisemblablement original que nous n'avons pas retrouvé ailleurs sous la même forme. Il a peut-être été inspiré par *La Vie de Michel de Ruiter*, publié par Adrien Richer en 1783. Louis-Sébastien Mercier offre une version différente, *Vivonne et Ruyter*, dans ses *Fictions morales* de 1792, i.1-25 (MMF 92.29). Un tremblement de terre avait détruit la ville de Messine en 1783. Dans le récit de la *BUR* une Italienne passionnée, la signora Cuena, cherche à trahir à l'amiral hollandais, Michel-Adrien de Ruyter, la flotte commandée par son amant français, le duc de Vivonne, qu'elle croit infidèle ...

169. QUATRIÈME CLASSE. ROMANS D'AMOUR.

169-183 Le Rêve. 169-183.

> Texte non identifé (qui pourrait être de Jean-François de Bastide?). Favorisé par le dieu Mercure, le narrateur dans un rêve, cherche le bonheur dans diverses activités humaines. Sur le point de connaître le véritable amour, il se réveille.

184. ROMANS D'AMOUR.

184-191 L'Hypocrite en amour. 176. . . . 184-191.

> Extrait du *Nouveau Spectateur* de Jean-François de Bastide (1758, i.352-361), repris sous le titre du *Ridicule corrigé* dans les *Contes de monsieur de Bastide*, 1763.iii.177-185 (MMF 63.17). Morceau donné une deuxième fois (1785.iii.165-172), sous le titre du *Ridicule corrigé*. Seul le dernier paragraphe diffère dans les deux versions.

[192] Table. Approbation. [*192*]: le 8 avril 1783. De Sancy.

1783.v.

[3]. PREMIERE CLASSE. ROMANS ÉTRANGERS.

[3]-12 Esquisse de l'amitié moderne, ou dialogue entre deux amies. Extrait d'un roman anglois intitulé: la Vie du grand-monde, ou histoire de miss Faulkland. [3]-12.

> Passage tiré de *High Life, a Novel, or the History of Miss Falkland*, 1768, roman anonyme traduit en 1789 sous le titre: *Aurelia ou la vie du grand monde* (MMF 89.4). Madeleine Blondel signale (Blondel, pp.529-530) que Rochedieu – suivi par MMF – a tort d'assimiler ce dernier titre à *The Lady's Drawing Room*, 1744, et nous a communiqué le titre du véritable original anglais.

13. TROISIEME CLASSE. ROMANS HISTORIQUES.

13-64 Histoire secrete de la conjuration des Pazzi contre les Médicis; par M. le Noble. Paris, chez Pierre Ribou, 1698, 1 vol. in-12. *13-18*: vie et œuvres de Le Noble; 18-62; *63-64*.
Pour une première discussion de la vie et des œuvres de Le Noble, voir 1778.iii.80-182.

> Eustache Le Noble, baron de Tennelière, *L'Histoire secrète des plus fameuses conspirations. De la conjuration des Pazzi contre les Médicis*, 1698 (Lever, p.215; MMF 61.R2, t.xvii). Dans *Œuvres*, 1718, t.xii (Jones, p.30).

65. QUATRIÈME CLASSE. ROMANS D'AMOUR.

65-104 Histoire de Mme. de Luz. *65-66*: Duclos; 66-104.

> Charles Pinot Duclos, *Histoire de madame de Luz*, 1741 (Jones, p.76; MMF 82.R40).

105. ROMANS D'AMOUR.

105-136 Les Désordres de la bassette, histoire galante. A Lyon, chez Thomas l'Amaulry, 1682. *105-107*; 107-135; *135-136*

> Jean de Préchac, *Les Désordres de la bassette, nouvelle galante*, 1682 (Lever, p.134).

137. ROMANS D'AMOUR.

137-176 Tarsis et Zelie. *137-138*: la Mothe-le-Vayer; 138-176.
Voir aussi 1783.vi.165-187.

> René-Roland Le Vayer de Boutigny, *Tarsis et Zélie*, 1665-1666 (Lever, pp.400-401).

177. ROMANS D'AMOUR.

177-211 La Folle du chateau de Riant, anecdote provinciale. *177*; 177-211.

> Texte non identifié et qui pourrait être inédit. Ce récit fait pendant à une autre 'anecdote provinciale' (sans doute de la même plume): *Le Braconnier du bois Belle-Fée* (1783.x.II.139-216). Ce texte pourrait être de l'abbé Jean-Marie-Louis Coupé, car celui-ci, dans ses *Variétés littéraires [...] Littérature légère*, 1787, ii.129, écrit: 'Nous n'imaginions pas, quand nous fîmes connoître la jolie insensée du château de Riant, dans la Bibliothèque des Romans, que cette fille vierge deviendroit mère de tant d'enfans.' Minon [Marie-Anne] de Riant perd la raison quand son amoureux Jacques de Sirey meurt à la suite d'un duel avec le chevalier de Vèle, en lui reprochant une infidélité supposée. La jeune femme passe ses journées depuis six ans à écrire des lettres à Jacques, à pleurer sur son tombeau, à s'entretenir avec un écho qu'elle prend pour la voix de son amoureux. Sur les 'folles d'amour', voir notre Introduction, p.32.

[212]-[213] Table. Approbation. [*213*]: le 30 avril 1783. De Sancy.

1783.vi.

Au verso de la page de titre: 'Messieurs les Souscripteurs sont priés de faire renouveller leur abonnement, si leur intention est de souscrire.'

[3]. PREMIÈRE CLASSE. ROMANS ÉTRANGERS.

[3]-20 Les aventures d'Eucarius. *[3]-4:* 'Cette petite Histoire, & celles qui suivent, furent imprimées ensemble, il y a vingt-quatre ans'; 4-20

> Extrait du *Conservateur*, 1760.xi.178-193.

21-25 Adamastor. 21-25.

> Extrait du *Conservateur*, 1760.xi.194-198.

26-30 Aphrodisius. 26-30.

> Extrait du *Conservateur*, 1760.xi.199-203.

31-33 Zelindor. 31-33.

> Extrait du *Conservateur*, 1760.xi.204-206.

34-55 Polibete. 34-35.

> Extrait du *Conservateur*, 1760.xi.207-208.

36-38 Thamiris. 36-38.

> Extrait du *Conservateur*, 1760.xi.209-211.

39. ROMANS ÉTRANGERS.

30-110 Jardim de Varoens; diversas historias que Manoel Mindez ajuntou, etc. Le Jardin des héros; différentes histoires rassemblées par Emmanuel Mindez. Lisbonne, 1585, in-4°. *39-62*: discussion de la littérature portugaise et détails (pp.49-50) sur le volume qui aurait fourni la matière de l'article; *62-64*: le thème des sept enfants de Lara dans des tragédies, des romances, un recueil de gravures et un roman, l'*Historia del noble cavallero el conde Fernand-Gonzalez*; 65-110, Les Sept Enfans de Lara.

> Nous n'avons pu retrouver le volume que le rédacteur cite en tête de son article, ni en identifier le compilateur. Le recueil se composerait de huit récits concernant le capitaine Viriate, le roi Arthur, Charlemagne, le roi Wamba, Pelage, le comte Fernand Gonzalez (comprenant les sept enfants de Lara), la bataille de Roncevaux et celle d'Oblique (p.50). Le roman espagnol, la *Cronica del noble cavallero el conde Fernan Gonçalez, con la muerte de los siete infantes de Lara*, 1509, a connu de nombreuses rééditions au seizième siècle (Palau y Dulcet). Il y a de brèves références aux 'vieilles romances' espagnoles, pp.63, 81, 103. Le texte, p.91, s'inspire de la ballade (Duran, no.681) dont il est question à la page 103. Aux pp.104-105, on offre une 'Romance de l'Oisillon' en vers français. Voir notre Introduction, p.29.

111. TROISIÈME CLASSE. ROMANS HISTORIQUES.

111-164 Le Petit Grec, ou l'on vient à bout de tout ce qu'on veut; ouvrage imité du latin de Guillaume Sossus Bennecarus. Parisiis, 1632, ex typis Langloei, prope Sanctum Hilarium, sub signo Pelicani. *111-113*: De Numine Historiae; 113-162; *163-164*.

> Gulielmus Sossius, *De Numine Historiæ*, 1632 (Bn).

165. QUATRIÈME CLASSE. ROMANS D'AMOUR.

165-187 Histoire d'Éléandre et d'Érigone; épisode de Tarsis et Zelie. 165-187, Récit d'Éléandre
Pour *Tarsis et Zélie*, voir 1783.v.137-176.

188. ROMAN D'AMOUR.

188-198 Point du tout. Anecdote récente du chevalier de R. . . . 188-198.

Texte non identifié. La mention d'un 'chevalier de R. . . .' dans le titre semble se rapporter non pas à l'auteur du morceau, mais au héros du récit ('M. le Chevalier'). Le narrateur se brouille avec Sophie et se bat en duel avec M. le Baron, à la suite des intrigues de la Fleur, domestique de Sophie. Alternance de monologues intérieurs et de scènes dialoguées.

199-[200] Table. Approbation. [*200*]: le 31 mai 1783. De Sancy.

1783.vii.I.

[3]. PREMIÈRE CLASSE. ROMANS ÉTRANGERS.

[3]-80 Le Roman des trois dames, avec plusieurs dits et exemples notables d'amour: le tout en histoires diversifiées. A Paris, chez Guillaume Chaudierre, 1572, in-8°. 3-16: Gamologia par Nicolas Bourbon, traduit du latin par Jean Descaurres; 17-80, Le Roman des trois dames.

> DeJongh (no.218) donne ce titre, mais ne cite que la *BUR* et Barbier (qui en fait se réfère à la même source). Nous n'avons pu reconnaître ce texte parmi les ouvrages de Nicolas Bourbon l'ancien, ni de Jean Des Caurres. Ce dernier a publié en 1571 (Bn) son commentaire du *Paidagogeion*, poème latin où Nicolas Bourbon a discuté (en 1536) de la manière dont les enfants doivent se conduire envers les professeurs. Dans le récit de la *BUR*, l'empereur Agamos cherche la fée Sincericotte pour apprendre comment faire de sa fille une femme sage et écoute les histoires de trois déesses déguisées, avant de comprendre que la dissimulation est nécessaire à la société.

81. TROISIÈME CLASSE. ROMANS HISTORIQUES.

81-128 Les Trois Fêtes, données à Saint-Maur des Fossés, à François premier; manuscrit trouvé dans un vieux bahut, à l'Abbaye de ce bourg, lors de sa destruction en 1733. *81-83*: présentation historique sur le château de Saint-Maur, aux environs de Paris; 84-90, Première Fête. Diane; 91-105, Seconde Fête. Les Grâces; 106-120, Troisième Fête. Les Muses; *120-128*, Notes.

> 'Ce n'est point dans ce Morceau qu'on trouvera d'intérêt romanesque' (p.120). Nous ne savons pas l'origine de ces textes, qui ont peu d'éléments narratifs.

129. QUATRIÈME CLASSE. ROMANS D'AMOUR.

129-176 Fragment d'un manuscrit trouvé dans une bibliothèque. 129-176.

> Texte vraisemblablement original, que nous n'avons pas retrouvé ailleurs. Anecdotes sur M. Bonjour (homme 'sensible, doux, complaisant, sincere, gai, généreux'), avec, pp.151-173, trois scènes (Lena, Berto, le Bailli) que celui-ci aurait écrites pour être jouées par une société d'amis.

177. ROMANS D'AMOUR.

177-188 La Nuit de Noel. 177-188.

> Texte non identifié. Une nuit de Noël, Nannette de Beligni préfère ses dévotions à la visite de son amoureux, le chevalier de Louzars. Celui-ci, blessé de cet accueil, affirme qu'il l'abandonne à son Dieu et lui écrit une lettre en ce sens. Plus tard, à Paris, après son mariage avec Nanette, des échos de ce coup d'éclat le font prendre pour un philosophe impie et nuisent à sa réputation. L'anecdote aurait été communiqué par une femme (p.181).

189-[190] Table. Approbation. [*190*]: le 20 juin 1783. De Sancy.

1783.vii.II.

[3]. PREMIÈRE CLASSE. ROMANS ÉTRANGERS.

[3]-176 Romancero y historia del muy valeroso cavallero don Rodrigo de Bivar, el bravo Cid Campeador. En lenguage antigo; recopilado por Juan de Escobar: L'Histoire en

romances du très-valeureux chevalier don Rodrigue de Bivar, le fier Cid Campéador. En vieux langage, compilée par Jean de Escobar. Madrid, in-12, très-étroit et sans date. [*3*]-*35*: remarques sur les ouvrages consacrés au Cid et à d'autres héros, ainsi que sur les traditions de la romance espagnole; 36-86, Histoire du Cid, sous le règne de Ferdinand; 87-120, Histoire du Cid, sous le règne de don Sanche le Fort, depuis 1065 jusqu'à 1073; 121-165, Histoire du Cid, sous le règne d'Alfonse VI le Brave; *166-176*, Notes [y compris quelques textes en espagnol].
Voir la suite 1784.x.3-12. Pour d'autres remarques sur les ballades espagnoles, voir 1787.i.I.3-13.

> Juan de Escobar, *Hystoria del muy valeroso cavallero, el Cid Ruy Diaz de Bivar, en romances*, 1601 (Palau y Dulcet). L'édition citée par la *BUR* est sans date, mais selon une note (pp.3-4) elle porte une approbation datée de 1688 et des documents relatifs à la taxe du livre et à la vérification de la copie datés de 1695. Palau y Dulcet cite des éditions pour ces deux années parmi de nombreuses autres pendant le dix-septième siècle. Tronchon étudie l'influence de cet article de la *BUR* sur Herder et sur Creuzé de Lesser, ainsi que la façon dont les éditeurs ont adapté les ballades données par Escobar (tout en y ajoutant d'autres qui semblent être de leur cru). Voir aussi notre Introduction, pp.29-30. Deux traductions en vers (cf. Duran, no.363n et no.1441) illustrent, pp.26-31, la forme de la *letra* ou *letrilla*. Dans la présentation de l'article, il est brièvement question (pp.10-11) du roman de François Loubayssin de La Marque, *Les Adventures héroyques et amoureuses du comte Raymond de Thoulouze et de don Roderic de Vivar*, 1619 (Lever, p.26).

177. QUATRIÈME CLASSE. ROMANS D'AMOUR.

177-195 Le Mari sorcier. 177-195.

> Texte non identifié, que nous n'avons pas retrouvé ailleurs. Monsieur de Prailly, jaloux de sa femme Leli, fait semblant de lire dans les cartes les rencontres de sa femme, dans le but de la faire avouer des infidélités.

[196] Table. Approbation. [*196*]: le 12 juillet 1783. De Sancy.

1783.viii.

[3]. PREMIÈRE CLASSE. ROMANS ÉTRANGERS.

[3]-104 Evelina, ou l'entrée d'une jeune personne dans le monde; traduit de l'anglois. 3 vol. in-12, 2ᶜ édition. A Amsterdam. [*3*]-*8*: manque de goût chez les romanciers anglais; 8-103; *103-104*: 'les Anglois savent faire durer une action bien simple' (p.103).

> Frances Burney, madame d'Arblay, *Evelina or the History of a Young Lady's entry into the World*, 1778. Trad. Henri Renfner, *Evelina ou l'entrée d'une jeune personne dans le monde*, 1779 (MMF 80.R4).

105. SECONDE CLASSE. ROMANS COMIQUES.

105-180 Le Ménestrel de Bruges. *105*: par 'un homme de Loix, né à Saint-Venant en Artois' dont parle Valère André dans sa *Bibliothèque Belgique* et qui raconte une histoire dont le fond se trouve dans le *Speculum vitae humanae*; 105-119, Premiere Partie; 120-136, Seconde Partie; 137-148, Troisième Partie; 149-163, Quatrieme Partie; 164-180, Cinquieme Partie.

> Récit satirique des aventures picaresques en France et en Espagne d'un ménestrel et de sa famille, qui s'installent enfin au monastère de Vaucelles (où la fille du ménestrel, Ernestine, est retrouvée par son amoureux maure, Amurath). Les deux sources que donne le rédacteur sont: Valerius Andreas, *Bibliotheca Belgica*, 1623 (Bn) et Rodrigo Sanchez de Arevalo, *Speculum vitae humane*, 1468 (trad. le frère Julien Macho, *Le Miroir de vie humaine*, 1477) (BM). Nous n'y avons pourtant pas trouvé de passages que semblent avoir un rapport quelconque avec ce qui paraît être une narration tout à fait fantaisiste.

181. QUATRIÈME CLASSE. ROMANS D'AMOUR.

181-216 Dolbreuse ou l'homme du siecle, chez Belin, rue Saint-Jacques, 1783, 2 vol. in-

8°. *181*: 'Nous allons faire l'Extrait de cet Ouvrage, en empruntant, pour ainsi dire, la plume de l'Auteur'; 181-216; *216*

> Joseph-Marie Loaisel de Tréogate, *Dolbreuse ou l'homme du siècle ramené à la vérité par le sentiment et par la raison,* 1783 (MMF 83.33).

Le volume se termine sans Table ni Approbation.

1783.ix.

[3]. PREMIÈRE CLASSE. ROMANS ÉTRANGERS.

[3]-62 Lijsbet van Watteringen, welke zag de wrede en langduurigen oorlog de Hoekse en Kabijliauven opkomen; Elisabeth de Watteringen, qui fit naître la cruelle et longue guerre des Hoeks et des Kabiliaus: roman historique traduit du hollandois de M. d'Appelboom. [*3*]-7: sur Appelboom, voir avril 1783; 7-62.

> Nous n'avons pas trouvé de trace d'Appelboom, ni des deux romans que la *BUR* lui attribue. Voir 1783.iv.II.81-124.

63. SECONDE CLASSE. ROMANS HISTORIQUES.

63-170 Le Roman satyrique, par le sieur Lannel; Paris, 1624, et réimprimé dans la même ville en 1637. *63-65*; 65-156; *157-170*, Notes historiques et interprétatives.

> Jean de Lannel, *Le Romant satyrique,* 1624 (Lever, p.382, qui n'indique qu'une seule réédition, en 1625, sous le titre: *Le Romant des Indes*).

171. QUATRIÈME CLASSE. ROMANS D'AMOUR.

171-203 La Chrysolite, ou le secret des romans, par le sieur André Maréchal. Paris, chez Toussaint du Bray, 1627 et réimprimé chez Antoine de Sommaville, encore à Paris, en 1634, in-8°. *171-173*; 173-199; *199-200*; 200-203, Notes critiques.

> André Mareschal, *Chrysolite ou le secret des romans,* 1627 (Lever, p.105, qui signale également une réédition de 1634, mais chez N. et J. de La Coste).

[204] Tables. Approbation. [*204*]: le 20 août 1783. De Sancy.

1783.x.I.

[3]. PREMIÈRE CLASSE. ROMANS ÉTRANGERS.

[3]-105 Nimfale fiesolano, nel qual si contiene l'innamoramento di Affrico e Menzola. Poemotta in octava rima di Giovanni Boccacio. Le Livre des nymphes de Fiezole, où sont contenus les amours d'Affrico et de Menzola. Petit poëme en octaves de Jean Boccace. Londres, c'est-à-dire, Paris, chez Molini, 1778, in-12. [*3*]-*24*: 'romans' de Boccace, avec notes sur l'ottava rima. Renvoi (p.4) à juin 1777; 25-103, Nimfale fiesolano; *103-105*

> Giovanni Boccaccio, *Nimfale fiesolano,* 1344-1346 (Renda). Edition de 1778 (Bn).

106. SECONDE CLASSE. ROMANS HISTORIQUES.

106-142 Anecdote sur l'isle Formose. *106-116*: d'après Pierre de Marcassus, *La Nouvelle Mariée de Formose,* 1662. L'article a été inspiré par la nouvelle qu'un désastre naturel aurait détruit cette île; 117-142, La Nouvelle Mariée de l'isle de Formose.

> Ce titre ne figure dans aucune bibliographie des oeuvres de Pierre de Marcassus. Nous n'en avons pas trouvé d'exemplaire ni d'autre attribution. Installé à Formose, le jeune Hollandais, Erneste, épouse la belle Zam-Ri, part en Europe offrir sa modeste fortune à sa vieille mère, et rentre finir ses jours dans le pays de sa femme.

143. QUATRIÈME CLASSE. ROMANS D'AMOUR.

143-166 Les Deux Portraits. 143-147, Portrait de Misis; 148-166, Portrait d'Églé.

Extraits du *Nouveau Spectateur* de Jean-François de Bastide (1759, iii.305-342).

167. ROMANS D'AMOUR.

167-180 La Dame de Fauguerre. Anecdote du 16e siècle. 167-180.

Texte non identifié et qui pourrait être inédit. Adèle de Fauguerre tombe amoureuse de Lancy, ami et protégé de son mari, mais reste vertueuse. Elle meurt néamoins de douleur quand Fauguerre, qui a pénétré les sentiments de sa femme, lui annonce que Lancy est mourant sur le champ de bataille.

181. ROMANS D'AMOUR.

181-198 Le Reve d'un roi. 181-198
Voir aussi 1777.iv.II.26-34.

Extrait du *Nouveau Spectateur* de Jean-François de Bastide (1760, viii.219-239). Une autre traduction avait déjà paru dans le *Choix littéraire*, 1755, ii.93-108, source déjà exploitée par la *BUR* (voir 1777.iv.II.26-34). Il s'agit d'un récit de Samuel Johnson, paru dans le *Rambler* (nos 204-205, 20 février et 3 mars 1752).

199-[200] Table. Approbation [*200*]: le 20 septembre 1783. De Sancy.

1783.x.II.

[3]. SECONDE CLASSE. ROMANS DE CHEVALERIE.

[3]-68 Histoire du vaillant chevalier Tiran le Blanc, traduite de l'espagnol, par le comte de Caylus, 2 vol in-8°.[*3*]-*5*; 5-68.

Anne-Claude-Philippe de Tubières-Grimoard de Pestels de Levis, comte de Caylus, *Histoire du vaillant chevalier Tiran le Blanc*, 1737 (Jones, p.62; MMF 75.R23). Adaptation libre du roman de Joanot Martorell, 1490.

69. ROMANS HISTORIQUES.

69-138 Jean de Bethencourt, roi des Canaries; et Isabelle la Canare, sa gente amie. Paris, chez Henqueville, 1 vol. in-8°, 1630. *69-70*: publié par le sieur Bergeron; 70-129; *129-138*, Notes historiques.

Pierre Bergeron, *Histoire de la première descouverte et conqueste des Canaries faites dès l'an 1402, par messire Jean de Bethencourt*, 1630 (Bn). Le texte de la *BUR* en vieux langage est un résumé fantaisiste du livre, en particulier la partie consacrée à Isabelle.

139. QUATRIÈME CLASSE. ROMANS D'AMOUR.

139-216 Le Braconnier du bois Belle-Fée. Anecdote provinciale. *139-140*: 140-216.

Texte non identifié et qui pourrait être inédit. Ce récit fait pendant à une autre 'anecdote provinciale' (sans doute de la même plume): *La Folle du château de Riant* (1783.v.177-211). Le jeune et passionné Clet de Busseuil, envoyé à la cour par sa mère et séparé ainsi d'Isidore de Savine, revient de temps en temps hanter le bois Belle-Fée afin de s'approcher de sa bien-aimée. Cette séparation tue enfin la sensible Isidore, et la mort de celle-ci laisse Clet en proie à des accès de folie pendant le restant de ses jours. Sur les 'folies d'amour', voir notre Introduction, pp.32.

217-[218] Table. Approbation. [*218*]: le 10 octobre 1783. De Sancy.

1783.xi.

[3]. PREMIÈRE CLASSE. ROMANS ÉTRANGERS.

[3]-51 Le Village de Munster. Traduction de l'anglais, 1782. [*3*]-*4*; *4-50*: description du château de Munster et d'une fête donnée dans le parc. Pp.35-50 consacrées à une évocation d'Ossian; *51*.

> Lady Mary Walker (née Hamilton), *Munster Village*, 1776. Trad. *Le Village de Munster*, 1782 (MMF 82.40). La description de la fête (1783. xi.21-50) reproduit plus ou moins littéralement le texte du roman, ii.175-220.

52. SECONDE CLASSE. ROMANS DE CHEVALERIE.

52-102 Perceval le Gallois. *52-53*: une première version imparfaite a paru dans la *BUR* en novembre 1775; *54-56*: cette nouvelle analyse a été faite d'après Menessier, *Très-plaisante et récréative histoire du très-preux et vaillant chevalier Perceval le Gallois*, 1530, et un texte manuscrit; 56-100; *100-101*; 101-102: Le Chevalier à l'épée. Pour la première version de *Perceval* et d'autres détails sur l'édition de 1530, voir 1775.xi.37-85.

> Poirier (pp.78-80) compare les deux articles consacrés par la *BUR* à *Perceval* et, en attribuant le second au comte de Tressan, se fonde sur la présentation élogieuse de l'auteur du morceau: 'Un homme de beaucoup d'esprit, & d'un esprit très-fin, déjà très-avantageusement connu [...], se livrant à son goût pour la Chevalerie, a refait *Perceval le Gallois*, qu'il trouvoit charmant dans l'original, & un peu foible dans la copie' (p.53).

103. QUATRIÈME CLASSE. ROMANS D'AMOUR.

103-189 Alexandrine, ou l'amour est une vertu; par mademoiselle de S***, en deux parties. Paris, 1783. *103*; 104-189.

> Anne-Hyacinthe de Saint-Léger, dame de Colleville, *Alexandrine ou l'amour est une vertu*, 1783 (MMF 83.21).

190-191 Table. Approbation. *191*: le 30 octobre 1783. De Sancy.

1783.xii.

[3]. PREMIÈRE CLASSE. ROMANS ÉTRANGERS.

[4]-4 Présentation des deux morceaux suivants. [*3*]-*4*: d'abord un extrait du *Décaméron anglois*, ensuite un ouvrage 'imprimé il y a vingt-quatre ans'.
5-23 Mémoires d'une coquette. 5-23.
Voir aussi 1785.v.3-15 et 1785.vii.II.3-26.

> Extrait du recueil traduit par Marie Wouters sous le titre du *Décaméron anglois ou recueil des plus jolis contes*, 1783, i.8-45 (MMF 83.3). L'idée du texte françois aurait pu être suggérée par *Memoirs of a Coquet or the History of Miss Harriot Airy*, 1765 (BM, Block), mais le développement et les détails des deux ouvrages son differents.[7]

24-37 Mémoires d'un homme a bonnes fortunes. 24-37.

> Extrait du *Nouveau Spectateur* de Jean-François de Bastide (1760, viii.190-206). Le morceau avait déjà paru dans le *Mercure de France* de janvier 1756 (ii.7-18).

---

7. Les Professeurs Madeleine Blondel et Josephine Grieder ont examiné le texte anglais pour nous, sans y avoir trouvé de comparaisons précises avec le récit de la *BUR*.

38. ROMANS ÉTRANGERS.

38-90 La Hermosa Aurora, La Belle Aurore. Tortose, 1635, in-8°. *38-44*: extrait des nouvelles de Juan Perez de Montalvan; 45-90, La Belle Aurore.

> Juan Perez de Montalvan, *Sucessos y prodigios de amor*, 1633 (Bourland, pp.121-122). Parmi de nombreuses autres rééditions Bourland (p.124) donne: en Tortosa, por Francisco Matorell, año 1635. *La Hermosa Aurora* est le premier récit dans ce recueil, et se trouve également dans les *Nouvelles de Montalvan* traduites par Rampalle en 1644 (Lever, p.323). Une autre version de *La Belle Aurore* a été donnée par le *Journal étranger* en mai 1756 (pp.130-152), traduction que Pageard attribue à Charles-Pierre Coste d'Arnobat.

91. TROISIEME CLASSE. ROMANS HISTO[R]IQUES.

91-182 Germaine de Foix, reine d'Espagne; par Nicolas Baudot de Juilly. Paris et Amsterdam, 1701, un vol.in-12. *91-92*; 92-167; *168-182*, Notes historiques.

> Nicolas Baudot de Juilly, *Germaine de Foix, reine d'Espagne*, 1700, avec réédition 1701 (Lever, p.174; Jones, p.1).

183. QUATRIÈME CLASSE. ROMANS D'AMOUR.

183-194 La Nature vengée. 1760. 183-194.

> Extrait du *Nouveau Spectateur* de Jean-François de Bastide (1759.iii.121-136), qui a été repris, sous le titre de *La Force du naturel*, dans les *Contes de M. de Bastide*, 1763 (iv.85-97; MMF 63.17).

195. ROMANS D'AMOUR.

195-204 L'Homme qui n'est point rare. 1761. 195-204.

> Extrait du *Nouveau Spectateur* de Jean-François de Bastide (1760, viii.33-44).

204 Table. Approbation. *204*: le 20 novembre 1783. De Sancy.

1784.i.I.

[3]. PREMIÈRE CLASSE. ROMANS ÉTRANGERS.

[3]-60 Léonard et Gertrude, ou les moeurs villageoises; histoire morale traduite de l'allemand, petit in-8°, 1783. [*3*]-*5*: par M. Pestalotzi de Nevenhof, citoyen de Zurich; 5-59; *59-60*, Note.

> Johann Heinrich Pestalozzi, *Lienhard und Gertrud*, 1781. Trad. par L.-E. Pajot de Moncets, *Léonard et Gertrude ou les mœurs villageoises*, 1783 (MMF 83.43).

61. TROISIEME CLASSE. ROMANS HISTORIQUES.

61-147 Le Monde ne va point de mal en pis; par le sieur de Rampalle, un vol. in-8°, Paris, chez Augustin Courbé, 1641. *61-63*: moralités mêlées d'historiettes, en forme de discours académique; 64-123: conseils offerts à Timandre; 123-143, Le Roman à un seul personnage; 143-145; *146-147*.

> Le sieur de Rampalle, *L'Erreur combatuë. Discours académique où il est curieusement prouvé que le monde ne va point de mal en pis*, 1641 (Bn). Le *Conservateur* (1758.vii.63-100) a également consacré un article à cet ouvrage. Nous n'y avons pourtant pas reconnu la source du *Roman à un seul personnage*: Marinella, seule dans une île déserte, développe ses sens, son imagination et, moins heureusement, son intelligence. Il est question, p.146, d'un roman: *L'Elève de la nature*, qui est sans doute celui de Gaspard Guillard de Beaurieu, publié en 1763 (MMF 63.18).

148. QUATRIÈME CLASSE. ROMANS D'AMOUR.

148-188 L'Inceste innocent. Histoire véritable. Paris, 1638 et 1644, in-8°, rare. *148-152*: le sieur des Fontaines; 152-188.

> Abbé René de Ceriziers (pseud. Des Fontaines), *L'Inceste innocent*, 1638, 1644 (Lever, pp.231-232).

L'adaptation est modernisée et les noms des personnages sont changés. Une note, p.148, précise qu'il ne s'agit pas d'une version du *Criminel sans le savoir*, 'qui vient de paroître' (voir MMF 83.2).

189-[190] Table. Approbation. [*190*]: le 20 décembre 1783. De Sancy.

1784.i.II.

[3]. PREMIÈRE CLASSE. ROMANS ÉTRANGERS.

[3]-45 Naufragio e lastimoso sucesso da perdiçam de Manoel de Souza de Sepulveda, e dona Lianor de Sà, sua moljer, e filhos, etc.; e a peregrinaçao que tiverao rodeando terras de Cafres, mais de 300 legoas, tè sua morte, etc. Le Naufrage et le déplorable événement de la perte de Manuel de Souza de Sepulveda, de dona Léonore de Sà, son épouse, et de leurs enfans, etc.; avec le voyage qu'ils firent au pays des Cafres où ils errèrent l'espace de plus de 300 lieues, jusqu'au moment de leur mort, etc. Par Jérôme Corte-Real. Lisbonne, 1594, petit in-4°. [*3*]-*6*; 6-45, *45*.

> Jeronymo Corte-Real, *Naufrágio e lastimoso sucesso da perdição de Manoel de Sousa de Sepulveda*, 1594 (BM). Bn et BM donnent également une édition portugaise de 1783.

46. QUATRIÈME CLASSE. ROMANS D'AMOUR.

46-58 Notice sur la mort du comte de Tressan. *45-58*: comprend un renvoi (pp.47-49) à l'éloge de Tressan 1783.i.II. 192-195. Le morceau suivant inspiré par une comédie de madame de Genlis (p.57). Cette notice est signée 'De Mayer' (p.58).

59-200 Zélie, ou l'ingénue, roman extrait de la collection des romans de feu M. le comte de Tressan. 59-99; 100-200, Seconde Partie: faite largement de dialogues empruntés en partie à la pièce de théâtre de madame de Genlis.

> Louis-Elisabeth de Lavergne, comte de Tressan, *Zélie ou l'ingénue*, dans *Corps d'extraits de romans de chevalerie*, 1782, iv.94-442 (MMF 82.37). La comédie de Stéphanie-Félicité Ducrest de Saint-Aubin, marquise de Sillery, comtesse de Genlis se trouve dans le *Théâtre de société*, 1781, ii.16-368 (Bn) de celle-ci.

201-[202] Table. Approbation. [*202*]: le 10 janvier 1784. De Sancy.

1784.ii.

[3]. PREMIÈRE CLASSE. ROMANS ÉTRANGERS.

[3]-118 La Gatomachie de Lopé de Véga. [*3*]-*14*: sur le genre burlesque. Exemples de sonnets burlesques en espagnol, avec la traduction de Scarron (pp.11-14); 15-57, La Gatomachie. Première Sylve; 37-58, Seconde Sylve; 58-74, Troisième Sylve; 74-82, Quatrième Sylve; 83-93, Cinquième Sylve; 94-103, Sixième Sylve; 103-118, Septième Sylve.

> Lope de Vega Carpio, *La Gatomaquia*, dans *Rimas divinas y humanas del licenciado Tomé de Burguillos*, 1634 (Palau y Dulcet).

119. ROMANS ÉTRANGERS.

119-126 Le Choix, traduit de l'anglois de Pomfret. *119*; 119-126.

> John Pomfret, *The Choice or Wish, a poem*, 1701 (BM). Même traduction que dans le *Conservateur*, 1758.ii.231-238, et le *Nouveau Choix des Mercures* en 1763 (xcviii.78-104).

127. ROMANS ÉTRANGERS.

127-173 Urbano, historia molto dilettevole di Giovanni Boccacio. Urbain, histoire trèsrécréative de Jean Boccace. Venise, 1526 et 1543, in-8°; Florence, 1598, etc. *127-128*: traduction française *Urbain le mescognu*, s.d.; 128-173.

> Giovanni Boccaccio, *L'Urbano* (*Istoria molto dilettevole nuovamente ritrovata*), 1526 (Haym). Trad. Anon., *Urbain le mescogneu*, 1530 (Bn, Blanc).

174. QUATRIÈME CLASSE. ROMANS D'AMOUR.

174-178 L'Amour converti. *174-175*: ouvrage paru 'il y a quelques années'; 175-178.

> Extrait du *Conservateur*, 1758.i.123-126. La *BUR* donne ce même texte une seconde fois en 1786 (i.I.186-190).

179. ROMANS D'AMOUR.

179-189 Le Bonheur est un songe. 1759. 179-188; *188-189*.

> Extrait du *Nouveau Spectateur* de Jean-François de Bastide (1760, viii.241-250).

190-191 Table. Approbation. *191*: février 1784. De Sancy.

1784.iii.

[3]. SECONDE CLASSE. ROMANS DE CHEVALERIE.

[3]-84 Dusolinde fille du paladin Roland; anecdote du neuvième siècle. [3]-36; 37-38, Relation d'une des courses chevaleresques du redouté paladin de France; 39-77; 78-84, Note [sur la maison de Mont-d'Or qui descendrait de Roland].

> Textes vraisemblablement originaux que nous n'avons pas retrouvés ailleurs. Dans l'histoire de Dusolinde, Roland adopte une jeune orpheline qui se trouve être sa fille naturelle. Le récit comprend, pp.32-35, une 'romance espagnole' sur la bataille de Roncevaux. La seconde narration concerne des actions charitables de Roland.

85. QUATRIEME CLASSE. ROMANS D'AMOUR.

85-152 Histoire du cœur; par une jeune demoiselle qui avoit envie de faire connoître le sien; imprimée chez l'Etranger en 1768. 85-133; 134-152, Seconde Partie: lettres.

> Mademoiselle de Milly, *Histoire du cœur*, 1768 (MMF 68.44).

153. ROMANS D'AMOUR.

153-171 Le Bon Homme. Conte imprimé en 1758. 153-171.

> Extrait du *Nouveau Spectateur* de Jean-François de Bastide (1760.viii.7-28), repris dans les *Contes de M. de Bastide*, 1763, i.92-111 (MMF 63.17).

172. ROMANS D'AMOUR.

172-185 L'Ami de la bonne santé; conte imprimé en 1700. 172-185.

> Extrait du *Nouveau Spectateur* de Jean-François de Bastide (1760, viii.62-74). La date de 1700 donnée dans le titre de l'article est vraisemblablement une erreur pour 1760.

186. ROMANS D'AMOUR.

186-201 Voilà comme on perd son ami. 1759. 186-196; *196*; 196-201.

> Extraits du *Nouveau Spectateur* de Jean-François de Bastide (1758.i.333-342, et ensuite 328-333).

202-203 Table. Approbation. *203*: le 1er mars 1784. Raulin, fils.

1784.iv.I.

[3]. PREMIÈRE CLASSE. ROMANS ÉTRANGERS.

[3]-130 Helii Eobani Hessi, Αποθανιν τελοσ; Je veux mourir, roman latin d'Helius Eobanus de Hesse. Leipsic, 1597, in-12. [*3*]-*6*: 'Nous ne connaissons, de l'Ouvrage que nous allons extraire, qu'une seule édition; 6-130.

> Nous n'avons pu reconnaître dans l'œuvre d'Helius Eobanus ce morceau, que son biographe Carl Krause ne signale pas. C'est le récit sensible et mélancolique, à la première personne, d'un enfant trouvé qui, innocemment, fait le malheur de sa mère Germaine et de son protecteur Ulric.

131. QUATRIÈME CLASSE. ROMANS D'AMOUR.

131-204 L'Isle inconnue, ou mémoires du chevalier de Gastines; en quatre parties in-12, 1300 pages. Recueillis et publiés par M. Grivel, des Académies de Dijon et de la Rochelle. *131-132*: même sujet que *Robinson Crusoé*; 132-134; 134-150, Connoissance des lieux; 150-174, Caractères; 175-204, Education.
Pour la suite, voir 1784.iv.II.103-154.

> Guillaume Grivel, *L'Isle inconnu ou mémoires de chevalier des Gastines*, 1783 (MMF 83.27).

204 Approbation. *204*: le 30 mars 1784. Raulin, fils.

1784.iv.II.

[3]. PREMIÈRE CLASSE. ROMANS ÉTRANGERS.

[3]-65 La Lucerna di Eureta Misoscolo, academico filarmonico; in Parigi. La Lampe d'Eureta Misoscolo, académicien philarmonique; à Paris, in-12, sans date. [*3*]-*4*: 'Nous n'avons pu nous procurer la moindre lumière sur cet Auteur pseudonyme' (p.3); 4-7; 7-15, L'Ours; 15-40, La Belle Cléopatre; 40-46, Le Chien; 47-55, Le Poète; 55-65, La Fourmi.

> Francesco Pona (pseud. Eureta Misoscolo), *La Lucerna di Eureta Misoscolo*, s.d., 1627 (Bn). L'âme d'une lampe raconte ses diverses incarnations.

66. QUATRIEME CLASSE. ROMANS D'AMOUR.

66-102 La Petite Maison. 66-102. 'Ce Conte fut imprimé il y a vingt-cinq ans, & fut généralement goûté. Quoiqu'il ait été réimprimé plus d'une fois, il en existe à peine quelques exemplaires' (p.66, note).

> Extrait du *Nouveau Spectateur* de Jean-François de Bastide (1758, ii.361-412), publié à part en 1762 (MMF 62.9) et repris dans les *Contes de M. de Bastide*, 1763, iii.47-88 (MMF 63.17).

103. ROMANS D'AMOUR.

103-154 Suite de l'Isle inconnue, ou mémoires du chevalier de Gastines. 103-129, Loix 129-154, Evénemens.
Sur cet ouvrage de Guillaume Grivel, voir 1784.iv.I.131-204.

155. ROMANS D'AMOUR.

155-192 La Prude. Imprimé en 1758. 155-192.

> Extrait du *Nouveau Spectateur* de Jean-François de Bastide (1758.ii.65-121).

193. ROMANS D'AMOUR.

193-201 Le Jaloux. 193-201.

Extrait du *Nouveau Spectateur* de Jean-François de Bastide (1760, viii.143-150).

202-203 Tables. Approbation. *203*: le 15 avril 1784. Raulin, fils.

1784.v.

[3]. PREMIÈRE CLASSE. ROMANS ÉTRANGERS.

[3]-82 Le Duel d'Albayaldos. *[3]-18*: morceau 'célèbre' tiré d'une compilation: *Para Cavalleros exemplos divinos y humanos*. Préambule sur les duels; 18-77, Le Duel d'Albayaldos; 77-82: chanson sur Zédulam et Albayaldos.

> Nous n'avons pu identifer le recueil dont il est question au début de l'article. L'épisode (sujet d'un petit nombre de ballades: Duran, nos 1102-1107) se trouve dans l'*Historia de los Vandos [...]* de Pérez de Hita, et avait déjà été résumé brièvement dans l'article consacré à ce roman (voir 1778.i.II.48-49). La chanson de Zédulam donnée à la fin de l'article est évoquée encore brièvement en juillet 1788 (vii.I.157). Dans le texte de la nouvelle, on donne également (pp.42-44) une ballade sur l'echarpe de Zédulam.

83. QUATRIEME CLASSE. ROMANS D'AMOUR.

83-158 Le Sylphe. Traduction de l'anglois, en deux parties. Chez Mérigot jeune, au coin de la rue Pavée, 1784. *83-84*; 84-158.

> Georgiana Cavendish, duchesse de Devonshire, *The Sylph*, 1779. Trad. par Pierre-Prime-Félicien Le Tourneur, *Le Sylphe*, 1784 (MMF 84.15).

159. QUATRIÈME CLASSE.

159-204 Les Petites-Maisons de Parnasse. Ouvrage comico-littéraire. Par le cousin Jacques, à Bouillon, 1783. *159*: 'Ce n'est point ici un Roman, mais c'est une fiction des plus caractérisées'; 159-204.

> Louis-Abel Beffroy de Reigny, *Les Petites-Maisons du Parnasse*, 1783-1784 (Bn). Ouvrage satirique en prose, vers, dialogues.

204 Table. Approbation. *204*: le 15 mai 1784. Raulin, fils.

1784.vi.

[3]. SECONDE CLASSE. ROMANS DE CHEVALERIE.

[3]-173 Histoire et chronique de Gui d'Hantone, chevalier du sacre et de l'herbolette, nouvellement refaicte de rimes en prose françoise; par Pierre Desrey, Champenois. Lyon 1579, in-8°. *[3]-10*: généalogies des héros de roman. 'Nous avons lieu de croire (sans assurer pourtant) que ce Roman de Gui est la paraphrase du Manuscrit cité par Lenglet Dufrenoi, p.246, avec le titre de Guyon d'Aistone en vers, *in folio*' (pp.7-8); 10-158; *158-159*; 159-173: fin de l'histoire tirée des *Reali di Francia*.

> DeJongh (no.250) cite ce titre pour 1579, mais sa seule référence est l'article de la *BUR*. Lenglet Dufrenoy (1734, ii.246), ainsi que la *BUR* l'affirme, donne dans une liste d'anciens manuscrits le titre: *Le Roman de Guyon d'Aistone*. Il est question dans l'article, p.7, de Beuves (ou Bœufres ou Boves) d'Antone, sans que l'on renvoie à l'extrait consacré à ce héros en 1777 (i.I.5-25). Une suite de l'histoire de Beuves, *La Morta di Buovo d'Antona*, 1500, concerne ses fils Sinibaldo et Guidone (Bibliografia dei romanzi, p.17). Pierre Desrey, à qui on ne semble pas attribuer ailleurs le volume décrit en tête de l'article, est auteur d'une *Généalogie avecques les gestes et nobles faitz d'armes de prince Godeffroy de Boulion*, 1504 (Bn), mentionnée p.8, qui a été continuée par Robert Gaguin sous le titre des *Grandes Chroniques des roys de France*, 1514 (Bn). La source donnée pour la conclusion du récit serait les *Reali di Francia*, 1491, d'Andrea de Barberino (voir 1777.x.I.177-182).

174. QUATRIÈME CLASSE. ROMANS D'AMOUR.

174-196 L'Egoiste. 1761. 174-196.

> Extrait du *Nouveau Spectateur* de Jean-François de Bastide (1758, ii.36-63).

197. QUATRIÈME CLASSE.

197-212 Les Avantages de la médiocrité. 1758. 197-212.

> Extrait du *Nouveau Spectateur* de Jean-Françoois de Bastide (1758, ii.123-139), repris, sous le titre: *Le Sage*, dans les *Contes de M. de Bastide*, 1783, i.174-188 (MMF 63.17).

213-[214] Table. Approbation. [*214*]: le 10 juin 1784. Raulin, fils.

1784.vii.I.

Au verso de la page de titre: 'les personnes que voudront se procurer la continuation de cet Ouvrage sont priées de vouloir bien faire renouveller leur abonnement.' Avis que se répète jusqu'au mois de novembre 1784.

[3]. PREMIERE CLASSE. ROMANS ÉTRANGERS.

[3]-55 Le Véritable Ami, ou la vie de David Simple. Traduit de l'anglois, de Fielding. 2 volumes, 1782. [*3*]-*4*; 4-55.

> Sarah Fielding, *The Adventures of David Simple*, 1744. Trad. par Pierre-Antoine de La Place, *Le Véritable Ami ou la vie de David Simple*, 1745. Ce titre a été donné parmi les *Œuvres* de Henry Fielding en 1781 et a été publié dans la collection Cazin en 1784 (MMF 81.R35).

56.QUATRIEME CLASSE. ROMANS D'AMOUR.

56-106 L'École des filles, ou Palmene et Germilli. Histoire morale. Manuscrit. 56-106. L'article est signé 'Par M. le Ch.ᶜʳ de Cubières' (p.106).

> Michel de Cubières-Palmézeaux, *L'École des filles, histoire morale*, 1784 (MMF 84.20). Ce texte semble avoir paru d'abord dans le *BUR*: le volume donné par MMF porte la mention 'A Cassel, de l'imprimerie françoise', et le *Journal de Paris* ne l'annonce que le 11 novembre 1784.

107-166 Mémoires de Rigobert Zapata, p[u]bliés par M.ʳ de Lignac. A Lille, 1780. 1 vol. *107-108*; 108-166

> De Lignac, *Mémoires de Rigobert Zapata*, 1780 (MMF 80.18).

166. QUATRIEME CLASSE.

166-192 L'Entreprise difficile. 1758. 166-178; 179-188, Disours sur les avantages de l'adversité; 188-192.

> Extrait du *Nouveau Spectateur* de Jean-François de Bastide (1758, ii.262-283).

192 Approbation. *192*: le premier juillet 1784. Raulin fils.

1784.vii.II.

[3]. PREMIERE CLASSE. ROMANS ÉTRANGERS.

[3]-42 L'Arcadie de Sannazar. Traduite de l'italien. I volume, 1737. [*3*]-*5*: première traduction par Jean Martin, 1544; 5-39; 40-42, Sannazar à son chalumeau.

> Giacomo Sannazaro, *L'Arcadia*, 1481-1486 (première édition complète, 1504) (Renda). Trad. par Jean Martin, *L'Arcadie*, 1544 (Bn). Trad. Pecquet, *L'Arcadie*, 1737 (Bn).

43-84 Regner Lodbrog. Roman. *43*: une 'conformité de nom' avec le manuscrit *Ragnars*

Saga Lodbrokar donné avant, mais ce nouveau texte, par un auteur 'bien connu' est différent; 43-84.

Pour la première version de l'*Histoire du roi Regner Lodbrog*, voir 1777.iv.I.13-22.

> Louis-Elisabeth de Lavergne, comte de Tressan, *Histoire de Rigda et de Regner Lodbrog, roi de Danemarck*, dans *Corps d'extraits de romans de chevalerie*, 1782. iv.1-93 (MMF 82.37). Ce texte, selon Jacoubet (1932, p.2, note 1), est 'de l'adaptation au troisième degré pour ne pas dire de la mystification pure'.

85. QUATRIEME CLASSE. ROMANS D'AMOUR.

83-178 La fée Badinette, bergerie champenoise. 1733, in-12. *85-87*: 'Cette bagatelle [...] a été peu connue, & paroit avoir eu le sort qu'ont aussi quelquefois de beaux & grands ouvrages'; 87-179.

> Jones (p.51) donne cet ouvrage pour 1733, mais ne cite que l'article de la *BUR*. Le texte raconte les amours des bergers Joli-blond et Franc-comme-l'or, avec les bergères Colette et Marguerite.

179. ROMANS D'AMOUR.

179-191 Le Testament. *179*: texte inséré sous une toute autre forme dans 'nos premiers Volumes'; 180-191.

> Le texte se donne pour un manuscrit inédit 'qu'un nouveau Portefeuille vient de nous offrir' (p.179). Pour épouser sa bien-aimée, Lucemond doit employer toutes les ruses afin de plaire à quatre tuteurs de caractères très différents, car les dispositions d'un testament rendent leur approbation indispensable. Même sujet qu'un premier conte avec le même titre (1777.iii.126-136), mais le texte et les détails sont différents.

[192] Tables. Approbation. [*192*]: le premier juillet 1784. Raulin fils.

1784.viii.

[3]. PREMIERE CLASSE. ROMANS ÉTRANGERS.

[3]-68 Ydris et Zénide, poëme; par M. de Wieland. Traduit de l'allemand. [*3*]-*5*: imprimé à 'Carlsruh' en 1777; 5-68, Ydris et Zénide.

> Christoph Martin Wieland, *Idris, ein heroisch-comisches Gedicht*, 1768 (Goedeke). L'original est en vers. Steinberger, p.33, n'indique pas la version de la *BUR*.

69. SECONDE CLASSE. ROMANS HISTORIQUES.

69-97 Histoire de Robert le Diable, duc de Normandie. Paris, 1783. *69*; 70-97.

> Jean Castilhon, *Histoire de Robert le Diable, duc de Normandie et de Richard sans peur, son fils*, 1769. Ce volume de la *Bibliothèque bleue* de Castilhon a été réédité en 1783 (MMF 69.22).

98. QUATRIEME CLASSE. ROMANS D'AMOUR.

98-168 La Mouche ou les espiegleries et aventures galantes de Bigand, par le chevalier de Mouhy. *98-101*; 101-168.

Pour un récit intercalé tiré de cet ouvrage, voir 1784.ix.47-102.

> Charles de Fieux, chevalier de Mouhy, *La Mouche ou les avantures de M. Bigand*, 1736 (Jones, pp.59-60; MMF 52.R39).

169. QUATRIEME CLASSE. ROMANS D'AMOUR.

169-192 L'Homme sans caractere. 1760. 169-192.

> Extrait du *Nouveau Spectateur* de Jean-François de Bastide (1759, iii.5-35), repris dans les *Contes de monsieur de Bastide*, 1763, iii.256-281 (MMF 63.17).

192 Approbation. *192*: le premier août 1784. Raulin fils.

1784.ix.

[3]. PREMIERE CLASSE. ROMANS ÉTRANGERS.

[3]-46 La Campagne, traduit de l'anglois par M. de Puysieux. 2 vol. 1767. [3]-4; 4-46.

> Anon., *The Campaign, a True Story*, 1759. Trad. par Philippe-Florent de Puisieux, *La Campagne, roman traduit de l'anglois*, 1767 (MMR 67.2).

47. QUATRIEME CLASSE. ROMANS D'AMOUR.

47-102 Histoire du Philosophe Rametzy. Tirée des Memoires de Bigand. 47-102.
Sur cet ouvrage, voir 1784.viii.98-168.

103. QUATRIEME CLASSE. ROMANS D'AMOUR.

103-145 Le Conte de la Ramée, conte comme il n'y en a point, et qui ne finira jamais. 103-145. Selon une note, p.104, 'Cet extrait n'est pas non plus de la main d'aucun de nous. Un hazard nous l'a fait réellement entendre, de la bouche de deux soldats, qui s'exprimoient dans le style qu'on a tâché d'imiter [...]'.

> Texte en langage populaire que nous n'avons pas retrouvé ailleurs. La Ramée, grenadier de Champagne (et héros de mille histoires), revient en permission à son village, où il trouve les habitants menacés de misère et de faim. Dépensant un héritage de 200 pistoles, il les sauve en achetant du blé au seigneur, M. de Rochecoeur, et finit par épouser sa bien-aimée, Reine, fille du père La Brûlure. Ce texte de la *BUR* a été réédité sous le titre *Le Conte de la Ramée, grenadier de Champagne*, Paris, Sansot, 1912.

146. ROMANS D'AMOUR.

146-154 Celinte. *146*: 'nouvelle, imprimée à Paris, sans nom d'Auteur, en 1661'; 146-154: bref résumé de l'intrigue, et, pp.151-154, comparaison avec une scène prise dans le Roman de la Baronne de Luz, par Duclos.

> Madeleine de Scudéry, *Celinte*, 1661 (Lever, p.100). Pour l'*Histoire de madame de Luz*, voir 1783.v.65-104.

155. ROMANS D'AMOUR.

155-160 Les Deux Cousines. Ou le mariage du chevalier de ***. 1743. 155-160.

> Anon., *Les Deux Cousines, ou le mariage du chevalier de ***, 1763. Certains exemplaires portent la date de MDCCXLIII pour MDCCLXIII (MMF 63.3).

161. ROMANS D'AMOUR.

161-181 Histoire tragique de la marquise de Ganges. 161-181.

> La marquise relate à la première personne les intentions meurtrières de ses deux beaux-frères. Pour les détails de la mort de la jeune femme, le rédacteur renvoie 'au Livre même, ou au recueil des causes célèbres, d'oû l'on a tiré tous les faits' (p.181). L'affaire, survenue en 1667, a trouvé des échos dans l'édition de 1685 des *Histoires tragiques de nostre temps* de François de Rosset (dont le premier recueil date de 1614) (Lever, pp.223-225; et voir 1780.v.113-132). La version donnée dans les *Faits des causes célèbres et intéressantes*, 1757, aurait inspiré la nouvelle, *La Marquise de Gange*, rédigée entre 1807 et 1812 par le marquis de Sade (Lely, pp.315-323).

182. ROMANS D'AMOUR.

182-191 Les Divers Effets d'amour advenus à la belle Fulvia, Vénitienne. Par S.D.R. Paris 1603. *182*; 182-191.
Voir aussi 1786.iv.I.178-192, où ce roman est résumé une deuxième fois.

> Anon., *Les Divers Effets d'amour advenus à la belle Fulvia, Vénétienne*, 1603 (Lever, p.138).

[192] Tables. Approbation. [*192*]: le premier septembre 1784. Raulin fils.

1784.x.I.

[3]. PREMIERE CLASSE. ROMANS ÉTRANGERS.

[3]-81 Memoires de Gaudencio di Lucca. 1746. [*3*]-*4*: 5-81.

> Simon Berington, *The Memoirs of Sig'r Gaudentio di Lucca*, 1737. Trad. par Militz et le chevalier de Saint-Germain, *Mémoires de Gaudentio di Lucca* 1746. Trad. Par Jean-Baptiste Dupuy-Demportes, *Mémoires de Gaudence de Luques*, 1753 (MMF 53.6).

82. QUATRIEME CLASSE. ROMANS D'AMOUR.

82-132 Aucassin et Nicolete romance, de nouveau historiée. *89-91*: défense des anciens romans; *92-132*: 'J'ai raconté, comme la Romance; M. Lacurne de Sainte-Palaye [...] avoit historié cette Romance' (p.131).

> Abrégé de la chante-fable du treizième siècle. La version par Jean-Baptiste de La Curne de Sainte-Palaye, *Histoire ou romance d'Aucassin et de Nicolette*, avait paru en 1752 (MMF 52.6).

133. QUATRIEME CLASSE. ROMANS D'AMOUR.

133-170 [Anecdotes.] 133-134: 'Nous avons puisé les deux Anecdotes qui suivent dans un recueil qui fut publié en 1736, sous le titre d'*Anecdotes secretes et historiques*' (p.133.); 134-153, Gabrini; 154-170, Socrate.

> Jean Du Castre d'Auvigny, *Melchu-Kina ou anecdotes secrettes et historiques*, 1735, pp.287-313 et 262-286 (Jones, p.54, qui signale une réédition de 1736).

171. ROMANS D'AMOUR.

171-177 L'Ingratitude punie. En 1761. 171-177.

> Extrait du *Nouveau Spectateur* de Jean-François de Bastide (1759, vii.81-89).

178-181 Tous les chats sont gris, ou les grisetes; par une dame à la grande gorge. 178-181.

> Petit essai au ton léger sur les modes à l'époque de Catherine de Médicis. Ce texte semble s'inspirer d'un passage de la *Galerie philosophique du seizième siècle*, 1783, ii.251-252, par Charles-Joseph de Mayer (Bn).

181-183 L'Entousiaste de soi-même. 181-183.

> Texte non identifié. Réflexions sur l'amour-propre qu'illustre une anecdote sur un peintre de génie qui admire sans retenue ses propres œuvres.

183-185 Comme on se prend. 183-185.

> Texte non identifié. Lady Villiams donne une exemple des moeurs anglaises quand elle fait la connaissance de son futur mari, milord Broun, à cheval.

185-186 L'Amour tout fait. 185-186.

> Texte non identifié. Quand le Roi demande à un ambassadeur s'il va à Paris faire l'amour, celui-ci répond: 'Non, Sire, je l'achète tout fait'.

187-192 Le Bal, ou les epoux. 187-192.

> Texte non identifié. Séparés par une vie de débauche, Montalban et Céphise se retrouvent au bal de carnaval et connaissent enfin un amour véritable.

192 Approbation. *192*: le premier octobre 1784. Raulin.

1784.x.II.

[3]. PREMIERE CLASSE. ROMANS ÉTRANGERS.

[3]-32 Elvire et Sol, filles du Cid [3]-6: défense du style 'naïf' par 'un homme qui a quelquefois essayé sa plume dans ce Recueil, & à qui nous n'avons jamais pu donner de l'esprit' (p.6); 7-32.

> Les explications des éditeurs sont évasives: 'Les matéraux que nous employons sont tirés de différentes sources: c'est ce qui nous empêche de donner un titre en langue originale. Néanmoins on seroit peu fondé à nous accuser d'infidélité; il suffit de lire, pour reconnoître un caractere de style, & même d'idées qui ne peut absolument nous appartenir' (p.4). En fait, l'article représente une suite des ballades déjà adaptées du recueil de Juan de Escobar (voir 1783.vii.II.3-176).

33. QUATRIEME CLASSE. ROMANS D[']AMOUR.

33-156 Le Cercle, ou conversations galantes. Dedié à mademoiselle de Queroualle, par le sieur de Brémond. Paris 1675. *33-35*; 35-156, Aventure de deux sœurs rivales. Racontée par le Chevalier d'Estapes.

> Sébastien Brémond, *Le Cercle ou conversations galantes*, 1673, 1675 (Lever, p.101).

157. ROMANS D'AMOUR.

157-168 Calliste et Philétor. Fragment d'une nouvelle grecque. 157-168; *168*: présentation du morceau suivant qui 'fait partie d'un recueil de Contes imprimés il y a quelques années'.

> Abbé Melchior Cesarotti, *Callista e Filetore*. Trad. par Marie-Geneviève-Charlotte Darlus, madame Thiroux d'Arconville, *Calliste et Philétor* dans *Les Samiens [...]*, 1781 (MMF 81.14)

169-187 Les Conditions inutiles. 169-187.

> Extrait du *Monde* de Jean-François de Bastide (1760, ii.255-278), repris dans les *Contes de M. de Bastide*, 1763, iii.139-159 (MMF 63.17).

188-191 La Fête des sens. 188-191.

> Texte non identifié. La Marquise de **, coquette mais femme de tête, apprend l'emprise des sens quand le Duc *** organise pour elle une fête voluptueuse dans un jardin anglais. Le cadre et le thème du récit rappellent en partie ceux du conte de *La Petite Maison* de Jean-François de Bastide (voir 1784.iv.II.66-102).

192 Tables. Approbation. *192*: le quinze octobre 1784. Raulin.

1784.xi.

[3]. PREMIERE CLASSE. ROMANS ÉTRANGERS.

[3]-110 Le Lord impromptu, nouvelle romanesque, traduite de l'anglois; sans nom d'auteur, ni de traducteur. En deux parties, 1767. [3]-4: traduction de *The White Witchcraft or the strange success of Richard Oberthon*; 5-110.

> Jacques Cazotte, *Le Lord impromptu, nouvelle romanesque traduite de l'anglois*, 1767. On considère l'ouvrage communément comme une traduction supposée (MMF 67.22).

111. QUATRIEME CLASSE. ROMANS D'AMOUR.

111-122 Les Confessions d'une courtisanne devenue philosophe. 111-122.

> Anon., *Les Confessions d'une courtisane devenue philosophe*, 1784 (MMF 84.2).

123. QUATRIEME CLASSE.

123-156 La Découverte australe, par un homme volant, ou le Dédale françois, suivi de la Lettre d'un singe. 2 vol. 1781. 123-135; *135-137*; 137-138; 139-156, Lettre d'un singe.

Nicolas-Edme Rétif de La Bretonne, *La Découverte australe par un homme-volant ou le Dédale français*, 1781 (MMF 81.29).

157. QUATRIEME CLASSE. ROMANS D'AMOUR.

157-190 L'Art de corriger, et de rendre les hommes constans. Un vol. 1783. *157-158*; 158-162, Le Jaloux corrigé, par Euphrosine; 162-176, Le Joueur corrigé, par Eudoxie; 176-190, Le Fat corrigé, par Elvire; 190.

Cornélie-Pétronille-Bénédicte Wouters, baronne de Vasse, *L'Art de corriger et de rendre les hommes constans*, 1783 (MMF 83.55).

191 Table. Approbation. *191*: le quinze novembre 1784. Raulin.

1784.xii.

[3]. PREMIERE CLASSE. ROMANS ÉTRANGERS.

[3]-21 Balsora, traduit de l'allemand. Par M. de Wielland. 3-21. Dans une note, pp.[3]-4, on lit: 'Nous devons avertir le Lecteur que tous ces morceaux Allemands que nous lui donnons depuis si long-tems, sont traduits exprès pour enrichir cette Collection [...]. Nous les devons à un Homme en place, chargé de fonctions étrangeres aux Lettres [...]'. Pour d'autres contes de Wieland, voir 1782.v.16-38 et 1788.x.II. 365-382.

Christoph Martin Wieland, *Balsora*, dans *Erzählungen*, 1752 (Goedeke). Le texte allemand est en vers. Une première traduction en prose par Michael Huber a paru dans le *Journal étranger* en octobre 1756, pp.209-229, et a été reprise dans une version des *Poésies* d'Albrecht Haller en 1760, ii.94-115 (Steinberger nos 116-119). Pierre-Antoine de La Place et l'abbé François Blanchet (MMF 73.25 et 84.7) traduisent l'original de Joseph Addison dans le *Guardian*, no.167, du 22 septembre 1713.

22. ROMANS ETRANGERS.

22-37 Le Phenix, ou la vie mystique. Apologue arabe. 22-37

Abbé Melchior Cesarotti, *La Fenice o la vita mistica*. Trad. par Marie-Geneviève-Charlotte Darlus, madame Thiroux d'Arconville, *Le Phoenix ou la vie mistique*, dans *Les Samiens [...]*, 1781 (MMF 81.14).

38. QUATRIEME CLASSE. ROMANS D'AMOUR.

38-76 Arsace et Ismenie, ouvrage posthume de Montesquieu. *38*; 39-76.

Charles-Louis de Secondat, baron de la Brède et de Montesquieu, *Arsace et Isménie, histoire orientale*, 1783 (MMF 83.42).

77. QUATRIEME CLASSE. ROMANS D'AMOUR.

77-126 Les Mémoires du chevalier de T***. A la Haye, chez Gosse, 1738, in-12 77; 77-103; *103-104*; 104-126, Aventures du comte de La***.

Anon., *Les Mémoires du chevalier de T****, 1738 (Jones, p.67).

127. QUATRIEME CLASSE. ROMANS D'AMOUR.

127-203 Histoire de Laurent Marcel, ou l'observateur sans préjugés. En quatre parties. 1779. *127-128*; 128-147, Marcel, mécontent du traitement qu'il a éprouvé dans le Collége, revient, seul, à pied, chez son oncle; 168 [pour 148]-172, Aventures d'un frère quêteur, racontées par lui-même; 172-203, Histoire d'une religieuse, racontée par elle-même à Marcel.

Voir des suites. 1785.i.I.148-195, 1785.i.II.133-190 et 1785.ii.105-201.

Jean Bardou, *Histoire de Laurent Marcel ou l'observateur sans préjugés*, 1779 (MMF 79.10).

204 Table. Approbation. *204*: le quinze décembre 1784. Raulin.

1785.i.I.

[3]. PREMIÈRE CLASSE. ROMANS ÉTRANGERS.

[3]-16 La Belle Pénitente. *[3]-4*: 'Cette Anecdote est tout ce que nous avons pu tirer d'une compilation Italienne, intitulée *Il Fuggil'otio*, ou l'Ennemi de l'Oisiveté. Elle se trouve aussi dans les Contes de la Reine de Navarre' (p.3); 4-16

Nous n'avons pu reconnaître ce récit dans *Il Fuggilozio* de Tomaso Costo, 1600 (Bn), et nous n'avons pas trouvé d'autre recueil portant ce titre. Le même sujet est développé dans la trente-deuxième nouvelle (quatrième journée) de l'*Heptaméron* de Marguerite de Navarre (voir 1775.x.II.134-185).

17. QUATRIÈME CLASSE. ROMANS D'AMOUR.

17-29 L'École des pères et des mères, ou les trois infortunées. Seconde édition, deux volumes: chez. H. de Hansy, 1769. *17-18*; 18-23, Histoire d'Émilie; 23-26, Histoire de la comtesse d'Orbeval; 27-29, Histoire de Julie; *29*.

Abbé Antoine Sabatier, dit Sabatier de Castres, *L'École des pères et des mères ou les trois infortunées*, 1767. Réédition, 1769 (MMF 67.46).

30-147 Les Trois Infortunés. *30-147*. Il est question de ce morceau dans la présentation de l'article précédent: 'Quelques années auparavant, en 1761, on avoit publié une Histoire très-intéressante sous le titre des *trois Infortunés*' (p.18).

Extrait du *Monde* de Jean-François de Bastide (1760, ii.4-142), repris dans les *Contes de M. de Bastide* en 1763, ii.1-126 (MMF 63.17).

148-195 Suite de Fragmens de Laurent Marcel. 148-172, Aventure d'un négre. Histoire d'un homme singulier; 173-195, Histoire de M. de Sêle.

Pour l'*Histoire de Laurent Marcel*, voir 1784.xii.127-203, et deux autres suites, 1785.i.II.133-190 et 1785.ii.105-201.

195 'Messieurs les Souscripteurs sont priés de faire renouveller leur abonnement, si leur intention est de continuer'. *195*.

196 Table. Approbation. *196*: le 20 décembre 1784. Raulin.

1785.i.II.

[3]. PREMIÈRE CLASSE. ROMANS ÉTRANGERS.

[3]-31 Les Aventures merveilleuses de don Sylvio de Rosalva, par l'auteur de l'Histoire d'Agathon, traduit de l'allemand, 2 volumes in-12, 1769. *[3]-5*: 'M. de Wielland'; 5-31. Pour un premier article et des détails sur cet ouvrage, voir 1778.ix. 122-175 et 176-178.

32. QUATRIÈME CLASSE. ROMANS D'AMOUR.

32-60 Mémoires de M. de Berval. 1 vol. 1784. *32-35*; 35-60; *60*.

Jean-Philippe Fyot de La Marche, *Mémoires de monsieur de Berval*, 1752. Réédition, 1784 (MMF 52.23).

61. ROMANS D'AMOUR.

61-72 Et je m'éveillai . . . . Manuscrit. Morceau donné sans conséquence. 61-72.

Texte qui se donne pour inédit et que nous n'avons pas retrouvé ailleurs. A l'abri de la chaleur de midi, le narrateur est transporté en rêve dans un beau paysage d'éternel printemps, où il connaît l'ivresse de l'amour avec une belle bergère, avant de se réveiller.

73. QUATRIÈME CLASSE. ROMANS D'AMOUR.

73-106 Grigry. *73-74*; 74-106.

> Louis de Cahusac, *Grigri, histoire véritable*, 1739 (Jones, p.69; MMF 59.R7). L'ouvrage avait été réédité en 1782.

107. QUATRIÈME CLASSE. ROMANS D'AMOUR.

107-132 Le Beau Garçon, ou le favori de la fortune. 1784. *107-108*; 108-131; *131-132*.

> John Seally, *The Irishman or the Favorite of Fortune*, 1772. Trad. par Jean-Baptiste-Réné Robinet, *Le Favori de la fortune*, 1779. Réédition, sous le titre: *Le Beau Garçon ou le favori de la fortune*, 1784 (MMF 79.32).

133. QUATRIÈME CLASSE.

133-190 Suite des Fragmens de Laurent Marcel. 133-146, Duel entre deux amis; 147-176, Voyage à Avignon. Caractère singulier; 177-190, Suite des Fragmens de Laurent Marcel. Voyage chez un grand seigneur.
Pour l'*Histoire de Laurent Marcel*, voir 1784.xii.127-203, et deux autres suites, 1785.i.I.148-195 et 1785.ii.105-201.
191 Table. Approbation. *191*: le 20 décembre 1784 [*sic*]. Raulin.

1785.ii.[8]

[3]. PREMIÈRE CLASSE. ROMANS ÉTRANGERS.

[3]-64 Aventures de Clamadès et de Clarmonde. [*3*]-*5*: versions de madame L.G.D.R. en 1733, de Tressan dans la *BUR* d'avril 1777, et d'un 'Littérateur' qui avait gardé la sienne dans son portefeuille; 5-64.
Pour la version de Tressan et d'autres détails sur cet ouvrage, voir 1777.iv.I.168-225.

> Texte d'un auteur inconnu. 'Madame L.G.D.R.' est madame Le Givre de Richebourg, qui a publié les *Avantures de Clamadès et de Clarmonde, tirées de l'espagnol* en 1733 (Jones, p.51).

65. QUATRIÈME CLASSE. ROMANS D'AMOUR.

65-104 La Dernière Aventure d'un homme de quarante-cinq ans. I vol. 528 pag. 1783. *65-66*; 66-104.

> Nicolas-Edme Rétif de La Bretonne, *La Dernière Avanture d'un homme de quarante-cinq ans*, 1783 (MMF 83.48).

105-201 Suite des Fragmens de Laurent Marcel. 105-172, Histoire du chevalier de Chantal; 173-201, Suite des Fragmens de Laurent Marcel. Suite du Voyage chez un grand seigneur: comprend des remarques sur sa bibliothèque.
Pour l'*Histoire de Laurent Marcel*, voir 1784.xii.127-203, et deux autres suites 1785.i.I.148-195 et 1785.i.II.133-190.
202 Table. Approbation. *202*: le 20 février 1785. Raulin

---

8. Les pp.197-198 manquent dans Bn Y²8296 (1785.ii).

1785.iii.

[3]. SECONDE CLASSE. ROMANS DE CHEVALERIE.

[3]-90 Histoire des amours de Lysandre et de Caliste. Paris, 1606, 1616, 1620, etc. 1622, in-12. Traduite en allemand. Amst. idem, 1670. Le texte en face avec gravures. [*3*]-*10*: Vital d'Audiguier; 10-90, Lysandre et Caliste.

> Vital d'Audiguier, *Histoire trage-comique de nostre temps, sous les noms de Lysandre et de Caliste*, 1616. Le privilège date de 1615, ce qui semble exclure une édition de 1606 (Lever, p.216, qui donne une liste des rééditions et des variantes du titre).

91. TROISIÈME CLASSE. ROMANS D'AMOUR.

91-164 Les Faux Pas. Un volume. 1755. *91-92*; 92-164.

> Pierre Rousseau (de Toulouse), *Les Faux Pas ou mémoires vrais ou vraisemblables de la baronne de ****, 1755 (MMF 55.41).

165-172 Le Ridicule corrigé. Conte. 165-172.
Sur ce morceau par Bastide, donné une première fois sous le titre de *L'Hypocrite en amour*, voir 1783.iv.II.184-191.
173-188 Le Caractere anglois. Conte. 173-188.

> Extrait du *Nouveau Spectateur* de Jean-François de Bastide (1759, iii.174-194), repris dans les *Contes de M. de Bastide*, 1763, iii.239-255 (MMF 63.17).

[189] Table. Approbation. [*189*]: le 25 mars 1784 [*sic*]: Raulin.

1785.iv.I.

[3]. PREMIÈRE CLASSE. ROMANS ÉTRANGERS.

[3]-70 Mémoires du chevalier de Kilpar; traduits de l'anglois, imités de Fielding. 2 vol. 1768. [*3*]-*5*; 5-12; 12-23, Histoire de miss Jenning; 23-34; 34-69, Histoire de M. Bruss; *69-70*.

> Louis-Laurent-Joseph Gain de Montagnac, *Mémoires du chevalier de Kilpar*, 1768 (MMF 68.29).

71. TROISIÈME CLASSE. ROMANS HISTORIQUES.

71-171 Anecdotes vénitiennes et turques, ou nouveaux mémoires du comte de Bonneval; par M. de Mirone. Un volume in-12. 1742. *71-73*; 73-84, Histoire du renégat Galiot; 84-137, Retraite du comte de Bonneval dans l'isle de Schio; 138-171, Histoire du chevalier Justiniani.

> Pierre Lambert de Saumery, *Anecdotes vénitiennes et turques ou nouveaux mémoires du comte de Bonneval*, 1740. Réédition, 1742 (Jones, p.73).

172-192 Les Riens. Conte. 172-192.

> Extrait du *Nouveau Spectateur* de Jean-François de Bastide (1759, vii.28-53), repris dans les *Contes de M. de Bastide*, i.151-173 (MMF 63.17).

192 Table. Approbation. *192*: le 10 avril 1785. Raulin.

1785.iv.II.

[3]. PREMIÈRE CLASSE. ROMANS ÉTRANGERS.

[3]-153 Les Mœurs du jour, ou histoire de sir William Harrington; traduite de l'anglois. 4 parties. 1772. [*3*]-*5*; 5-153.

> Ann Meades, *The History of Sir William Harrington*, 1771. Trad. *Les Mœurs du jour ou histoire de sir William Harrington*, 1772 (MMF 72.25).

154. QUATRIÈME CLASSE. ROMANS D'AMOUR.

154-188 La Femme singuliere. 154-188.

> Extrait du *Nouveau Spectateur* de Jean-François de Bastide (1758, ii.145-194), repris dans les *Contes de M. de Bastide*, 1763, i.112-150 (MMF 63.17).

[189] Table. Approbation. [*189*]: le 20 avril 1785. Raulin.

1785.v.

[3]. PREMIERE CLASSE. ROMANS ÉTRANGERS.

[3]-15 Le Bonnet de nuit, ou lettre de milord D*** à son ami le chevalier T***, à Yorck. [*3*]-*4*; 4-15.
Voir aussi 1783.xii.3-23 et 1785.vii.II.3-26.

> Extrait du recueil traduit par Marie Wouters sous le titre du *Décaméron anglois ou recueil des plus jolis contes*, 1783, i.75-92 (MMF 83.3). Nous n'avons pas identifié d'original anglais.

16. QUATRIEME CLASSE. ROMANS D'AMOUR.

16-57 Les Trois Nations, contes nationaux. Paris, 1768. Deux parties de 368 pages. *16*: on ne donnera que le troisième conte, sur les Canadiens; 17-57.

> Nicolas-Etienne Framery, *Les Trois Nations, contes nationaux*, 1769. Réédition, *Les Plaisirs de l'amour*, 1784 (MMF 68.28).

58. QUATRIEME CLASSE. ROMANS D'AMOUR.

58-118 La Jolie Femme, ou la femme du jour, en deux parties, 1774. 455 pages. *58*; 58-118.

> Nicolas-Thomas Barthe, *La Jolie Femme ou la femme du jour*, 1769 (MMF 69.15, qui ne citent que *BUR* comme source de l'édition de 1774).

119. QUATRIEME CLASSE. ROMANS D'AMOUR.

119-162 Dorothee, ou récit de la pitoyable issue d'uue [*sic*] volonté violentée, faite et composée par monseigneur l'évêque de Belley, conseiller du Roi en ses conseils d'Etat et privé. Paris, chez Claude Chappelet, 1621. *119-120*; 120-160; *161-162*.

> Jean-Pierre Camus, *Dorothée ou récit de la pitoyable issüe d'une volonté violentée*, 1621 (Lever, p.144; Descrains, no.033).

163. QUATRIEME CLASSE. ROMANS D'AMOUR.

163-187 L'Esprit romanesque, conte. 163-187.

> Extrait du *Nouveau Spectateur* de Jean-François de Bastide (1759, iv.14-44), repris dans les *Contes de M. de Bastide*, 1763, iii.19-46 (MMF 63.17).

[188]-[189] Table. Approbation. [*189*]: le 10 mai 1785. Raulin.

1785.vi.

[3]. PREMIÈRE CLASSE. ROMANS ÉTRANGERS.

[3]-68 La Cryselia de Lidaceli, famosa y verdadera historia de varios acontescimientos de amor y armas; con graciosas digressiones de encatamientos y coloquios pastoriles, etc. La Cryselie de Lidaceli, fameuse et véritable histoire pleine de divers événemens d'amour et de guerre; avec d'agréables digressions d'enchantemens et de conversations pastorales; par le capitaine Flegeton, de la Société comique des enflammés. Paris, 1609, in 8°. [*3*]-*6*; 6-68.

> Flegoni, dit el Capitan Flegetonte, *La Cryselia de Lidaceli, famosa y verdadera historia de varios acontecimientos de amor y armas [...]*, 1609. Réédition, 1720 (Bn). Ouvrage facétieux publié en espagnol à Paris.

69. QUATRIÈME CLASSE. ROMA[N]S D'AMOUR.

69-145 Apolline de Dancourt. 1769. Deux parties. 69-72; 72-145, Histoire des aventures de Dancourt au chateau de Frinsac; *145.*

> Anon., *Apolline et Dancourt, histoire véritable par M.H.D.L.*, 1769 (MMF 69.2).

146-192 Le Véritable Amour, conte. 146-192.

> Extrait du *Nouveau Spectateur* de Jean-François de Bastide (1758, i.78-153), repris dans les *Contes de M. de Bastide*, 1763, i.1-56 (MMF 63.17).

192 Table. Approbation. *192*: le 15 juin 1785. Raulin.

1785.vii.I.

[3]. PREMIÈRE CLASSE. ROMANS ÉTRANGERS.

[3]-92 Histoire de Julie Mandeville. 1761. 2 parties; 580 pages. [*3*]-*6*; 6-91; *91-92.*

> Frances Moore Brooke, *The History of Lady Julia Mandeville*, 1763. Trad. par Mathieu-Antoine Bouchaud, *Histoire de Julie Mandeville ou lettres traduites de l'anglois*, 1764 (MMF 64.18).

93. QUATRIÈME CLASSE. ROMANS D'AMOUR.

93-120 Les Aveux d'une jolie femme. 1782. Un vol. de 466 pages. 93-120.

> Françoise-Albine Puzin de La Martinière, madame Benoist, *Les Erreurs d'une jolie femme ou l'Aspasie françoise*, 1781. Réédition, *Les Aveux d'une jolie femme*, 1782 (MMF 81.12).

121. QUATRIÈME CLASSE. ROMANS D'AMOUR.

121-142 Le Palais de la frivolité. 1773. *121-122*; 122-142.

> Charles Compan, *Le Palais de la frivolité*, 1773 (MMF 73.19).

143-173 L'Avantage du sentiment, conte. 143-173.

> Récit par Jean-François de Bastide, paru dans le *Mercure de France*, 1757.iv.I.9-38 et repris dans les *Contes de monsieur de Bastide*, 1763, i.57-91 (MMF 63.17).

174-183 La Pouvoir de la vertu, conte. 174-183.

> Extrait du *Nouveau Spectateur* de Jean-François de Bastide (1759. iii.217-230), repris dans les *Contes de monsieur de Bastide*, 1763, iv.74-84 (MMF 63.17).

184-191 Tort et raison, conte. 184-191.

> Extrait du *Monde* de Jean-François de Bastide (1760, i.49-60), repris dans les *Contes de monsieur de Bastide*, 1763, i.279-287 (MMF 63.17).

[192] Table. Approbation. [*192*]: le 10 juillet 1785. Raulin.

1785.vii.II.

[3]. PREMIÈRE CLASSE. ROMANS ÉTRANGERS.

[*3*]-26 Les Frères jumeaux, ou la force de l'éducation, traduit de l'anglois. [*3*]; 4-26.
Voir aussi 1783.xii.3-23 et 1785.v.3-15.

> Extrait du recueil traduit par Marie Wouters sous le titre du *Décaméron anglois ou recueil des plus jolis contes*, 1783, ii.12-46 (MMF 83.3). Le modèle anglais est *The Twin Brothers or the Man of Beneficence and the Man of Selfishness*, publié dans le *St James Magazine* en octobre 1774 (Mayo, no.1281) et que nous avons vérifié dans le *Weekly Miscellany* du 5 décembre 1774, pp.217-226.[9]

27. QUATRIÈME CLASSE. ROMANS D'AMOUR.

27-166 Mémoires de la marquise de Crémy. Deux vol. 1764. *27-31*; 31-166.

> Anne d'Aubourg de La Boire, comtesse de Miremont, *Mémoires de madame la marquise de Crémy*, 1766 (MMF 66.38).

167. QUATRIÈME CLASSE. ROMANS D'AMOUR.

167-187 Iphise, ou fragment imité du grec. 167-187; *187-189*: par M. Viel de Saint-Maux, auteur des *Lettres sur l'architecture*.

> Jean-Louis Viel de Saint-Maux a publié ses *Lettres sur l'architecture* entre 1779 et 1784 (Bn). Nous ne savons pas où ce récit aurait paru pour la première fois, mais le rédacteur de la notice de la *BUR* affirme (p.188) qu'il avait été imprimé à très peu d'exemplaires.

[190] Table. Approbation. [*190*]: le 20 juillet 1785. Raulin.

1785.viii.

[3]. QUATRIÈME CLASSE. ROMANS D'AMOUR.

[*3*]-114 Mémoires de madame la duchesse de Mazarin. [*3*]-*4*: imprimés en 1675; 4-114.

> César Vichard, abbé de Saint-Réal, *Mémoires D.M.L.D.M.*, 1675 (Lever, p.263).

115. QUATRIÈME CLASSE. ROMANS D'AMOUR.

115-178 L'Amant anonyme. 115-178.

> Récit par Jean-François de Bastide, paru dans le *Mercure de France* en janvier 1757 (I.63-94 et II.8-34) et repris dans les *Contes de M. de Bastide*, 1763, iv.1-73 (MMF 63.17). Il ne s'agit pas de *L'Amante anonyme*, 1755, du chevalier de Mouhy, et la référence à la *BUR* donnée dans MMF 55.35 est erronée.

179. QUATRIÈME CLASSE. ROMANS D'AMOUR.

179-191 Eurynome et Dosiclès. 179-191.
Voir aussi 1782.i.II.158-178.

> Ce récit a paru d'abord dans le *Conservateur* (1757.v.218-235) et a été repris ensuite dans le *Nouveau Choix des Mercures*, 1763, lxxxiv, 145-161, et dans les *Diversités galantes et littéraires*, 1777 (*Journal encyclopédique*, 1778.i.287-297) et 1778 (MMF 78.R3). Il a été donné, sous une forme modifiée, dans Honoré-Gabriel de Riqueti, comte de Mirabeau, *Recueil de contes*, 1780, i.137-155 (MMF 80.21).

[192] Table. Approbation. [*192*]: le 20 août 1785. Raulin.

9. Nous sommes redevable envers le professeur Josephine Grieder, qui nous a signalé ce titre.

1785.ix.

[3]. SECONDE CLASSE. ROMANS DE CHEVALERIE.

[3]-26 Histoire du chevalier aux armes dorées, et de la princesse au cœur d'acier. *[3]-4*: roman du quinzième siècle, imprimé une fois seulement; 4-26.

> *Plaisante et amoureuse histoire du cheuallier dore et de la pucelle surnommee cueur dacier*, s.d. (DeJongh, no.14), 1503, 1541, 1542, 1570, 1577 (Arsenal), s.d. (Woledge, no.112). Bn donne une édition in-4° sans date et une autre portant la mention Troyes, Oudot, 1611. L'ouvrage développe un épisode du *Perceforest*, mais qui n'est pas évoqué dans l'article que la *BUR* consacre à ce roman (1776.i.I.23-74).

27. QUATRIÈME CLASSE. ROMANS D'AMOUR.

27-120 Le Vicomte de Barjac, ou mémoires pour servir à l'histoire de ce siècle; deux parties. 1784. *27-28*; 28-120.

> Jean-Pierre-Louis de La Roche Du Maine, marquis de Luchet, *Le Vicomte de Barjac ou mémoires pour servir à l'histoire de ce siècle*, 1784 (MMF 84.39).

127. QUATRIÈME CLASSE. ROMANS D'AMOUR.

121-177 Aventure de Colette, ou la vertu couronnée par l'amour. *121*: par M. Compan, 1775; 121-177.

> Charles Compan, *Colette ou la vertu couronnée par l'amour, conte moral*, 1775 (MMF 75.25).

178. ROMANS D'AMOUR.

178-191 Le Soupé. 178-191.

> Extrait du *Nouveau Spectateur* de Jean-François de Bastide (1759, iv.112-136), repris dans les *Contes de Monsieur de Bastide*, 1763, i.189-203 (MMF 63.17).

[192] Table. Approbation. [*192*]: le 20 septembre 1785. Raulin.

1785.x.I.

[3]. TROISIÈME CLASSE. ROMANS HISTORIQUES.

[3]-108 Axiane. *[3]-4*: Paris, Augustin Courbé, 1647. Voir d'autres extraits sur Cyrus en 1776. Ouvrage attribué à Henri Audiguier; 4-49; 49-64, Araspe et Panthée, épisode du roman d'Axiane; 64-108, Théramène et Érixione, épisode du roman d'Axiane.
Pour l'article consacré à Cyrus, voir 1775.xii.5-110.

> Anon., *Axiane*, 1647 (Lever, p.87).

109. QUATRIÈME CLASSE. ROMANS D'AMOUR.

109-203 L'Homme conséquent, conte dramatique en trois actes. *109-110*: note sur les 'Contes Dramatiques', qui 'furent commun il y a vingt-cinq ans' (p.109); 111-203: forme dramatique, découpée en actes et en scènes.

> Ce texte est présenté comme un manuscrit inédit: 'L'Auteur de cette production manuscrite ne se fait pas connoître en nous l'adressant' (p.109). Le principal auteur de 'contes dramatiques' semble avoir été Antoine Bret, avec son *Essai de contes moraux et dramatiques*, en 1765 (MMF 65.16). Voir Mylne (1975) pour une étude du 'conte dialogué' au dix-huitième siècle.

[204] Table. Approbation. [*204*]: le 10 octobre 1785. Raulin.

1785.x.II.

[3]. PREMIÈRE CLASSE. ROMANS ÉTRANGERS.

[3]-44 Antiochus et Elismere; traduit du grec, sans date ni lieu d'impression. [3]-44.

Extrait du *Conservateur*, 1757.xxi.193-232, qui donne comme source les *Saisons littéraires*. Il s'agit d'un ouvrage de Marie-Anne Barbier, *Saisons littéraires ou mélanges de poésie, d'histoire et de critique*, 1714, pp.107-200, où le morceau s'appelle *L'Ingratitude punie* (Bn).

45. TROISIÈME CLASSE. ROMANS HISTORIQUES.

45-71 Epponine et Sabinus. *45-46*; 46-68; *68-71*: discussion d'extraits du *Mentor universel* de M. l'abbé Roy.

Texte non identifié. Huit numéros du *Mentor universel* de l'abbé Jean Roy ont paru en 1784 (Bn), mais ce périodique, que le rédacteur de la *BUR* recommande aux parents, ne semble pas être la source du récit d'*Epponine et Sabinus*. Epponine croit que son époux Sabinus s'est donné la mort, après la défaite sous Vespasien d'une révolte gauloise, mais c'est un suicide simulé. . .

72. QUATRIÈME CLASSE. ROMANS D'AMOUR.

72-122 Les Amans françois à Londres; ou les délices de l'Angleterre. Paris, un volume. 1780. 72-73; 73-122.

Robert-Martin Lesuire, *Les Amants françois à Londres ou les délices de l'Angleterre*, 1780 (MMF 80.17).

123. ROMANS D'AMOUR.

123-149 La Déiphire, dialogue tiré de l'italien. *123-127*; 127-146; *147-149*: par Léon Baptiste Alberti ou Albertis.
Voir aussi 1779.iv.II.19-20.

Leon Battista Alberti, *Deifira*, écrit vers 1428. La source de l'article de la *BUR* semble être le *Conservateur*, 1756.xii.205-223, ou le *Nouveau Choix des Mercures*, 1763, lxiv.199-213. Ce texte, sous une forme remaniée, a été donné également par Honoré-Gabriel de Riqueti, comte de Mirabeau, dans son *Recueil de contes*, 1780, ii.163-180 (MMF 80.21).

150. ROMANS D'AMOUR.

150-159 La Folle respectable. *150-151*: sur la folie 'physique' et 'morale'; 151-159.

Texte non identifié, que nous n'avons pas retrouvé ailleurs. Elmire perd la raison quand Derville, séparé d'elle pendant quelques jours, tombe malade et meurt. Chaque jour elle va se mettre au bord de la route pour attendre le retour de son fiancé. Sur les 'folles d'amour' voir notre Introduction, p.32.

160. ROMANS D'AMOUR.

160-191 Quels prodiges n'opère pas l'amour! 160-186; *187-191*.

Conte par Louis-Laurent-Joseph Gain de Montagnac, paru dans le *Mercure de France*, 1759.viii.18-42, et repris dans les *Amusemens philosophiques par M. de Montagnac*, 1764, i.109-147 (Arsenal).

[*192*] Table. Approbation. [*192*]: le 20 octobre 1785 Raulin.

1785.xi.

[3]. PREMIÈRE CLASSE. ROMANS ÉTRANGERS.

[3]-84 Marius, traduit du latin. [*3*]-*5*: M. de Montagnac aurait trouvé le manuscrit chez le comte de C. . . .; 5-8; 8-17, Histoire du jeune Marius; 18-45, Histoire de Lesbie [comprend, pp.22-23, Portrait de Sapho]; 46-84.

Louis-Laurent-Joseph Gain de Montagnac, *Marius, traduit du latin*, dans *Amusemens philosophiques par M. de Montagnac*, 1764, ii.138-245 (Arsenal).

85. ROMANS ÉTRANGERS.

85-144 Halil, conte turc. *85-86*; 87-143; *143-144*; Digeon.
Voir aussi 1785.xii.9-81.

> Trad. J.-M. Digeon, *Halil, conte turc*, dans *Nouveaux Contes turcs et arabes*, 1781, ii.1-54 (MMF 81.4).

145. TROISIÈME CLASSE. ROMANS HISTORIQUES.

145-179 Alexandre, faux prophète. *145-146*: histoire tirée des *Imposteurs insignes* de Rocoles; *146-153*: dissertation sur la superstition tirée des *Œuvres* de Plutarque; 153-179; *179*.
Voir aussi 1785.xii.111-124.

> Jean-Baptiste de Rocolès, *Le Roy des imposteurs: Alexandre, aussi faux prophete*, dans *Les Imposteurs insignes ou histoire de plusieurs hommes de néant, de toutes nations, qui ont usurpé la qualité d'empereurs, rois et princes, [...]*, 1683, pp.48-72 (Lever, p.231). La source du texte de la *BUR* est l'article paru dans le *Conservateur*, 1756.xii.159 (pour le récit) et 180-187 (pour la dissertation sur la superstition).

180. ROMANS D'AMOUR.

180-189 Bail du cœur de Cloris. *180-181*; 181-189; *189*.

> Morceau qui se trouve dans le *Conservateur*, 1758.ix.216-226, et dans le *Nouveau Choix des Mercures*, 1764, xcvii.116-125.

189-191 Assignation d'un amant à sa maîtresse au tribunal de l'amour, mai 1727. 189-191.

> Ce texte est donné pour un manuscrit inédit (p.189). Nous ne l'avons pas retrouvé ailleurs.

[192] Table. Approbation.[*192*]: le 15 novembre 1785. Raulin.

1785.xii.

[3]. CINQUIÈME CLASSE. ROMANS ALLÉGORIQUES.

[3]-8 Hégésippe ou l'île de la médiocrité, conte allégorique. [*3*]-*4*: auteur anonyme; 4-8.

> Texte non identifié, que nous n'avons pas retrouvé ailleurs. Hégésippe, emmené sur l'Oronte par la Vertu, passe tour à tour par l'Ile de la Richesse et l'Ile des Hommages, avant de débarquer enfin sur l'Ile de la Médiocrité, où les hommes sont égaux et vivent contents.

9. QUATRIÈME CLASSE. ROMANS ÉTRANGERS.

9-81 Alaeddin, conte arabe. *9-11*; 11-80; *80-81*: par le même traducteur que *Halil*, donné en novembre 1785 [Digeon].
Voir aussi 1785.xi.85-144.

> Trad. J.-M. Digeon, *Alaeddin, conte arabe*, dans *Nouveaux Contes turcs et arabes*, 1781, ii.55-120 (MMF 81.4.).

82. SECONDE CLASSE. ROMANS DE CHEVALERIE.

82-110 Hypnerotomachie, ou songe de Poliphile. *82-86*: écrit en italien par François Colonne et imprimé en 1499 et 1545. Traduit par Jean Martin, 1561; 86-106; *106-107*; 108-110, Aux dieux manes.

> Francesco Colonna, *Hypnerotomachia Poliphili*, 1499, 1545. Trad. Jean Martin, *Hypnérotomachie ou discours du songe de Poliphile*, 1546, 1554, 1561 (Bn). Le texte donné par la *BUR* avait déjà paru dans le *Conservateur*, 1756.xii.70-91. Il a été donné, sous une forme modifiée, par Honoré-Gabriel de Riqueti, comte de Mirabeau, dans *Recueil de contes*, 1780, ii.15-37 (MMF 80.21).

111. TROISIÈME CLASSE. ROMANS HISTORIQUES.

111-136 Osman. *111-124*: notice historique. Rocoles aurait adapté Jean Evelin, *Histoire de trois fameux imposteurs de ce siècle*; 124-136, Histoire d'Osman, d'après le récit de Rocoles. Voir aussi 1785.xi.145-179.

> Jean-Baptiste de Rocolès, *Le Prétendu Ibrahim, frere aisné de l'empéreur des Turcs d'aujourd'hui*, dans *Les Imposteurs insignes ou histoire de plusieurs hommes de néant, de toutes nations, qui ont usurpé la qualité d'empereurs, rois et princes, [...]*, 1683, pp.425-438 (Lever, p.231). Pour l'ouvrage de John Evelyn, voir l'article suivant.

136-174 Histoire de trois fameux imposteurs de ce siècle. *136-137*: notice sur l'*Histoire de trois fameux imposteurs de ce siècle*, par Jean Evelin, 1669; 137-144, Histoire de Cigale ou Cigala, vers l'an 1670; 144-149, Histoire de Sabatei Sévi; *150-174*: détails historiques sur Sabatei Sévi.

> John Evelyn, *The History of the Three Late Famous Impostors*, 1669 (BM). Le premier récit, *History of Padre Ottomano* (pp.1-20), aurait servi de modèle à Rocolès (voir article précédent). Les deux autres sont, dans l'original anglais: *The Story of Mahomed Bei, who calls himself Johannis Michael Cigala* (pp.21-40) et *The History of Sabati Sevi* (pp.41-111).

175. QUATRIÈME CLASSE. ROMANS D'AMOUR.

175-192 L'Union de l'amour et de la philosophie, anecdote. *175*: par M. de Montagnac, publié dans ses *Amusemens philosophiques*, 1764; 175-191; *191-192*.

> Conte par Louis-Laurent-Joseph Gain de Montagnac, paru dans le *Mercure de France*, 1757.x.II.7-21 et repris dans les *Amusemens philosophiques par M. de Montagnac*, 1763, i.16-39 (Arsenal).

192 Table. Approbation. *192*: le 15 décembre 1785. Raulin.

1786.i.I.

[3]. CINQUIÈME CLASSE. ROMANS ALLÉGORIQUES.

[3]-30 La Pudeur. *[3]-5*: auteur inconnu; 6-20; *20-3[0]*.

> Récit paru dans le *Mercure de France*, 1701, iii.61-105 (où il est attribué à M. Cormouls), et repris dans le *Conservateur*, 1757. vii.78-92, ainsi que dans le *Nouveau Choix des Mercures*, 1763, lxxxvii.76-88.

31. PREMIÈRE CLASSE. ROMANS ÉTRANGERS.

31-126 Jupiter le tragique. Dialogue de Lucien. *31-26*: sur d'Ablancourt et les traductions infidèles; *36-41*, Notice sur Lucien: traduit par Ablancourt, 1709, et par Massieu, 1781; *42-45*, Notice sur Ablancourt; 46, Interlocuteurs; 47-104, Jupiter le tragique, dialogue; *104-105*; *105-122*, Notes; *122-126*, Notes oubliées dans le courant du dialogue.

> La source de cet article semble être la *Nouvelle Traduction du dialogue de Lucien, intitulé: Jupiter le tragique; avec des réflexions sur la traduction de cet auteur par d'Ablancour* qui se trouve dans les *Variétés littéraires*, 1768-1769, ii.220-272, éditées par l'abbé François Arnaud et Jean-Baptiste-Antoine Suard. (Voir à propos de ce recueil MMF 68.31, qui ne retiennent pourtant pas le texte dont il est question ici.) Selon le catalogue imprimé de la Bn cette traduction est de l'abbé André Morellet. Les autres versions des *Œuvres* de Lucien de Samosate mentionnées par la *BUR* sont celles de Nicolas Perrot d'Ablancourt, 1654 (MMF 55.R49, qui indiquent les rééditions au dix-huitième siècle, y compris celle de 1709) et de l'abbé Guillaume Massieu, 1781 (MMF 81.24).

127. TROISIÈME CLASSE. ROMANS HISTORIQUES.

127-161 Le Rocher du desespoir d'amour, anecdote espagnole. *127-129*; 129-160; *160-161*.

> Selon le rédacteur, 'Cette anecdote est aussi indiquée dans les *Mélanges d'une grande Bibliothèque*, volume LL' (p.160). En effet, dans la collection du marquis de Paulmy, *Mélanges tirés d'une grande bibliothèque*, 1779-1788 (Bn), au tome LL (c'est-à-dire xxxv), qui est le troisième tome des *Livres de géographie et d'histoire imprimés en françois au seizième siècle* on trouve, p.221, quelques lignes sur

la légende du 'rocher des Amoureux', à Loxa, près de Grenade. Le texte de la *BUR* est bien plus développé et représente vraisemblablement un texte original. Cernée par les troupes de son père, la sensible Zilia, fille du Roi de Grenade, saute dans un précipice avec le vertueux Pèdre, jeune paysan chrétien, plutôt que de renoncer à son amour. Ce récit est reproduit, sans doute d'après la *BUR*, dans les *Cahiers de lecture*, 1786.ii.47-74.

162. QUATRIÈME CLASSE. ROMANS D'AMOUR.

162-179 Euphrosie. *162-164*: 'Cette Pièce n'a jamais été imprimée qu'une fois. Nous la tirons d'un Recueil fait avec beaucoup de goût [...]' (p.162); 164-179.

La source de ce récit (et le recueil dont il est question dans la présentation du morceau) est sans doute le *Conservateur*, 1757.ii.222-238, où l'on trouve le même texte avec la mention: 'cette pièce n'a jamais été imprimée'. Il a été donné ensuite dans le *Nouveau Choix des Mercures*, 1763-1764, xlvi.118-132, dans *Le Goût de bien des gens*, 1769, iii.334-335 (MMF 69.3) et – sous une forme modifiée – dans Honoré-Gabriel de Riqueti, comte de Mirabeau, *Recueil de contes*, 1780, ii.1-14 (MMF 80.21).

180-185 Questions d'amour, avec leurs résolutions. *180-181*: extrait d'un vieux livre; 181-185: questions et réponses sans caractère romanesque.

Morceau qui se trouve dans le *Conservateur*, 1757. ix.204-209.

186. CINQUIÈME CLASSE. ROMANS ALLÉGORIQUES.

186-190 L'amour converti, fable allégorique. 186-190.
Sur ce texte, donné ici pour la deuxième fois, voir 1784.ii. 174-178.
191 Table. Approbation. *191*: le 10 janvier 1786. Raulin.

1786.i.II.

[3]. PREMIÈRE CLASSE. ROMANS ÉTRANGERS.

[*3*]-32 Dar-Thula, poeme, traduit de la langue erse. [*3*]; 4-32.

Ce texte a été publié dans le *Journal étranger*, 1762, iv.178-206, et repris dans les *Variétés littéraires*, 1768-1769, ii.354-382, éditées par l'abbé François Arnaud et Jean-Baptiste-Antoine Suard (MMF 68.31). Sur les diverses traductions d'Ossian, voir Van Tieghem, ainsi que MMF 62.25, 71.33, 74.22 et 77.49 (sous James Macpherson).

33. SECONDE CLASSE. ROMANS DE CHEVALERIE.

33-74 Journées de Jacques Yver. *33-35*: 1572, 1598; 35-42; *42-43*; 43-74.

Jacques Yver, *Printemps d'Iver*, 1752 (DeJongh, no.221), 1575, 1588, 1598 (BM). Le texte de la *BUR* avait déjà paru dans le *Conservateur*, 1758.iv.186-242, et a été repris – sous une forme modifiée – dans Honoré-Gabriel de Riqueti, comte de Mirabeau, *Recueil de contes*, 1780, i.92-116 (MMF 80.21).

75. SIXIÈME CLASSE. ROMANS SATIRIQUES.

'Nous faisons rentrer dans notre plan cette classe que nous avions abandonnée depuis longtemps; nous la joignons à la classe des Romans allégoriques, qui n'y étoient jamais entrée' (p.75, note (1)).
75-111 Le Grand Empire de l'un et l'autre monde, divisé en trois royaumes, des aveugles, des borgnes, des clair-voyans, etc. composé par Jean de la Pierre. Paris. 1625, in-8°. figures. *75-77*; 77-111; *111*.

J. de La Pierre, *Le Grand Empire de l'un et l'autre monde*, 1625 (Lever, p.175).

112-134 La Fausse Lunette, ou l'histoire d'un duc et de son favori. 112-134.

Texte non identifié, que nous n'avons pas retrouvé ailleurs. A la cour de France au moyen âge, le Duc se persuade que son protégé, Brunague, est aimé de la Duchesse; mais, en réalité, c'est la sœur du Duc, Christine, qui est amoureuse du jeune homme.

135-138 Avertissement. *135-138*: 'Peut-être, jusqu'ici avons-nous plutôt voulu donner des extraits intéressans que des notions instructives. C'est à ce dernier objet que nous allons désormais nous appliquer' (p.135).

139. ROMANS SATIRIQUES.

139-162 La Precieuse, ou le mystère des ruelles, dédiée a telle qui n'y pense pas; par l'abbé de Pure. Paris, chez Guillaume de Luyne, 1656, un vol. in-8°. *139-141*; 141-160; *161-162*.

Abbé Michel de Pure, *La Prétieuse ou le mystère des ruelles*, 1656-1658 (Lever, p.351).

163. TROISIÈME CLASSE. ROMANS HISTORIQUES.

163-192 Histoire d'Abindarras et de la belle Charife: tirée de la Diane de Monte-Major; traduite par Simon-George Pavillon. A Paris, chez Antoine Dubreuil. 1603. *163-165*; 166-192.
Sur la *Diane* de Montemayor, voir 1778.xi.58-127.

Le texte de cet article avait déjà paru dans le *Conservateur*, 1757. ii.90-118, et a été repris dans le *Nouveau Choix des Mercures*, 1761-1762, lxx.93-118.

192 Table. Approbation. *192*: le 20 janvier 1786. Raulin.

1786.ii.

[3]. PREMIÈRE CLASSE. ROMANS ÉTRANGERS.

[3]-68 Le Livre des lumieres, etc. Paris, 1644, in-8° [3]-6: Pilpaï; 6-9: origines du texte, traduit par David Sahid; 9-11, Préliminaire; 11-23, Histoire de Dabchelim et de Pilpaï (comprend, pp.14-18, Les Deux Pigeons); 24-42, Chapitre premier (comprend, pp.25, Le Singe; 28-29, Le Renard et le tambour; 30-31, L'Aune du roi Cacheba; 31-32, Le Corbeau et le renard; 32-33, Le Lion et le lapin; 37, Le Canard et la lune; 38, La Poule et le faucon); 42-58, Chapitre II (comprend, pp.46-47, L'Ecuyer indiscret; 48-49, L'Aveugle et son ami); 58-67, Chapitre III (comprend, pp.59-67, Le Corbeau, le pigeon, le rat, la tortue et la gazelle); *67-68*.

Bidpai (Pilpai), trad. par David Sahid et Gilbert Gaulmin, *Livre des lumières ou la conduite des roys*, 1644. Réédition, *Les Fables de Pilpay*, 1698 (Lever, p.252).

69. SEPTIÈME CLASSE. ROMANS DE SPIRITUALITÉ ET DE MORALE.

69-118 Les Triomphes de la noble amoureuse dame, et l'art d'honnetement aimer, composés par le traverseur des voies périlleuses. Paris, 1555, in-8°. de 750 pages. *69-72*: Jean Bouchet. Autre édition, 1535; 72-117; *118*.

Jean Bouchet, *Les Triumphes de la noble et amoureuse dame et l'art d'honnestement aymer, composé par le Traverseur des voyes périlleuses*, 1535, 1536, 1541, 1541, 1545, 1555, 1563 (Bn).

119. TROISIÈME CLASSE. ROMANS HISTORIQUES.

119-164 François d'Aubervilliers et Marguerite de Romainville, anecdote françoise. 119-156; *157-164*, Notes historiques.

Texte non identifié, que nous n'avons pas retrouvé ailleurs. En 1567, le protestant François d'Aubervilliers, se rendant compte de l'horreur et de la futilité de la guerre civile quand il est amené à détruire le château de ses ancêtres, ne réussit pas, malgré des efforts héroïques, à sauver de la mort la femme qu'il devait épouser, Marguerite de Romainville.

165. CINQUIÈME CLASSE. ROMANS ALLÉGORIQUES.

165-173 La Naissance de Clinquant, conte allégorique et critique. 1744. Sans nom de ville, d'imprimeur, ni d'auteur. *165-166*; satire sur Voltaire; 166-173.

Claude Godard d'Aucour, *La Naissance de Clinquant et de sa fille Mérope, conte allegorique et critique*, 1744 (Jones, p.85).

174-178 Le Génie-ombre, et la Sala-gno-silph-ondine-chimboraço, conte physique. Questo basta a monstrare in ogni parte/ La vera sua legitima natura. Imprimé à Chimérie. 1746. *174-175*: autre satire sur Voltaire, 'probablement de la même main' (p.174).; 175-178.

De Larougère, *Le Genie ombre et la Sala-gno-silph-ondine Chimboraço, conte phisique*, 1746 (Jones, p.92).

179-181 Histoire du prince Apprius, extraite des fastes du monde, depuis sa création. Manuscrit persan trouvé dans la bibliothèque de Schan-Hussain, roi de Perse, détrôné par Mahmout en 1722. Traduction françoise, par M. Esprit, gentilhomme provençal, servant dans les troupes de Perse. A Constantinople, 1727. *179-181*: ouvrage scandaleux qu'on ne résumera pas.

Pierre-François Godart de Beauchamps, *Histoire du prince Apprius*, 1728 (Jones, p.40; MMF 63.R8).

182-190 Les Aventures de Jacques Sadeur, dans la découverte et le voyage de la terre australe. Paris, chez Pierre Ribou. 1705.182-183: par Gabriel Cogni. Première édition 1676; 183-190.

Gabriel de Foigny, *La Terre australe connue*, 1676. Réédition, *Les Avantures de Jacques Sadeur dans la découverte et le voyage, de la Terre Australe*, 1692 (Lever, pp.401-402). Voir aussi MMF 87.R16 (t.xxiv) qui indiquent, entre d'autres, l'édition de 1705 citée par la *BUR*.

[191] Table. Approbation. [*191*]: le 15 janvier 1786. Raulin.

1786.iii.

[3]. PREMIÈRE CLASSE. ROMANS ÉTRANGERS.

[3]-29 Les Caprices héroïques de Jean-François Loredano. [*3*]-*5*: traduit par Chateaunières de Grenailles, 1644, 5-28, Phryné séduisante; *29*.

Giovanni Francesco Loredano, *Scherzi geniali*, 1632 (Branca). Trad. par François de Grenaille, sieur de Chatounières, *Les Caprices héroïques du Loredano*, 1644 (Lever, p.96, qui donne ce texte pour une traduction des *Bizzarie accademiche*, 1638, de Loredano).

30. SIXIÈME CLASSE. ROMANS SATIRIQUES.

30-111 Le Doctrinal de court, divisé en douze chapitres, par lequel l'on peut estre clerc sans aller a l'escole; composé par maistre Pierre Michault, jadiz secrétaire de monseigneur de Charolois, filz du duc de Bourgongne [*sic*]. Imprimé nouvellement à Genève, avec privilége apostolique. Grand in-8°, lettres gothiques, 1522, gravures en bois; et une autre in-4°, sans date et sans nom de lieu. *30-34*: par René le Bon, roi de Sicile?; 34-36, Préambule. L'Auteur parle; 36-54, Les Déclinaisons: un roman 'de Grammaire' (p.36, note 1); 54-63, Les Hétéroclites; 63-70, Les Comparaisons; 70-78, Les Genres ou articles en grammaire; 78-80, Les Prétérits et supins; 80-85, Les Verbes défectifs et anomaux; 85-89, Des formes des verbes; 89-98, Le Régime; 98-101, Des constructions; 101-103, Des brèves et des longues; 103-106, Les Accens; 106-110, Des figures; *110-111*.

Pierre Michault, *Le Doctrinal de court*, écrit 1466. Mss quinzième-seizième siècles. Editions: 1479, 1484, 1522, s.d. (Walton, qui, p.xvi, fait allusion à l'article de la *BUR*).

112. SECONDE CLASSE. ROMANS DE CHEVALERIE.

112-144 Florigenie ou l'illustre victorieuse; par Guillaume de Lamotte de Broquart, seigneur d'Yseure, ecuyer de la Grande Ecurie. Un vol. in-8°, divisé en trois livres. A Paris, chez Jean Pasté. 1647. *112-114*; 114-143; *143-144*.

G. du Broquart, seigneur de la Motte d'Ysseure, *Florigénie ou l'illustre victorieuse*, 1647 (Lever, pp.166-167).

145. TROISIÈME CLASSE. ROMANS HISTORIQUES.

145-166 Marcesine, maitresse de l'empereur Vatace, anecdote bysantine. *145-146*: anecdote rapportée par le père Maimbourg, *Histoire du schisme des Grecs*, 1682; 147-166.

> Le texte cité par le rédacteur de l'article est la source historique de ce qui semble être une nouvelle originale. Il s'agit de l'*Histoire du schisme des Grecs*, 1677, livre iv.322-329, par le père Louis Maimbourg (Bn, qui possède aussi une réédition de 1682). Quand Anne, bâtarde de Frédéric II, épouse l'empereur Vatace en 1255, elle amène à la cour de Constantinople une fille d'honneur, Marcesine. Celle-ci tourne la tête à Vatace, qui lui permet tout, jusqu'à ce que le vertueux Blemmidas refuse de la reconnaître …

167. QUATRIÈME CLASSE. ROMANS D'AMOUR.

167-191 Le Cabaliste amoureux et trompé. Amsterdam, 1743, petit volume de 116 pages. 167-187; *188-191*, Note: sur les Rose-Croix.

> Anon., *Le Cabaliste amoureux et trompé, histoire véritable et récente*, 1743 (Jones, p.81).

[192] Table. Approbation. [*192*]: le 15 février 1786. Raulin.

1786.iv.I.

[3]. PREMIÈRE CLASSE. ROMANS ÉTRANGERS.

[*3*]-51 Ismael ben Ader, qui fut depuis le calife Ozmen, ou l'éducation extraordinaire, histoire sarrazine. [*3*]-*4*: par Harischon, auteur du XIe siècle; 4-51; *51*.

> Texte non identifié, que nous n'avons pas retrouvé ailleurs, et qui semble être une supercherie. Le sage Harischon propose au Calife que la meilleure façon d'élever le prince Ismaël et la princesse Fatmé serait de suivre la nature, en leur donnant un instituteur et une institutrice de leur âge (Ally et Sara, enfants d'Harischon) …

52. TROISIÈME CLASSE. ROMANS HISTORIQUES.

52-154 Milord Courtenay, ou les premieres amours d'Élizabeth, reine d'Angleterre. Paris, chez Brunet, 1697. Par M. le Noble, un volume in-12. *52-53*; 54-148; *148-154*.

> Eustache Le Noble, baron de Tennelière, *Mylord Courtenay ou histoire secrète des premières amours d'Elizabeth d'Angleterre*, 1697 (Lever, p.312).

155. QUATRIÈME CLASSE. ROMANS D'AMOUR.

155-177 L'Amour en fureur, ou les excès de la jalousie italienne. Cologne, 1710. *155-158*: auteur inconnu; 158-177; *177*.

> Anon., *L'Amour en fureur ou les excès de la jalousie italienne*, 1691 (Lever, p.43), 1710 (Bn), 1742 (BM).

178. QUATRIÈME CLASSE. ROMANS D'AMOUR.

178-192 Les Divers Effets d'amour advenus a la belle Fulvia, Vénitiene. Paris, chez Abel Langelier, 1601 11 [*sic*], petit vol. in-12. 178-197.
Voir 1784.ix.182-191, où ce roman a déjà été résumé.
192 Approbation. *192*: le 15 mars 1786. Raulin.

1786.iv.II.

[3]. SIXIÈME CLASSE. ROMANS SATIRIQUES.

[*3*]-54 Aventures du baron de Féneste. Par Théodore Agrippa d'Aubigné; 2 vol. in-8° . Cologne 1729. [*3*]-*6* ; 6-47; *47-48*; *49-54*, Note sur Duplessis Mornay.

Théodore-Agrippa d'Aubigné, *Les Avantures du baron de Faeneste*, 1617 (Lever, p.84). Rééditions au dix-huitième siècle: 1729, 1731, 1731 (Bn).

55. QUATRIÈME CLASSE. ROMANS D'AMOUR.

55-131 Les Egaremens du cœur et de l'esprit; ou mémoires de Meilcour. Par Crébillon. *55-57*; 57-129; 129-131: modèle de madame de Lursay.

> Claude-Prosper Jolyot de Crébillon, *Les Egaremens du cœur et de l'esprit ou mémoires de M' de Meilcour*, 1736-1738 (Jones, p.58; MMF 51.R11).

132-155 La Comtesse d'Isembourg, nouvelle historique; 1 vol. in-12 de 235 pag. A Paris, chez Barbin, 1688. 132-151; *152-155*, Note.

> Comtesse Antoine de Salvan de Saliez, *La Comtesse d'Isembourg*, 1678 (Lever, p.114).

156. QUATRIÈME CLASSE. ROMANS D'AMOUR.

156-184 L'Engouement. *156-158*; 158-184.

> Texte non identifié, que nous n'avons pas retrouvé ailleurs. Lucile gaspille sa vie en courant d'un engouement à l'autre: l'amour, la physique, la chimie, la littérature grecque, la philosophie, les jardins à l'anglaise et la vie campagnarde, les drames, la pruderie …

185-190 L'Amant désabusé. 195-190.

> Texte non identifié, que nous n'avons pas retrouvé ailleurs. Les lamentations (sans éléments narratifs) d'un homme sensible qu'une coquette a trompé et que l'amour a cruellement déçu. Prose poétique.

[191]-[192] Tables. Approbation. [*192*]: le 15 mars 1786. Raulin.

1786.v.

[3]. PREMIÈRE CLASSE. ROMANS ÉTRANGERS.

[*3*]-42 Le Maronite fugitif, traduit du latin, par Jean Carpentier, d'Arras. [*3*]-*4*: 'pièce héroïque imitée de S. Jérôme'; 4-41; *42*.

> Nous n'avons pas identifié l'auteur de ce morceau, qui est une adapatation de la *Vie de Malchus* de saint Jérôme. Malchus, citoyen d'Antioche, est capturé par des brigands en même temps que la belle Mysis, mais un amour passionné pour elle se transforme en amitié, et le couple, vivant en frère et en sœur, s'installe avec Irène, mère de Malchus, dans un lieu écarté pour se consacrer à la vie religieuse.

43. TROISIÈME CLASSE. ROMANS HISTORIQUES.

43-76 Histoire du maréchal duc de la Feuillade. Nouvelle galante et historique. Un Volume in-12, par Gatien des Courtilz. Amsterdam, ou plutôt Rouen, 1713. *43-45*; 45-76; *76*.

> Gatien de Courtilz, sieur de Sandras, *Histoire du marechal duc de La Feuillade, nouvelle galante et historique*, 1713 (Jones, p.21).

77. QUATRIÈME CLASSE. ROMANS D'AMOUR.

77-134 Les Confessions du comte de ***. Amsterdam ou Paris, 1740. *77-79*; 79-134.

> Charles Pinot Duclos, *Les Confessions du comte de ***, 1741 (Jones, p.76; MMF 53.R14).

135. ROMANS D'AMOUR.

135-159 Histoire d'une religieuse, ecrite par elle-même. *135*: ouvrage de jeunesse de madame de Tencin?; 136-159.

> Extrait du *Nouveau Spectateur* de Jean-François de Bastide, 1759, iv.402-429. Masson ne signale (p.303) que la version de la *BUR* et accepte (pp.149-150) l'authenticité de l'attribution à Claudine-Alexandrine Guérin, marquise de Tencin.

160-176 Mademoiselle de Jarnac, nouvelle. En trois parties, petit in-12, chez Claude Barbin, au Palais. A Paris, 1685. *160*; 161-175; *176*.

Pierre Le Pesant de Boisguilbert, *Mademoiselle de Jarnac*, 1685 (Lever, p.256).

177. ROMANS D'AMOUR.

177-191 Le Pouvoir de la vertu, par madame de Malarme. En deux parties; 1780. *177-178*; 179-191.

Charlotte de Bournon, comtesse de Malarme, *Mémoires de Clarence Welldone ou le pouvoir de la vertu, histoire angloise*, 1780 (MMF 80.20).

[*192*] Table. Approbation. [*192*]: le 15 avril 1786. Raulin.

1786.vi.

[3]. PREMIÈRE CLASSE. ROMANS ÉTRANGERS.

[*3*]-78 Notice d'un ouvrage curieux et intraduisible, intitulé: Opus Merlini Cocaii, poetæ mantuani, macaronicorum; totum in pristinam formam per me magristrum Aquarium, optimè redactum, etc. C'est-à-dire; l'Œuvre des Macaronées de Merlin Cocaïe, poëte de Mantoue, rédigée, selon sa forme primitive, par moi docteur Pot-à-l'eau, et enrichie de notes; le tout à merveille. Venise, 15. . . in-8°. – Item, 1520, in-8°. – Item, 1561, in-12. – Tusculani, apud Bevilacquam, 1613, in-12. – Amsterdam, 1691, etc. Traduit en françois, avec le titre d'Histoire macaronique de Merlin Cocaïe, protoype de Rabelais, etc. Paris, 1606, in-12. 2 vol. [*3*]-*28*: sur le genre macaronique. Merlin Cocaïe est le pseudonyme de Jérôme Folengo (p.20); 29; 29-45, La Zanitonella; 46-78, La Grande Macaronée (comprend, pp.57-62, Portrait de Baudouin; 63-64, Portrait de Cingar; 64-67, Portrait de Zambelle; 67-70, Portrait du juge de Cipade; 70-71, Description d'une fête particulière à la ville de Mantoue; 71-77, Baudouin devant ses juges); *78*.

Le père Teofilo Folengo, *Opus Merlini Cocaii*, 1517. Trad. *Histoire macaronique de Merlin Coccaie, prototype de Rab[e]lais*, 1606 (Brunet, qui indique une réédition de la traduction en 1735).

79. PREMIÈRE CLASSE, ROMANS ÉTRANGERS.

79-122 Les Contes des génies, ou les charmantes leçons d'Horan, fils d'Asmar; ouvrage traduit du persan en anglois, par sir Charles Morell; et en françois sur la traduction anglois, avec 13 figures. 3 vol. in-12. Amsterdam, chez Michel Rey, 1766. *79-80*; 80-118, Conte premier. Histoire du marchand Abudah; *118-122*, Notice morale et critique sur ce premier conte.

James Ridley, *The Tales of the Genii or the Delightful Lesson of Horam, the Son of Asmar*, 1764. Trad. Jean-Baptiste-René Robinet, *Les Contes des génies ou les charmantes leçons d'Horam fils d'Asmar*, 1766 (MMF 66.41).

123. QUATRIÈME CLASSE. ROMANS D'AMOUR.

123-177 La Haine et l'amour d'Arnoul et de Clairemonde. Histoire provençale, par le Sr. du Perier. Paris, 1727 [pour 1627], in-8°. – 1667, idem, etc. *123-124*; 124-177.

Antoine Du Périer, sieur de La Salargue, *La Haine et l'amour d'Arnoul et de Clairemonde*, 1600 (Lever, p.179, qui donne une réédition pour 1627).

178. QUATRIÉME CLASSE. ROMANS D'AMOUR.

178-189 Les Dangers de la sympathie. Lettres d'Henriette de Belval au baron de Luzy, et de différentes personnes qui ont eu part aux principaux événemens de sa vie: rédigées et mises au jour par M. N***. 2 parties, 1785. *178*; 178-189.

Pierre-Jean-Baptiste Nougaret, *Les Dangers de la sympathie, lettres d'Henriette de Belval au baron de Luzi, et de différentes personnes qui ont eu part aux principaux événemens de sa vie*, 1785 (MMF 85.39).

[190] Table. Approbation. [*190*]: le 15 mai 1786. Raulin.

[191]-[192] Avis. [*191*]-[*192*]: '... nous osons dire que nos six derniers volumes rachètent, par un mérite qui se fait aisément sentir, le tort involontaire de les avoir fait attendre' (p.191).

1786.vii.I.

[3]. PREMIÈRE CLASSE. ROMANS ÉTRANGERS.

[3]-84 Le Congrès de Cythère, d'après l'italien d'Algarotti. [*3*]-*6*: traduction faite selon la septième édition; 6-83.
Pour la suite, voir 1786.viii.107-136.

> Le comte Francesco Algarotti, *Il Congresso di Citera*, 1746. L'ouvrage a été traduit par mademoiselle de Menon (MMF 58.6), par Belletier (72.9), par Bernard-Pierre Maciet (82.11) et par Louis de Laus de Boissy (89.27). En 1777, un traducteur anonyme publie *Le Congrès de Cythère du comte Algarotti, traduit en français sur la septième et dernière édition* (MMF 77.7). L'article est peut-être de Jean-Marie-Louis Coupé, qui y fait allusion dans les *Variétés littéraires [...] Traductions*, 1787, ii.197.

84. QUATRIÈME CLASSE. ROMANS D'AMOUR.

84-144 Le Mari sentimental, ou le mariage comme il y en a quelques-uns, etc. etc. 1785. Vol in-12 de 360 pages. *84*; 85-144.

> Samuel de Constant de Rebecque, *Le Mari sentimental ou le mariage comme il y en a quelques-uns*, 1783 (MMF 83.22).

145-172 L'Épouvantail, petit roman, trouvé chez un imprimeur de Lyon, qui l'avoit acquis de l'auteur, et qu'une mort imprévue l'empêcha de publier. *145-146*: 'esquisse de Roman' par Pierre Faydit; 146-172; *172*: 'Ouvrage qui est resté manuscrit jusqu'à présent'.

> Texte non identifié. L'attribution à Pierre-Valentin Faydit semble douteuse. Ce dernier est auteur de la *Télémacomanie ou la censure et critique du roman intitulé les Aventures de Télémaque*, 1700 (Bn). On a de lui également une *Vie de saint Amable*, 1702, 'traduite en français sur un Manuscrit qui n'a jamais été imprimé' (Bn), qui rappelle au moins le nom du héros du texte de la *BUR*. L'extravagant Amable Cernet veut être un des grands hommes de l'Auvergne, mais le paysan, Lubin, se moque de ses prétentions ...

173-190 Histoire de Marie-Louise de Gonsague. *173-174*; 174-179, Fragment des Mémoires d'Anne de Gonsague; 180-190, Extrait de l'histoire de la princesse Marie-Louise de Gonsague.

> Le premier texte est emprunté à Gabriel Sénac de Meilhan, *Mémoires d'Anne de Gonzagues, princesse Palatine*, 1786 (MMF 86.61). Le second est une version légèrement plus développée d'un texte déjà donné (voir 1781.xi.104-112) et dont la source est Joseph Durey de Sauvoy, marquis Du Terrail, *La Princesse de Gonsague*, 1756 (MMF 56.14).

[191] Table. Approbation. [*191*]: le 20 juin 1786. Raulin.

1786.vii.II. [10]

[3]. PREMIÈRE CLASSE. ROMANS ÉTRANGERS.

[3]-58 The Old Woman in her gray roch; with the sciences wich the fifth princes, who where sutors to the handsome Bairie of Greenwich, had learned, etc. La Vieille Femme

---

10. Les pp.55-58 manquent dans Bn Y²8319 (1786.vii.ii).

en son rocher gris; avec les sciences qu'avoient apprises les cinq princes qui recherchoient la belle fée de Greenwich. 1651, in-12. Bouquin. [*3*]-*14*: sur les fées dans la littérature orientale et occidentale; 15-22, Idée générale du livre; 22-27, Description du rocher gris; 27-37, La Caverne et le portrait d'Oriane, et le but de son enchantement; 37-51, Examen du prince françois; 51-54; 54-55, Epitaphe de Henri IV; 55, De Louis XIII. De Marie de Médicis; 55-58, Anecdotes.

> Nous n'avons trouvé d'original ni anglais ni français. La littérature de colportage (que la mention 'bouquin' pourrait évoquer) semble ignorer ce titre dans les deux langues. Cinq princes (un Espagnol, un Italien, un Allemand, un Français et un Anglais) recherchent la main de la jeune Oriane de Greenwich, mais la vieille femme qui protège celle-ci exige que l'heureux prétendant possède à fond une science quelconque et qu'il accepte les trois privilèges de la femme: briller, gouverner et favoriser.

59. CINQUIÈME CLASSE. ROMANS MORAUX.

59-96 Diverses Rencontres, avec les Amours de Sincero et de Charite; par Mlle Catherine des Roches de Poetiers. Paris, Abel l'Angelier, 1579, in-4. *59-72*: œuvres de la mère et de la fille Des Roches; 73-79, Les Rencontres diverses; 79-84, Seconde Rencontre. La Fortune et la vertu; 84-89, Troisième Rencontre. La Main, le pied, et la bouche; 89-93, Quatrième Rencontre. La Pauvreté et la faim; 94-96, Histoire du philosophe Secundus; *96*: ce dernier récit tiré du Silence et du babil.

> Madeleine et Catherine Des Roches, *Les Œuvres de mesdames des Roches de Poetiers mere et fille*, 1578, 1579 (Bn; Diller). L'article de la *BUR* semble être fait d'après la seconde édition, où l'on trouve les textes dont il est question pp.59-72, ainsi que les quatre premières 'rencontres' (ou dialogues), pp.73-94. Nous n'y avons pourtant pas identifié l'*Histoire du philosopohe Secundus*, ni le *Silence et le babil*, et le titre *Diverses Rencontres* n'y figure pas.

97. QUATRIÈME CLASSE. ROMANS D'AMOUR.

97-166 L'Original. *97*: 'un de ces Ouvrages de société, dont le plan est formé par plusieurs, & dont l'exécution appartient à un seul', imprimé en 1736 à 'vingt exemplaires'; 97-166.

> Jones (p.60) donne ce titre pour 1736, mais sa seule référence est cet article de la *BUR*. Nous n'avons pas trouvé ailleurs ce texte, qui raconte les déboires dans la société de Florimond, jeune homme trop franc et trop honnête.

167. QUATRIÈME CLASSE. ROMANS D'AMOUR.

167-178 Le Bonheur. *167-168*: imprimé en 1761; 168-178.

> Extrait du *Nouveau Spectateur* de Jean-François de Bastide, 1759, v.403-416.

179-188 Julie, ou le triomphe de la constance; mémoires de la comtesse d'Ar***, écrits par elle-même, et publiés par madame de ***. Deux parties in-12. 1785. *179-182*; 182-188, Lettre d'une mère à sa fille, qu'elle a contrainte à se faire religieuse.

> Anon., *Julie ou le triomphe de la constance, mémoires de la comtesse d'Ar***, écrits par elle-même et publiés par madame de ***, 1785 (MMF 85.11). La *Lettre d'une mère* [...], selon le rédacteur, est un manuscrit original, qu'on a préféré reproduire, plutôt que de résumer un mauvais roman.

[189]-[190] Table. Approbation. [*192*]: le 20 juin 1786. Raulin.

1786.viii.

[3]. PREMIÈRE CLASSE. ROMANS ÉTRANGERS.

[3]-106 Histoire de David Rumberg, traduite de l'allemand. [*3*]-*5*: auteur inconnu; 5-106.

> Anon., *Geschichte David Rumbergs, eines Waisenknaben*, 1783 (Hadley, p.107). Nous ne connaissons pas d'autre version française de ce texte.

107-136 Le Jugement de l'Amour sur le Congrès de Cythère. *107*: par Algarotti. Même traducteur que dans le premier volume de juillet dernier; 108-117; 117-119, Lettre de milady Gravely à l'historien du Congrès de Cythère; 120-122, Lettre de madame de Jasy au même; 122-126, Lettre de madame Beatrix au même; 127-136.
Pour le *Congrès de Cythère*, voir 1786.vii.I.3-84.

La traduction anonyme du *Congrès de Cythère*, en 1777, comprend également le *Jugement* et deux Lettres sur l'ouvrage (MMF 77.7).

137. TROISIÈME CLASSE. ROMANS HISTORIQUES.

137-157 Nouvelles anecdotes sur Diane de Poitiers, duchesse de Valentinois, et maîtresse de Henri II, roi de France. *137-157*: se présente comme une lettre adressée 'au Propriétaire de la Bibliothèq[u]e des Romans' (p.137), apportant des précisions sur la vie de Diane de Poitiers.

Texte original? Sans éléments romanesques.

158. QUATRIÈME CLASSE. ROMANS D'AMOUR.

158-187 Severine. Paris, 1625. Un volume in-8°. *158-164*: extrait de l'*Arcadie françoise de la nymphe Amarylle*; 164-187.

Anon., *L'Arcadie françoise de la nymphe Amarille*, 1625. Paraphrase des *Bergeries de Juliette* de Nicolas de Montreux (Lever, p.68). DeJongh donne ce dernier titre aux numéros 276, 282, 291, 295 et 320. La *BUR* rend compte du deuxième récit, raconté par Cliomène (pp.201-274), où les héros s'appellent dans l'original Diane et Félicio.

187 Faute essentielle à corriger à la première page. *187*: 'Au lieu d'Août 1786, 2ᵉ Vol., lisez, Août 1786'.

Il s'agit d'une erreur qui se trouve à la page de titre.

[188]-[189] Table. Approbation. [*189*]: le 10 août 1786. Raulin.

1786.ix.

[3]. PREMIÈRE CLASSE. ROMANS ÉTRANGERS.

[*3*]-164 Songe de Bocace. [*3*]-6: traduit par Belleforest, *Le Labyrinthe d'amour*, 1571, et par un anonyme, *Le Songe de Bocace*, 1698; 6-164.

Giovanni Boccaccio, *Il Corbaccio*, ?1356. Trad. par François de Belleforest, *Laberinthe d'amour de M. Jean Boccace*, 1571 (DeJongh, no.215). Trad. le sieur de Prémont, *Le Songe de Bocace*, 1698 (Lever, p.393), 1724 et dans *Voyages imaginaires*, 1787-1789, t.xxxi (MMF 87.R16).

165. QUATRIÈME CLASSE. ROMANS D'AMOUR.

165-192 L'Héroïsme de la vertu. 165-191; *192*. Lettres tirés d'un 'Recueil qui fut imprimé sous ce titre, il y a vingt-six ans' (p.165, note 1).

Jean-François de Bastide, *Contes de monsieur de Bastide*, 1763, iii.89-123 (MMF 63.17).

192 Table Approbation. *192*: le 10 septembre 1786. Raulin.

1786.x.I.

[3]. PREMIÈRE CLASSE. ROMANS ÉTRANGERS.

[3]-35 Marcolphus, etc. Marcoulph, c'est-à-dire, l'histoire des altercations du roi Salomon, le plus sage des hommes, et du paysan Marcoulph, qui en étoit le plus subtil. A Francfort du Mein, 1643, in-12; et se trouve plus communément relié, en augmentation

du livre intitulé Epistolæ obscurorum virorum, de l'édition qui porte la même date. [*3*]-6: sur la facétie en tant que genre. Auteur inconnu; 6-35.

Ortuin de Graes, dit Gratius, *Salomonis et Marcolphi Disputationes*, dans *Epistolae obscurorum virorum*, 1643 (Bn).

36. SECONDE CLASSE. ROMANS DE CHEVALERIE.

36-135 Les Amours de Cloriarque et d'Ilis; œuvre pleine de graves sentences, d'agréables reparties, et de bonnes pensées. Histoire véritable de ce temps, où l'on trouvera mille rares aventures. Un volume in-8°. de 692 pages. A Paris, chez Gervais Clousier, au Palais. 1637. *36-37*: auteur inconnu; 37-135; *135*.

Ganymède de Claros, *Le Cloriarque d'Ilis*, 1633. Réédition, *Les Amours de Cloriarque et d'Ilis, histoire de ce temps, où sont contenues plusieurs rares advantures et mémorables exemples d'amour et de fidélité*, 1639 (Lever, p.109).

136. QUATRIÈME CLASSE. ROMANS D'AMOUR.

136-189 Lettres de madame de ***, insérées dans le recueil de celles du chevalier de ***, publiés en 1750; 4 parties. *136-137*: lettres véritables, publiées 'il y a trente-six ans' (p.137); 138-189.

Jean-François de Bastide, *Lettres d'amour du chevalier de ****, 1752 (MMF 52.12).

[190] Table. Approbation. [*190*]: le 6 octobre 1786. Raulin.

1786.x.II.

[3]. PREMIÈRE CLASSE. ROMANS ÉTRANGERS.

[3]-34 Florio. [*3*]-*4*: 'une production du moment' contre l''adoption outrée des manières françoises' (p.4); 4-34.

Hannah More, *Florio, a Tale for Fine Gentlemen and Fine Ladies*, 1786. Bn a la seconde édition de 1787. L'original est en vers.

35. TROISIÈME CLASSE. ROMANS HISTORIQUES.

35-125 Histoire secrète du connétable de Bourbon. *35-36*: 1696, 1706, 1724. Par Baudot de Julli [*sic*]; 36-125.

Nicolas Baudot de Juilly, *Histoire secrète du connestable de Bourbon*, 1696 (Lever, p.216), 1700 (Bn).

126. QUATRIÈME CLASSE. ROMANS D'AMOUR.

126-151 La Mort vaincue par l'amour; par madame de Gomez, 126-151.

Madeleine-Angélique Poisson, dame Gabriel de Gomez, *La Mort vaincue par l'amour*, dans *Les Cent Nouvelles nouvelles*, 1732-1739, iii.43-144 (Bn; Jones, p.48).

152-184 L'Histoire et les aventures de Kemiski, Géorgienne, par madame D***. Un vol. in-12 de 417 pages. Paris, chez Jean Guignard, 1697. *152*; 152-184; *184*.

Abbé Jean-Baptiste de Chevremont, *Histoire et les avantures de Kemisky, Géorgienne*, 1697 (Lever, p.209).

185-191 Mémoires de Versorand. Amsterdam, sans date et sans nom de libraire, en 4 vol. in-12. *185-186*; 186-191.

Henri-François La Solle, *Mémoires de Versorand*, 1751 (MMF 51.32).

[192] Table. Approbation. [*192*]: le 30 octobre 1786. Philippe de Prétot.

1786.xi.

3. PREMIÈRE CLASSE. ROMANS ÉTRANGERS.

[*3*]-145 Histoire de Sandfort et de Merton; traduite de l'anglois. [*3*]-4; 4-144 (comprend, pp.24-25, Les Mouches et les fourmis; 29-37, Le Gentilhomme et le faiseur de corbeilles; 40-49, Histoire de deux chiens; 67-69, Histoire de Cyrus; 92-100, Histoire des deux frères; 105-120, Extrait d'un récit des aventures extraordinaires de quatre navigateurs russes, qui furent jetés sur la côte déserte de Spitzberg; 125-132, Le Bon Caractère; 132-144, Le Mauvais Caractère); *144-145*.
Pour la suite, voir 1786.xii.3-93.

> Thomas Day, *The History of Sandford and Merton*, 1783. Trad. Arnaud Berquin, *Sandford et Merton*, 1786-1787 (MMF 86.30).

146. QUATRIÈME CLASSE. ROMANS D'AMOUR.

146-191 L'Etre pensant. Paris, 1755; deux parties, 248 pages. *146-147*: 'Ce n'est [...] pas ici un Extrait; c'est un simple abrégé' (p.147); 147-191.
Pour la suite, voir 1786.xii.101-164.

> Jean-François de Bastide, *L'Etre pensant*, 1755 (MMF 55.14).

[*192*] Table. Approbation. [*192*]: le 30 novembre 1786. Philippe de Prétot.

1786.xii.

[3]. PREMIÈRE CLASSE. ROMANS ÉTRANGERS.

[3]-93 Suite de l'Histoire de Sandfort et de Merton. [3]-93; *93*.
Sur cet ouvrage, voir 1786.xi.3-145.
94-100 Histoire de Kebal, traduite du turc. 1777. 94-100.

> Extrait de l'*Histoire de la sultane de Perse et des visirs* déjà donnée en 1777. Voir 1777.x.I.206-212.

101. QUATRIÈME CLASSE. ROMANS D'AMOUR.

101-164 Suite de l'Etre pensant. 101-164; *164*.
Sur cet ouvrage, voir 1786.xi.146-191.
165-191 Le Pauvre. Amsterdam, 1777. 165-191.

> Malgré le lieu et la date de publication indiqués dans le titre, nous n'avons pu identifier ce récit. Un gentilhomme breton pauvre accepte, contre une pension, d'épouser une belle inconnue, mais celle-ci n'est autre que la maîtresse débauchée d'un grand seigneur à qui l'on a voulu donner un nom. Lorsque le Breton cherche à protester, on l'enferme, et il passe vingt ans en prison avant de s'échapper.

[*192*] Table. Approbation. [*192*]: le 29 décembre 1786. Philippe de Prétot.

1787.i.I.

[3]. PREMIÈRE CLASSE. ROMANS ÉTRANGERS.

[*3*]-97 Espejo de amadores, etc. Le Miroir des amans, dans l'Histoire de la princesse Belerme et du chevalier Durandart. *[3]-10*: les origines des 'romances' espagnoles; *11-13*, Nota: la grande romance de Belerme; 13-78, Durandart et Belerme en prose et en vers; *78-79*; 79-97, [La Perle des lis (el Aljofar de los Lirios)] [en vers français].

Nous n'avons pas retrouvé de recueil qui aurait pu inspirer cet article, bien que des collections de romances aient porté le titre *Espejo de enamorados* (voir Rodriguez-Moñino ainsi que Palau y Dulcet.). La *BUR* donne, pp.11-12, le début de la romance de Belerme an espagnol 'pour éviter tout soupçon de supposition': c'est le célèbre 'Durandarte, Durandarte, / Buen cavallero provado' (Duran, no.385), qu'on adapte en français, pp.32-44. Voir aussi 1782. xii.67-69. Sur les ballades espagnoles, voir notre Introduction, pp.29-30.

98. TROISIÈME CLASSE. ROMANS HÉROÏQUES.

98-172 Mithridate. Trois volumes in-12. Paris, chez Toussaint Quinet, 1651. *98-99*: par un cousin du fils de Lamothe le Vayer; 99-102; 102-104, Histoire de Pyrrhus et d'Antigone; 104-115, Histoire de Cratès et d'Hypparchie; 115-124, Suite de l'Histoire de Pyrrhus et d'Antigone; 124-169, Histoire de Mithridate; *169-172*.

René-Roland Levayer de Boutigny, *Mitridate*, 1648-1651 (Lever, p.309, qui donne aussi une édition de 1649-1651).

173. QUATRIÈME CLASSE. ROMANS D'AMOUR.

173-180 Lettres du marquis de Sezannes au comte de Saint-Lis; par mademoiselle M***. Deux parties. A Paris, 1778. 173-180; *180*.

Mademoiselle Motte, *Lettres du marquis de Sézannes au comte de Saint-Lis* 1778 (MMF 78.26).

181-189 Jessy, ou les regets d'un séducteur. 1776. 181-189.

Élégie de William Shenstone (*Works*, 1764, i.97-101 (BM)) traduite par Pierre-Prime-Félicien Le Tourneur, d'abord dans le *Journal anglais* du 29 février 1776, et ensuite dans le *Jardin anglois ou variétés tant originales que traduites*, 1788, i.197-203 (MMF 88.97).

[190] Table. Approbation [*190*]: le 30 janvier 1787. Philippe de Prétot.

1787.i.II.

[3]. PREMIÈRE CLASSE. ROMANS ÉTRANGERS.

[3]-17 Nouvelles espagnoles, de Michel Cervantes; traduction nouvelle. 1776. [3]-6, Le Jaloux d'Estramadure; *6-7*; 8-14, Le Licencié de verre; par le même. 1777; 15-17, L'Illustre Frégone; par le même; *17*.

Miguel de Cervantes Saavedra, *Novelas ejemplares*, 1613. Trad. par Jean-Baptiste Lefebvre de Villebrune, *Nouvelles espagnoles de Michel de Cervantès*, 1775-1777 (MMF 75.23). Chaque récit dans cette série a paru dans un volume à part. *Le Jaloux d'Estrémadure*, 1776, est la quatrième nouvelle (MMF 76.21);*Le Licentié de verre*, 1777, est la septième (MMF 77.24); et *L'Illustre Frégone*, 1777, est la huitième (MMF 77.25).

18-25 Le Tailleur et sa femme, conte turc. Combien on doit se méfier des femmes. 18-25.

Extrait de l'*Histoire de la sultane de Perse et des visirs* déjà donné en 1777. Voir 1777.x.I.186-191.

26-34 Le Procès du Plaisir devant le juge Philosophie; traduit de l'anglois. 1777. 26-33; *33-34*: présentation du morceau suivant.

Texte qui se trouve dans le *Recueil anglois ou morceaux choisis en tous genres, traduits ou extraits de l'anglois*, 1763, i.131-139 (Arsenal), où l'on cite comme source le *Gentleman's Magazine*. (En effet, on y trouve en 1762, xxxii.518-520, *The Trial of Pleasure before the judge Philosophy*.) Repris encore dans le *Journal anglais* du 15 janvier 1776, pp.416-420.

35-46 Caractère de l'homme d'esprit qui aime le plaisir: Spectateur anglois, tome II, page 221. 35-46.

Commentaire critique d'un texte de Richard Steele, paru dans le no.151 du *Spectator* (23 août 1711). Le texte français avait déjà été publié dans le *Nouveau Spectateur* de Jean-François de Bastide, 1759, vii.195-205.

47. SEPTIÈME CLASSE. ROMANS MERVEILLEUX.

47-89 Les Lutins de chateau Kernosi, nouvelle historique; par madame la comtesse de Murat. Un vol. in-12. Paris, chez Jacques Lefebvre. 1710. *47-48*; 48-80; 80-86, Histoire de Zariade; 87-89; *89*.
Voir aussi 1776.vi.158-172.

> Henriette-Julie de Castelnau, comtesse du Murat, *Les Lutins du chateau de Kernosy, nouvelle historique*, 1710 (Jones, p.18). Une édition augmentée de deux nouveaux contes par mademoiselle Lubert avait paru en 1753 (MMF 53.29).

90-190 L'histoire des imaginations extravagantes de monsieur Oufle: livre rare. Deux volumes; 796 pages. 1710. 90-158; *159-168*, Notes du discours de Noncrède; 168-181; *181-182*; 182-190.
Pour la suite, voir 1787.ii.3-124.

> Laurent Bordelon, *L'Histoire des imaginations extravagantes de monsieur Oufle causées par la lecture des livres qui traitent de la magie*, 1710 (Jones, p.17; MMF 53.R7, 93.7).

[191] Table. Approbation. [*191*]: le 28 février 1787. Philippe de Prétot.

1787.ii.

[3]. PREMIÈRE CLASSE. ROMANS ÉTRANGERS.

[3]-124 Suite de l'Histoire des extravagances de M. Oufle. [3]-41; 41-42, Second Volume; 43-51, Discours sur les diables; *51-58*, Notes; 60, Réponse de Noncrède au discours de son frère; *61-70*, Notes de la réponse de Noncrède; 70-115; 115-124, Description du sabat; *124*: note sur le morceau suivant.
Sur cet ouvrage, voir 1787.i.II.90-190.

125-149 L'Esprit, conte à faire mourir de peur. 125-147; *147-149*, Note sur l'auteur du premier ouvrage [Bordelon]: tiré du *Nouveau Dictionnaire historique de tous les hommes qui se sont fait un nom par des talens, des vertus, [...].*

> Texte non identifié qu'on donne pour un manuscrit qu'une lecture de l'extrait sur *Monsieur Oufle* aurait inspiré. Malgré le titre, c'est plutôt une anecdote comique. Les alarmes nocturnes que provoque dans une auberge le chevalier de Jonchères quand il cherche à pénétrer dans la chambre de Baboline, fille de l'aubergiste, sont considérées comme des phénomènes surnaturels, même si l'ami du chevalier, Luzel, reste sceptique ...

150. QUATRIÈME CLASSE. ROMANS D'AMOUR.

150-186 Lysigeraste, ou les dédains de Lyside; antipathie d'amitié arrivée de ce temps, sous les noms d'Euthamas et de Lyside, de Tersandre et Alexinde. Œuvre enrichie de belles moralités; par M. Turpin, chevalier, sieur de Longchamp. Quod tibi fieri non vis, alteri ne feceris. Un vol. in-8°. de 486 pages. Paris, chez Melchior Mondière, 1629. *150-151*; 151-155; 155-178, Histoire de Tersandre; 178-186; *186*.

> Matthieu Turpin, sieur le Longchamp, *Lysigéraste ou les desdains de Lyside*, 1629 (Lever, p.254).

187-191 Le Roi, le sophi et le barbier, conte. 1776. 187-191.

> Extrait de l'*Histoire de la sultane de Perse et des visirs* déjà donné en 1777. Voir 1777.x.I.197-201.

[192] Table. Approbation du Censeur royal. [*192*]: le 7 avril 1787. Sélis.

1787.iii.[11]

[3]. PREMIÈRE CLASSE. ROMANS ÉTRANGERS.

[3]-19 Les Prétentions de coche, traduit de l'anglois. [3]-16; 16-19, Note.

> Le prémier morceau est un texte de Samuel Johnson, paru dans le no.84 de l'*Adventurer* (le 25 août 1753) et traduit dans le *Journal anglais* du 15 avril 1776, pp.292-299. La 'Note' est en fait une deuxième anecdote au même sujet, tirée du *Nouveau Spectateur* de Jean-François de Bastide, 1759, vii.208-211.

20. QUATRIÈME CLASSE.

20-47 La Chambre de justice de l'Amour. A Paris, chez Pierre Bontemps, 1668, in-12. *20*: par mademoiselle des Jardins; 21-28; 28-33, Edit d'établissement de la chambre de justice d'Amour; 33-37; 37-39, Réglement d'Amour; 39-44; *45-47*, Note sur l'Auteur de cet ouvrage: 'Mademoiselle des Jardins si connue sous le nom de Villedieu' (p.45).

> Marie-Catherine-Hortense Desjardins, dame de Villedieu, *La Chambre de justice de l'Amour*, dans *Le Jaloux par force et le bonheur des femmes qui ont des maris jaloux. Adjoustée la Chambre de justice de l'Amour*, 1668 (Lever, pp.101, 238).*Le Conservateur*, 1758. vi.100-130 a également consacré un article à cet ouvrage.

48. QUATRIÈME CLASSE. ROMANS D'AMOUR.

48-61 Donna Hortense, nouvelle espagnole. Un vol. in-12. de 242 pag. Paris, chez Jouvenel, 1698, *48-49*; 49-60; *60-61*.

> Anon., *Donna Hortence, nouvelle espagnole*, 1698 (Lever, p.144).

62. SEPTIÈME CLASSE. ROMANS MERVEILLEUX.

62-192 Les Voyages de Gulliver, traduits de l'anglois par l'abbé Desfontaines, deux vol. in-12. nouv. édit. Paris, 1772. *62-64*: Swift; 64-102; 102-130, Voyage a Brobdingnac; 131-159, Voyage à Laputa, aux Balinbarbes, à Luggnagg, à Gloubbdoubdrid et au Japon; 160-192, Voyage au pays des Houyhnhnms; *192*.

> Jonathan Swift, *Travels into Several Remote Nations of the World*, 1726. Trad. par l'abbé Pierre-François Guyot Desfontaines, *Voyages du capitaine Lemuel Gulliver*, 1727 (MMF 62.R45).

192 Approbation du Censeur royal. *192*: le 7 mai 1787. Sélis.

1787.iv.I.

[Dans ce volume les 'classes' sont indiquées après certains titres.]

[3]-16 La Vie de Castruccio-Castracani, souverain de Lucques, traduction de l'italien de Machiavel, avec des notes critiques et politiques; par M. Dreux du Radier, 1753. [*3*]-*10*; 10-14; *15-16*.

> Niccolò Machiavelli, *La Vita di Castruccio Castracani*, écrite 1520 (Renda). Trad. J.-F. Dreux Du Radier, *La Vie de Castruccio Castracani*, 1753 (Bn).

17-33 Le Rêve d'un sage, ou entretien d'un Européen avec un insulaire du royaume de Dumocala. Roman philosophique, par le roi de P***, D. de B. et de L***. *17-18*; 18-32; *32-33*.

---

11. Dans l'édition Slatkine, les pp.9-16 et 153-160 semblent reproduire des livrets mal reliés et représentent d'autres textes. Dans Arsenal 8° BL28864 (94a), les pp.9-16 sont remplacées par un texte manuscrit que nous avons suivi, mais les pp.153-160 n'offrent pas de particularité.

Stanislas 1er, roi de Pologne, *Entretien d'un European* [*sic*] *avec un insulaire du royaume de Dumocala*, 1752 (MMF 52.39).

34-52 Histoire critique de l'ame des bêtes, par M. Guer, en deux parties, 1750. Roman philosophique. *34*; 34-49; *50-52*.

> Julien-Hyacinthe de Guer, *Histoire critique de l'âme des bêtes*, 1749 (Bn). Ce n'est pas un texte narratif, mais plutôt une dissertation au ton léger. L'ouvrage de Guer est comparé, p.34, au *Langage des bêtes*: il s'agit probablement de *Themicide, allégorie comique, suivi du Langage des animaux, histoire égyptienne*, 1749, par un anonyme (Jones, p.102).

53-70 La Folle par amour, ou Lucile et Lindamore. Roman d'amour. *53-55*: sur la mode des 'folles d'amour'. Par M. le chevalier de Cubières; 55-69; *69-70*.

> Michel de Cubières-Palmézeaux, *La Folle par amour ou Lucile et Lindamore*, dans *Les Folies sentimentales ou l'égarement de l'esprit par le cœur*, 1786, pp.5-160 (MMF 86.28). Pour les 'folies d'amour', voir notre Introduction, p.32.

71-135 Histoire de la comtesse de Savoie, manuscrit daté de 1731. Roman historique. *71-73: Vers de Voltaire à madame la comtesse de ....* (pp.72-74); 74-135.

> Marie-Louise-Charlotte de Pelard de Givry, comtesse de Fontaines, *Histoire de la comtesse de Savoye*, 1726 (Jones, p.38).

136-161 Histoire du comte d'Eu. Roman historique. *136-138*: épisode du texte précédent; 139-161.

Voir l'article précédent.

162-171 Histoire de la Félicité; par l'abbé de Voisenon, 1750. Roman historique. *162*; 162-171.

> Claude-Henri de Fusée, abbé de Voisenon, *Histoire de la félicité*, 1751 (MMF 51.42). Conte publié pour la première fois dans le *Mercure de France*, 1750, vi.II.63-81 et vii.64-79.

172-184 Kanor, conte traduit du sauvage; par madame Fagnan, 1750. Roman merveilleux. *172*; 172-184.

> Marie-Antoinette Fagnan, *Kanor, conte traduit du sauvage*, 1750 (Jones, p.105).

185-192 Le Plaisir et la volupté, conte allégorique, 1751. *185*; 185-192.

> Madeleine d'Arsant, madame de Puisieux, *Le Plaisir et la volupté, conte allégorique*, 1752 (MMF 52.36).

192 Approbation. *192*: le 30 juin 1787. Selis.

1787.iv.II.

[3]. PREMIERE CLASSE. ROMANS ETRANGERS.

[3]-182 Les Mille et un quart-d'heure, contes tartares. Trois volumes, réimprimés à Lille, chez le Houcq, en 1783. [*3*]-7: Gueullette et ses œuvres; 7-24 [Histoire de Schems-Eddin]; 24-41, Histoire de Cheref-Eldin, fils du roi d'Ormus, et de Gul-Hindy, princesse de Tutphan; 41-50, Histoire de Sinadab, fils du médecin Sazan; 51-83, Histoire d'Outzim-Ochantey, prince de la Chine; 83-85, Aventure d'un bucheron et de la mort; 85-89, Histoire de Mahalem, roi de Bornéo; 89-104, Histoire de Feridoun, fils de Giamschid; 104-115, Histoire des quatre sultanes de Citor; 115-126, Histoire de Bagdedin; 126-143, Histoire d'Alcouz, de Taher et du meûnier; 143-155, Histoire d'un calender; 156-168, Histoire du second calender; 168-182, Retour du médecin Abubeker.

> Thomas-Simon Gueulette, *Les Mille et un quart-d'heure*, 1715 (Jones, p.26; MMF 52.R25, qui donnent une réédition de 1783).

182-247 Histoire de la belle Helene de Constantinople, mere de S. Martin de Tours en Touraine, et de S. Brice, son frere; à Troyes, chez la veuve Garnier. *182-185*: louanges d'Oudot, de Garnier, de la *Bibliothèque bleue*; 185-247.

Anon. *Histoire de la belle Hélène de Constantinople*, Troyes, Garnier, s.d. (Bn).

248-249 Tables. Approbation. *249*: août 1787. Selis.

250 Avis *250*: 'la nouvelle Edition *in*-8°. que nous avons annoncée, n'empêche nullement la continuation de celle *in*-12.'

1787.v.

[L'indication systématique des 'classes' est désormais abandonnée.]

[3]-120 Histoire des Sévarambes, peuple qui habite une partie du troisième continent, communément appellé Terre australe, contenant une relation du gouvernement, des mœurs, de la religion et du langage de cette nation, inconnue jusqu'à présent aux peuples de l'Europe. *[3]-6*: par Alletz?; 6-40; 40-68, Histoire de Sévarias, législateur des Sévarambes, premier vice-roi du soleil (comprend, pp.55-60, Hymne de Sévarias au soleil); 69-72, Loix, moeurs, coutumes des Sévarambes; 73-77, Histoire de Bémistar et de Bémiste;77-85; 85-89, Histoire de Floristan et de Calenis; 89-93, Religion et opinions des Sévarambes; 93-95, Religion primitive des nations australes; 95-110, Histoire d'Ahinomé et de Dionistar; 110-112, Culte du grand Etre, et opinions de leurs savants;112-116, De la langue des Sévarambes; 116-120

Denis Veiras, *Histoire des Sévarambes, peuples qui habitent une partie du troisième continent communément appelé la Terre Australe*, 1677-1679 (Lever, p.204; MMF 87.R16, t.v, sous Vairasse).

121-191 Aspasie, roman d'amour, traduit de l'anglois. 121-191.

Anon., *Arpasia or the Wanderer*, 1786. Trad. *Arpasie, traduit de l'anglois*, 1787 (MMF 87.3).

[192] Approbation. *[192]*: le 30 juin 1787. Sélis.

1787.vi.

[3]-62 L'Innocence reconnue; par le R.P. René de Ceriziers, de la compagnie de Jésus, dernière edition, revue par l'abbé Richard censeur royale, petit in-12, imprimé à Troyes en 1723. *[3]-4*; 4-62.

Abbé René de Ceriziers, *L'Innocence reconnuë*, 1634 (Lever, p.324). Ed. René Richard, 1723 (Bn).

63-129 Alexandrine de Ba***, ou lettres de la princesse Albertine, traduites de l'allemand; Paris, in-12, 1786. *63-64*; 64-129.

Anon., *Alexandrine de Ba** ou lettres de la princesse Albertine, contenant les aventures d'Alexandrine de Ba**, son aïeule, traduites de l'allemand de Dom Gus. . . .*, 1786 (MMF 86.1). Le récit, *Hurtado et Miranda* qui se trouve dans ce volume, pp.157-201, a été donné par la *BUR* en 1782. Voir 1782.iv.II.155-189.

130-219 Les Heureuses Infortunes de Céliante et Marilinde, veuves pucelles. Paris, 1638, in-12. *130-132*: par le sieur Desfontaines. Voir de lui *L'Inceste innocent*, janvier 1781; *132-133*, Clef de Céliante et Marilinde, veuves pucelles; 133-212; *212-219*, Notes. Pour *L'Inceste innocent*, voir 1784.i.I.148-188.

Abbé René de Ceriziers (pseud. Des Fontaines), *Les Heureuses Infortunes de Céliante et Marilinde vefves pucelles*, 1636 (Lever, p.184).

219-[220] Approbation. Table. *219*: le 31 juillet 1787. Sélis.

1787.vii.I.

[3]-19 L'Amour et la vanité, par Pignotti. Traduit de l'italien. Roman étranger. *[3]-4;*
5-19.

> Lorenzo Pignotti, *L'Amore e la vanità*, dans *Favole e novelle*, 1784, pp.50-65 (Bn). La première édition
> serait de 1782.

20-32 Le Procès sans fin, ou l'histoire de John Bull, par le docteur Swift. Traduit de
l'anglois. 1753. *20-21;* 21-29; *29-32:* traduit par l'abbé Velly.

> John Arbuthnot, *The History of John Bull*, 1712, Trad. François Velly, *Le Procès sans fin ou l'histoire
> de John Bull*, 1753 (MMF 53.2).

33-140 Ollivier, poëme en prose, en 12 chants, 2 vol. imprimés en 1763, sans nom
d'auteur ni d'imprimeur, réimprimés dans la collection des Œuvres badines et morales
de M.C. 3 vol. in-8°. *33-34:* par Cazotte; 34-139; *139-140*

> Jacques Cazotte, *Ollivier, poëme*, 1763 (MMF 63.19). Dans *Œuvres badines*, 1776 (MMF 76.18).

141-224 Histoire amoureuse des Gaules, par le comte de Bussy. *141-142;* 143-170 [Histoire
de madame d'Olonne]; 170-180, Histoire de madame de Sévigny; 180-194, Histoire de
madame de Monglas et du comte de Bussy; *195;* 195-216, Amours de madame de
Bagneux; *216-224.*
Voir aussi 1776.ii.181 et 1778.viii.208.

> Roger de Rabutin, comte de Bussy, dit Bussy-Rabutin, *Histoire amoureuse des Gaules*, [1665] (Lever,
> p.186; MMF 54.R15).

[225]-[226] Approbation. Table. [*225*]: le   1778 [pour 1787? Le jour et le mois sont
laissés en blanc]. Selis.

1787.vii.II.

[3]-146 La Vie et les aventures surprenantes de Robinson Crusoé, contenant son retour
dans son île, ses autres nouveaux voyages, et ses réflexions: 4 vol. in-12, édition de 1768.
Roman traduit de l'anglois. *[3]-4;* 4-95; 96-104, Dialogue entre Guillaume Atkins et sa
femme; 104-130; 130-131, Traversée de la Chine; 131-133, Idées sur les Chinios; 134, A
Pékin; 135-144, Traversée de la Tartarie, Moscovie et Russie; *145-146*, Réflexions du
rédacteur de cet extrait.

> Daniel Defoe, *The Life and Surprising Adventures of Robinson Crusoe*, 1719. Trad. Hyacinthe Cordonnier
> dit Thémiseul de Saint-Hyacinthe et Juste Van Effen, *Vie et aventures surprenantes de Robinson Crusoé*,
> 1720-1721 (MMF 51.R15, qui donnent une réédition pour 1768).

147-181 The Lover, Indian Tale. L'Amant, ou Mizraim et Amine, conte indien. Traduit
de l'anglois, 1682. *147-148:* attribué à une soeur d'Antoine Hamilton; 148-181.

> Texte non identifié, que nous n'avons pas retrouvé ailleurs. La date et l'attribution proposées
> par la *BUR* semblent être peu vraisemblables. La constance de son amour ayant été éprouvée
> dans des rêves, Mizraïm, aidé par le sage vieillard Arimaze, cherche à se faire aimer de
> l'indifférente Amine, grâce à une longue série de métamorphoses.

182-239 Le Songe ou le coq, dialogue de Lucien. *182-184:* voir aussi *Jupiter le tragique* de
Lucien dans le premier volume de janvier 1786; 184-230; *231-239*, Notes.
Pour *Jupiter le tragique* ainsi que les diverses versions des *Œuvres* de Lucien, voir 1786.i.I.31-
126.

[240] Table. Approbation du Censeur royal. [*240*]: le 15 juillet 1787. Sélis.

1787.viii.

[3]-73 Louisa, or the cottage on the moor, in two volumes, London printed for G. Kearsley, etc. 1787. Roman étranger. Traduit de l'anglois. Louise, ou la chaumière des marais. *[3]-4; 4-73; 73.*

> Elizabeth Helme, *Louisa or the Cottage on the Moor*, 1787. Trad. *Louisa ou la chaumière*, 1787 (MMF 87.46). Trad. *Louise ou la chaumière dans les marais*, 1787-1788 (MMF 87.47).

74-126 Histoire comique, ou les aventures de Fortunatus; roman de la Bibliothèque bleue, *74-75*: un des épisodes repris dans Bignon, *Abdalla fils d'Ha[n]if*, 1713 (voir premier volume de janvier 1778) et aussi dans le poème de La Harpe, *Tangut et Félime*; *75-126*. Pour *Abdalla, fils d'Hanif*, voir 1778.i.I.104-193.

> Jean Castilhon a publié sa version de l'*Histoire de Fortunatus et de ses enfans* en 1770 (MMF 70.34), et le texte a été réédité en 1787 (voir MMF 69.22). Le poème de Jean-François de La Harpe, *Tangu et Félime* est de 1780 (Bn).

127-178 Lucette, ou le retour a la vertu, anecdote françoise, par M. de M***. Paris, chez la veuve Duchsn e [*sic*], 1775. *127*; 127-133: lettre sur les mœurs parisiennes; *134*; 134-177, Lucette; *177-178*.

> Charles-Joseph de Mayer, *Lucette, anecdote françoise*, dans *Les Anecdotes françoises par M. Mayer*, 1779, pp.1-56 (MMF 79.25). La lettre qui précède le conte s'y trouve également, pp.v-xiii.

179-189 Le Petit Candide, conte moral, a la portée des enfans de tout âge; imprimé à la tête d'un ouvrage, qui a pour titre: les Travaux de M. l'abbé Mouche, 1784. *179-181*; 181-189; *189*.

> Etienne-François Lantier, *Le Petit Candide*, dans *Les Travaux de monsieur l'abbé Mouche*, 1784, pp.1-80 (MMF 84.32).

190-203 Blanche de Bourbon, reine d'Espagne. *190-191*: 'drame tragi-comique' de Regnault que 'nous ramenerons [...] à son état antérieur de roman'. Une édition de 1643 à la Bibliothèque Mazarine. no.21749A; 191-203; *203*

> Charles Regnault, *Blanche de Bourbon, reyne d'Espagne tragi-comédie*, 1642, 1643 (Arbour, iii. nos 17881, 18291, 18292). L'exemplaire de la Mazarine se trouve encore aujourd'hui à la cote citée par la *BUR*.

204-210 Choix de narrations, de Gilbert Cognatus. 204: *De Sylva narrationum*, 1538. Exemplaire de la Bibliothèque Mazarine, no.22186; 204-205, Narré, en forme d'apologue ou de fable d'Esope; 205-206, Autre apologue dans le genre ésopique; 206-207, Troisième apologue (Celui-ci est du genre politique); 207-209, Narration, ou fiction poetique ingénieuse. Tirée de l'ancienne mythologie grecque, par Gilbert Cognatus; 209-210, Narrations tragiques, de Gilbert Cognatus. Aventure diabolique. D'un homme parjure, puni par un couple de démons.
Voir aussi 1787.ix.209-212 et 1788.i.I.211-214.

> Gilbert Cousin, *De sylva narrationum Gilberti Cognati*, Basillae, s.d. L'exemplaire de la Mazarine se trouve encore aujourd'hui à la cote 22186, et les morceaux de la *BUR* sont adaptés du texte latin. Selon Pidoux de Maduère, p.14, Cousin aurait écrit ses *Fabulae sive narrationes* en 1547. Les éditions de 1538 et de 1547 seraient introuvables, et la version la plus complète se trouverait dans *Narrationum sylva*, 1567 (Bn).

[211]-[212] Approbation. Table. [*211*]: le 24 octobre 1788. Selis.

1787.ix. [12]

[3]-101 Histoire de François Wills ou le triomphe de la bienfaisance, par l'auteur du Ministre de Wakefied [*sic*], traduit de l'anglois. [3]-101; *101*.

> Samuel Jackson Pratt, *The Triumph of Benevolence or the History of Francis Wills*, 1772, Trad. *Histoire de François Wills ou le triomphe de la bienfaisance, par l'auteur du Ministre de Wakefield*, 1773 (MMF 73.30). L'attribution à Oliver Goldsmith est fausse.

102-127 Le Chien de Boulogne, ou l'amant fidele, nouvelle galante. Petit in-12, Paris, 1668; Cologne, 1669; Paris, 1679. *102-103*: auteur inconnu. Cf. *Le Lingot* dans le deuxième volume d'avril 1777; 103-127.
Pour *Le Lingot*, voir 1777.iv.II.53-84.

> Abbé Antoine Torche, *Le Chien de Boulogne ou l'amant fidelle, nouvelle galante*, 1668 (Lever, p.104, qui donne aussi l'édition de 1669).

128-185 Histoire du petit Pompee ou la vie et les aventures d'un chien de dame, imitée de l'anglois. Paris, 1784. *128-130*; traduit par Toussaint ou par J.H.D. . . . . B***; 130-139; 139-146, Le Préjugé vaincu; 146-152, Les Deux Amis; 152-160, Le Mari sage; 160-168, La Courtisane vertueuse; 168-170, [L'Encan]; 170-171, [Le Mariage inégal]; 171-172, [L'Entrée dans le monde]; 172-185, La Fidélité.

> Francis Coventry, *The History of Pompey the Little*, 1751. Trad. J.-H.-D. Briel, *Histoire du petit Pompée ou la vie et les aventures d'un chien de dame, imitée de l'anglois*, 1784 (MMF 84.19). Une première traduction, *La Vie et les avantures du petit Pompée histoire critique*, a été publiée par François-Vincent Toussaint en 1752 (MMF 52.21).

186-208 Extrait des avantures du jeune comte de Lancastel. Nouvelles du tems. *186-187*: 1728; 187-208; *208*. 'Par M. Dugas' (p.208).

> Jean Du Castre d'Auvigny, *Les Avantures du jeune comte de Lancastel. nouvelle du tems*, 1728 (Jones, p.40).

209-214 Suite des narrations tragiques de Gilbert Cognatus, adressées à très-noble personnage François Vionet. Evénement merveilleux. Aventure visiblement démoniaque. 209-212; 213-214, Autres narrations tragiques. Maléfices et sortiléges épouvantables.
Pour les *Narrations* de Gilbert Cousin, voir 1787.viii.204-210, ainsi qu'une suite 1788.i.I.211-214.
[215]-[216] Approbation. Table. [*215*]: le 24 octobre 1788. Selis.

1787.x.I.

[3]-116 Theatre d'histoire, où, avec les grandes prouesses et aventures étranges du noble et vertueux chevalier Polimantes, prince d'Arfine, se représentent au vrai plusieurs occurrences fort rares et merveilleuses, tant de paix que de guerre, arrivées de son temps ès plus célèbres pays, royaumes et provinces du monde, etc. etc. etc. Bruxelles, Rutger Velpius, 1613, in-4° fig. *[3]-12*: difficulté de plaire à tous les lecteurs. Par Philippe de Belleville; 12-116; *116*.

> Philippe de Belleville, *Théâtre d'histoire, où, avec les grandes proüesses et aventures étranges du noble et vertueux chevalier Polimantes, prince d'Arfine, se représentent au vrai plusieurs occurences fort rares et merveilleuses, [...]*, 1613 (Lever, p.402).

117-177 Zoraide, ou annales d'un village. Traduit de l'anglois, 1787. *117*: 117-176; *176-177*.

---

12. Les pp.213-216 manquent dans Arsenal 8°BL 28864 (97a) (1787.ix.).

Mrs Anne Hughes, *Zoriada or Village Annals*, 1786. Trad. *Zoraïde ou annales d'un village*, 1787 (MMF 87.48).

178-226 La Vie de Frédéric baron de Trenck, ecrite par lui-même, et traduite de l'allemand en françois, par M. le baron ***, divisée en deux parties, etc. *178-179*: 'Nous avons préféré cette traduction à celle de M. le Tourneur' (p.178); 179-219; *219-226*.

Baron Friedrich de Trenck, *Friedrich Freyherren von der Trenck merkwürdige Lebensgeschichte*, 1787. Trad. Jean-Nicolas-Étienne, baron de Bock, *La Vie de Frédéric, baron de Trenck*, 1787 (MMF 87.70). La version de Pierre-Prime-Félicien Le Tourneur, *La Vie de Frédéric, baron de Trenck* est datée de 1788 (mais on peut noter que l'Approbation de ce volume de la *BUR* est du 24 octobre de cette dernière année).

[227]-[228] Approbation. Table. [*227*]: le 24 octobre 1788. Selis.

1787.x.II.

[3]-42 Les Aventures d'Euphormion. Histoire satyrique, morale et politique. [3]-5: version renouvelée de l'*Euphormion* de Barclay; 5-41; *41-42*.

L'*Euphormionis Satyricon*, de John Barclay, a paru en 1603. Ce texte a été adapté au dix-septième siècle par Jean Tournet, *Les Satyres d'Euphormion de Lusine*, 1625, par M. Nau, *L'Œil clairvoyant d'Euphormion*, 1626, et par Jean Bérault, *La Satyre d'Euphormion*, 1640 (Lever, pp.333, 386-387). L'article de la *BUR* est fait d'après la version de l'abbé Jean-Baptiste Drouet de Maupertuis, *Aventures d'Euphormion*, 1711 (Bn).

43-79 Cleomadès et Benisalbe. Les Tragiques Amours de Cleomedès et Benisalbe. Histoire advenue en la ville de Tremisen, au royaume d'Argers. Par R. de Marquiesac, avec privilége du Roi. A Paris chez la veuve Jean du Brayet, dans la cour du Palais, entre deux petites montres. *43-47*: imprimé à Paris, décembre 1608; 47-79. 'Cet article est de M. Dugas' (p.79).

Texte non identifié. L'auteur du résumé reproduit ce qu'il donne pour l'épître dédicatoire de l'édition de 1608 et cite des extraits de son prétendu modèle (dont il rend compte sur un ton plutôt ironique). Chargé par son oncle Archilos de défendre la citadelle de Tremisen, Cleomedès séduit la belle Bénisalbe, mais celle-ci, se croyant trompée, se suicide.

80-158 Histoire des amours du grand Alcandre. *80*: par Louise de Lorraine, princesse de Conti, selon l'édition de 1663. Ou par Victor Cayet; 80-93; 93-101, Episode des Amours du grand Alcandre. Exploits, aventures et mort tragique du Jeune et Brave Napoléon; 101-138; 138-157, Galanteries passagères du grand Alcandre depuis la mort de Chrysante. Voir aussi 1776.ii.174-175 et 1787.xii.175-206.

Louise-Marguerite de Lorraine, princesse de Conti, *Histoire des amours du grand Alcandre*, 1651 (Lever, p.200; MMF 54.R19). Victore Cayet est auteur du *Divorce satyrique* (voir 1788.i.II.168-215).

159-214 La Gibeciere de Momus. 159, Repartie de Henri IV à dom Pedro de Tolède; 159-160, Simplicité d'un Francomtois; 160, Le Porc qui a bu le lait; 161, Bon Mot d'un jeune homme ressemblant à Auguste; 161, Sage Réponse de Philippe; 161-162, Trait de grandeur d'ame; 162, Réponse héroïque; 162-163, Le Trésor perdu; 164, Subtile Réplique; 164-167, De deux religieux délivrés de trois voleurs, par le moyen d'une prédication; 167-169, Naïveté d'une vieille femme; 169, Maxime d'un sage; 169, Plaisante Histoire de la femme d'un peintre, qui au retour d'un voyage, trouva bâté un âne qu'il avoit peint sans bât; 169-170, Le Cheval qui bronche; 170-174, Subtilité d'un écolier; 174-175, Répartie d'un paysan dauphinois à des écoliers de Lyon; 175-176, Vengean[c]e d'un voleur; 177-178, Réponse d'un Parmésan 178-180, La Rave de Louis XI; 180-182, Le Diable craignant un second mariage; 182-183, Facétie du bouffon d'Alphonse; 183, Bon Mot de Trajan; 184, Libre Repartie de Raphaël à deux cardinaux; 184, Répartie d'un gentilhomme; 185, Réponse du Vualstein; 185, Plaisant Mot d'une femme; 186, Répartie

d'un maçon; 186, Bon Mot contre les Normands; 186, Le Menteur obligeant; 187, Plaisant Mot d'un criminel; 187-188, Vengeance facétieuse d'un cocufié; 188, Plaisante Réponse à un homme qui s'étoit fait représenter en marbre; 188-189, Simplicité d'un prédicateur; 189-190, Mot d'une vieille; 190-191, D'un garçon tailleur, à qui une femme fit donner une chemise rouge; 191-192, Mot d'un pape; 192, Répartie d'un paysan; 192-193, Réponse de Solon; 193, Le Vin des autres est toujours le meilleur; 193-194, Regrets d'un fils voyant jouer son pere; 194, Bon Mot d'Alexandre le Grand; 194-195, Le Gascon essorillé; 195-196, Bon Mot du comte de Lude; 196-197, Ce que l'on compte, compte; 197-198, La Science d'une femme est qu'elle ne sache rien; 198-199, Bon Mot d'Auguste; 199, Réponse plaisante d'un bouffon; 199-200, Le Gascon en colere; 200, Le Tailleur qui se vole lui-même; 200-201, Sottise d'un Beaunois; 201, Le Xaintongeois achetant des gants; 202, Sage Réponse d'une bourgeoise à un prince; 202-203, Querelle de deux voisines; 203-204, Précaution d'un Parisien; 204, Le Nouveau Converti; 205, Réponse d'un Normand à un astrologue; 206, La Mule et les deux cruches d'huile; 206-207, Bons Coups contre bonnes dents; 207-208, Mauvaise Leçon est toujours funeste à celui qui la donne; 208-209, Les Femmes comparées aux poules; 209, Réponse d'un faux monnoyeur; 209-210, L'Argent renverse même les remparts; 210, Le Véritable Philosophe est plus heureux que le potentat le plus puissant; 210-211, Ne prêtez jamais à un joueur; 211, Trop de précipitation est funeste dans une affaire; 212-213, Post-face: extrait de l'édition de 1644; *213-214*
Pour la suite, voir 1788.i.I.197-210.

Anon., *La Gibecière de Mome ou le thrésor du ridicule*, 1644 (Lever, p.174).

[215]-[216] Approbation. Table [*215*]; le 24 octobre 1788. Selis.

1787.xi.

[3]-351 Le Philanthrope. 3 volumes in-12. Londres, chez William Leane, Leadenhall Street. 1786.*[3]-5*: roman non encore traduit, par un auteur inconnu; 5-217, François le Philanthrope; 218-251, Histoire de M. Lowther: récit d'un des personnages du roman déplacé à la fin par le traducteur.

Anon., *Frances the Philanthropist, an Unfashionable Tale*, 1786 (Block). Le texte, divisé en chapitres, semble être donné *in-extenso*.

[252] Approbation. Table. [*252*]: le 31 décembre 1788. Sélis.

1787.xii.

[3]-69 Dissertation historique sur Jeanne d'Arc, dite la pucelle d'Orléans. Roman etranger. [*3*]-*4* 'Cette dissertation qui, du genre de l'histoire, fait tomber les aventures de Jeanne d'Arc dans le genre des romans, est tirée d'une histoire des guerres civiles entre les maisons d'York & de Lancastre, écrite en italien par Jean-François Biondi [...] imprimé à Venise en 1637 [...]'; 4-69.

Giovanni Francesco Biondi, *L'Istoria delle guerre civili d'Inghilterra [...]*, 1637-1644 (Bn). Texte considéré comme 'romanesque' par la *BUR* parce qu'il passe en revue et compare diverses anecdotes rapportées par les historiens à propos de Jeanne d'Arc.

70-128 Mon Radotage, et celui des autres. Un vol. in-12 de 284 pages. Imprimé à Bagatelle, chez Monloisir, au temple du délassement. *70*: par 'M. de B***', 1759; 70-78: préface de l'auteur; 79-102, Le Bon Esprit, par une grosse bête, ou mon histoire véritable; 102-107, Conte par le Radoteur; 108-112; 112-119, Projet important et utile; 120-121,

Projet d'assurance sur les nouvelles; 121-123, Bavardage mille fois répété infructueuse-ment; 123-128, Observations physiques et politiques; 128.

Jean-Henri Marchand, *Mon radotage et celui des autres, recueilli par un invalide retiré du monde pendant son Carnaval*, 1759 (MMF 59.19).

129-174 Eudémie, roman satyrique latin de Jean-Victor Rossy, 1641; réimprimé à Cologne chez Jodocus Kalcovius, 1740. *129-132*; 132-174; *174*.

Gian Vittorio Rossi (pseud. Janus Nicius Erythræus), *Jani Nicii Erythræi Evdemiæ*, 1637, 1645, 1740 (Bn).

175-206 Lettres du roi Henri IV, ecrites à madame la duchesse de Beaufort, et à madame la marquise de Verneuil; extraites des originaux trouvés dans la cassette de mademoiselle d'Estanges, après sa mort. *173*; 176-206.

Supplément à l'*Histoire des amours du Grand Alcandre* de la princesse de Conti, sous le titre d'*Histoire des amours de Henry IV, avec diverses lettres escrittes à ses maîtresses*, s.d., 1663, 1664 (Lever, p.200). (Pour *Le Grand Alcandre*, voir 1787.x.II.80-158.) Ces mêmes lettres sont reprises en 1743 dans *Les Amours de Henri IV, roi de France, avec ses lettres galantes à la duchesse de Beaufort et à la marquise de Verneuil* (Arsenal).

[207]-[208] Approbation. Table. [*207*]: le 31 décembre 1788. Selis.

1788.i.I.

[3]-52 Le Prince de Condé, roman historique, par Boursault, Paris 1739, in-12 *[3]-8*, Notice sur la vie et les ouvrages de Boursault; 9-45, Le Prince de Condé, roman historique; *45-52*, Notes historiques.

Edme Boursault, *Le Prince de Condé, nouvelle historique*, 1675 (Lever, p.351; MMF 92.R18, qui donnent deux éditions en 1739).

53-146 Misogug ou les femmes comme elles sont; histoire orientale, traduite du chaldéen, 2 vol. in-12. Par M. Chevalier de Cubiere. *53*; 53-110, Premier Volume; 110-146, Misogug ou les femmes comme elles sont. Deuxiéme Volume.

Michel de Cubières-Palmézeaux, *Misogug ou les femmes comme elles sont, histoire orientale traduite du chaldéen*, 1787 (MMF 87.33).

147-196 Alphonse et Delie. *147-148*: extrait de *Il Genio Mercuriale del cavaliere Cesare Gindici* [*sic*], 1711; 149-195; *195-196*.

Selon Filippo Argelati, *Bibliotheca scriptorum mediolansium*, 1745, i.748, *Il Genio Mercuriale* de Cesare Giudici a été imprimé à Milan en 1711, mais nous n'avons pas trouvé d'exemplaire de ce volume.[13] Dans le récit de la *BUR*, Alphonse raconte au narrateur comment sa bien-aimée Delie, déguisée en homme sous le nom d'Eurille, l'a retrouvé à la guerre, après un exil rendu nécessaire par un duel, et comment ensuite il a dû partir à la recherche de Delie quand celle-ci s'enfuit, croyant qu'Alphonse va épouser Arsinde, fille du maréchal de Cossé ...

197-210 Suite de la Gibeciere de Momus. 197, Plaisant Trait d'un avare; 197-198, Sottise d'un Rouennois, 198, La Clémence est la plus belle vertu des rois, 199, Réponse d'Aristippe; 199, Mot d'Epictete; 200-201, La Rhétorique persuade tout; 201, On doit laisser souffrir ceux qui y prennent plaisir; 202-203, Ruse d'Anaximene; 203, Trait d'un avocat; 204, Mot d'un aveugle; 204, La Vertu nous acquiert l'estime, même de nos ennemis; 205, La Franchise plaît même dans la bouche d'un ivrogne; 205-206, Ce qui est beaucoup pour un sujet, est trop peu pour un roi; 206, Bon Mot d'un adorateur; 207, Réponse carthaginoise; 207-208, Avantage funeste; 208, Réponse d'esprit; 209, Libéralité rejetée; 209-210, Silence éloquent; 210, Compte rendu d'un marguillier.
Pour *La Gibecière de Momus*, voir 1787.x.II.159-214.

13. Nous devons ce renseignement à l'aimable secours du Directeur de la Biblioteca Nazionale Centrale di Firenze.

211-214 Suite des Narrations tragiques de Gilbert Cognatus. 211-212, Narration négro-mancienne; 212, Fiction historique; 213, Autre Fiction historique; larcin d'un chapon par un jeune tonsuré; 213-214, D'un faux excommunié.

Pour les *Narrations* de Gilbert Cousin, voir 1787.viii.204-210 et 1787.ix.209-214. Nous n'y avons pourtant pas reconnu les originaux des quatre récits donnés dans cet article.

[215]-[216] Approbation. Table. [*215*]: le 24 octobre 1788. Sélis.

1788.i.II.[14]

[3]-79 The Bastard, or the History; of M. Greville; by à lady. L'Enfant naturel, ou memoires de sir Greville; par une dame. Deux vol. in-12, 1784. Roman étranger. *[3]-4*; 5-79; *79*.

> Anon., *The Bastard or the History of Mr Greville*, 1784. Trad. mademoiselle Haudry, *Le Fils naturel ou mémoires de Gréville, traduit de l'anglois* (MMF 86.11).

80-167 Blançay, par l'auteur, du Nouveau Voyage sentimental, en deux volumes in-12. Imprimé à Londres en 1788. *80*: par M. Gorjy; 80-167.

> Jean-Claude Gorjy, *Blançay, par l'auteur du Nouveau Voyage sentimental*, 1788 (MMF 88.59). Le *Nouveau voyage sentimental* dont il est question dans le titre est de 1784 (MMF 84.27).

168-215 Le Divorce satyrique, ou les amours de la reine Marguerite. *168-170*: par Victor Cayet: 171-215.

Voir aussi 1776.ii.174-175.

> Pierre-Victor-Palma Cayet, *Divorce satyrique*, dans *Recueil de diverses pièces servant à l'histoire de Henry III, roy de France et de Pologne*, 1660, pp.196-225 (Bn).

[216] Approbation. Table. [*216*]: [Sans date]. Selis.

1788.ii.

[3]-164 Rinaldo inamorato, etc. Renaud l'amoureux, etc. *[3]-5*: par Bernardo Tasso, père de Torquato Tasso; 5-164.

Sur ce titre, ainsi que sur l'attribution, voir la première version du texte 1778.vii.II.5-90.

165-221 La Duchesse d'Urbin, histoire, qui comprend les amours de Rosaria et du prince Charles de Château-Marine. Extrait d'une chronique en vieux langage napolitain. *165-171*: manuscrit du marquis de Paulmy. Notes sur les dialectes italiens; 172-220; *220-221*: autre version manuscrite à la bibliothèque des Bénédictins de Saint-Germain-des-Prés, avec le titre *Inganar sin engano*.

> Malgré les précisions bibliographiques données par le rédacteur, les manuscrits cités restent introuvables. 'Feu M. le Marquis de Paulmy, dont la bibliothèque sera toujours regrettée des vrais amateurs, voulut bien nous communiquer en 1785, un manuscrit cousu à une chrônique de la Reine Joanne de Naples, & à d'autres pieces en rimes provençales. Ce recueil, numérotée 33, étoit placé dans la seconde galerie de sa bibliothèque au rang des livres Espagnols, où il doit se trouver encore' (p.166). Dans le texte de la *BUR*, Marie d'Urbin, duchesse de Ferrare aime le roi Léopold de Naples, mais celui-ci est amoureux d'une roturière Rosaria, qui aime à son tour le frère de Léopold, Charles de Château-Marine ...

[222] Table. Approbation. [*222*]: le 15 février 1789. Sélis.

---

14. Dans l'édition Slatkine, les pp.75-82 sont données deux fois.

1788.iii.[15]

[3]-43 Die Staselnuszschale, aus der dritten Sammlung der Meissnerischen Skizzen. Les Coquilles de noisettes. Anecdote traduite de l'allemand, et tirée du troisième volume des esquisses de M. A M. Meissner. *[3]-4: Blanche Capello*, septembre 1780, déjà tirée du recueil de Meissner; 4-43.
Pour *Blanche Capello*, voir 1780.ix.103-148.

August Gottlieb Meissner, *A. G. Meissners Skizzen*, 1778-1788, 1796 (Fürst). Die *Haselnußschale* est le premier récit du troisième volume et a paru pour la première fois en 1780 (Fürst, p.163).

44-142 Mémoires de M. le marquis de Saint Forlaix, en quatre parties, 1770. Par M. Framery. *44-45*; 45-142.

Nicolas-Etienne Framery, *Mémoires de M. le marquis de S. Forlaix, recueillis dans les lettres de sa famille*, 1770 (MMF 70.46).

143-174 Le Tableau de Cébès, traduit du grec, sur une édition angloise, Edimbourg, 1747, chez Rudimann. *143-144*: trad. française par Gille-Boileau, 1653; 145-174.

Cébès, trad. Gilles Boileau, *Le Tableau de Cébés*, dans *La Vie d'Epictete*, 1655, pp.189-274 (Bn). BM donne une édition de 1747, mais à Glasgow, chez Foulis.

175-229 Les Contes de mon bisaïeul, tirés des annales de Thémis, 2 volumes, à Lausanne; et se trouve à Paris, chez Maradan, libraire, rue des Noyers, N° 33, 1788. *175-176*: 176-191, Le Magistrat vertueux; 191-203, L'Honnête Procureur; 203-207, Le Procureur-général zélé; 208-213, L'Avocat en bonne école; 213-218, Le Procureur-fiscal perverti; 218-223, Le Président corrigé par amour, 223-229, Le Chancelier vigilant.

Anon., *Les Contes de mon bisaïeul, tirés des annales secretes de la cour de Thémis*, 1788 (MMF 88.3).

[230]-[231] Approbation. Table. *[230]*: le 31 mars 1788. Selis.

1788.iv.I.

[3]-192 Les Quatre Ages d'Alcibiade l'enfance, l'adolescence, la virilité et la maturité, par M. Meissner. *[3]-4*; 4-39; 39-83, L'Adolescence d'Alcibiade; 83-154, La Jeunesse d'Alcibiade; 154-192, Alcibiade dans sa virilité.
Voir la continuation au volume suivant.

1788.iv.II.[16]

[Le premier volume d'avril s'arrête à la page 192, mais le texte continue sans interruption sur la page 193, première page du second volume d'avril. Dans certains exemplaires, la page de titre pour avril, t.ii, a été gardée, mais dans d'autres elle a été enlevée, et rien ne marque plus la division en deux volumes.]
193-301 Suite des Quatre Ages d'Alcibiade. 193-300; *300-301*. 'Traduit par M. Perrin de Cayla, Censeur Royal' (p.301).

August Gottlieb Meissner, *Alcibiades*, 1781. Trad. Aloys Friedrich von Brühl, *Alcibiade, d'après*

---

15. Les pp.230-231 manquent dans Arsenal 8° BL 28864 (100b) (1788.iii.).
16. Dans Arsenal 8° BL 28864 (101b) il y a des erreurs de pagination entre les pp.185 (pour 263) et 387 (pour 287).

l'original allemand, par un amateur qui désire faire connaître aux Français un genie d'Allemagne, 1787 (MMF 87.58). Trad. Rauquil-Lieutaud et revu par Pierre-Bernard Lamare, *Alcibiade enfant [jeune-homme, homme fait, vieillard]*, 1789 (MMF 89.87).

302-405 Ah quel conte! conte politique et astronomique, en quatre volumes, 1754. Par Crebillon, fils. 302-304; *405*.

Claude-Prosper Jolyot de Crébillon, *Ah quel conte! conte politique et astronomique*, 1754 (MMF 54.13).

[406] Table. Approbation. [*406*]: le 30 avril 1789. Sélis.

1788.v.

[3]-240 The Injured Daugther [*sic*], or, the History of miss Maria Beaumont. La Fille maltraitée, ou histoire de miss Marie Beaumont. 2 volumes, Londres 1768. [3]-281 Voir la continuation au volume suivant.

1788.vi.

[La page du titre du mois de juin se trouve dans certains exemplaires entre les pages 240 et 241, mais elle porte une instruction au relieur de l'enlever. Le texte continue sans interruption.]

241-281 [Suite de The Injured Daughter.] 241-281.

Anon., *The Injured Daughter or the History of Miss Maria Beaumont*, 1768. Titre cité dans Blondel, p.539. Madeleine Blondel nous a égalment signalé deux comptes rendus de ce texte introuvable, qui tendent à confirmer cette identification (*Monthly Review*, xl.86; *Critical Review*, xxvii.151).

282-319 Roman historique. Clemence d'Entragues, ou le siege d'Aubigny. Si vous perdez vos enseignes, ralliez-vous à mon panache blanc, vous le trouverez toujours au chemin de l'honneur et de la gloire. Henry iv. Imprimé à Paris en 1773. I volume in-8°. *282-283*: par M. Dussieux; 283-319.

Louis d'Ussieux, *Clémence d'Entragues ou le siège d'Aubigny*, 1773 (MMF 73.35). C'est la quatrième nouvelle du *Décameron françois* d'Ussieux (voir MMF 72.33).

320-369 Anecdotes du regne de Nushirvan roi de Perse, traduites de l'allemand et tirées des esquisses de M. A. G. Meissner, dont nous avons parlé dans nos précédens volumes. 320-39 [pour 369].

Pour les autres articles dont il est question dans ce titre, voir 1788.iii.3-43 et 1788.iv.1 et ii.3-301.

August Gottlieb Meissner, *A. G. Meissners Skizzen*, 1778-1788, 1796 (Fürst). Des *Anekdoten zu Nushirvans Leben* paraissent dans le deuxième volume (1779), le troisième (1780) et le sixième (1784) (Fürst, p.163).

370-405 El Armario de donna Beatrix de Silva, con el cadahalso del condestable don Alvaro de Luna, etc. L'Armoire de la marquise de Silva et l'echaffaut du connétable Alvare de Luna, etc. Madrid, in-12, 1777. *370-371*: 'attribué à un grand homme dont les occupations sont bien supérieures à celle des lettres' (p.370); 371-405.

Texte non identifié. Une *Histoire secrette du connétable de Lune* a été publiée en 1730 (Jones, p.43; MMF 70.R3), mais ce texte ne rapporte pas l'anecdote sur Beatrix de Silva. Selon le récit de la *BUR*, Isabelle de Portugal, épouse de Jean Second de Castille, est jalouse de l'amour que son mari porte à une des dames d'honneur de la Reine, Beatrix de Silva, et fait périr celle-ci en l'enfermant dans une armoire. Quand le connétable de Luna, favori du Roi, plaide en faveur de son maître et de Beatrix, la Reine entreprend de perdre le ministre, déjà détesté par les princes du sang.

405-[406] Approbation. Table. *405-[406)*: le 16 mai 1789. Sélis.

1788.vii.I.

[3]-43 Biographien der Selbstmorder. Biographie du suicide. Par Chrétien-Henri Spiet Leipzig. vol. petit in-8°. *[3]-4*: deux premiers volumes 1786, troisième volume 1788. Par M. Spietz; 4-43, Nouvelle première. Olivia Amenuti, ou tableau des temps chevaleresques. Voir la suite 1789.iv.II.206-241.

> Christian Heinrich Spiess, *Biographien der Sebstmörder*, 1785 (Hadley, p.121, qui indique trois volumes parus cette année). *Olivie Amenuti, eine wahre Geschichte aus dem dreyzehnten Jahrhunderte* est le quatrième récit du second tome. On en trouve une version française en 1797 dans les *Contes orientaux et autres traduits de l'allemand et de l'anglais* par Antoine-Gilbert Griffet de La Baume (MMF 97.31), tandis que le recueil de Spiess a été traduit par J. H. Pott en 1798 sous le titre *Biographies de suicides* (BM).

44-140 Cécile, fille d'Achmet III, empereur des Turcs. Deux volumes in-12. imprimés à Constantinople en l'année 1787. *44*; 44-140.

> Joseph Lavallée, marquis de Bois-Robert, *Cécile, fille d'Achmet III, empereur des Turcs, née en 1710*, 1787 (MMF 87.52).

141-168 Sabiduria y simplicidad santa, en la historia de los dos amantes, Pedrillo y Pedrilla, etc. Les Deux Amans Pedrille et Pedrillette; ou les modeles de la sagesse et de la simplicité saintes, etc. Madrid, 1653, in-12. *141-144*: 'Roman sacré' attribué à Lopé de Véga; 144-168.

> Nous n'avons pu identifier ce texte, qui ne semble pas être attribué généralement à Lope de Vega. Des notes (pp.154-155, 157, 159) renvoient à la *Dorotea* (1782.i.I.3-199) et à la *Gatomachie* (1784.ii.3-118) de Lope, ainsi qu'à la romance de Zédulman [Zédulam] (1784.v.77-82). L'innocente Pédrillette retrouve dans son ermitage le jeune Pédrille, et tous deux, vivant chastement, deviennenet célèbres par leurs actions charitables.

169-185 Anacharsis ou le philosophe solitaire. Conte moral. Tiré des Œuvres diverses de Mariveaux. 169-185.

> Ce récit se trouve dans la treizième feuille (30 décembre 1722) du *Spectateur français* de Pierre Carlet de Chamblain de Marivaux. L'édition des *Œuvres diverses*, 1765, est signalée par F. Deloffre (1969) et et dans MMF 65.R45. On retrouve *Le Philosophe solitaire, conte moral* dans l'*Esprit de Marivaux* 1769, pp.115-125 (Bn.).

186-192 Histoire de Cusihuarca, princesse du Perou, de Glauguis et de Philamon. Par le sieur de Norsegue. Paris, 1662, in-12. *186-187*; 187-190; *191-192*.

> De Norsègue, *Histoire de Cusihuarca, princesse du Pérou, de Glauguis et de Philamon* 1662 (Lever. p.192).

[Il n'y a ni Table, ni Approbation.]

1788.vii.II.

[3]-50 Was wagt eine Mutter nust [*sic*]? Aus den skizzen van A. G. Meissner; zehute [*sic*] samlung. Leipzig in der Dykischen Buchhandelung, 1788. Que ne hasarde pas une mere pour le bonheur de sa fille?
[*3*]: extrait de la dixième partie des Esquisses de Meissner, 'connu de nos Lecteurs par le volume de Mars 1788'; 4-50.
Pour d'autres extraits des *Skizzen* de Meissner, voir 1788.iii.3-43 et 1788.v.320-369.

> August Gottlieb Meissner, *A. G. Meissners Skizzen*, 1778-1788, 1796 (Fürst). *Was wagt eine Mutter nicht?* a paru dans le neuvième volume, publié en 1788 (Fürst, p.165).

51-121 Estelle, roman pastoral. Par M. de Florian, capitaine de dragons, et gentilhomme de son Altesse Sérénissime le duc de Penthievre; des Académies françoise, de Madrid, de Florence, de Lyon, de Nismes, d'Angers, etc. etc. Rura mihi Rigui que placent in vallibus amnes./ Flumina amo, sylvasque, inglorius.Georg. Lib. 2. I vol. in-12, Paris, 1788. *51-52*; 53-121.

> Jean-Pierre Claris de Florian, *Estelle, roman pastoral par M. de Florian, capitaine de dragons [...]*, 1788 (MMF 88.53).

122-201 Le Masque, ou anecdotes particulieres de la vie du chevalier de ***. Vol. de 300 pages, Paris, 1751. *122*; 123-201.

> Joseph Durey de Sauvoy, marquis Du Terrail, *Le Masque ou anecdotes particulieres du chevalier de ****, 1750 (Jones, p.105; MMF 51.R19).

[202]-[203] Table. Approbation. [*203*]: le 30 juillet 1789. Sélis.

1788.viii.

[3]-192 Le Philosophe anglois, ou histoire de M. Cleveland, fils naturel de Cromwel; ecrite par lui-même et traduite de l'anglois par l'auteur des Mémoires d'un homme de qualitié, en huit volumes. De l'édition de 1776. A Amsterdam, chez S. Ryckhoff. [3]-192.
Voir la continuation au volume suivant.

1788.ix.

[La page de titre de septembre se trouve dans certains exemplaires entre les pages 192 et 193. Dans d'autres, elle a été enlevée, suivant l'instruction au relieur qu'elle porte. Le texte et la pagination continuent sans interruption.] 193-382 [Suite de Philosophe anglois.] 193-382.
Voir la continuation au volume suivant.
[Il n'y a ni Table, ni Approbation.]

1788.x.I. [17]

[3]-72 Suite du Philosophe anglois. Ou histoire de M. Cleveland, fils naturel de Cromwel; ecrite par lui-même et traduite de l'anglois par l'auteur des Mémoires d'un homme de qualité, en huit volumes. De l'édition de 1776. A Amsterdam, chez S. Ryckhoff. [3]-72.

> Abbé Antoine-François Prévost, *Histoire de M. Cleveland, fils naturel de Cromwell ou le philosophe anglois, écrite par lui-même et traduite de l'anglois*, 1731-1738 (Jones, p.50; MMF 57.R40).

73-134 L'Indigent philosophe, par M. Marivaux. *73*; 73-134.

> Pierre Carlet de Chamblain de Marivaux, *L'Indigent Philosophe*, 1728 (Bn).

135-192 Geradsinn und Aufrichtigkeit, etc. La Droiture et la sincérité, tableau des mœurs de Vienne, par l'auteur de Moritz. Vienne 1788. *135*: par M. Schulz; 135-192
Voir la continuation au volume suivant.
[Les Approbations ne paraissent plus à la fin des volumes.]

---

17. Dans Arsenal 8° BL 28864 (105a), les pp.127-128 se trouvent entre les pp.136 et 137.

1788.x.II.

[La page de titre du second tome d'octobre devait se trouver entre les pages 192 et 193, mais elle a été enlevée dans les exemplaires que nous avons vus. Le texte et la pagination continuent sans interruption.]

193-281 [Suite de Geradsinn und Aufrichtigkeit]. 193-281.

Joachim Christoph Friedrich Schulz, *Geradsinn und Aufrichtigkeit, ein Sittengemälde aus Wien*, 1788 (Hadley, p.147). *Moritz* a été traduit en 1789 (MMF 89.103).

282-364 Rien de trop ou Chansi, histoire chinoise. *282*: extrait d'un recueil anonyme, *Le Moyen d'être heureux*, 1750; 282-364
Voir aussi 1788.xi.120-178.

Didier-Pierre Chicaneau de Neuville, *Rien de trop ou Chansi histoire chinoise*, dans *Le Moyen d'être heureux ou le temple de Cythère, avec les avantures de Chansi et de Ranné*, 1750, i.81-209 (Jones, pp.103-104; MMF 52.R10).

365-382 Zohar, conte oriental; par M. Wiéland. *365*; 365-382.
Pour d'autres contes de Wieland, voir aussi 1782.v.16-38 et 1784.xii.3-21.

Christoph Martin Wieland, *Der Unzufriedene*, dans *Erzählungen*, 1752. L'original allemand est en vers. Une première traduction en prose par Michael Huber, *Le Mécontent*, a paru dans le *Journal étranger*, 1756, viii.175-199 (Steinberger, no.115). Ce texte a été repris, avec le titre *Firnaz et Zohar*, dans une version des *Poésies* d'Albrecht Haller en 1760, ii.158-182 (Bn) et avec le titre *Le Mécontent*, dans le *Nouveau Choix des Mercures*, 1762-1763, lxxxi.116-136.

382. Table.

1788.xi.

[3]-33 François Pizarre, conquérant du Perou. Anecdote. *[3]-5*: extrait de *Paratodos*, par Tirsa de Molina; 5-33.

Nous n'avons pas trouvé ailleurs le titre *Para todos* attribué à Fray Gabriel Téllez, dit Tirso de Molina. Il ne semble pas s'agir des deux autres recueils dont il est auteur: *Cigarrales de Toledo*, 1624, et *Deleytar aprovechando* 1635 (Bourland, pp.110, 124). Tirso de Molina est néanmoins l'auteur d'une série de pièces de théâtre: *Trilogía de los Pizarros* (1626-1632), qui a peut-être inspiré le texte de la *BUR*. Le récit est découpé en trois scènes et consiste largement en dialogues. Le vieux Cabecas cherche à rabattre la fougue du jeune François en lui révélant qu'il est bâtard. Une entrevue avec la fille de Cabecas, Béatrix, nous révèle que le jeune homme est en fait le fils de celle-ci et de Gonzalve Pizarre. François, rencontrant son père, jure de venger l'honneur de sa mère en devenant le maître d'un autre monde ...

34-119 Les Rêveries de Diogène de Sinope tirées de l'allemand de M. Wielland. 34-119.

Christoph Martin Wieland, *Dialogen des Diogenes von Sinope*, 1770. Trad. par le marquis François de Barbé-Marbois, *Socrate en délire ou dialogues de Diogène de Synope*, 1772 (MMF 72.36).

120-178 Voyage et description du temple de Cythere. Amsterdam 1750. *120*; 120-178.
Voir aussi 1788.x.II.282-364.

Didier-Pierre Chicaneau de Neuville, *Voyage et description du temple de Cythère*, dans *Le Moyen d'être heureux ou le temple de Cythère, avec les avantures de Chansi et de Ranné*, 1750, i.1-80 (Jones, pp.103-104; MMF 52.R10).

179-192 Le Vicaire de Wakefield, conte. *179-185*: adaption du roman de Goldsmith faite d'après le texte anglais; 185-192, Histoire d'une famille de Wakefield.
Voir la continuation au volume suivant.

1788.xii.

[La page de titre de décembre 1788 se trouve encore dans certains exemplaires entre les pages 192-193, mais dans d'autres elle a été enlevée suivant les instructions au relieur qu'elle porte. Le texte et la pagination continuent sans interruption.]

193-382 [Suite de Vicaire de Wakefield]. 193-382 (comprend, pp.265-267, Le Géant et le nain [fable]).

Voir la fin au volume suivant.

1789.i.I.

[3]-40 Suite du Vicaire de Wackefield. Conte. [3]-40.

Oliver Goldsmith, *The Vicar of Wakefield*, 1766. Trad. par Charlotte-Jeanne Béraud de La Haie de Riou, marquise de Montesson, *Le Ministre de Wakefield, histoire supposée écrite par lui-même*, 1767 (MMF 67.34). Pour d'autres versions publiées aux années 90 voir MMF 96.28, 96.29, 97.28 et 99.91. Cf. Poirier, pp.40, 97.

41-192 Histoire du chevalier Des Grieux et de Manon Lescaut, A Amsterdam, aux dépens de la compagnie, 2 vol. in-12. 1753. *41-43*: par M. l'abbé Prévot; 43-192.

Voir la continuation au volume suivant.

1789.i.II.

[La page de titre du second volume de janvier 1789 se trouve dans certains exemplaires entre les pages 192 et 193, mais dans d'autres elle a été enlevée suivant les instructions au relieur qu'elle porte. Le texte et la pagination continuent sans interruption.]

193-226 [Suite de l'Histoire du chevalier Des Grieux et de Manon Lescaut]. 193-226.

Abbé Antoine-François Prévost, *Histoire du chevalier Des Grieux et de Manon Lescaut*, dans *Mémoires et aventures d'un homme de qualité*, t.vii, 1731. Sur les diverses rééditions de *Manon Lescaut*, y compris celle de 1753, voir Jones, pp.40-41, et MMF 53.R34.

227-360 La Vengeance de Crimhild, poëme héroïque du moyen âge de la Souabe. *227-228*: 'extrait d'un ouvrage considérable, qui a pour titre: *der Nibelungen Liet*, le chant des Nivelons, & que M. Muller a fait imprimer à Berlin en 1782' (p.227); 228-360.

Christoph Heinrich Myller, *Samlung deutscher Gedichte aus dem xii. xiii. und xiv. Iahrhundert*, 1784-1785 (Bn). Le premier volume porte un faux titre: *Der Nibelungen Liet, ein Rittergedicht aus dem xiii. oder xiv. Iahrhundert, zum erstenmal aus der Handschrift ganz abgedruckt*, et à la page 152 on lit: 'Gedruckt in Berlin bei Christian Sigismund Spener, im Jahr 1782'. La vengeance de Kriemhilt est le thème de la seconde partie du texte.

361-375 Dom Juan, anecdote portugaise. 361-362: morceau traduit de l'*Observateur* de Cumberland, 1784-1785, 1788; 362-375.

Richard Cumberland, *The Story of a Portuguese Gentleman, who died by the rack*, dans *The Observer*, 1784-1785, no.xxx.

376-379 Le Coup de foudre, anecdote. 376-379.

Récit ayant paru dans le recueil de Jean-Marie-Louis Coupé, *Variétés littéraires [...] Littérature légère*, 1786, i.102-105.

[380] Table [novembre et décembre 1788 et janvier 1789].

1789.ii.

[3]-192 Cléopatre, roman de La Calprenéde. [3]-192
Voir la continuation au volume suivant.

1789.iii.

[La page de titre de mars 1789 devait se trouver entre les pages 192 et 193, mais le texte et la pagination continuent sans interruption.]
193-382 [Suite de Cléopâtre]. 193-382.
Voir la continuation au volume suivant.

1789.iv.I.

[3]-192 Suite de Cléopatre roman de la Calprenede. [3]-192.
Voir la continuation au volume suivant.

1789.iv.II.

[La page de titre du second volume pour avril 1789 devait se trouver entre les pages 192 et 193, mais le texte et la pagination continuent sans interruption]
193-205 [Suite de Cléopâtre]. 193-205.

> Gautier de Coste, sieur de La Calprenède, *Cléopâtre*, 1646-1658 (Lever, p.108). Une version abrégée a été publiée en 1769 par Alexis-Jean Lebret sous le titre des *Amans illustres ou la nouvelle Cléopâtre* (MMF 69.43). Le texte de *Cléopâtre roman historique*, donné par Pierre-Vincent Benoist en 1789 est un remaniement de celui de la *BUR* (MMF 89.75).

206-241 Biographie des suicides, nouvelle seconde. Caroline de F. . . 206-215; 216-231, Nouvelle troisieme. Antonio et Gianetta; 232-241, Nouvelle quatrieme. Giovani Liobetti.
Une note en bas de la page 206 renvoie au premier volume de juillet 1788, p.3.
Pour un premier extrait des *Biographien der Selbstmörder*, voir 1788.vii.I.3-43.

> Christian Heinrich Spiess, *Biographien der Selbstmörder*, 1785 (Hadley, p.121). *Antonio und Gianetta* est le troisième récit et *Giovani Liobetti* le septième récit du second volume. Voir 1788.vii.I.3-43 pour d'autres détails sur cet ouvrage.

242-382 Les Délices du sentiment dédiées a son altesse sérénissime Mme la duchesse d'Orléans. Par le chevalier de Mouhy. Cinq gros volumes. 1753. *242*: on renvoie à août 1784 pour des détails sur Mouhy; 242-382.
Voir la continuation au volume suivant. Pour les pages consacrées à Mouhy, voir 1784.viii.98-101.

1789.v.

[3]-12 Suite des Délices du sentiment. [3]-12.

> Charles de Fieux, chevalier de Mouhy, *Les Délices du sentiment*, 1753-1754 (MMF 53.27).

13-204 Lisvart de Grece, roman de chevalerie; ou suite d'Amadis de Gaule. Par M. de Mayer. *13*; 13-204.

> Charles-Joseph de Mayer, *Lisvart de Grèce, roman de chevalerie ou suite d'Amadis de Gaule*, 1788 (MMF 88.91).

[Il n'y a ni Table ni Approbation.]

1789.vi.

[Il y a une seconde page de titre qui porte: Table alphabétique des extraits contenus dans la Bibliotheque des romans, depuis son origine au mois de juillet 1775, jusqu'au mois de juin 1789, inclusivement. A Paris, au Bureau, rue des Poitevins, No.20.]

[5]-175 Table alphabétique des extraits contenus dans la Bibliotheque des romans. Depuis son origine au mois de juillet 1775, jusqu'au mois de juin, 1789, inclusivement. [5]-*175*; [176], Articles omis.

> C'est une table (par ordre de titres) des ouvrages auxquels la *BUR* a consacré un article. Notre *Index* servivra à corriger diverses répétitions et erreurs qui s'y trouvent.

Références

Arbour, Roméo, *L'Ere baroque en France. Répertoire chronologique des éditions de textes littéraires, troisième partie. 1629-1643* (Histoire des idées et critique littéraire 191). Gènève 1980

Argelati, Filippo, *Bibliotheca scriptorum medilansium.* Mediolani, in ædibus Palatinus, 1745

Barbier, Antoine Alexandre, *Dictionnaire des ouvrages anonymes, troisième édition, revue et augmentée.* Paris 1872-1879

Bibliografia dei romanzi e poemi cavalareschi italiani. Milano 1838

Bibliothèque universelle des romans. Réimpression de l'édition de Paris, 1775-1789. [Prospectus]. Genève [1970]

Bibliothèque universelle des romans. Table analytique générale. Genève 1970

Blanc, Joseph, *Bibliographie italico-française universelle.* Milan 1886

Block, A., *The English novel, 1740-1850: a catalogue including prose romances, short stories and translations of foreign fiction.* London 1961. (Première édition, 1939)

Blondel, Madeleine, 'Eighteenth-century novels transformed: pirates and publishers', *Papers of the Bibliographical Society of America* 72 (1978), pp.527-41

Bondanella, Peter et Julia Conaway Bondanella, *Dictionary of Italian literature.* Westport , Conn. 1979

Bossuat, Robert, *Manuel bibliographique de la littérature française du moyen âge.* Melun 1951. *Supplément, 1949-1953.* Paris 1955. *Supplément 1954-1960.* Paris 1961

Bourland, Caroline Brown, *The Short story in Spain in the seventeenth century, with a bibliography of the novels from 1576 to 1700.* New York 1973. (Première édition 1927)

Branca, Vittorio (éd). *Dizionario critico della letteratura italiana.* Torino 1973

Brand, Charles Peter, *Ludovico Ariosto, a preface to the 'Orlando furioso'* (Writers of Italy, 1). Edinburgh 1971

Brenner, Clarence D., *A bibliographical list of plays in the French language, 1700-1789.* Berkeley 1947

Brunel, Clovis, *Bibliographie des manuscrits littéraires en ancien provençal.* Paris 1935

Brunet, Gustave, *La France littéraire au XVe siècle ou catalogue raisonné des ouvrages en tout genre imprimés en langue française jusqu'en 1500.* Paris 1865

Brunet, Gustave (éd.), T. Folengo, *Histoire maccaronique de Merlin Coccaie.* Paris 1859

Bürger, Otto, *Beiträge zur Kenntnis des Teuerdank* (Quellen und Forschungen zur Sprach- und Culturgeschichte der germanischen Völker, xvii). Strassburg 1902

Catalogue des manuscrits et imprimés arabes, turcs et persans de la bibliothèque de monseigneur le marquis de Paulmy, manuscrit, Arsenal ms 5280

Catalogue des livres de la bibliothèque de feu M. le duc de La Vallière. Seconde Partie, disposée par Jean-Luc Nyon l'aîné. Tome troisième, Belles-Lettres. Paris, Nyon l'aîné et fils, 1788

Casenave, J., 'Le Roman hispano-mauresque en France', *Revue de littérature comparée* 5 (1925), pp.594-640

Clapp, John C., 'An eighteenth-century attempt at a critical view of the novel: the *Bibliothèque universelle des romans*', *PMLA* 25 (1910), pp.60-96

DeJongh, William F. J., *A bibliography of the novel and short story in French from the beginning of printing till 1600* (University of New Mexico Bulletin 397), University of New Mexico Press, 1944

Delcro, A.-J., *Dictionnaire universel littéraire des romans,* manuscrit, Bibliothèque nationale Rés. g.Y²2

Deloffre, Frédéric (éd.), R. Chasles, *Les Illustres Françaises.* Paris 1967

Deloffre, Frédéric et Michel Gilot (éd.), Marivaux, *Journaux et œuvres diverses.* Paris 1969

Descrains, Jean, *Bibliographie des œuvres de Jean-Pierre Camus, évêque de Belley, 1584-1652* (Publications de la Société d'étude du XVIIe siècle 1). Paris 1971

Diller, George E., *Les Dames des Roches, étude sur la vie littéraire à Poitiers dans la deuxième moitié du XVIe siècle.* Paris 1936

Dufrenoy, Marie-Louise, *L'Orient romanesque en France, 1704-1789, étude d'histoire et de critique littéraires.* Montréal 1946-1947

Duran, don Agustin, *Romancero general o*

coleccion de romances castellanos anteriores al siglo XVIII (Biblioteca de autores espanoles, x, xvi). Madrid 1945

Fürst, Rudolf, *August Gottlieb Meissner, eine Darstellung seines Lebens und seiner Schriften.* Stuttgart 1894

Gautier, Léon, *Les Epopées françaises, étude sur les origines et l'histoire de la littérature nationale, seconde édition, entièrement refondue.* Osnabrück 1966. (Réédition des volumes parus entre 1880 et 1897.)

Gayangos y Arce, Pascual de, *Escritores en prosa anteriores al siglo XV.* Madrid 1860. Avec rééditions 1928, 1952

Godenne, René, *Histoire de la nouvelle française au XVIIe et au XVIIIe siècle* (Publications romanes et françaises 108). Genève 1970

– 'L'image de l'Espagne romanesque dans la *Bibliothèque universelle des romans* (1775-1789)', *Etudes littéraires*, avril 1969, pp.21-31

– 'Madame Riccoboni et le genre troubadour', *Australian journal of French studies* 10 (1973), pp.317-25

Goedeke, Karl, *Grundriß zur Geschichte der deutschen Dichtung aus den Quellen*, dritte neu bearbeitete Auflage, t.iv. Dresden 1916

Gossmann, Lionel, *Medievalism and the ideologies of the Enlightenment: the world of La Curne de Sainte-Palaye.* Baltimore 1968

Hadley, Michael, *Romanverzeichnis: Bibliographie der zwischen 1750-1800 erschienenen Erstausgaben* (Europäische Hochschulschriften, I/166). Bern 1977

Harris, Margaret A., *A study of Théodose Valentinian's 'Amant resuscité de la mort d'amour', a religious novel of sentiment, and its possible connection with Nicolas Denisot du Mans* (Travaux d'humanisme et Renaissance 89). Genève 1966

Haym, Niccola Francesco, *Biblioteca italiana ossia notizia de' libri rari italiani.* Milano 1803

Henning, Hans, *Faust-Bibliographie.* Berlin, Weimar 1966

Inventaire de la presse classique, 1600-1789. Centre d'étude des sensiblités, Université des langues et lettres. Grenoble 1978

Jacoubet, Henri, *Comment le XVIIIe siècle lisait les romans de chevalerie* (extrait des Annales de l'Université de Grenoble, Section Lettres-Droit, 2e trimestre 1932). Grenoble 1932

– *Le Comte de Tressan et les origines du genre troubadour.* Paris 1923

Jones, Silas P., *A list of French prose fiction from 1700 to 1750.* New York 1939

Kirsop, Joan Lindblad, 'Claude Platin, vir obscurissimus inter obscuros', *Australian journal of French studies* 17 (1980), pp.86-120

Krause, Carl, *Helius Eobanus Hessus, sein Leben und seine Werke.* Gotha 1879

Le Breton, André. *Rivarol, sa vie, ses idées, son talent, d'après des documents nouveaux.* Paris 1895

Lély, Gilbert (éd.), Sade, *Œuvres complètes*, t.xiv. Paris 1961

Lever, Maurice, *La Fiction narrative en prose au XVIIe siècle, répertoire bibliographique du genre romanesque, 1600-1700.* Paris 1976

Martin, Angus, 'Baculard d'Arnaud et la vogue des séries de nouvelles en France au XVIIIe siècle', *Revue d'histoire littéraire de la France* 73 (1973), pp.982-92

– 'Notes sur les *Bibliothèques de campagne* et autres collections de fictions en prose en France au XVIIIe siècle', *Australian journal of French studies* 10 (1973), pp.239-53

– 'Romans et romanciers à succès de 1751 à la Révolution d'après les rééditions', *Revue des sciences humaines* 139 (1970), pp.383-89

Martin, Angus, Vivienne G. Mylne et Richard Frautschi, *Bibliographie du genre romanesque français, 1751-1800.* London, Paris 1977

Martin, Henri, *Catalogue des manuscrits de la Bibliothèque de l'Arsenal.* t.viii. *Histoire de la Bibliothèque de l'Arsenal.* Paris 1899

Masson, Pierre-Maurice, *Une vie de femme au XVIIIe siècle: madame de Tencin, 1682-1749.* Genève 1970. (Première édition, 1909.)

Mayo, Robert Donald, *The English novel in the magazines, 1740-1815, with a catalogue of 1375 magazine novels and novelettes.* Evanston 1962

Mirot, Léon (éd.), *Chroniques de Froissart.* Paris 1931

Moisés, Massaud, *Bibliografia da literatura portuguesa.* São Paulo 1968

Monglond, André, *La France révolutionnaire et impériale: annales de bibliographie méthodique et description des livres illustrés.* Grenoble 1930 – Paris 1963

Mornet, Daniel (éd.), Rousseau, *La Nou-*

velle Héloïse. Paris 1925

Mylne, Vivienne, 'Dialogue as narrative in eighteenth-century French fiction', *Studies in eighteenth-century French literature presented to Robert Niklaus* (éd. J. H. Fox, M. H. Waddicor, D. A. Watts). Exeter 1975

National Union Catalog, pre-1956 imprints. London 1968

Nouvelle Bibliothèque [universelle] des romans. Paris an VI-1805

Pageard, Robert, 'L'Espagne dans le *Journal étranger*, 1754-62, et la *Gazette littéraire de l'Europe*, 1764-66', *Revue de littérature comparée* 33 (1959), pp.376-400

Palau y Dulcet, Antonio, *Manual del librero hispano-americano: bibliografía general española e hispano-americana desde la invención de la imprenta hasta nuestros tiempos, segunda edición.* Barcelona 1948

Paris, Gaston, *Deux Rédactions du Roman des sept sages de Rome.* Paris 1876

Paton, Lucy Allen, *Les Prophécies de Merlin.* New York, London 1926-1927

Petronio, Giuseppe (éd.), *Dizionario enciclopedico della letteratura italiana.* Laterza 1966

Pidoux de Maduère, Pierre-André, *Bibliographie des œuvres de Gilbert Cousin.* Besançon 1912

Pinet, Marie Josèphe, *Christine de Pisan, 1364-1430, étude biographique et littéraire.* Paris 1927

Poirier, Roger, *La Bibliothèque universelle des romans: rédacteurs, textes, public.* Genève 1977

Querard, J.-N., *La France littéraire ou dictionnaire bibliographique des savants, historiens et gens de lettres de la France.* Paris 1827-1864

Rambaldo, Hartmut, *Grundriß der Geschichte der deutschen Dichtung aus den Quellen von Karl Goedeke. Index.* Nendeln 1975

Renda, Umberto et Piero Operti, *Dizionario storico della letteratura italiana, nuova edizione riveduta e aggiornata sul testo originale di Vittorio Turri.* Torino s.d.

Rochedieu, C. A., *Bibliography of French translations of English works, 1700-1800.* Chicago 1948

Rodriguez-Moñino, Antonio (éd.), *Espejo de enamorados, cancionero gótico reimpreso del ejemplar único con un estudio preliminar.* Valencia 1951

Steinberger, Julius, *Bibliographie der Wieland-Übersetzungen.* Göttingen 1930

Storer, Mary Elizabeth, *Un épisode littéraire de la fin du XVIIe siècle: la mode des contes de fées, 1685-1700.* Paris 1928

Swanson, Adolph Benjamin, *A study of the 1516 and the 1523 edition of the Perlesvaus.* Chicago 1934

Tronchon, Henri, 'Préromantisme allemand et français: Herder et Creuzé de Lesser adaptateurs du 'Romancero del Cid', *Revue d'histoire littéraire de la France* 19 (1912), pp.489-531, 855-83. Repris sous le titre 'Romanceros préromantiques' dans Henri Tronchon, *Romantisme et préromantisme.* Paris 1930

Van Tieghem, Paul, *Ossian en France.* Paris 1917

– 'La Découverte de la mythologie et de l'ancienne poésie scandinaves', *Le Préromantisme, études d'histoire littéraire européenne.* Paris 1924

Wallenskold, A. (éd.), *Les Chansons de Thibaut de Champagne, roi de Navarre.* Paris 1925

Walton, Thomas, *Le Doctrinal du temps présent de Pierre Michault 1466.* Paris 1931

Ward, Philip (éd.), *The Oxford companion to Spanish literature.* Oxford 1978

Wilson, Geoffrey J., *A medievalist in the eighteenth century: Le Grand d'Aussy and the 'Fabliaux ou contes'* (Archives internationales d'histoire des idées). La Haye 1975

Woledge, Brian, *Bibliographie des romans et nouvelles en prose française antérieurs à 1500.* Genève, Lille 1954. *Supplément, 1954-1973.* Genève 1975

Index

Cet index comprend:

a. les titres d'ouvrages et les noms d'auteur, de traducteur, d'éditeur et de libraire qui figurent dans la *BUR*, avec les principaux noms de personnages romanesques.

b. des références

i. en romain, qui sont celles qu'on trouvera citées dans notre *Table analytique*. (Quand un astérisque paraît en même temps, il s'agit d'allusions faites dans cette table, mais qui ne paraissent pas dans la *BUR*.)

ii. entre parenthèses, qui ne sont pas citées dans notre table et pour lesquelles il faut se rapporter à l'article même de la *BUR*. L'emploi de l'italique sert à marquer les noms de personnages.

Les références complètes sont réunies, autant que possible, aux noms des auteurs. Sous le nom d'un auteur donné, les variantes des formes des divers titres qui lui sont attribués se rangent par simple ordre alphabétique, sans renvois internes ni tentative de regroupement.

L'ordre alphabétique s'applique rigoureusement lettre par lettre, sans tenir compte des divisions entre les mots.

Le système des renvois se compose de l'indication de l'année, du mois (et du volume quand il y en a deux pour un même mois) et de la pagination: 80.i.II. 3-64 se lit, par exemple, deuxième volume de janvier 1780, pages 3 à 64. La lettre S devant un numéro de page indique le *reprint* Slatkine. Des références à la pagination de l'*Introduction* et aux notes précèdent, quand il y a lieu, les renvois à la *BUR*.

Pour de plus amples détails sur ces conventions, voir notre Introduction, pp.74-76.

Aristie (79.xi.57-114)
Aristipe (78.viii.129-146)
Aristipe (*88.i.I.197-210*), 88.i.I.199
Aristippe (78.viii.82, 86.i.II.91, 87.iv.I.39)
Aristobule (76.iii.47-80)
Aristoclea (75.vii.I.25-53)
Ariston (84.ix.146-154)
Ariston ou le philosophe amoureux 81.x. II.151-198
Aristonoüs, voir Les Aventures d'Aristonoüs
Aristophane (75.xii.13, 76.i.II.42, 77.vii. 218, 77.x.II.149, 84.i.I.111, 84.v.178, 86. i.I.114, 86.i.II.155, 86.vi.26)
– Chevaliers (86.i.I.115)
– Comédies d'Aristophane (trad. Charpentier) (75.xii.13)
– Grenouilles (86.i.I.115)
– Les Grenouilles (trad. Charpentier) (75. xii.13)
– Les Nuées (trad. Charpentier) (75.xii.13)
– Oiseaux (86.i.I.115)
– Plutus (trad. Charpentier) (75.xii.13)
Aristote (77.x.I.7-56, 78.iii.182-201)
Aristote, voir La Rhétorique d'Aristote
Aristote (75.xii.13, 76.i.I.41, 76.iii.119, 77. vii.I.27, 77.vii.II.218, 77.viii.193, 78.i.I. 196, 78.vii.II.57, 79.ix.32, 79.xi.36, 79.xi. 179, 79.xii.11, 80.vi.154, 80.x.I.19, 82.i.I. 19, 83.v.45, 83.xi.22, 84.i.I.66, 84.i.I.106, 107, 108, 111, 118, 84.v.175, 86.i.I.26, 86. i.II.155, 86.iii.23, 86.iii.23, 86.iv.I.150, 86.ix.144, 87.iii.150, 87.iv.I.39, 87.v.111, 87.vii.I.33)
Arium, voir Arien
Arlequin (78.v.15)
Arlequin aux vingt-six infortunes (87.x.II. 29)
Arlequin barbet, pagode et médecin (76. vii.II.127)
Arlequin défenseur d'Homère (76.vii.II. 132)
Arlequin Esope, voir Le Noble
Arlequin Hulla, voir Lesage
Arlequin Mahomet, voir Lesage
Arlequin perdu et retrouvé (81.x.II.202)
Arlequin toujours Arlequin (76.vi.34)
Arleville (88.i.II.80-167)
Arlington (87.v.121-191)
Arliquiana (85.ii.179)
Arloriaüs (84.vi.3-173)
Arlotto (77.vi.100-150)
Armagnac, voir Georges d'Armagnac
El Armario de donna Beatrix de Silva, con

el cadahalso del condestable don Alvaro de Luna 19, 37, 88.vi.370-405
Arménie 77.i.I.5-25
Armenius, voir Loklokenstein
Arméon (88.xi.120-178)
Armetzar (78.v.142-146)
Armide 80.iv.I.7-110)
Armide, voir Les Amours d'Armide
Armide, voir Quinault
Armidie, voir Les Traverses et Hasards de Clidion et d'Armidie
Armilly (78.iii.7-11)
Arminde (83.xii.38-90)
Arminius (80.vi.154)
L'Armoire de la marquise de Silva et l'echaffaut du connétable Alvare de Luna 19, 37, 88.vi.370-405
Arnalde (76.vii.I.16-89)
Arnalte et Lucenda, voir San Pedro
Arnalte et Lucenda ou l'amant maltraité de sa mie, voir San Pedro
Arnaud (78.vii.I.5-59, 78.x.II.3-114, 82.x. I.137-162)
Arnaud, voir Arnauld
Arnaud, l'abbé François, Variétés littéraires *86.i.I.31-126, *86.i.II.3-32
Arnaud, Francois-Thomas-Marie de Baculard d' 25, (81.iv.II.50)
– Adelson et Salvini 78.vii.6-9
– Balthide ou l'héroïsme de l'amour 77.ii. 145-149
– Clary *82.x.II.3-36
– Le Comte de Comminges (76.xii.97, 78. x.I.82)
– Epreuves de sentiment 77.ii.145-149, (78. ii.6), 78.viii.6-9
– Euphémie (78.x.I.82)
– Fayel (78.x.I.81-82)
Arnaud d'Andilly (77.x.II.97, 101, 102, 103)
Arnaud de Villeneuve (79.iii.198)
Arnauld (75.x.I.206, 80.ii.18)
Arnaut-Guillaume (80.iii.17-34)
Arneville (84.i.I.3-60)
Arnim (78.ix.116-121)
Arnobat, voir Coste d'Arnobat
Arnobe (79.xii.39)
Arnold (88.xi-xii.179-382)
Arnoud de Berlande (77.vii.I.133-163)
Arnoul 86.vi.123-177
Aronce (84.xi.I.5-214)
Aronde (*75.ix.155-206*), 75.ix.192-202
Aroun Alraschid (78.i.I.73-98)
Aroun Halraschid (77.viii.157-181)

Pure, abbé Michel de (84.i.I.150)
– La Precieuse ou le mystère des ruelles 86.
i.II.139-162
Le Purgatoire, voir Dante; La Fontaine
Pusée (86.i.I.119)
Puysieux, voir Puisieux
Pygmalion, voir Rousseau
Pylade (78.iv.I.38-82)
Pyralius *(80.vi.37-76)*, *80.vi.37-76
Pyrame 81.iii.140-151
Pyrame et Thisbé (75.viii.135, 81.ix.193)

Pyrame et Thisbé, voir Amours de Pyrame
et Thisbé
Pyrrhus (80.vi.166, *87.i.I.98-172, 88.i.I.197-*
210)
Pyrrhus, voir Histoire de Pyrrhus et d'Antigone
Pythagore (83.vi.4-20)
Pythagore (77.viii.185, 84.i.I.105, 107, 84.
v.163, 85.xi.166, 169, 173, 87.vii.II.209,
214, 231, 88.iii.146)

Quadrio (78.vii.II.96, 97)
Quarll 79.iii.39-59
Les Quatre Ages d'Alcibiade, l'enfance,
l'adolescence, la virilité et la maturité,
voir Meissner
Les Quatre Facardins 75.xii.207-213
Les Quatre Facardins, voir Hamilton
Quatre Fils Aimon (78.vii.I.6)
Les Quatre Fils Aymon (77.x.I118), 77.xi.
29-36, 78.vii.I.5-59, 78.vii.I.171, (80.vii.
I.30)
Quatre Fils d'Aymond (77.i.19, 77.x.I.58)
Quatre Frères, voir Histoire des quatre
frères
Les Quatre Rivaux, voir Alicidiane
Los Quatro Libros del cavallero Amadiz
de Gaula, voir Montalvo
Quel homme étoit le sieur de la Rappinière
76.i.II.64-68
Quels prodiges n'opère pas l'amour!, voir
Gain de Montagnac
Que ne hasarde pas une mere pour le bon-
heur de sa fille?, voir Meissner
Quentin 82.i.II.3-60
Querelle de deux voisines 87.x.II.202-203
Querlon, voir Meusnier de Querlon
Querno (84.i.I.72)
Queroualle 84.x.II.33-156
Quérouazle (78.v.54-113)
Questions d'amour, avec leurs résolutions
86.i.I.180-185

Queux (77.ii.87-115, 77.iv.I.67-94, 77.viii.62-
115, 77.x.I.59-91)
Quevedo (82.i.I.16)
– L'Aventurier Buscon (76.vii.I.13)
Quiassi (77.vi.151-208)
Quimpercorentin, voir Les Amoureux de
Quimpercorentin
Quinault (75.ix.17), 76.i.II.208-213, (76.x.
I.145, 78.xi.126, 79.ii.148, 79.vii.II.156,
80.v.184, 80.x.I.18, 84.v.176)
– Armide 79.vii.II.155-200, (84.iv.II.98)
– Coups d'amour et de fortune (76.i.II.
208-213)
– Roland (77.xii.68)
Quinbrook (78.x.I.117-177)
Quinchen (88.x.II.282-364)
Quinet (76.i.II.59)
Quinet, Toussaint 87.i.I.98-172
Quinonero (78.i.II.7-86)
La Quinta de Laura, voir Castillo Solor-
zano
Quinte-Curce (80.x.I.7)
– (trad. Vaugelas) (86.i.I.34)
Quintilien (77.vii.II.218)
Quirini (86.vii.I.53)
Quitterie (76.x.II.25-75)
Quitterie, voir Bazile et Quitterie
Quolibet (77.iv.II.185-225)

Rabelais, voir Le Parallèle d'Homère et de
Rabelais
Rabelais, François (75.vii.II.105, 76.iv.II.
56, 76.ix.85, 79.xi.4, 82.i.I.7, 82.iv.I.105),
86.vi.3-78, (86.vi.24-25, 87.vii.II.4)
– Gargantua 33, 76.iii.81-128, (80.i.II.103)

– Histoire de Gargantua et de Pantagruel
76.iii.81-128
– Pantagruel 33, 76.iii.81-128
Rabelais, voir Gueulette
Rabener 77.iv.II.34-52
Rabener 77.iv.II.47-52